Strafrechtliche Verantwortung in der präklinischen Notfallmedizin

Europäische Hochschulschriften
Publications Universitaires Européennes
European University Studies

Reihe II
Rechtswissenschaft

Série II Series II
Droit
Law

Bd./Vol. 3125

PETER LANG
Frankfurt am Main · Berlin · Bern · Bruxelles · New York · Oxford · Wien

Patrick M. Lissel

Strafrechtliche Verantwortung in der präklinischen Notfallmedizin

PETER LANG
Europäischer Verlag der Wissenschaften

Die Deutsche Bibliothek - CIP-Einheitsaufnahme

Lissel, Patrick M.:

Strafrechtliche Verantwortung in der präklinischen Notfallmedizin / Patrick M. Lissel. - Frankfurt am Main ; Berlin ; Bern ; Bruxelles ; New York ; Oxford ; Wien : Lang, 2001
(Europäische Hochschulschriften : Reihe 2, Rechtswissenschaft ; Bd. 3125)
Zugl.: Tübingen, Univ., Diss., 2000
ISBN 3-631-37790-8

D 21
ISSN 0531-7312
ISBN 3-631-37790-8

www.peterlang.de

Meinen Eltern

Ute Römer-Lissel
und Ullrich Lissel†

Vorwort

Während das allgemeine Arztstrafrecht in einigen Publikationen erörtert wird, fristet die strafrechtliche Verantwortung des ärztlichen und nichtärztlichen Personals bei der präklinischen notfallmedizinischen Behandlung des Patienten ein Schattendasein. Trotz der großen praktischen Relevanz dieser Thematik wird nicht auf die Besonderheiten des Rettungswesens als solches und den Unterschieden zwischen ärztlichem und nichtärztlichem Personal eingegangen. Diesen Mißstand zu beheben ist Aufgabe der vorliegenden Arbeit.

Wenngleich die medizinrechtliche Judikatur im Schwerpunkt noch immer im bürgerlichen Recht zu finden ist, kommt der strafrechtlichen Beurteilung eines Verhaltens zunehmende Bedeutung zu. Hierbei wird fast ausschließlich fahrlässiges Verhalten des ärztlichen bzw. nichtärztlichen Personals, namentlich die fahrlässige Tötung (§ 222 StGB) bzw. die fahrlässige Körperverletzung (§ 229 StGB), überprüft. Zudem verdient im Rahmen der präklinischen Notfallversorgung der Bereich der Unterlassensdelikte (§§ 212, 13; §§ 223, 13; § 221; § 323c StGB) besondere Beachtung. Zuvor ist jedoch - nach einer Einführung in die besondere Struktur des Rettungswesens - auf die strafrechtliche Beurteilung der Heilbehandlung und deren Rechtfertigung im Rettungswesen einzugehen.

Weitere strafrechtlich relevante Bereiche - wie insbesondere die Schweigepflicht (§ 203 Abs. 1, 3 StGB) - haben in der Judikatur eine völlig untergeordnete Bedeutung und finden in der vorliegenden Arbeit keine nähere Berücksichtigung.

Schrifttum und Rechtsprechung sind bis einschließlich Dezember 2000 berücksichtigt.

Die vorliegende Arbeit dient als Inaugural-Dissertation an der Eberhard-Karls-Universität Tübingen. Ich danke Herrn Prof. Dr. Fritjof Haft für die Annahme der Dissertation. Besonderer Dank gilt Herrn Prof. Dr. Ulrich Weber für zahlreiche Anregungen und fachliche Diskussionen. Mein Dank gilt ferner Herrn Alexander Erdelt für umfangreiche Recherchearbeiten sowie Frau Annika Rohn und Herrn Christian Löschner für die notwendige Korrektur des Manuskripts.

Tübingen, im Januar 2001 Patrick M. Lissel

Inhaltsübersicht

Viertes Kapitel
Fahrlässige Körperverletzung und fahrlässige Tötung im Rettungswesen (§§ 222, 229 StGB)

Fünftes Kapitel
Ergebnisse der Untersuchung

Inhaltsverzeichnis

Drittes Kapitel
Hilfeleistungspflicht des ärztlichen und nichtärztlichen Personals im Rettungswesen

Abkürzungsverzeichnis

a.A. .... andere Ansicht, anderer Ansicht
Abb. .... Abbildung
Abs. .... Absatz
a.E. .... am Ende
a.F. .... alte Fassung
AiP .... Arzt im Praktikum
AK .... Alternativkommentar zum Strafgesetzbuch
Anh. .... Anhang
Art .... Artikel
AT .... Allgemeiner Teil
BÄO .... Bundesärzteordnung
BayObLG .... Bayerisches Oberstes Landgericht
BayRDG .... Bayerisches Gesetz zur Regelung von Notfallrettung, Krankentransport und Rettungsdienst
BbgRettG .... Gesetz über den Rettungsdienst im Land Brandenburg
Begr. .... Begründer
Beschl. .... Beschluß
BGB .... Bürgerliches Gesetzbuch
BGBl. .... Bundesgesetzblatt
BGH .... Bundesgerichtshof
BGHSt .... Entscheidungen des Bundesgerichtshofes in Strafsachen
BGHZ .... Entscheidungen des Bundesgerichtshofes in Zivilsachen
BlRDG .... Gesetz über den Rettungsdienst für das Land Berlin
BremRettG .... Gesetz über den Rettungsdienst im Lande Bremen
BT .... Besonderer Teil
BVerfG .... Bundesverfassungsgericht
BVerfGE .... Entscheidungen des Bundesverfassungsgerichts
BWRDG .... Gesetz über den Rettungsdienst in Baden-Württemberg
bzw. .... beziehungsweise
ca. .... cirka
DÄBl. .... Deutsches Ärzteblatt
ders. .... derselbe
d.h. .... das heißt
dies. .... dieselbe
diff. .... differenzierend
DJT .... Deutscher Juristentag
DMW .... Deutsche Medizinische Wochenschrift
DRiZ .... Deutsche Richterzeitung
EKG .... Elektrokardiogramm

Ethik Med...............Ethik in der Medizin
FamRZ....................Zeitschrift für das gesamte Familienrecht
f..............................folgend
ff. ....fortfolgend
FS............................Festschrift
GA ....Goltdammer's Archiv für Strafrecht
Gebfra.....................Geburtshilfe und Frauenheilkunde
GG ....Grundgesetz
ggf...........................gegebenenfalls
GS ....Gedächtnisschrift
h.L...........................herrschende Lehre
h.M. ....herrschende Meinung
HmbRDG................Hamburgisches Rettungsdienstgesetz
HRDG.....................Hessisches Rettungsdienstgesetz
Hrsg. ....Herausgeber
HWS ....Halswirbelsäule
i.d.R. ....in der Regel
i.Erg. ....im Ergebnis
i.S............................im Sinne
i.ü............................im übrigen
i.V.m. ....in Verbindung mit
JA............................Juristische Arbeitsblätter
JGG.........................Jugendgerichtsgesetz
JR............................Juristische Rundschau
Jura ....Juristische Ausbildung
JuS ....Juristische Schulung
JW...........................Juristische Wochenschrift
JZ ....Juristenzeitung
KG ....Kammergericht
Laryng. Rhinol. ......Laryngologie, Rhinologie, Ontologie und ihre Grenzgebiete
LG...........................Landgericht
LK...........................Leipziger Kommentar
m.Anm. ....mit Anmerkungen
m.a.W. ....mit anderen Worten
MDR.......................Monatsschrift für deutsches Recht
m.E..........................meines Erachtens
MedR......................Medizinrecht
Mio. ....Million, Millionen
MK..........................Münchener Kommentar zum Bürgerlichen Gesetzbuch
m.w.N. ....mit weiteren Nachweisen
NJW........................Neue Juristische Wochenschrift

NK .... Nomos Kommentar zum Strafgesetzbuch
Nr. .... Nummer, Nummern
NRettDG .... Niedersächsisches Rettungsdienstgesetz
NStZ .... Neue Zeitschrift für Strafrecht
NWRettG .... Gesetz über den Rettungsdienst sowie die Notfallrettung und den Krankentransport durch Unternehmer in Nordrhein-Westfalen
o.g. .... oben genannte, oben genannter, oben genannten
OLG .... Oberlandesgericht
öStGB .... Österreichische Strafgesetzbuch
PKW .... Personenkraftwagen
RDG M-V .... Gesetz über den Rettungsdienst für das Land Mecklenburg-Vorpommern
Red. .... Redaktion
RettAssG .... Rettungsassistentengesetz
RettDG-LSA .... Rettungsdienstgesetz des Landes Sachsen-Anhalt
RG .... Reichsgericht
RGBl. .... Reichsgesetzblatt
RGRK .... Kommentar zum Bürgerlichen Gesetzbuch unter besonderer Berücksichtigung der Rechtsprechung, des Reichsgerichts und des Bundesgerichtshofes
RGSt .... Entscheidungen des Reichsgerichts in Strafsachen
RGZ .... Entscheidungen des Reichsgerichts in Zivilsachen
RN .... Randnummer, Randnummern
RPRettDG .... Landesgesetz über den Rettungsdienst sowie den Notfall- und Krankentransport in Rheinland-Pfalz
S., s. .... Satz/Seite, siehe
SächsRettDG .... Gesetz über Rettungsdienst, Notfallrettung und Krankentransport für den Freistaat Sachsen
SGB .... Sozialgesetzbuch
SHRDG .... Gesetz über die Notfallrettung und den Krankentransport in Schleswig-Holstein
SK .... Systematischer Kommentar zum Strafgesetzbuch
sog. .... sogenannt, sogenannte, sogenanntes, sogenannten
SRettG .... Saarländisches Rettungsdienstgesetz
S/S .... Schönke/Schröder Kommentar zum Strafgesetzbuch
StraFO .... Strafverteidiger Forum
StGB .... Strafgesetzbuch
StGB-AE .... Alternativentwurf eines Strafgesetzbuches Allgemeiner Teil 2. Auflage Tübingen 1969
StGB-E .... Entwurf zum Strafgesetzbuch
StPO .... Strafprozeßordnung

StrRG........................Strafrechtsreformgesetz
StV...........................Strafverteidiger
ThürRettG...............Thüringer Rettungsdienstgesetz
u.a. ....unter anderem
Urt............................Urteil
u.U. ....unter Umständen
v. ....vom
VersR........................Versicherungsrecht Juristische Rundschau für die Individualversicherung
vgl. ....vergleiche
Vorbem....................Vorbemerkung
ZaeF.........................Zeitschrift für die ärztliche Fortbildung
z.B............................zum Beispiel
ZRP..........................Zeitschrift für Rechtspolitik
ZStW ....Zeitschrift für die gesamte Strafrechtswissenschaft
z.T............................zum Teil

Verzeichnis rettungsdienstlicher Bestimmungen

I. Bundesrecht

Gesetz über den Beruf der Rettungsassistentin und des Rettungsassistenten (Rettungsassistentengesetz - RettAssG) vom 10.07.1989

II. Landesrecht

1. Baden-Württemberg

Gesetz über den Rettungsdienst (Rettungsdienstgesetz - RDG) vom 16.07. 1998 [zit. BWRDG]

Dienstanweisung für Rettungsleitstellen in Baden-Württemberg vom 20.06. 1991

Gemeinsame Hinweise des Innenministeriums und des Ministeriums für Arbeit, Gesundheit, Familie und Sozialordnung für Planungen zur Bewältigung eines Massenanfalls von Verletzten in Baden-Württemberg vom 08.07.1985

Rettungsdienstplan Baden-Württemberg Stand November 1994

2. Bayern

Bayerisches Gesetz zur Regelung von Notfallrettung, Krankentransport und Rettungsdienst (Bayerisches Rettungsdienstgesetz - BayRDG) vom 08.01. 1998

Zweite Verordnung zur Ausführung des Bayerischen Gesetzes über den Rettungsdienst (2.AVBayRDG) vom 13.08.1975

3. Berlin

Gesetz über den Rettungsdienst für das Land Berlin (Rettungsdienstgesetz - RDG) vom 08.07.1993 [zit. BlRDG]

4. Brandenburg

Gesetz über den Rettungsdienst im Land Brandenburg (Brandenburgisches Rettungsdienstgesetz - BbgRettG) vom 08.05.1992

5. Bremen

Gesetz über den Rettungsdienst im Lande Bremen (BremRettDG) vom 22.09. 1992

6. Hamburg

Hamburgisches Rettungsdienstgesetz (HmbRDG) vom 09.06.1992

7. Hessen

Hessisches Rettungsdienstgesetz (HRDG) vom 24.11.1998

Verordnung zur Ausführung der §§ 5 und 6 des Gesetzes zur Neuordnung des Rettungsdienstes in Hessen (Zentrale Leitstellen, Besondere Gefahrenlagen) vom 31.05.1999

8. Mecklenburg-Vorpommern

Gesetz über den Rettungsdienst für das Land Mecklenburg-Vorpommern (Rettungsdienstgesetz - RDG M-V) vom 01.07.1993

Rettungsdienst-Plan Mecklenburg-Vorpommern vom 16.02.1999

9. Niedersachsen

Niedersächsisches Rettungsdienstgesetz (NRettDG) vom 29.01.1992

Verordnung über die Bemessung des Bedarfs an Einrichtungen des Rettungsdienstes (BedarfsVO-RettD) vom 04.01.1993

10. Nordrhein-Westfalen

Gesetz über den Rettungsdienst sowie die Notfallrettung und den Krankentransport durch Unternehmer (RettG) vom 24.11.1992 [zit. NWRettG]

11. Rheinland-Pfalz

Landesgesetz über den Rettungsdienst sowie den Notfall- und Krankentransport (Rettungsdienstgesetz - RettDG) vom 22.04.1991 [zit. RPRettDG]

Landesrettungsdienstplan Rheinland-Pfalz vom 15.07.1986

12. Saarland

Saarländisches Rettungsdienstgesetz (SRettG) vom 09.02.1994

Dienstordnung des Ministeriums des Innern für den „Leitenden Notarzt“ (LNA) vom 30.06.1992

13. Sachsen

Gesetz über Rettungsdienst, Notfallrettung und Krankentransport für den Freistaat Sachsen (Sächsisches Rettungsdienstgesetz - SächsRettDG) vom 07.01.1993

Landesrettungsdienstplan für den Freistaat Sachsen (Sächsischer Landesrettungsdienstplan - SächsLRettDP) vom 30.11.1994

14. Sachsen-Anhalt

Rettungsdienstgesetz des Landes Sachsen-Anhalt (RettDG-LSA) vom 11.11. 1993

Verordnung zur Regelung der Mindestanforderungen an die personellen und sächlichen Ausstattungen und der Grundsätze der einheitlichen Kostenermittlung im Rettungsdienst (RettDVO-LSA) vom 15.11.1994

15. Schleswig-Holstein

Gesetz über die Notfallrettung und den Krankentransport (Rettungsdienstgesetz RDG) vom 29.11.1991 [zit. SHRDG]

Landesverordnung zur Durchführung des Rettungsdienstgesetzes (DVO-RDG) vom 22.11.1993

16. Thüringen

Thüringer Rettungsdienstgesetz (ThürRettG) vom 22.12.1992

Landesrettungsdienstplan (LRDP) für den Freistaat Thüringen vom 15.06. 1995

Erstes Kapitel
Gegenstand der Untersuchung

§ 1 Grundlagen

Bevor auf die Untersuchung der strafrechtlichen Verantwortung von ärztlichem und nichtärztlichem Personal in der präklinischen Notfallmedizin eingegangen werden kann, ist es zunächst notwendig, die Struktur der präklinischen Notfallversorgung herauszuarbeiten. Es wird sich zeigen, daß diese besondere Struktur häufig nicht in das Schema des überlieferten Arztrechts einzuordnen ist. Vielmehr sind die bereits entwickelten Regeln in vielen Bereichen nicht ohne Modifikationen übertragbar, an anderen Stellen unvollständig und ergänzungsbedürftig.

1. Begriff der präklinischen Notfallversorgung und -medizin

Die klassische Darstellung der präklinischen Notfallversorgung geschieht im allgemeinen durch die Erörterung der jeweiligen Elemente der sog. Rettungskette[1]. Diese beinhaltet einen kontinuierlichen, aufeinander aufbauenden Ablauf von dem Eintritt des Notfalls und der Versorgung des Notfallpatienten bis zur Aufnahme in eine geeignete Einrichtung zur weiteren diagnostischen und therapeutischen Versorgung. Die lückenlose Versorgung des Notfallpatienten erfordert die Abstimmung und das Ineinandergreifen verschiedener Hilfeleistungen und unterschiedlicher Einrichtungen.
Erstes Element der Rettungskette bildet die Laienhilfe durch sachgerechtes Eingreifen mit Maßnahmen wie Absichern des Unfallortes, lebensrettende Sofortmaßnahmen am Notfallort, qualifizierte Notfallmeldung sowie Erste Hilfe. Im Anschluß daran steht die - in der vorliegenden Arbeit näher zu untersuchende - qualifizierte präklinische Notfallversorgung (Notfallrettung), d.h. die Behandlung des Patienten durch speziell ausgebildetes ärztliches und nichtärztliches Personal im Rahmen des Rettungswesens. Den Abschluß der Rettungskette bildet schließlich die Übergabe des Notfallpatienten durch den Rettungsdienst an die Notaufnahme oder Intensivstation der jeweiligen geeigneten Einrichtung zur weiteren medizinischen Versorgung.

---

[1] vgl. dazu z.B. 4 des Landesrettungsdienstplans für den Freistaat Sachsen (SächsLRettDP); III.3.1 des Rettungsdienstplans Baden-Württemberg; Buchfelder/Buchfelder S. 3 f.; Gorgaß/Ahnefeld/Rossi S. 17 ff.; Kontokollias/Regensburger/Rupprecht S. 18 ff.; Lippert/Weißauer RN 68 ff., 133 ff.

Schwerpunkt der qualifizierten präklinischen Notfallversorgung ist die präklinische notfallmedizinische Betreuung des Notfallpatienten am Einsatzort und während des Transportes in eine geeignete Einrichtung[2]. Hierbei wird häufig vom „verlängerten Arm der Klinik“ gesprochen[3]. Die Aufgabe besteht darin, mit ärztlichen und nichtärztlichen Maßnahmen die Transportfähigkeit des Notfallpatienten herzustellen (Sicherung und Aufrechterhaltung der Vitalfunktionen) sowie den Patienten im Anschluß daran in eine geeignete Einrichtung zu transportieren. Zudem sind irreversible Schäden am Notfallpatienten durch medizinische Verfahren vor Ort zu verhindern. Die Notfallmedizin kann daher mit Sefrin[4] zusammenfassend als „Einleitung einer Intensivtherapie mit eingeschränkten diagnostischen, therapeutischen und personellen Möglichkeiten unter erschwerten äußeren Bedingungen, möglichst kurzfristig nach Eintritt des Geschehens mit dem Ziel, das Überleben des Notfallpatienten zu sichern, irreversible Schäden zu vermeiden und damit die Voraussetzung für eine auf Grundleiden ausgerichtete klinische Behandlung und die Rehabilitation zu schaffen“, definiert werden.

2. Qualifizierte präklinische Notfallversorgung in der Bundesrepublik Deutschland[5]

Die qualifizierte präklinische Notfallversorgung innerhalb der Bundesrepublik Deutschland hat im Laufe der letzten Jahre und Jahrzehnte einen hohen Standard erreicht. So ist der Rettungsdienst bei Verkehrsunfällen unter Verwendung von Sonderrechten inzwischen in 92,3% aller Einsätze innerhalb von 15 Minuten am Einsatzort (der Mittelwert beträgt 8,1 Minuten), der Notarzt in 87,3% der Fälle (Mittelwert 9,8 Minuten).
Diese Werte resultieren aus einem organisierten und strukturierten Rettungswesen. So ist die Fläche des Bundes in insgesamt 326 Rettungsdienstbereiche aufgegliedert. Ein Rettungsdienstbereich verfügt im Durchschnitt über eine Fläche von ca. 1.100 qkm, in der ca. 250.000 Einwohner leben. Je Rettungsdienstbereich existieren durchschnittlich 3,7 Notarztstandorte und 6,5 Rettungswachen. Im Einzugsbereich einer Rettungswache leben ca. 41.000 Einwohner.

---

[2] 5.1 des Landesrettungsdienstplans für den Freistaat Sachsen (SächsLRettDP)

[3] Kurtenbach/Gorgaß/Raps S. 29 f.

[4] Sefrin S. 6

[5] dem Zahlenmaterial liegt - solange nicht anders angegeben - der Bericht des Bundesministeriums für Verkehr, Bau- und Wohnungswesen über Maßnahmen auf dem Gebiet der Unfallverhütung im Straßenverkehr und Übersicht über das Rettungswesen 1998 und 1999 - Unfallverhütungsbericht Straßenverkehr 1998/99 -, BT-Drucks. 14/3863 v. 03.07.2000, zugrunde

Die eingehenden Notrufe erreichen eine von insgesamt knapp 400 Rettungsleitstellen. Von den über 1.800 Rettungswachen sind ca. 90% ständig mit mindestens einem Rettungsdienstfahrzeug besetzt. Parallel hierzu existieren mehr als 1.000 Notarztstandorte. Im Rettungsdienst kommen insgesamt 25.600 nichtärztliche Vollzeitkräfte und über 5.000 Zivildienstleistende zum Einsatz. Dazu kommen Teilzeitkräfte und ehrenamtliche Helfer. Schließlich sind 16.300 Notärzte im Rettungsdienst beschäftigt.
Der Rettungsdienst kommt im Jahr in ca. 9,9 Mio. Fällen zum Einsatz. Die Rettungsdiensteinsätze gliedern sich in Notfalleinsätze und Krankentransporte auf, wobei ca. 4 Mio. der Einsätze auf Notfälle, die restlichen 5,9 Mio. Einsätze hingegen auf Krankentransporte entfallen. 48,9% aller Notfälle werden mit Begleitung des Notarztes durchgeführt, während 51,1% der Notfälle lediglich von nichtärztlichem Personal bewältigt werden.

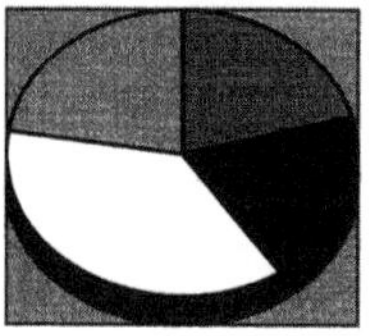

Abb.1 - Verteilung der Rettungsdiensteinsätze

Der internistische Notfall führt bei den Einsatzindikationen bei Notfällen mit 44,2% aller Einsätze, gefolgt von sonstigen Notfällen wie Suizide, hilflose Personen oder dringende Blut- oder Organspenden mit 33,2%. 13,4% aller Einsatzindikationen entfallen auf sonstige Unfälle wie Haus-, Sport- oder Freizeitunfälle. Relativ selten sind hingegen mit 8% aller Notfalleinsätze Verkehrsunfälle sowie schließlich mit 1,2% Arbeitsunfälle.

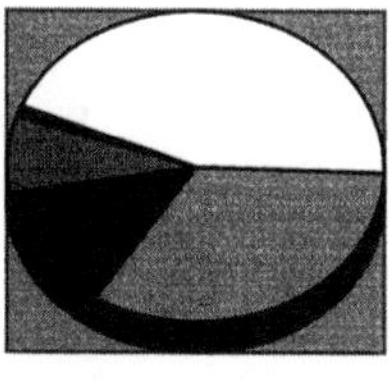

Abb.2 - Einsatzindikation bei Notfalleinsätzen

§ 2 Das Rettungswesen als Institut der präklinischen Notfallversorgung

Das Rettungswesen ist als Teil des Systems zur Daseinsvorsorge und Gefahrenabwehr in der Bundesrepublik Deutschland eine öffentliche Aufgabe[6]. Es gliedert sich im einzelnen in die Bereiche Rettungsdienst und Notarztdienst auf.

1. Rettungsdienst

a. Aufgaben des Rettungsdienstes

Die Aufgabe des Rettungsdienstes ist die Sicherstellung einer flächendeckenden, bedarfs- und fachgerechten präklinischen notfallmedizinischen Versorgung der Bevölkerung mit Leistungen der Notfallversorgung und des Krankentransportes[7].
Die Notfallversorgung umfaßt die medizinische Versorgung von Notfallpatienten unter notfallmedizinischen Bedingungen[8]. Notfallpatienten sind Kranke oder Verletzte, die sich in Lebensgefahr befinden oder bei denen schwere gesundheitliche Schäden zu befürchten sind, wenn sie nicht unverzüglich medizinische Hilfe erhalten[9], i.e. "Patienten, bei denen sich eine lebensgefährliche Störung der Vitalfunktionen Atmung und Kreislauf anbahnt oder bereits vorliegt, und Patienten, bei denen schwerwiegende Störungen weiterer wichtiger Funktionskreise wie das Bewußtsein, des Wasser-Elektrolythaushalts, des

[6] vgl. § 2 Abs. 2 BbgRettG; § 3 Abs. 1 BremRettDG; § 3 Abs. 1 HRDG; § 6 Abs. 1 RDG M-V; § 2 Abs. 1 RPRettDG; § 2 Abs. 1 RettDG-LSA

[7] so auch ausdrücklich in § 1 Abs. 1 BWRDG; § 2 Abs. 1 BlRDG; § 3 Abs. 1 BremRettDG; § 3 Abs. 1 HRDG; § 2 Abs. 1 NRettDG; § 2 Abs. 1 RPRettDG; § 2 Abs. 1 SRettG; § 2 Abs. 1 SächsRettDG; § 1 Abs. 1 RettDG-LSA; § 6 Abs. 1 SHRDG; § 2 Abs. 1 ThürRettG

[8] vgl. § 1 Abs. 2 BWRDG; Art. 2 Abs. 1, 3 BayRDG; § 2 Abs. 2 BlRDG; § 2 Abs. 2 BbgRettG; § 2 Nr. 1 i.V.m. § 3 Abs. 2 Nr. 1 BremRettDG; § 2 Nr. 1 i.V.m. § 3 Abs. 1 HmbRDG; § 2 Abs. 1 HRDG; § 2 Abs. 2 RDG M-V; § 2 Abs. 2 NRettDG; § 2 Abs. 1 NWRettG; § 2 Abs. 2 RPRettDG; § 2 Abs. 2 SRettG; § 2 Abs. 2 SächsRettDG; § 2 Abs. 2 RettDG-LSA; § 1 Abs. 1 SHRDG; § 2 ThürRettG

[9] § 1 Abs. 2 BWRDG; Art. 2 Abs. 3 BayRDG; § 2 Abs. 2 BlRDG; § 2 Abs. 2 BbgRettG; § 2 Nr. 1 BremRettDG; § 2 Nr. 1 HmbRDG; § 2 Abs. 3 HRDG; § 2 Abs. 2 RDG M-V; § 2 Abs. 2 NRettDG; § 2 Abs. 1 NWRettG; § 2 Abs. 2 RPRettDG; § 2 Abs. 2 SRettG; § 2 Abs. 2 SächsRettDG; § 2 Abs. 2 RettDG-LSA; § 1 Abs. 1 SHRDG; § 2 Abs. 1 Nr. 1 ThürRettG

Wärmehaushalts, des Säure-Basen-Haushalts und des Stoffwechsels lebensbedrohliche Einwirkungen auf die Vitalfunktionen erwartet werden müssen, unabhängig von der auslösenden Ursache“[10]. Damit steht bei der Notfallversorgung der Gesichtspunkt der Gefahrenabwehr im Vordergrund. Daraus folgt, daß Notfallsituationen auch durch ein Höchstmaß an Eingriffsrechtfertigung gekennzeichnet sind. Die Tätigkeit während eines Notfalls besteht darin, mit dem vom Träger bereitgestellten Personal, den Fahrzeugen und Geräten Notfallpatienten am Notfallort nach notfallmedizinischen Grundsätzen bedarfsgerecht zu versorgen (Maßnahmen zur Erhaltung des Lebens oder zur Vermeidung gesundheitlicher Schäden einzuleiten), die Transportfähigkeit herzustellen und sie unter fachgerechter Betreuung mit dafür besonders ausgestatteten Rettungsmitteln während des Transportes in eine für die weitere Versorgung geeignete Einrichtung zu befördern[11].

Gegenstand des Krankentransportes ist es, Kranken, Verletzten oder sonstigen Hilfsbedürftigen, soweit sie keine Notfallpatienten sind, ggf. Erste Hilfe zu leisten und sie unter fachgerechter Betreuung zu befördern[12]. Nicht zum Krankentransport gehört somit die Beförderung von kranken oder behinderten Personen, die nach ärztlicher Beurteilung während der Beförderung keiner medizinisch-fachlicher Betreuung bedürfen (sog. Krankenfahrten bzw. Behindertentransporte)[13].

Die vorliegende Arbeit beschränkt sich ausschließlich auf die notfallmedizinische Versorgung. Dabei wird jedoch nicht verkannt, daß sich Einsätze des Krankentransportes durchaus zu Notfällen i.S. der Notfallversorgung entwikkeln können, wobei von einer Komplikationswahrscheinlichkeit von ca. 5% aller Einsätze ausgegangen wird[14]. In diesem Falle gelten die folgenden Ausführungen - da es sich dann um Notfälle handelt - entsprechend.

---

10 Kurtenbach/Gorgaß/Raps S. 43; ähnlich Buchfelder/Buchfelder S. 1 f.

11 § 1 Abs. 2 BWRDG; Art. 2 Abs. 1 BayRDG; § 2 Abs. 2 BlRDG; § 2 Abs. 2 BbgRettG; § 3 Abs. 2 Nr. 1 BremRettDG; § 3 Abs. 1 HmbRDG; § 2 Abs. 2 RDG M-V; § 2 Abs. 2 Nr. 1 NRettDG; § 2 Abs. 1 NWRettG; § 2 Abs. 2 RPRettDG; § 2 Abs. 2 SRettG; § 2 Abs. 2 SächsRettDG; § 2 Abs. 2 RettDG-LSA; § 1 Abs. 1 SHRDG; § 2 Abs. 1 Nr. 1 ThürRettG

12 § 1 Abs. 3 BWRDG; Art. 2 Abs. 2 BayRDG; § 2 Abs. 3 BlRDG; § 2 Abs. 3 BbgRettG; § 3 Abs. 2 Nr. 2 BremRettDG; § 3 Abs. 2 HmbRDG; § 2 Abs. 2 HRDG; § 2 Abs. 3 RDG M-V; § 2 Abs. 2 Nr. 2 NRettDG; § 2 Abs. 2 NWRettG; § 2 Abs. 3 RPRettDG; § 2 Abs. 3 SRettG; § 2 Abs. 3 SächsRettDG; § 2 Abs. 3 RettDG-LSA; § 1 Abs. 2 SHRDG; § 2 Abs. 1 Nr. 2 ThürRettG

13 § 1 Abs. 3 BWRDG; § 1 Abs. 2 Nr. 4 BlRDG; § 1 Abs. 3 Nr. 3 BbgRettG; § 1 Abs. 2 Nr. 5 BremRettDG; § 1 Abs. 2 Nr. 6 HmbRDG; § 1 Nr. 4, 5 HRDG; § 2 Abs. 4 RDG M-V; § 1 Abs. 2 Nr. 4 NWRettG; § 1 Abs. 2 Nr. 3 RPRettDG; § 2 Abs. 3 SächsRettDG; § 1 Abs. 2 Nr. 3 RettDG-LSA; § 1 Abs. 4 Nr. 1 SHRDG; § 1 Abs. 3 Nr. 1 ThürRettG

14 Kontokollias/Regensburger/Rupprecht S. 86

Im Rahmen des Rettungsdienstes ist zwischen zwei Einsatzarten zu unterscheiden[15]: Über 95% aller rettungsdienstlichen Einsätze sind Primäreinsätze. Diese bestehen aus der präklinischen Erstversorgung des Patienten am Einsatzort, der Herstellung der Transportfähigkeit sowie dem anschließenden Transport in eine geeignete Einrichtung unter Aufrechterhaltung der Transportfähigkeit und Vermeidung weiterer Schäden. Ein sog. Sekundäreinsatz ist dann erforderlich, wenn ein bereits in eine Klinik aufgenommener und medizinisch versorgter Patient zur weiteren Diagnostik bzw. zur Weiterbehandlung in eine andere, geeignetere Einrichtung transportiert werden muß. Dabei kann es sich unter Einbindung des Notarztes um eine weiterhin bestehende akute Lebensgefahr des Patienten handeln (sog. dringlicher Sekundäreinsatz) oder um einen Einsatz ohne ärztliches Personal bei keiner Lebensbedrohung des Patienten. Ein solcher Sekundäreinsatz ist - da nicht-präklinisch - nicht Thema der vorliegenden Ausarbeitung.

b. Umfang und Zuständigkeiten des Rettungsdienstes

Die Aufgaben des Rettungsdienstes erstrecken sich neben dem - bisher besprochenen - bodengebundenen Rettungsdienst auch auf die Berg-, Luft- und Wasserrettung. Der Rettungsdienst untersteht als öffentliche Aufgabe der Daseinsvorsorge grundsätzlich der Gesetzgebungskompetenz der einzelnen Bundesländer. Ausnahmen sind zum einen die SAR (Search and Rescue), welche durch Luftfahrtgesetze des Bundes geregelt wird, sowie die Seenotrettung, deren Aufgaben durch die Deutsche Gesellschaft zur Rettung Schiffbrüchiger (DGzRS) wahrgenommen wird.
Der Landesgesetzgeber regelt die Rahmenbedingungen (Trägerschaft, Finanzierung, Anforderungen an die Struktur des Rettungsdienstes) durch die Rettungsdienstgesetze. Die Rahmenbedingungen werden durch Durchführungsverordnungen der einzelnen Länder oder Landesrettungsdienstplänen konkretisiert.
Der vorliegende Erörterungsgegenstand beschränkt sich ausschließlich auf den bodengebundenen Rettungsdienst. Bodengebunden bedeutet, daß der Patiententransport auf befestigten Wegstrecken, i.d.R. Straßen, erfolgt[16]. Auf die Struktur von Berg-, Luft- und Wasserrettungsdienst wird damit nicht näher eingegangen, wenngleich die rechtliche Beurteilung im wesentlichen übertragbar ist.

---

15 vgl. Kirschnick S. 8 f.; Kontokollias/Regensburger/Rupprecht S. 41 f.; Lippert/Weißauer RN 211 ff.; Sefrin S. 33 f.; Walter/Meyer S. 8

16 III.4 des Rettungsdienstplans Baden-Württemberg

c. Trägerschaft und Durchführung des Rettungsdienstes

Die Trägerschaft des Rettungsdienstes wird i.d.R. an die jeweiligen Kommunen als eigene Aufgabe bzw. an einen Verbund mehrerer Kommunen (Rettungszweckverbände) als übertragene Aufgabe delegiert[17].
Hierbei werden die Träger verpflichtet, z.T. auch in Kooperation mit den jeweiligen Landesministerien und weiteren Gremien, Rettungsbedarfspläne zu erstellen[18]. In diesen Plänen wird der erforderliche Bedarf an leistungsfähigen Einrichtungen, Fahrzeugen und Personalstellen im Rahmen des Rettungswesens errechnet. Als Maßstab dient hierfür eine Hilfsfrist, mit der festgelegt wird, in welcher Zeit ein Fahrzeug des Rettungsdienstes am Einsatzort eintreffen muß[19]. Diese Hilfsfrist liegt grundsätzlich zwischen 10 und 15 Minuten und umfaßt den Zeitraum vom Eingang einer Notfallmeldung bei der zuständigen Leitstelle bis zum Eintreffen eines geeigneten Rettungsmittels am Notfallort[20]. Damit umfaßt die Hilfsfrist die Dispositionszeit in der Rettungsleitstelle, die Ausrückzeit sowie die Fahrzeit des Rettungsmittels[21]. Die Einhaltung dieser Norm gilt i.d.R. als erfüllt, wenn in einem Rettungsdienstbereich 95% aller an einer Straße gelegenen Notfallorte innerhalb dieser Hilfsfrist rettungsdienstlich qualifiziert bedient werden können[22]. Insofern wird für 5% der Notfälle in der Praxis immer noch eine Dauer über der jeweiligen Hilfsfrist in Kauf genommen. Dabei sind sowohl witterungs- und verkehrsbedingte Ausnahmesituationen wie auch das geringe Notfallaufkommen in entlegenen Gebieten zusammenzufassen.
Nach den einzelnen Rettungsdienstgesetzen ist die Sicherstellung der präklinischen Notfallversorgung der Bevölkerung eine staatliche Aufgabe, mit de-

17 Art. 18 BayRDG; § 3 Abs. 1 BbgRettG; § 4 Abs. 1 HRDG; § 6 Abs. 2 RDG M-V; § 3 Abs. 1 Nr. 2 NRettDG; § 6 NWRettG; § 3 Abs. 1 RPRettDG; § 8 Abs. 1 SRettG; § 3 Abs. 1 SächsRettDG; § 3 Abs. 1 RettDG-LSA; § 6 Abs. 2 SHRDG; § 3 Abs. 1 ThürRettG

18 § 4 Abs. 2, 3 BbgRettG; § 7 RDG M-V; § 5 Abs. 1 SächsRettDG; § 6 Abs. 1 RettDG-LSA

19 vgl. § 3 Abs. 2 BWRDG; § 1 Abs. 1 2.AVBayRDG; § 2 Abs. 3 der niedersächsischen Verordnung über die Bemessung des Bedarfs an Einrichtungen des Rettungsdienstes (BedarfsVO-RettD); § 8 Abs. 2 RPRettDG; § 2 Abs. 2 SächsRettDG; § 7 Abs. 2 RettDG-LSA; 4.1 des Landesrettungsdienstplans (LRDP) für den Freistaat Thüringen

20 § 7 Abs. 2 Nr. 1 RDG M-V; § 7 Abs. 1 RettDG-LSA; 4.1 des Landesrettungsdienstplans (LRDP) für den Freistaat Thüringen

21 § 7 Abs. 2 RDG M-V; 5.2 des Landesrettungsdienstplans für den Freistaat Sachsen (SächsLRettDP)

22 § 2 Abs. 3 der niedersächsischen Verordnung über die Bemessung des Bedarfs an Einrichtungen des Rettungsdienstes (BedarfsVO-RettD); 5.2 des Landesrettungsdienstplans für den Freistaat Sachsen (SächsLRettDP); § 7 Abs. 2 RettDG-LSA; 4.1 des Landesrettungsdienstplans (LRDP) für den Freistaat Thüringen

ren Durchführung Dritte beauftragt werden[23]. Dazu zählen die Berufsfeuerwehren, Hilfsorganisationen (wie der Arbeiter-Samariter-Bund, das Deutschen bzw. Bayerische Rote Kreuz, die Johanniter-Unfall-Hilfe und der Malteser-Hilfsdienst) sowie private Unternehmen.
Die vorliegende Untersuchung beschränkt sich ausschließlich auf das unmittelbar am Einsatz beteiligte Personal (Leitstellenpersonal und Personal am Einsatzort), die Träger des Rettungswesens bleiben insoweit unberücksichtigt.

2. Notarztdienst

a. Aufgabe des Notarztdienstes

Dem Notarztdienst obliegt die Aufgabe, Notfallpatienten im Rahmen des Rettungsdienstes, d.h. in der organisierten Zusammenarbeit mit nichtärztlichem Personal durch entsprechend ausgebildete Ärzte fachgerechte notärztliche Hilfe am Einsatzort sowie auf dem Transport zu einer geeigneten Einrichtung zur weiteren Versorgung angedeihen zu lassen[24].
Der Notarztdienst ist Teil des staatlich organisierten Rettungsdienstes (§ 36a SGB V). Aufgrund seiner Aufgabenstellung ist er von dem sog. ärztlichen Notfalldienst (auch ärztlicher Bereitschaftsdienst genannt) abzugrenzen[25]. Dieser nimmt seine Aufgaben aufgrund des Sicherstellungsauftrages der Kassenärztlichen Vereinigungen wahr (§ 75 SGB V). Er übernimmt die ambulante ärztliche (aber nicht notärztliche) Versorgung in Fällen, in denen Patienten außerhalb der üblichen Zeiten der Sprechstunde der kassenärztlichen Praxen ärztliche Hilfe bedürfen und stellt einen eigenständigen Notfalldienst dar, welcher - anders als der Rettungsdienst - die typischen Mittel des niedergelassenen Arztes bietet. Der ärztliche Notfalldienst ist damit nicht Teil des Rettungsdienstes[26], jedoch in diesem organisatorisch, technisch und funktionell eingebunden. Zur besseren Unterscheidbarkeit wird im weiteren Verlauf der Ausarbeitung die Terminologie des ärztlichen Bereitschaftsdienstes verwendet.
Die notärztliche Versorgung ist als eine eigenständige rettungsdienstliche Aufgabe innerhalb der Notfallversorgung in die rettungsdienstliche Infra-

---

23 § 2 Abs. 1 BWRDG; Art. 19 Abs. 1 BayRDG; § 5 Abs. 1 BbgRettG; § 6 Abs. 2 BremRettDG; §§ 7, 8 HmbRDG; § 4 Abs. 2 HRDG; § 6 Abs. 4 RDG M-V; § 5 Abs. 1 NRettDG; § 11 Abs. 1 NWRettG; § 5 Abs. 1 RPRettDG; § 8 Abs. 1 SRettG; § 6 Abs. 1 SächsRettDG; § 3 Abs. 2 RettDG-LSA; § 6 Abs. 3 SHRDG; § 4 Abs. 1 ThürRettG

24 BGH Urt. v. 12.11.1992 - III ZR 178/91; Lippert NJW 1982, 2090; Lippert/Weißauer RN 28; Rieger RN 1264

25 vgl. z.B. D.I.3 des Landesrettungsdienstplans Rheinland-Pfalz; Lippert/Weißauer RN 26; Sefrin S. 11

26 § 12 Abs. 1 der Dienstanweisung für Rettungsleitstellen in Baden-Württemberg

struktur eingebunden, um eine ständige Funktionsfähigkeit des Leistungssystems der Gefahrenabwehr zu gewährleisten.
Darüber hinaus kann und muß jeder Arzt - ob Hausarzt, Bereitschaftsarzt oder auch nur der zufällig am Einsatzort anwesende Arzt - einen Notfallpatienten behandeln und, bei angezeigter Indikation, den Transport zur geeigneten Einrichtung begleiten, um eine ärztliche Versorgung sichern. Dies hat jedoch nicht zur Konsequenz, daß der Arzt damit als Notarzt im hier verstandenen Sinne anzusehen ist.

b. Trägerschaft und Durchführung des Notarztdienstes

In den einzelnen Rettungsdienstgesetzen[27] wird der Träger des Rettungsdienstes verpflichtet, in Zusammenarbeit mit den Kassenärztlichen Vereinigungen, den Ärztekammern und den jeweiligen Krankenhäusern, die Einsätze von ärztlichem Personal auf den Rettungsmitteln durch die Bereitstellung von notfallmedizinisch ausgebildeten Ärzten sicherzustellen. Als Notärzte kommen hierbei nicht nur Ärzte von stationären Einrichtungen in Betracht, vielmehr können auch niedergelassene Ärzte im Notarztdienst eingesetzt werden.

3. Organisation und Einrichtungen im bodengebundenen Rettungswesen

a. Einsatzleitung

Die Einsatzleitung im Rettungswesen obliegt innerhalb eines Rettungsdienstbereiches der Rettungsleitstelle. Hierbei arbeitet sie mit den jeweiligen Krankenhäusern, dem ärztlichen Bereitschaftsdienst, der Polizei und der Feuerwehr zusammen und wirkt ferner auch im Katastrophenschutz mit[28]. Die Rettungsleitstelle ist ständig besetzt und betriebsbereit. Sie wird für die Durchführung ihrer Aufgaben mit den notwendigen Kommunikationseinrichtungen und geeignetem Personal ausgestattet[29].
Die Rettungsleitstelle stellt die Verbindung zwischen Hilfesuchendem und dem Rettungsdienst dar. Die eingehenden Notrufe werden entgegengenom-

[27] vgl. z.B. § 10 Abs. 1 BWRDG; Art. 21 Abs. 1 BayRDG; § 4 Abs. 5 BbgRettG

[28] § 6 Abs. 1 BWRDG; § 8 Abs. 1 BbgRettG; § 1 Nr. 4 der Verordnung zur Ausführung der §§ 5 und 6 des Gesetzes zur Neuordnung des Rettungsdienstes in Hessen (Zentrale Leitstellen, Besondere Gefahrenlagen); 3.5.1 des Rettungsdienst-Plans Mecklenburg-Vorpommern; § 8 Abs. 1 NWRettG; § 7 Abs. 3 RPRettDG; § 9 Abs. 3 SächsRettDG; § 5 Abs. 3 RettDG-LSA

[29] § 6 Abs. 1 BWRDG; Art. 20 Abs. 1, 3 BayRDG; § 8 Abs. 2, 3 BbgRettG; § 7 Abs. 2 BremRettDG; § 8 Abs. 1 NWRettG; § 7 Abs. 2 RPRettDG; § 7 Abs. 1 SRettG; § 9 Abs. 2 SächsRettDG; § 5 Abs. 2 RettDG-LSA

men und entsprechend verarbeitet. Hierbei entscheidet sich, welche Rettungsmittel alarmiert werden, insbesondere, ob die Anforderung ärztlicher Hilfe in Form eines Notarztes erforderlich ist. Daraufhin werden die entsprechend erforderlichen Rettungsmittel, welche den Einsatzort aufgrund ihres aktuellen Standortes in kürzester Zeit erreichen, alarmiert. Die Rettungsleitstelle koordiniert, lenkt und überwacht dabei den gesamten Ablauf der einzelnen Rettungseinsätze[30].

b. Rettungsmittel

Die Rettungswachen unterstehen organisatorisch den Rettungsleitstellen. Sie müssen die ständige Einsatzbereitschaft der erforderlichen Rettungsmittel sowie das notwendige Personal während der Notfallversorgung sicherstellen[31]. Für die Notfallversorgung sind Krankenkraftwagen einzusetzen[32], also Fahrzeuge, welche für die Notfallversorgung ausgestattet und nach dem Fahrzeugschein als Krankenkraftwagen anerkannt sind[33]. Die Fahrzeuge müssen in Ausstattung, Ausrüstung und Wartung den allgemein anerkannten Regeln der Notfallmedizin und Technik entsprechen, um die notfallmedizinische Behandlung sowie den Transport von Notfallpatienten sicherzustellen[34]. Größe und Ausstattung werden durch jeweilige DIN-Vorschriften (Rettungswagen DIN 75080, Notarzteinsatzfahrzeuge DIN 75079) bestimmt[35].
Bei den Krankenkraftwagen ist im Rahmen der Notfallversorgung zwischen Rettungswagen, Notarztwagen und Notarzteinsatzfahrzeug zu unterscheiden.

---

30 § 6 Abs. 1 BWRDG; Art. 20 Abs. 1, 3 BayRDG; § 8 BlRDG, § 4 Abs. 1 BbgRettG; § 7 BremRettDG; § 5 Abs. 2 HRDG; § 9 Abs. 3 RDG M-V; § 6 Abs. 1 NRettDG; § 8 Abs. 1 NWRettG; § 7 Abs. 1 RPRettDG; § 7 Abs. 1 SRettG; § 9 Abs. 2 SächsRettDG; § 5 Abs. 2 RettDG-LSA; § 7 Abs. 1, 3, 4 SHRDG; § 8 Abs. 2 ThürRettG

31 vgl. § 7 Abs. 1 BWRDG; Art. 20 Abs. 4 BayRDG; § 9 Abs. 1 BbgRettG; § 8 BremRettDG; § 9 Abs. 1 RDG M-V; § 8 Abs. 2 NRettDG; § 9 Abs. 1 NWRettG; § 8 Abs. 2 RPRettDG; § 6 Abs. 2 SRettG; § 9 Abs. 5 SächsRettDG; § 8 Abs. 1 RettDG-LSA; § 7 Abs. 1 SHRDG; § 9 Abs. 2 ThürRettG

32 § 8 Abs. 1 BWRDG; Art. 12 Abs. 1 BayRDG; § 9 Abs. 1 BlRDG; § 20 Abs. 1 HmbRDG; § 3 Abs. 1 RDG M-V; § 9 NRettG; § 21 Abs. 1 RPRettDG; § 3 Abs. 1 SRettG; § 13 Abs. 1 SächsRettDG; § 2 Abs. 1 SHRDG; § 14 Abs. 1 ThürRettG

33 § 8 Abs. 1 BWRDG; Art. 2 Abs. 4 BayRDG; § 9 Abs. 1 BlRDG; § 3 Abs. 2, 3 RDG M-V; § 3 Abs. 1 NWRettG; § 21 Abs. 2 RPRettDG; § 3 Abs. 2 SRettG; § 13 Abs. 1 SächsRettDG; § 2 Abs. 2 SHRDG

34 § 8 Abs. 1 BWRDG; Art. 12 Abs. 1 BayRDG; § 9 Abs. 1 BlRDG; § 20 Abs. 2, 3 HmbRDG; § 3 Abs. 2 RDG M-V; § 3 Abs. 1 NWRettG; § 3 Abs. 1 SRettG; § 13 Abs. 2 SächsRettDG; § 14 Abs. 1 ThürRettG

35 C.II.3 des Landesrettungsdienstplans Rheinland-Pfalz; § 2 Abs. 2 der Verordnung zur Regelung der Mindestanforderungen an die personellen und sächlichen Ausstattungen und der Grundsätze der einheitlichen Kostenermittlung im Rettungsdienst in Sachsen-Anhalt (RettDVO-LSA); § 2 Abs. 1 SHRDG

Rettungs- und Notarztwagen sind Transportfahrzeuge, in denen die Aufrechterhaltung der Vitalfunktionen des Patienten während des Transportes möglich ist, das Notarzteinsatzfahrzeug hingegen ist gewöhnlich ein PKW, welcher der schnellen Anfahrt des Notarztes zum Einsatzort dient und mit spezieller medizinisch-technischer Ausrüstung für die Primärversorgung von Notfallpatienten durch den Notarzt ausgestattet ist[36]. Relevant für die Behandlung der unterschiedlichen Fahrzeugarten ist im Rahmen dieser Materie insbesondere die unterschiedliche Zusammensetzung der Besatzung. Zu beachten ist dabei, daß Rettungswagen - im Gegensatz zu Notarztwagen - keinen Notarzt mitführen, somit „nur" mit nichtärztlichem Personal besetzt sind. Bei notärztlichen Einsätzen kommt der Notarzt in diesem Falle durch ein Notarzteinsatzfahrzeug zum Einsatzort.

c. Einsatzsysteme im Notarztdienst

Im bodengebundenen Notarztdienst ist zwischen zwei unterschiedlichen Einsatzsystemen zu unterscheiden[37].

aa. Stationssystem

Im Stationssystem (auch Kompaktsystem) fährt ein Notarztwagen (besetzt mit Notarzt und nichtärztlichem Personal), welcher gewöhnlich an einem Krankenhaus stationiert ist, zur Einsatzstelle. Der Patient wird nach der Erstversorgung im Notarztwagen zur Weiterversorgung in eine geeignete Einrichtung durch den Notarzt begleitet. Dieses System wird vor allem in Städten und Ballungszentren eingesetzt.

Die Vorteile dieses Systems sind auch juristisch bedeutsam. Hier trifft das gesamte Behandlungsteam (ärztliches und nichtärztliches Personal) zur gleichen Zeit am Einsatzort ein. Damit kann die Notfalltherapie am Einsatzort eingeleitet und mit dem Transport zu einer geeigneten Einrichtung kontinuierlich fortgesetzt werden. Da Notarzt und nichtärztliches Personal häufig für längere Zeit zusammenarbeiten, ist durch die damit gewonnene Routine eine deutlich bessere und effektivere Zusammenarbeit möglich. Durch diese längere Zusammenarbeit ist der Notarzt auch besser über die Qualifikation und die einzelnen Fähigkeiten des nichtärztlichen Personals unterrichtet. Dieser Punkt wird dabei insbesondere unter dem Gesichtspunkt des arbeitsteiligen Handelns von Bedeutung sein.

---

36 vgl. im einzelnen § 3 Abs. 2 NWRettG; § 21 Abs. 2 RPRettDG; III.4.1 des Rettungsdienstplans Baden-Württemberg; Walter/Meyer S. 9 ff.

37 vgl. 5.5.2 des Landesrettungsdienstplans für den Freistaat Sachsen (SächsLRettDP); Kontokollias/Regensburger/Rupprecht S. 36 f.; Kühn/Luxem/Runggaldier S. 524; Lippert/Weißauer RN 221 f.; Paszicsnyek/Petutschigg/Weinrauch S. 14 f.; Sefrin S. 25 ff.

Nachteile des Stationssystems liegen hingegen in den längeren Anfahrten zum Einsatzort aufgrund der geringeren Geschwindigkeit des Notarztwagens sowie in der absoluten Bindung des Notarztes an sein Fahrzeug, wodurch die Übernahme eines zweiten, parallelen Einsatzes nicht möglich ist.

bb. Rendez-vous-System

Drei Viertel[38] der Notarztsysteme sind im Rendez-vous-System organisiert. Zum Teil wird dem Rendez-vous-System auch bereits bei der Planung der notärztlichen Versorgung der Bevölkerung den Vorzug gegeben[39]. Dabei fährt parallel zum alarmierten Rettungswagen (besetzt mit nichtärztlichem Personal) ein zentral zwischen mehreren Rettungswachen stationierter Notarzt mit einem nichtärztlichen Fahrer im Notarzteinsatzfahrzeug zum jeweiligen Einsatzort. Dieses System unterscheidet sich damit vom Stationssystem durch die separate Anfahrt des Notarztes zum Einsatzort. Der Patient kann hier dennoch vom Notarzt im Rettungswagen zur Weiterversorgung in eine geeignete Einrichtung begleitet werden.

Die Vorteile dieses Systems liegen vor allem in der größeren Flexibilität des Notarztes, da nach der Primärversorgung und der Herstellung der Transportfähigkeit durch den Notarzt am Einsatzort der Patient nur in 30 - 50% der Einsätze[40] auf eine ärztliche Begleitung im Rettungswagen zur geeigneten Einrichtung angewiesen ist. Dies bedeutet im Gegensatz zum Stationssystem, daß der Notarzt hier nicht an sein Fahrzeug gebunden ist, sondern bereits nach der Erstversorgung des Patienten neu einsatzbereit ist. Somit wird eine notärztliche Versorgung von mehreren Patienten möglich, da der Notarzt von einem Einsatzort zum nächsten fahren kann, ohne vorher die Klinik anfahren zu müssen[41]. Durch den PKW als Notarzteinsatzfahrzeug ist ferner eine schnellere Anfahrt des Notarztes möglich. Dieses System führt insbesondere außerhalb von Städten und Ballungsräumen zu einer wesentlichen Verkürzung der Eintreffzeit des Notarztes am Einsatzort.

Ein entscheidender Nachteil ist jedoch das zeitlich oft unterschiedliche Eintreffen des nichtärztlichen und ärztlichen Personals am Einsatzort. Juristisch relevant sind dabei insbesondere die Fälle, in denen das nichtärztliche Personal im Rettungswagen den Einsatzort vor dem Notarzt erreicht. Dies ist vor allem auch deshalb in der Praxis häufig anzutreffen, da ein Notarzteinsatzfahrzeug - wie ausgeführt - zentral zwischen mehreren Rettungswachen sta-

38 Zahlenmaterial nach Kühn/Luxem/Runggaldier S. 524

39 vgl. 4.3 des Landesrettungsdienstplans (LRDP) für den Freistaat Thüringen

40 das Zahlenmaterial bezieht sich auf Erhebungen des Universitätskrankenhauses in Würzburg, vgl. Sefrin S. 28; zu ähnlichen Werten kommen Lippert/Weißauer RN 224; Kurtenbach/Gorgaß/Raps S. 40 gehen von ca. 50% aus

41 so auch 5.5.2 des Landesrettungsdienstplans für den Freistaat Sachsen (SächsLRettDP)

tioniert ist und damit meist eine längere Strecke zum Einsatzort zurücklegen muß. Ein weiterer Problembereich in Bezug auf arbeitsteiliges Handeln stellen die häufig wechselnden Besatzungen auf den Rettungsmitteln dar. Hier kann es aufgrund der Organisationsstruktur zu keiner routinierten Zusammenarbeit zwischen ärztlichem und nichtärztlichem Personal kommen. Einerseits muß sich das nichtärztliche Personal auf wechselnde Therapieformen des jeweiligen Notarztes einstellen, auf der anderen Seite fehlen dem Notarzt oft nähere Informationen über die jeweilige Qualifikation und die Fähigkeiten seiner nichtärztlichen Helfer.

§ 3 Personal und Aufgabenverteilung im Rettungswesen

1. Personal im Rettungswesen

Im Rahmen des Rettungswesens ist insbesondere auf die Unterscheidung zwischen ärztlichem und nichtärztlichem Personal einzugehen.
Der Arzt dient der Gesundheit des Menschen. Für die Ausübung der Heilkunde gilt dabei der Vorbehalt des § 1 des Heilpraktikergesetzes[42], wonach nur Ärzten die Ausübung der Heilkunde gestattet wird. Auch die Bundesärzteordnung[43] beruft sich auf den Arztvorbehalt, indem sie ausführt, daß die Ausübung des ärztlichen Berufs in der „Ausübung der Heilkunde unter der Berufsbezeichnung Arzt oder Ärztin“[44] besteht.
Im Gegensatz hierzu sind auch für nichtärztliche Hilfsberufe im Rettungswesen Regelungen erlassen worden. Dies betrifft namentlich die Rettungsassistenten und Rettungssanitäter.

a. Ärztliches Personal mit Qualifikationsvoraussetzungen

aa. Einsatz als Notarzt

Der Notarzt ist ein im Rettungsdienst zur notfallmedizinischen Versorgung von erkrankten oder verletzten Personen tätiger Arzt. Im Bereich der Notfallversorgung werden speziell für den Rettungsdienst ausgebildete Ärzte eingesetzt. Für ihren Einsatz wird als Ausbildungsvoraussetzung ein von der Bundesärztekammer am 16.09.1983 beschlossener[45] und schließlich am 21.09.

[42] Gesetz über die berufsmäßige Ausübung der Heilkunde ohne Bestallung vom 17.02. 1939 (RGBl. I S. 251)
[43] vom 02.10.1961 (BGBl. I S. 1857)
[44] § 2 Abs. 5 BÄO
[45] vgl. Sefrin S. 18 f.

1994 mit strengeren Anforderungen überarbeiteter[46] Fachkundenachweis „Arzt im Rettungsdienst" oder eine vergleichbare besondere Qualifikation für Notärzte (z.B. Zusatzbezeichnung „Rettungsmedizin") angesehen, der in den meisten Bundesländern[47] als zwingende Voraussetzung zur Teilnahme am Rettungsdienst vorgeschrieben ist. Der Fachkundenachweis umfaßt eine mindestens 18-monatige klinische Tätigkeit, wovon mindestens drei Monate in der klinischen Anästhesiologie, der Intensivmedizin oder einer entsprechenden Notaufnahmeeinheit abzuleisten sind. In dieser Zeit muß der angehende Notarzt Kenntnisse und Erfahrungen in der Erkennung und Behandlung von lebensbedrohlichen Zuständen erwerben. Ferner sind Notfalleinsätze unter unmittelbarer Leitung eines erfahrenen Notarztes zu absolvieren.

bb. Einsatz als Leitender Notarzt

Gerade auch bei Großschadensereignissen (sog. Massenanfällen) besteht die Aufgabe, den Notfallpatienten eine notfallmedizinische Primärversorgung zukommen zu lassen. Großschadensereignisse sind diesbezüglich insofern problematischer als „normale" Rettungseinsätze, da sie zwar aufgrund einer örtlichen und zeitlichen Begrenzung noch unterhalb der Katastrophenschwelle liegen, aufgrund der größeren, wenngleich überschaubaren Anzahl von Notfallpatienten jedoch eine medizinische Maximalversorgung jedes einzelnen Patienten aufgrund der begrenzten Kapazität des Rettungsdienstes zumindest zeitweise nicht mehr möglich ist[48]. Im Unterschied zum Katastrophenfall ist der Einsatz bei einem Massenanfall durch die Mobilisierung der örtlichen Reserven (noch) durchführbar. Hier muß der Einsatz der einzelnen rettungsdienstlichen Kräfte koordiniert, ärztliche und nichtärztliche Heilmaßnahmen am Schadensort gelenkt und zugleich überwacht werden. Dies sind Aufgaben des Leitenden Notarztes[49].

---

[46] vgl. Knuth Rettungsdienst 1995, 282 f.

[47] Art. 12 BayRDG; § 7 Abs. 1 BlRDG; § 4 Abs. 6 BbgRettG; § 10 Abs. 5 BremRettDG; § 21 Abs. 4 HmbRDG; § 4 Abs. 1 RDG M-V; § 4 Abs. 3 NWRettG; § 22 Abs. 4 RPRettDG; § 4 Abs. 2 SRettG; § 10 Abs. 1 SächsRettDG; § 9 Abs. 1 RettDG-LSA; § 3 Abs. 2 SHRDG

[48] vgl. III.5.1, VIII.2.3 des Rettungsdienstplans Baden-Württemberg; Nr. 1.1 der Gemeinsamen Hinweise des Innenministeriums und des Ministeriums für Arbeit, Gesundheit, Familie und Sozialordnung für Planungen zur Bewältigung eines Massenanfalls von Verletzten in Baden-Württemberg; 8.1 des Landesrettungsdienstplans (LRDP) für den Freistaat Thüringen; vgl. auch Sefrin Bevölkerungsschutz 3/1998, 5

[49] § 10 Abs. 2 BWRDG; Art. 21 Abs. 3 BayRDG; § 7 Abs. 2 BlRDG; § 9 HmbRDG; § 6 HRDG; 3.2 des Rettungsdienst-Plans Mecklenburg-Vorpommern; § 7 Abs. 2 NRettG; § 7 Abs. 3 NWRettG; § 4 Abs. 2 SRettG; § 10 Abs. 2 SächsRettDG; § 9 Abs. 4 RettDG-LSA; § 7 Abs. 2 SHRDG; § 10 Abs. 1 - 4 ThürRettG

Die Qualifikation des Leitenden Notarztes umfaßt aufbauend auf den Anforderungen des Fachkundenachweises „Arzt im Rettungsdienst“ oder einer vergleichbaren Qualifikation den „Fachkundenachweis Leitender Notarzt“, bzw. eine Ausbildung als Facharzt mit Tätigkeit in der Intensivmedizin. Ferner werden umfassende Kenntnisse der Notfallmedizin und eine regelmäßige aktive Tätigkeit im Rettungsdienst sowie ausreichende organisatorische und einsatztaktische Kenntnisse, so z.B. Detailwissen über die örtliche Infrastruktur des Rettungs- und Gesundheitswesens, vorausgesetzt[50].

b. Nichtärztliches Personal mit Qualifikationsvoraussetzungen

aa. Personalstruktur

Die Personalstruktur des nichtärztlichen Personals hat sich im Laufe der Zeit[51] stark verändert. Ständig wurden die Anforderungen an die Mitarbeiter angehoben. Heute unterscheiden die Rettungsdienstgesetze in Rettungsassistenten, -sanitäter und -helfer.
Rettungsassistenten durchlaufen - als einzig anerkannter Ausbildungsberuf - nach dem Gesetz über den Beruf der Rettungsassistentin und des Rettungsassistenten (RettAssG vom 10.07.1989)[52] eine zweijährige, 2800 Stunden umfassende Ausbildung. Dieses Gesetz beruht auf Art. 74 Abs. 1 Nr. 19 GG und hat das Ziel, in Anlehnung an andere medizinische Assistenzberufe (z.B. den medizinisch-technischen Assistenten) durch Regelungen der Ausbildung und Prüfung einen qualifizierteren Standard des nichtärztlichen Personals im Rahmen des Rettungsdienstes zu erreichen. Das erste Ausbildungsjahr setzt sich aus 780 Stunden theoretischer Ausbildung an einer Rettungsassistentenschule und 420 Stunden klinischer Ausbildung zusammen, an diese schließt sich die staatliche Prüfung an. Im zweiten Jahr sind 1600 Stunden praktische Ausbildung an einer Lehrrettungswache abzuleisten, bevor im Rahmen eines Abschlußgespräches die Erlaubnis, die Berufsbezeichnung Rettungsassistent zu führen, erteilt wird.
Neben der zweijährigen Ausbildung bestand bei Rettungssanitätern, die ihre Ausbildung bis zum 31.08.1989 begonnen hatten, die Möglichkeit der Anerkennung einer entsprechenden Tätigkeit, sofern mindestens 2000 Stunden

---

50 vgl. Sefrin S. 56 f.; § 9 Abs. 3 HmbRDG; § 6 Abs. 5 HRDG; 3.2.1 des Rettungsdienst-Plans Mecklenburg-Vorpommern; I.3 der saarländischen Dienstordnung des Ministeriums des Innern für den Leitenden Notarzt (LNA) 6.2.1 des Landesrettungsdienstplans für den Freistaat Sachsen (SächsLRettDP); § 7 Abs. 2 SHRDG; § 10 Abs. 4 ThürRettG

51 vgl. zur historischen Entwicklung der Ausbildung im Rettungsdienst Kühn/Luxem/Runggaldier S. 671 ff.

52 BGBl. I S. 1384, Inkraftgetreten am 01.09.1989; die dazugehörige Ausbildungs- und Prüfungsverordnung vom 07.11.1989 (BGBl. I S. 1966) ist am 08.11.1989 Inkraftgetreten

praktische Erfahrungen im Rettungsdienst vorlagen. Zudem gibt es verkürzte Ausbildungmöglichkeiten für Krankenschwestern und -pfleger nach § 8 Abs. 3 RettAssG, Rettungssanitäter (mit Ausbildungsbeginn nach dem 31.08.1989) nach § 8 Abs. 2 RettAssG, Unteroffiziere im Sanitätsdienst der Bundeswehr und Sanitätsbeamten im Bundesgrenzschutz und der Polizei nach § 8 Abs. 4 RettAssG.
Die Ausbildung von Rettungssanitätern umfaßt 520 Stunden nach dem Lernzielkatalog des Bund-/Länderausschusses „Rettungswesen" vom 20.09.1977. Darunter fallen 160 Stunden theoretische Ausbildung an einer Rettungsschule, 160 Stunden Praktikum in einer Klinik (Intensivstation bzw. Anästhesie), 160 Stunden praktische Ausbildung an einer Lehrrettungswache sowie 40 Stunden Abschlußlehrgang mit Prüfung.
Die Ausbildung der Rettungshelfer ist gesetzlich nicht geregelt. Es gibt keine Ausbildungs- oder Prüfungsverordnung. Sie entspricht lediglich einer Minimalausbildung, dessen Umfang bei den einzelnen Organisationen unterschiedlich ist. Rettungshelfer eignen sich daher nicht zur alleinigen Überwachung von Notfallpatienten[53], vielmehr werden sie überwiegend als Fahrer von Krankentransportwagen eingesetzt.
Über 70% aller im Rettungsdienst Tätigen besitzt inzwischen die Qualifikation als Rettungsassistent (die meisten freilich durch die o.g. Übergangsregelung), ca. 25% der Tätigen sind Rettungssanitäter, die verbleibenden 5% Rettungshelfer[54]. Rettungsassistenten und Rettungssanitäter sind statusrechtlich Angestellte der einzelnen Hilfsorganisationen bzw. der privaten Unternehmen im Rettungswesen, Beamte oder Angestellte der Feuerwehren, aber auch ehrenamtlich tätig. Rettungshelfer sind Mitarbeiter im Ausbildungsstadium sowie die im Rettungswesen eingesetzten Zivildienstleistenden, welche aufgrund der kurzen Zivildienstzeit eine verkürzte Ausbildung absolvieren.

bb. Einsatz auf Rettungsmitteln

Der überwiegende Teil der Landesrettungsdienstgesetze hat inzwischen die Qualifikationsvoraussetzungen bei der Besetzung der einzelnen Rettungsmittel angeglichen. So kann als übergeordnete Struktur festgehalten werden, daß die Krankenkraftwagen im Einsatz mit mindestens zwei fachlich und gesundheitlich geeigneten Personen zu besetzen sind[55]. Es muß auch gewährleistet sein, daß sie im Einsatz die besondere Sorgfalt und Zuverlässigkeit erbringen,

53 vgl. dazu Lippert/Weißauer RN 275

54 Zahlenmaterial nach Kühn/Luxem/Runggaldier S. 674

55 § 9 Abs. 1 BWRDG; Art. 12 Abs. 2 BayRDG; § 9 Abs. 2 BlRDG; § 10 Abs. 1 BremRettDG; § 10 NRettG; § 4 Abs. 1 NWRettG; § 22 Abs. 1 RPRettDG; § 4 Abs. 1 SRettG; § 12 Abs. 1 SächsRettDG; § 14 Abs. 2 ThürRettG

die sich aus ihrer Aufgabe herleitet[56]. Bei der Notfallversorgung hat dabei i.d.R. mindestens ein Rettungsassistent den Patienten zu betreuen[57]. Von dieser Regel darf ausnahmsweise im Einzelfall abgewichen werden, wenn der Krankenkraftwagen sonst nicht zum Einsatz kommen kann[58]. Die zweite Person muß im Falle der Notfallversorgung in den meisten Ländern mindestens über die Ausbildung als Rettungssanitäter verfügen[59]. Notarzteinsatzfahrzeuge sind neben dem Notarzt grundsätzlich mit einem Rettungsassistenten zu besetzen[60]. Rettungshelfer werden grundsätzlich nur als dritte Person eingesetzt.

cc. Einsatz in Rettungsleitstellen

Auch die Rettungsleitstelle wird mit nichtärztlichem Personal besetzt. Die Qualifikationsvoraussetzungen sind in den einzelnen Ländern unterschiedlich. Gewöhnlich werden mindestens zwei Personen gleichzeitig eingesetzt, wovon mindestens eine über die Qualifikation zum Rettungsassistenten verfügen muß[61]. Zudem können auch Rettungssanitäter eingesetzt werden, sofern sie hinreichende praktische Einsatzerfahrung im Rettungsdienst besitzen[62]. Grundvoraussetzungen sind ferner die Kenntnis über alle Organisationszusammenhänge im jeweiligen Rettungsdienstbereich und in den angrenzenden Bereichen, insbesondere bezüglich des Einsatzpotentials an Rettungsmitteln

[56] § 10 Abs. 1 BremRettDG; § 10 NRettG

[57] § 9 Abs. 2 BWRDG; Art. 12 Abs. 2 BayRDG; § 9 Abs. 3 BlRDG; § 21 Abs. 2 HmbRDG; § 4 Abs. 2 RDG M-V; § 4 Abs. 3 NWRettG; § 22 Abs. 3 RPRettDG; § 4 Abs. 1 SRettG; § 12 Abs. 2 SächsRettDG; § 3 Abs. 1 der Verordnung zur Regelung der Mindestanforderungen an die personellen und sächlichen Ausstattungen und der Grundsätze der einheitlichen Kostenermittlung im Rettungsdienst in Sachsen-Anhalt (RettDVO-LSA); § 3 Abs. 1 SHRDG; § 14 Abs. 2 ThürRettG

[58] Art. 12 Abs. 2 BayRDG; § 12 Abs. 2 SächsRettDG; § 14 Abs. 2 ThürRettG

[59] § 9 Abs. 4 Nr. 1 BlRDG; § 4 Abs. 2 RDG M-V; § 3 Abs. 1 der Verordnung zur Regelung der Mindestanforderungen an die personellen und sächlichen Ausstattungen und der Grundsätze der einheitlichen Kostenermittlung im Rettungsdienst in Sachsen-Anhalt (RettDVO-LSA); § 3 Abs. 1 SHRDG

[60] § 9 Abs. 1 BWRDG; § 4 Abs. 2 RDG M-V; z.T. reicht die Qualifikation zum Rettungssanitäter aus, vgl. § 3 Abs. 2 der Verordnung zur Regelung der Mindestanforderungen an die personellen und sächlichen Ausstattungen und der Grundsätze der einheitlichen Kostenermittlung im Rettungsdienst in Sachsen-Anhalt (RettDVO-LSA); 7.3 des Landesrettungsdienstplans (LRDP) für den Freistaat Thüringen

[61] 3.5.3 des Rettungsdienst-Plans Mecklenburg-Vorpommern; § 8 Abs. 1 NWRettG; § 9 Abs. 2 SächsRettDG; § 8 Abs. 4 ThürRettG; z.T. genügt aber auch die Qualifikation zum Rettungssanitäter, vgl. § 6 der Verordnung zur Ausführung der §§ 5 und 6 des Gesetzes zur Neuordnung des Rettungsdienstes in Hessen (Zentrale Leitstellen, Besondere Gefahrenlagen); § 5 Abs. 2 RettDG-LSA; § 7 Abs. 1 SHRDG

[62] § 16 Abs. 1 der Dienstanweisung für Rettungsleitstellen in Baden-Württemberg

und -kräften, sowie eine umfassende Ortskenntnis[63]. Das auf Rettungsleitstellen eingesetzte Personal muß ferner in bestimmten Abständen auch auf Rettungsmitteln eingesetzt werden[64].

2. Aufgabenverteilung im Rettungswesen

a. Ärztliches Personal

aa. Notarzt

Das Rettungswesen ist in Deutschland dergestalt organisiert, daß bei vitaler Indikation ein Notarzt zum Notfallpatienten entsandt wird. So ist - wie der BGH[65] ausführte - ein funktionsfähiges Rettungswesen ohne Mitwirkung von Notärzten, die den Notfallpatienten schon an Ort und Stelle medizinisch betreuen und ihn zur weiteren Versorgung in ein Krankenhaus begleiten können, nicht denkbar. Der Notarztdienst bildet dabei einen notwendigen Bestandteil des Rettungswesens.
Der im Rettungseinsatz tätige Notarzt ist im medizinischen Bereich der für die Durchführung der diagnostischen und therapeutischen Maßnahmen Verantwortliche. Seine Aufgabe besteht zunächst in der Lagebeurteilung sowie in der Anordnung und Durchführung ärztlicher und nichtärztlicher Maßnahmen am Notfallpatienten zur Herstellung der Transportfähigkeit, ferner in der Anordnung des Transportes in eine geeignete Einrichtung zur weiteren Versorgung und ggf. in der Transportbegleitung[66]. Zudem ist er Einsatzleiter in medizinisch-organisatorischer und taktischer Hinsicht. Der Notarzt kann im Einsatz den im Rettungsdienst tätigen Personen in medizinischen Fragen Weisungen erteilen[67].

bb. Leitender Notarzt

Aufgaben des Leitenden Notarztes sind nach den Empfehlungen der Deutschen Interdisziplinären Vereinigung für Intensiv- und Notfallmedizin (DIVI) und der Bundesärztekammer, „am Ort des Geschehens unter den gegebenen

63 § 16 Abs. 1, 2 der Dienstanweisung für Rettungsleitstellen in Baden-Württemberg

64 § 16 Abs. 3 der Dienstanweisung für Rettungsleitstellen in Baden-Württemberg; 5.2.7 des Landesrettungsdienstplans (LRDP) für den Freistaat Thüringen

65 BGH Urt. v. 12.11.1992 - III ZR 178/91

66 vgl. Ellinger/Osswald/Stange S. 22 f.

67 Art. 21 Abs. 2 BayRDG; § 10 Abs. 5 BremRettDG; § 4 Abs. 3 NWRettG; § 4 Abs. 2 SRettG; § 9 Abs. 1 RettDG-LSA; § 7 Abs. 2 SHRDG; ferner Binder S. 79; Lippert NJW 1982, 2092; Lippert/Weißauer RN 342

Bedingungen möglichst umgehend eine suffiziente, präklinische, notfallmedizinische Erstversorgung vorzubereiten, um möglichst vielen Patienten ein Überleben zu sichern und Folgeschäden auf ein Mindestmaß zu reduzieren"[68]. Hier muß der Einsatz der einzelnen Kräfte koordiniert, medizinische Maßnahmen am Schadensort gelenkt und zugleich überwacht werden[69].
Dazu gehört zunächst, am Einsatzort eine Lagebeurteilung hinsichtlich der Art und Anzahl der Verletzten oder Erkrankten, der Schwere der gesundheitlichen Schädigung, zusätzlicher Gefährdungen, möglicher Folgegefährdungen sowie Kapazitäten an rettungsdienstlichem Personal, Material, Transporträumen und sekundären Behandlungsmöglichkeiten festzustellen[70]. Bei Bedarf hat der Leitende Notarzt weitere Rettungskräfte bzw. -mittel anzufordern. Des weiteren ist der Ablauf des Einsatzes durch die Sichtung der Notfallpatienten und der organisatorischen Festlegung der notfallmedizinischen Versorgung (Bildung und Einsatz von Behandlungsteams, Festlegung von Behandlungs- und Transportprioritäten) festzulegen. Auch sind Rettungsmittel sowie deren Transportziele unter Berücksichtigung von Spezialisierung und Kapazität der jeweiligen Einrichtung zu koordinieren[71]. Der Leitende Notarzt hat in medizinisch-organisatorischen Fragen eine Weisungsbefugnis gegenüber den einzelnen Rettungskräften[72].

b. Nichtärztliches Personal

aa. Rettungsteam

Die Ausbildung soll das nichtärztliche Personal befähigen, am Notfallort dem Arzt zu assistieren sowie bis zur Übernahme der Behandlung durch den Arzt

68 vgl. Sefrin S. 57

69 vgl. § 6 Abs. 4 HRDG; 3.2 des Rettungsdienst-Plans Mecklenburg-Vorpommern; I.2.2 der saarländischen Dienstordnung des Ministeriums des Innern für den Leitenden Notarzt (LNA); § 10 Abs. 3 ThürRettG

70 VIII.2.2 des Rettungsdienstplans Baden-Württemberg; § 16 Nr. 1, 2 der Verordnung zur Ausführung der §§ 5 und 6 des Gesetzes zur Neuordnung des Rettungsdienstes in Hessen (Zentrale Leitstellen, Besondere Gefahrenlagen); 3.2.2 des Rettungsdienst-Plans Mecklenburg-Vorpommern; I.2.2 der saarländischen Dienstordnung des Ministeriums des Innern für den Leitenden Notarzt (LNA)

71 vgl. VIII.2.2 des Rettungsdienstplans Baden-Württemberg; § 7 Abs. 3 NWRettG; § 16 Nr. 3, 4 der Verordnung zur Ausführung der §§ 5 und 6 des Gesetzes zur Neuordnung des Rettungsdienstes in Hessen (Zentrale Leitstellen, Besondere Gefahrenlagen); I.2.2 der saarländischen Dienstordnung des Ministeriums des Innern für den Leitenden Notarzt (LNA); vgl. ferner Ahnefeld/Dick/Kilian/Schuster S. 12 f.; Kontokollias/Regensburger/Rupprecht S. 54 f.; Sefrin S. 57 ff.

72 VIII.2.1 des Rettungsdienstplans Baden-Württemberg; Art. 21 Abs. 3 BayRDG; § 9 Abs. 2 HmbRDG; § 6 Abs. 3 HRDG; 3.2.3 des Rettungsdienst-Plans Mecklenburg-Vorpommern; § 4 Abs. 2 SRettG; § 9 Abs. 4 RettDG-LSA; § 10 Abs. 2 ThürRettG; Sefrin S. 62

eigenständig Vitalfunktionen zu untersuchen, lebensrettende Sofortmaßnahmen bei den Notfallpatienten durchzuführen, die Transportfähigkeit solcher Patienten herzustellen und die lebenswichtigen Körperfunktionen während des Transportes zu beobachten und aufrechtzuerhalten[73]. Zu den eigenständigen Aufgaben bis zur Übernahme durch den Notarzt gehören insbesondere die Lagerung des Patienten, das Freimachen und Freihalten der Atemwege, die Beatmung, die Blutstillung sowie Maßnahmen zur Schockbekämpfung und Wiederbelebung[74].

Zudem sind Patienten, welche keiner ärztlichen Behandlung bedürfen, selbständig zu betreuen und in eine geeignete Einrichtung zu transportieren. Das nichtärztliche Personal ist damit jedoch nicht zur selbständigen Ausübung ärztlicher Tätigkeiten befugt. Da aber - wie ausgeführt - auch in Notfällen nicht immer ein Notarzt am Einsatzort vorhanden ist, besteht für das nichtärztliche Personal in derartigen Situationen unter bestimmten, noch im einzelnen zu besprechenden Voraussetzungen die Möglichkeit, im Rahmen der Notkompetenz weitergehende lebensrettende Maßnahmen vorzunehmen. Diese Situationen sind indes, wie bereits erläutert, nicht selten: knapp über 50% aller Notfallpatienten werden ohne ärztliches Personal versorgt.

bb. Leitstellenpersonal

Das Personal der Rettungsleitstelle nimmt eingehende Notfallmeldungen und sonstige Hilfeersuchen entgegen und sorgt für eine Alarmierung der erforderlichen Einsatzkräfte bzw. -mittel[75].

Hierbei werden alle notwendigen Informationen erfragt, so über den Einsatzort, die Anzahl der Verletzten sowie Art und Umfang der Erkrankung oder Verletzung der betroffenen Personen. Durch diese Angaben kann auf die jeweilige Dringlichkeit des Einsatzes geschlossen werden. Hierdurch entscheidet sich, welche Rettungsmittel im einzelnen alarmiert werden, insbesondere, ob die Anforderung ärztlicher Hilfe in Form eines Notarztes erforderlich ist. Der Leitstelle obliegt die Entscheidung über Art und Zahl der jeweils einzusetzenden Rettungsmittel[76]. Dabei müssen Notfalleinsätze durchgeführt wer-

---

73 so ausdrücklich für Rettungsassistenten § 3 RettAssG

74 vgl. Gorgaß/Ahnefeld/Rossi S. 24 f.; Kurtenbach/Gorgaß/Raps S. 47

75 V.3.1 des Rettungsdienstplans Baden-Württemberg; § 5 Abs. 2 HRDG; § 6 Abs. 2 NRettG; 2.3, 3.5.1 des Rettungsdienst-Plans Mecklenburg-Vorpommern; § 7 Abs. 2 RPRettDG; 5.3.2.1 des Landesrettungsdienstplans für den Freistaat Sachsen (SächsLRettDP); § 5 Abs. 2 der schleswig-holsteinischen Landesverordnung zur Durchführung des Rettungsdienstgesetzes (DVO-RDG); 5.2.1 des Landesrettungsdienstplans (LRDP) für den Freistaat Thüringen

76 § 11 Abs. 1 der Dienstanweisung für Rettungsleitstellen in Baden-Württemberg; 5.1.1 des Landesrettungsdienstplans für den Freistaat Sachsen (SächsLRettDP); 5.2.3 des Landesrettungsdienstplans (LRDP) für den Freistaat Thüringen

den, sobald mit einem Notfall zu rechnen ist[77]. Diese haben gegenüber allen anderen Einsätzen Vorrang[78] und sind so schnell wie möglich durchzuführen[79]. Je nach Notfallart ist immer das jeweilige geeignete Rettungsmittel einzusetzen, welches den Einsatzort am schnellsten erreichen kann[80]. Zur Erstversorgung kann aber auch das nächste einsatzbereite Rettungsmittel eingesetzt werden[81]. Dies gilt auch für Fahrzeuge, die sich auf der Anfahrt zu anderen Einsatzorten oder auf der Rückfahrt von einem abgeschlossenen Einsatz befinden[82].

Zudem besteht die Aufgabe des Leitstellenpersonals darin, dem jeweiligen Anrufer telefonisch medizinische Hilfe zu vermitteln und diesen ggf. zu lebensrettenden Sofortmaßnahmen am Notfallort anzuleiten[83].

Dem Rettungsleitstellenpersonal obliegt - wie bereits ausgeführt - die Koordination, Lenkung und Überwachung der Rettungseinsätze. Es hat ggf. zusätzliche Rettungskräfte bzw. -mittel, aber auch technische Hilfe (z.B. durch die Feuerwehr) nachzufordern. Ferner ist - im Zusammenwirken mit dem Notarzt und dem nichtärztlichen Rettungsdienstpersonal - das Transportziel festzustellen und der Notfallpatient dort anzumelden[84].

Zur Durchführung ihrer Aufgaben hat die Rettungsleitstelle Weisungsbefugnis gegenüber dem ärztlichem und nichtärztlichem Personal[85]. Hiervon ausdrücklich ausgenommen sind jedoch medizinische Entscheidungen des Notarztes am Einsatzort[86].

---

77 § 10 Abs. 2 der Dienstanweisung für Rettungsleitstellen in Baden-Württemberg

78 § 3 Abs. 3 BremRettDG; § 3 Abs. 3 HmbRDG; § 2 Abs. 5 RDG M-V; § 2 Abs. 3 NWRettG; 5.3.2.3 des Landesrettungsdienstplans für den Freistaat Sachsen (SächsLRettDP); § 2 Abs. 3 RettDG-LSA; 5.2.3 des Landesrettungsdienstplans (LRDP) für den Freistaat Thüringen

79 § 10 Abs. 3 der Dienstanweisung für Rettungsleitstellen in Baden-Württemberg

80 § 11 Abs. 2 der Dienstanweisung für Rettungsleitstellen in Baden-Württemberg; 5.3.2.3 des Landesrettungsdienstplans für den Freistaat Sachsen (SächsLRettDP); 5.2.3 des Landesrettungsdienstplans (LRDP) für den Freistaat Thüringen

81 § 11 Abs. 2 der Dienstanweisung für Rettungsleitstellen in Baden-Württemberg; § 1a Abs. 1 2.AVBayRDG; 5.3.2.3 des Landesrettungsdienstplans für den Freistaat Sachsen (SächsLRettDP)

82 5.3.2.3 des Landesrettungsdienstplans für den Freistaat Sachsen (SächsLRettDP)

83 § 5 Abs. 2 der schleswig-holsteinischen Landesverordnung zur Durchführung des Rettungsdienstgesetzes (DVO-RDG)

84 III.6 des Rettungsdienstplans Baden-Württemberg

85 § 3 der Dienstanweisung für Rettungsleitstellen in Baden-Württemberg; Art. 20 Abs. 3 BayRDG; § 7 Abs. 2 BremRettDG; § 6 Abs. 2 NRettG; § 7 Abs. 2 Nr. 3 RPRettDG; § Abs. 1 SRettG; 5.3.2.3 des Landesrettungsdienstplans für den Freistaat Sachsen (SächsLRettDP)

86 § 7 Abs. 2 BremRettDG; § 6 Abs. 2 NRettG; 5.3.2.3 des Landesrettungsdienstplans für den Freistaat Sachsen (SächsLRettDP); Ahnefeld/Lippert Weißauer-FS (1986) S. 7; Kontokollias/Regensburger/Rupprecht S. 34

Auch bei einem Massenanfall lenkt die Rettungsleitstelle nach Weisung des Leitenden Notarztes die Kräfte, die zum Verletztentransport eingesetzt werden und koordiniert Art und Ziel der Transporte[87]. Sie hält dabei engen Kontakt mit den Aufnahmeeinrichtungen und holt kontinuierlich Meldungen über die jeweiligen Aufnahmekapazitäten ein.

[87] Nr. 5.2.3 der Gemeinsamen Hinweise des Innenministeriums und des Ministeriums für Arbeit, Gesundheit, Familie und Sozialordnung für Planungen zur Bewältigung eines Massenanfalls von Verletzten in Baden-Württemberg

Zweites Kapitel
Strafrechtliche Beurteilung ärztlicher Heilbehandlung und deren Rechtfertigung im Rettungswesen

§ 4 Die ärztliche Heilbehandlung im Strafrecht

1. Begriff der ärztlichen Heilbehandlung

Ärztliche Heilbehandlungen sind in Anlehnung an § 161 StGB-E 1962 als Eingriffe und andere in die Körperintegrität eingreifende Behandlungen zu verstehen, die nach den Erkenntnissen und Erfahrungen der Heilkunde und den Grundsätzen eines gewissenhaften Arztes zu dem Zwecke erforderlich sind und vorgenommen werden, um Krankheiten, Leiden, Körperschäden, körperliche Beschwerden oder seelische Störungen zu verhüten, zu erkennen, zu heilen oder zu lindern[1]. Manchmal wird zudem versucht, die Berücksichtigung des Selbstbestimmungsrechts des Patienten einzubinden[2].
Nicht zu ärztlichen Heilbehandlungen in diesem Sinne gehören hingegen Maßnahmen zu kosmetischen oder auch experimentellen Zwecken, ferner fremdnützige Eingriffe im Interesse eines Dritten[3].

2. Rechtsnatur des ärztlichen Eingriffs

Die rechtliche Beurteilung des Heileingriffs gehört zu den umstrittensten Fragen des Arztrechts. Nach ständigen Reformverlangen, die bereits bis in das Jahr 1911 zurückgehen[4], ist im Jahre 1996 im Rahmen des Sechsten Strafrechtsreformgesetzes ein neuer Anlauf in Form eines Referentenentwurfs für die strafrechtliche Beurteilung der ärztlichen Heilbehandlung[5] versucht worden. Hierin wurde vorgeschlagen, im Rahmen der Körperverletzungsdelikte

---

1 ähnlich Laufs/Uhlenbruck 52/1 m.w.N.

2 Hollmann NJW 1973, 1394, definiert die Heilbehandlung als eine wissenschaftlich indizierte, auf die Wiederherstellung oder Aufrechterhaltung der menschlichen Gesundheit bzw. der körperlichen Integrität gerichtete, unter Berücksichtigung des Selbstbestimmungsrechts lege artis durchgeführte Maßnahme

3 Cramer Lenckner-FS (1998) S. 762

4 vgl. dazu Rouka S. 73 ff.; Schreiber Hirsch-FS (1999) S. 716 ff.; Schwalm Bockelmann-FS (1979) S. 540

5 dazu Cramer Lenckner-FS (1998) S. 761 ff.; Katzenmeier ZRP 1997, 156 ff.; Meyer GA 1998, 415 ff.; Wolters JuS 1998, 587

die Tatbestände der „Eigenmächtigen Heilbehandlung“[6] sowie der „Fehlerhaften Heilbehandlung“[7] einzuführen. Jedoch griff bereits der Gesetzesentwurf der Bundesregierung vom 14.03.1997[8] diesen Vorschlag nicht mehr auf, so daß das Sechste Strafrechtsreformgesetz inzwischen ohne diese Bestimmungen verabschiedet worden und schließlich am 01.04.1998[9] in Kraft getreten ist.
Damit geht der Streit weiter, ob und inwieweit ärztliche Maßnahmen als Körperverletzung anzusehen sind. Gerade die Aktualität der neuesten Entwicklung zeigt dabei, daß die Gräben zwischen den Ansichten unverändert groß sind. Nachfolgend werden die verschiedenen Ansichten in Rechtsprechung und Rechtslehre dargestellt, wobei eine vollständige Darstellung jedoch angesichts der großen Zahl von Meinungen nicht möglich ist.

a. Ansicht der Judikatur und Teilen der Lehre

Seit dem Urteil des Reichsgerichts vom 31.05.1894 ist nach ständiger Rechtsprechung bekanntermaßen jede ärztliche, die Integrität des Körpers nicht unerheblich berührende Maßnahme als tatbestandsmäßige Körperverletzung an-

---

6 § 229 StGB-E Eigenmächtige Heilbehandlung
(1) Wer ohne wirksame Einwilligung bei einer anderen Person einen körperlichen Eingriff oder eine andere deren körperliche Integrität oder deren Gesundheitszustand nicht nur unwesentlich beeinflussende Behandlung vornimmt, um bei ihr oder ihrer Leibesfrucht vorhandene oder künftige körperliche oder seelische Krankheiten, Schäden, Leiden, Beschwerden oder Störungen zu erkennen, zu heilen, zu lindern oder ihnen vorzubeugen, wird mit Freiheitsstrafe bis zu fünf Jahren oder mit Geldstrafe bestraft. § 226 gilt sinngemäß.
(2) In besonders schweren Fällen ist die Freiheitsstrafe von sechs Monaten bis zu zehn Jahren. Ein besonders schwerer Fall liegt in der Regel vor, wenn die Behandlung
1. der Erprobung einer neuen Behandlungsmethode dient, ohne daß dies im Interesse der behandelten Person oder ihrer Leibesfrucht geboten ist
2. unter Abwägung des mit ihr verfolgten Zwecks und einer mit ihr für die behandelte Person verbundenen Gefährdung nicht verantwortet werden kann.
(3) Die Tat wird nur auf Antrag verfolgt, es sei denn, daß
1. sie unter den in Absatz 2 Satz 2 genannten Voraussetzungen begangen ist oder
2. die Strafverfolgungsbehörde wegen des besonderen öffentlichen Interesses an der Strafverfolgung ein Einschreiten von Amts wegen für geboten hält.
Stirbt die verletzte Person, so geht das Antragsrecht nach § 77 Abs. 2 auf die Angehörigen über.

7 § 230 StGB-E Fehlerhafte Heilbehandlung
(1) Wer fahrlässig durch einen Behandlungsfehler eine andere Person im Rahmen einer den in § 229 Absatz 1 Satz 1 bezeichneten Zwecken dienenden Behandlung an ihrer Gesundheit schädigt, wird mit Freiheitsstrafe bis zu drei Jahren oder mit Geldstrafe bestraft.
(2) § 229 Absatz 3 Satz 1 Nr. 2, Satz 2 gilt entsprechend.

8 BR-Drucks. 164/97

9 BGBl. I S. 164

zusehen[10]. Die Rechtsprechung stellt dabei auf jeden einzelnen Teilakt der Behandlung, nicht nur bei einem chirurgischen Eingriff im Rahmen einer Operation, sondern auch bei jedem sonstigen Eingriff (z.B. einer Injektion, Anästhesie, Medikamentenapplikation) ab. Diese Teilakte erfüllen für sich jeweils den objektiven und subjektiven Tatbestand des § 223 Abs. 1 StGB. Dies gilt unabhängig davon, ob die jeweilige Maßnahme erfolgreich oder mißglückt, kunstgerecht oder fehlerhaft durchgeführt wurde. Dieser Ansicht haben sich Teile der Literatur[11] angeschlossen, wobei diese Mindermeinung gerade in der letzten Zeit stärkeren Zulauf zu erhalten scheint.
Nach dieser Auffassung bedarf jede konkrete Maßnahme am Patienten jeweils einer besonderen Rechtfertigung. In Frage kommt hier grundsätzlich eine ausdrückliche oder durch schlüssiges Verhalten zu entnehmende konkludente[12] Einwilligung des Patienten[13]. Kann die Einwilligung hingegen nicht eingeholt werden, läßt man auch eine mutmaßliche Einwilligung genügen[14], z.T. wird dabei auch eine Anwendung des § 34 StGB erwogen.

b. Ansicht der herrschenden Lehre

Gegen die Ansicht der Rechtsprechung spricht sich neben der Ärzteschaft auch die vorherrschende Strafrechtslehre aus. Vielmehr würde in der Konsequenz der Arzt mit einem „Messerhelden" auf eine Stufe gestellt[15]. Insofern qualifiziert die überwiegende Literatur der Heileingriff grundsätzlich nicht als tatbestandliche Körperverletzung i.S. des § 223 Abs. 1 StGB. Trotz des Konsenses über dieses Ergebnis herrscht jedoch über die Begründungen im einzelnen keine Einigkeit, wobei jedoch im wesentlichen zwei unterschiedliche Ansätze vertreten werden.

---

10 vgl. RGSt Urt. v. 31.05.1894 - Rep. 1406/94; RGSt Urt. v. 10.04.1905 - Rep. 5857/04; RGSt Urt. v. 23.01.1940 - 1 D 39/40; BGH Urt. v. 28.11.1957 - 4 StR 525/57; BGH Urt. v. 10.02.1959 - 5 StR 533/58; BGH Urt. v. 01.02.1961 - 2 StR 457/60; BGH Beschl. v. 25.03.1988 - 2 StR 93/88; BGH Urt. v. 29.06.1995 - 4 StR 760/94; ebenso die ständige Rechtsprechung in Zivilsachen sowie das überwiegende zivilrechtliche Schrifttum, vgl. Staudinger-Schäfer § 823 RN 21 f.; RGRK-Nüßgens § 823 Anh. II RN 64 jew. m.w.N.

11 Arzt/Weber § 6 RN 96 ff.; Baumann NJW 1958, 2092 ff.; Krey RN 219; Küpper I 2/43; Rengier 13/17; Schaffer VersR 1993, 1458 f.; Schwalm Bockelmann-FS (1979) S. 540

12 BGH Urt. v. 10.02.1959 - 5 StR 533/58; BGH Urt. v. 28.06.1963 - 4 StR 202/63

13 RGSt Urt. v. 31.05.1894 - Rep. 1406/94; RGSt Urt. v. 10.04.1905 - Rep. 5857/04; RGSt Urt. v. 23.01.1940 - 1 D 39/40; BGH Urt. v. 28.11.1957 - 4 StR 525/57; BGH Urt. v. 10.02.1959 - 5 StR 533/58; BGH Urt. v. 01.02.1961 - 2 StR 457/60; BGH Urt. v. 29.06.1995 - 4 StR 760/94; BGH Urt. v. 19.11.1997 - 3 StR 271/97; aus der zivilrechtlichen Judikatur RGZ Urt. v. 27.05.1908 - Rep. VI 484/07; BGH Urt. v. 05.12.1958 - VI ZR 266/57; BGH Urt. v. 09.12.1958 - VI ZR 203/57; BGH Urt. v. 16.01.1959 - VI ZR 179/57; BGH Urt. v. 22.06.1971 - VI ZR 230/69

14 BGH Urt. v. 10.02.1959 - 5 StR 533/58; BGH Urt. v. 09.12.1958 - VI ZR 203/57

15 so bereits 1902 Binding Lehrbuch S. 56

aa. Erfolgstheorie

Nach der Erfolgstheorie ist die Lösung im Handlungserfolg zu suchen, indem zwischen gelungenem und mißlungenem Eingriff unterschieden wird[16]. Da es für den Heileingriff nicht auf die einzelnen Teilakte (die einzelnen Maßnahmen), sondern auf den Gesamterfolg ankomme, sei § 223 Abs. 1 StGB schon deshalb tatbestandlich zu verneinen, wenn im Ergebnis das körperliche Wohl im ganzen wiederhergestellt oder jedenfalls erhalten worden ist[17]. „Entscheidend ist nicht, daß der helfende Arzt dem Körper des Kranken Wunden schlägt, entscheidend ist vielmehr, ob er, indem er dies tut, Wunden, die andere geschlagen haben (oder die ein Unfall verursacht oder die der Verletzte sich selbst zugefügt hat), heilt, oder daß er Gefahrenherde ausmerzt, von denen dem Körper Siechtum oder gar Tod droht“[18]. Der Gesamtakt eines gelungenen Heileingriffs kann nach dieser Lösung mangels Körperverletzungserfolg weder als „körperliche Mißhandlung“ oder als „Gesundheitsschädigung“ i.S. des § 223 Abs. 1 StGB angesehen werden.
Ist der Eingriff mißlungen, so liegt nach dieser Auffassung zwar objektiv eine tatbestandsmäßige Körperverletzung vor, jedoch fehlt es am Vorsatz, da der Wille des Behandelnden auf die Heilung des Patienten und nicht auf den Mißerfolg gerichtet ist.

bb. Handlungstheorie

Die Vertreter der Handlungstheorie versuchen, das Ergebnis über die Kunstgerechtigkeit des Eingriffs herbeizuführen. Hiernach stellt ein indizierter Eingriff, welcher von einer Heilungstendenz getragen ist und zugleich kunstgerecht, d.h. lege artis durchgeführt wurde, bereits tatbestandlich keine Körperverletzung i.S. des § 223 Abs. 1 StGB dar, da die Behandlung des Patienten zur Wiederherstellung und Erhaltung des körperlichen Wohls kraft Natur der Sache keine Körperverletzung sein kann[19]. Unbeachtlich ist hierbei, ob der Eingriff mißlungen ist oder nicht. Zwar „mag dem gesunden Menschenverstand eine tödliche Behandlung doch nicht um deswillen keine Körperverletzung zu sein, weil sie zu Heilzwecken vorgenommen wurde, indiziert war und lege artis ausgeführt worden ist“, jedoch könne es sich bei der Rechtmäßigkeitsbeurteilung nur um die „Beurteilung eines Verhaltens nach seiner Quali-

16 Bockelmann S. 67 ff.; Arthur Kaufmann ZStW 73, 372 f.; Maurach/Schroeder/Maiwald BT1 8/30; Otto BT 15/11

17 Bockelmann S. 62 ff.; LK-Hirsch Vor § 223 RN 3

18 Bockelmann S. 66, der einen Vergleich mit Handwerkern zieht, deren Arbeit i.F.v. Ausbesserung von Gegenständen auch nicht als Sachbeschädigung angesehen wird

19 Engisch, Ärztliche Operation, S. 20; ders. ZStW 58, 5 ff.; Schmidhäuser BT 1/5; Eb. Schmidt S. 69 ff.; Welzel § 39 I 3 a

tät im Augenblick des Vollzugs" handeln[20]. Voraussetzung ist jedoch, daß der Eingriff indiziert ist. Indiziert ist ein Eingriff dann, wenn er „nach den Erkenntnissen und Erfahrungen der Medizin und den Grundsätzen eines gewissenhaften Arztes erforderlich ist, um Krankheiten, Leiden, Körperschäden, körperliche Beschwerden oder seelische Störungen zu erkennen, zu heilen oder zu lindern"[21]. Damit wird bereits der objektive Tatbestand des § 223 Abs. 1 StGB verneint.

c. Differenzierende Lösungen in der Lehre

Neben der herrschenden Lehre weichen weitere, vereinzelte Ansichten in Ergebnis und Begründung voneinander ab. Hier sollen aufgrund ihrer Ansätze zwei weitergehende Ansichten kurz dargestellt werden.

aa. Die Ansicht Schröders

Nach einem von Schröder[22] entwickelten Ansatz, der auf der Erfolgstheorie aufbaut, ist zu unterscheiden, ob die gelungene Heilmaßnahme mit einem wesentlichen Substanzverlust verbunden ist. Heilmaßnahmen ohne wesentlichen Substanzverlust, welche insbesondere zur Wiederherstellung, Verbesserung oder zumindest zu keiner Gesundheitsverschlechterung führen, sind bereits tatbestandlich nicht als Körperverletzung anzusehen, da hierbei kein Erfolgsunwert gegeben ist. Wesentliche Substanzveränderungen werden nach dieser Ansicht hingegen stets dem § 223 Abs. 1 StGB unterstellt.

bb. Die Ansicht Horns

Horn[23] unterscheidet im Rahmen einer „zweispurigen Lösung" zwischen der Verletzung des „körperbezogenen Selbstbestimmungsrechts", welches durch § 223 Abs. 1 StGB mitgeschützt ist und der Verletzung der körperlichen Unversehrtheit als solche durch den Heileingriff. Eingriffe, die zwar kunstgerecht, aber ohne Einwilligung vorgenommen werden, werden nach dieser Ansicht durch die Verletzung des Selbstbestimmungsrechts dem § 223 Abs. 1 StGB unterstellt. Diese Lösung soll dem hohen Stellenwert des Selbstbestimmungsrechts Rechnung tragen.

---

20 Engisch ZStW 58, 9
21 Trocha Rettungsdienst 1996, 131; ferner Lackner/Kühl § 223 RN 9
22 S/S-Eser § 223 RN 32 ff.; vgl. auch Hardwig GA 65, 163 ff.
23 SK-Horn § 223 RN 35 ff.

d. Zusammenfassende Stellungnahme und eigene Ansicht

Der vorliegende Streit wurde oft leidenschaftlich ausgetragen, so wurde häufig vom „kalten Krieg“ zwischen Juristen und Medizinern gesprochen, der von Mißverständnissen und Übertreibungen geprägt ist[24]. Untersucht man die beiden grundsätzlichen Ansichten zwischen Rechtsprechung und herrschender Strafrechtslehre, so ist aufgrund der bisherigen Rechtslage der Auffassung der Rechtsprechung zu folgen.

Die herrschende Lehre führt mit ihren Ansätzen im einzelnen zu inakzeptablen Lösungen. So verbietet sich zunächst bei der Frage, ob nun der Tatbestand des § 223 Abs. 1 StGB gegeben ist, das Abstellen ex post auf den Erfolg i.S. der Erfolgstheorie, da dabei verkannt wird, daß es keine Heilbehandlung ohne Risiko gibt[25]. Die Folge dieser Ansicht bedeutet ein erhebliches Erfolgsrisiko des Arztes, weil das Abstellen auf das Gelingen der ärztlichen Behandlung zu Recht als willkürlich erscheint[26]. Auch spielen kriminalpolitische Gründe eine Rolle. So entstehen untragbare Strafbarkeitslücken, da es bei gelungenen, aber eigenmächtigen Heileingriffen des Arztes auf eine Einwilligung des Patienten i.S. einer Rechtfertigung gar nicht mehr ankäme. Unhaltbar ist dabei m.E. die Ansicht von Bockelmann[27], welcher feststellt, daß diese Lösung angesichts der Seltenheit und Harmlosigkeit dieses Verbrechens kein kriminalpolitisches Unglück darstelle. Das gleiche Ergebnis liefert auch die Lösung über die Handlungstheorie, da es auch hier bei kunstgerechten, aber eigenmächtigen Heileingriffen mangels Erfüllung des Tatbestandes auf eine rechtfertigende Einwilligung des Patienten nicht mehr ankommt. Dabei gelingt der Versuch, diese Lücke über den (möglichen) Rückgriff auf §§ 185, 239, 240 StGB zu schließen, nur selten[28]. Von daher droht bei den Lösungsansätzen der herrschenden Lehre die Gefahr, daß die Aufklärung des Patienten vor einem Eingriff entbehrlich wird, sofern nur der Eingriff erfolgreich bzw. indiziert ist und kunstgerecht durchgeführt wurde.

Aus diesen Gründen spricht für den Standpunkt der Rechtsprechung die Wahrung des Selbstbestimmungsrechts des Patienten über seinen Körper nach Art.

---

24 Schwalm MDR 1960, 723; in diesem Sinne spricht auch Giesen RN 203, daß man sich bei der Kritik an der höchstrichterlichen Rechtsprechung in die Nähe des Vorwurfs einer die Intentionen der höchstrichterlichen Rechtsprechung völlig verfehlten emotionalen Sprache begibt, die dem Patient-Arzt-Verhältnis in keiner Weise zu dienen geeignet ist

25 Arzt/Weber § 6 RN 100

26 Trockel NJW 1970, 490

27 Bockelmann S. 71

28 Katzenmeier ZRP 1997, 157; Arthur Kaufmann ZStW 73, 373 f.; Krey RN 218; Küpper I 2/43; LK-Hirsch Vor § 223 RN 6; Rengier 13/17; Rouka S. 67 f.; Schaffer VersR 1993, 1458 f.; Schneider S. 235 ff.; S/S-Eser § 223 RN 30; Wessels/Hettinger RN 329

2, Art. 1 Abs. 1 GG[29], welches nach Ansicht des BVerfG[30] einen wesentlichen Bestandteil des ärztlichen Aufgabenbereichs darstellt. Das Selbstbestimmungsrecht, welches vereinzelt - wie ausgeführt - sogar als eigenständiges Rechtsgut des § 223 Abs. 1 StGB angesehen wird[31], beinhaltet, daß der Patient aus freier Motivation eine Behandlung erlauben oder untersagen kann[32]. Mit den Worten von Giesen[33] ist der Patient „eben kein Bündel bloß medizinischer Probleme, er ist über den medizinischen Fall weit hinaus Persönlichkeit mit weitreichenden Wertvorstellungen, Prioritäten, Ängsten und Hoffnungen".

Zutreffend wird gegen die herrschende Lehre zudem angeführt, daß der heilende Eingriff zunächst einmal eine Verschlechterung des körperlichen Zustandes mit sich bringe. Dies betrifft neben operativen Eingriffen auch Maßnahmen der Notfallmedizin. Dies widerspricht - was gelegentlich vorgebracht wird - keineswegs dem Wortsinn des Gesetzes. Das Argument der herrschenden Lehre, es komme für den Tatbestand des § 223 Abs. 1 StGB auf den Gesamtakt des Eingriffs an mit der Folge, daß damit keine Körperverletzung bzw. Gesundheitsbeschädigung vorliege, ist nicht haltbar, da das Abstellen auf eine solche Saldierung eine vom Gesetzestext nicht geforderte petitio principii darstellt[34]. Diesbezüglich führt Lenckner[35] aus, daß „so wenig die Gesundheit ein Saldobegriff ist, so wenig kann der positive Endeffekt die Tatsache ungeschehen machen, daß der Patient im Zwischenstadium durch einen Eingriff von außen in seiner körperlichen Leistungs- und Funktionsfähigkeit mehr oder anders als vorher beeinträchtigt war".

Vor allem die Ärzteschaft wehrt sich heftig und leidenschaftlich dagegen, mit Erfüllung des objektiven Tatbestandes den sog. „Messerhelden" gleichgestellt zu werden. Vielmehr sei sie tendenziell auf Heilung und nicht auf Verletzung ausgerichtet. Damit werde nach ihrer Ansicht die Aufgabe des Arztes und der Gesamtakt der einzelnen Maßnahmen nicht hinreichend gewürdigt. Innerhalb dieser Auffassung wird jedoch verkannt, daß nach Rechtsprechung und Teilen der Lehre keineswegs eine Gleichstellung des Arztes mit dem Messerstecher vorgenommen wird. „Allein die Erfüllung des Tatbestandes zieht juristisch kein Stigma nach sich, da zum endgültigen Unrechtsurteil neben dem Tatbe-

[29] vgl. Krey RN 223; Rengier 13/17; Schroth S. 72 f.; Schwalm Bockelmann-FS (1979) S. 539 f.; aus verfassungsrechtlicher Sicht Francke S. 99 ff., 160 ff.

[30] BVerfG Beschl. v. 25.07.1979 - 2 BvR 878/74

[31] SK-Horn § 223 RN 35

[32] BGH Urt. v. 09.12.1958 - VI ZR 203/57; Deutsch AcP 192, 166 m.w.N.; Giesen/Walter Jura 1991, 182 ff.

[33] Giesen RN 205; ders. JZ 1987, 282 ff.

[34] so Krey RN 222; Arzt/Weber § 6 RN 100; Gropp 6/57

[35] Forster-Lenckner S. 593

stand noch die Rechtswidrigkeit zu prüfen ist“[36]. Zudem ist vergleichend zu bedenken, daß auch andere Berufe regelmäßig tatbestandsmäßige, aber gerechtfertigte Handlungen durchführen, so z.B. Richter, Polizeibeamte oder Friseure[37]. Abschließend ist schließlich auch zu sehen, daß das Werkzeug des Arztes kein gefährliches Werkzeug i.S. des § 224 Abs. 1 Nr. 2 StGB darstellt, sofern es zu Heilzwecken eingesetzt wird. Der Messerstecher hingegen verwirklicht diesen Tatbestand unzweifelhaft.
Übrig bleibt anscheinend der - sowohl von der Ärzteschaft aber auch von Juristen[38] oft geäußerte - Wunsch an den Gesetzgeber, endlich eine Reform des Strafgesetzbuches insoweit herbeizuführen, daß die ärztliche Heilbehandlung aus dem bestehenden System der Körperverletzungsdelikte herausfalle und separat behandelt werde. Für diese Ansicht besteht jedoch m.E. kein hinreichendes Bedürfnis. Die Ansicht der Rechtsprechung würdigt die Belange des Patienten, namentlich das Selbstbestimmungsrecht, in ausreichem Maße. Die tatbestandliche Körperverletzung kann mit der Einwilligung das Unrecht der Tat beseitigen. Damit ist eine gesetzliche Sonderregelung für die ärztliche Heilbehandlung nicht geboten[39].

§ 5 Rechtfertigungsgründe

Als Rechtfertigungsgründe im Rahmen des Rettungswesens kommen zunächst die ausdrückliche sowie die mutmaßliche Einwilligung des Patienten in Betracht, ferner aber auch der rechtfertigende Notstand, § 34 StGB.

1. Ausdrückliche Einwilligung

Der Heileingriff stellt - nach der hier vertretenen Ansicht - eine tatbestandsmäßige Körperverletzung i.S. des § 223 Abs. 1 StGB dar. Die Folge ist, daß die Tat nur gerechtfertigt sein kann, um eine Strafbarkeit auszuschließen. In der Regel geschieht dies durch eine ausdrückliche Einwilligung des Patienten.

---

36 Cramer Lenckner-FS (1998) S. 774; in diesem Sinne schon Baumann NJW 1958, 2093 f.

37 Krey RN 220; LK-Hirsch Vor § 223 RN 5

38 Bockelmann ZStW 93, 149 f. m.w.N.; Hirsch Zipf-GS (1999) S. 362; Laufs/Uhlenbruck-Ulsenheimer 138/10; Schaffer VersR 1993, 1459; Schneider S. 237; Zipf Bockelmann-FS (1979) S. 589 f.

39 ähnlich Cramer Lenckner-FS (1998) S. 776 f.; i.Erg. auch Schreiber Hirsch-FS (1999) S. 724; Deutsch RN 3 spricht in diesem Zusammenhang von einem „absurden Schauspiel“, ein Sonderstrafrecht für Ärzte zu schaffen

Damit bedarf jede Maßnahme, d.h. jeder diagnostische oder therapeutische Eingriff in die körperliche Integrität eines Patienten, dessen Einwilligung. Streitig ist jedoch die dogmatische Stellung der Einwilligung im Deliktsaufbau, namentlich, ob die Einwilligung als Rechtfertigungsgrund anzusehen ist oder ob die Einwilligung schon die Tatbestandsverwirklichung ausschließt. Dieser Streit betrifft gerade Tatbestände wie die hier einschlägige Körperverletzung, in denen die Intention des Inhabers des Rechtsguts nicht bereits im Rahmen des Tatbestandes berücksichtigt wird. Befürworter[40] der Ansicht, daß die Einwilligung bereits die Tatbestandsverwirklichung ausschließt, sind der Auffassung, daß schon eine Verletzung des Rechtsguts nicht angenommen werden könne, sofern der Inhaber des Rechtsguts dem jeweiligen Eingriff zustimme. In den Fällen, in denen das Rechtsgut der Verfügungsmacht dem einzelnen überlassen sei, wäre der Eingriff in diesen Fällen als Unterstützung des Betroffenen bei der Realisierung seiner Handlungsfreiheit zu qualifizieren. Damit komme es zu einer „Herausnahme des konkreten Rechtsguts aus dem Schutzkreis der Norm“[41]. Jedoch ist m.E. der herrschenden Lehre[42] sowie der Rechtsprechung beizupflichten, welche die Einwilligung als Rechtfertigungsgrund qualifizieren. Hierbei ist zu berücksichtigen, daß nach Ansicht der Anhänger des Tatbestandsausschlusses eine Subjektivierung des Rechtsguts erfolgt, welche der Stellung des Rechtsguts als objektivem Wert der Gemeinschaft widerspricht. Vielmehr weisen die Rechtsgüter einen eigenen materiellen Gehalt auf, welcher nicht der Disposition des Berechtigten zur Verfügung steht[43]. Damit ist nicht nur die Disposition des Berechtigten, sondern auch die Unverletzlichkeit des Rechtsguts als solches geschützt. Auch systematische Überlegungen bestätigen diese Lösung. So ist nach § 228 StGB eine Körperverletzung trotz Einwilligung des Berechtigten rechtswidrig, wenn sie gegen die guten Sitten verstößt. Dadurch wird der objektive Wert des geschützten Rechtsguts bei einer Körperverletzung zum Ausdruck gebracht[44]. Für die Rechtfertigungslösung spricht auch, daß der Inhalt der Einwilligung in der Regel[45] mit dem Verzicht auf Rechtsschutz umschrieben wird. Dies

40 Göbel S. 68 ff.; Maurach/Zipf 17/30 ff. m.w.N.; Roxin 13/12 ff., 13/24; Schroth S. 71 f.; SK-Horn § 228 RN 2; Zipf S. 28 ff.

41 Zipf S. 29

42 z.B. Baumann/Weber/Mitsch 17/95; Gropp 6/57 f.; Haft AT S. 105 ff.; Hirsch Welzel-FS (1974) S. 799 FN 75; Köhler S. 242 ff.; Lackner/Kühl Vor § 32 RN 10; LK-Hirsch Vor § 32 RN 92 ff.; S/S-Lenckner Vorbem §§ 32 ff. RN 33 f. m.w.N.; Tröndle/Fischer Vor § 32 RN 3b; Wessels/Beulke RN 370

43 Baumann/Weber/Mitsch 17/96; Jescheck/Weigend § 34 I 2 b; Kühl 9/22; LK-Hirsch Vor § 32 RN 98

44 Jescheck/Weigend § 34 I 3

45 BGH Urt. v. 10.07.1962 - 1 StR 194/62; ferner LK-Hirsch Vor § 32 RN 105; Maurach/Zipf 17/36; S/S-Lenckner Vorbem §§ 32 ff. RN 33; Tröndle/Fischer Vor § 32 RN 3b

entspricht dem Selbstbestimmungsrecht als Rechtfertigungsgrund im Deliktsaufbau[46].
An diese Einwilligung werden verschiedene Anforderungen gestellt. So muß zunächst eine Einwilligungsberechtigung vorliegen, die Einwilligung muß zudem frei von Willensmängeln sein. Die Freiheit von Willensmängeln schließlich setzt eine ärztliche Aufklärung voraus. Ferner sind die Grenzen der Einwilligung zu beachten.

a. Einwilligungsberechtigung

Die Einwilligung des Patienten in ärztliche Heileingriffe findet ihre Wurzel in der durch Art. 1 GG geschützten Menschenwürde und dem Selbstbestimmungsrecht des Art. 2 GG[47]. Hierbei wird dem Patienten die Möglichkeit gegeben, über seine Rechtsgüter selbst zu verfügen und damit auch einen Eingriff in diese zu erlauben. Daher entscheidet nicht der Arzt, sondern der Patient über den Eingriff. Der Arzt hat somit keine Kurierfreiheit, er darf sich nicht eigenmächtig und selbstherrlich über die Entscheidungsfreiheit des Patienten hinwegsetzen[48].
Voraussetzung ist daher zunächst, daß der Einwilligende selbst Rechtsgutsträger ist[49], des weiteren aber auch die Fähigkeit zur Einwilligung hat. Bei dieser Einwilligungsfähigkeit kommt es dabei nach der ganz h.M.[50] nicht auf die Geschäftsfähigkeit i.S. des Bürgerlichen Rechts oder auf die strafrechtliche Zurechnungsfähigkeit an, sondern vielmehr auf die natürliche Einsichtsfähigkeit, Urteilsfähigkeit und Verständnisfähigkeit des Betroffenen. Als Grund dafür gilt vor allem, daß die Einwilligung nicht als Willenserklärung i.S. der §§ 104 ff. BGB angesehen werden könne. Letztlich bleiben die Regeln über die Geschäftsfähigkeit jedoch ein wesentlicher Orientierungspunkt.

---

46 Maurach/Zipf 17/37; Kühl 9/23 m.w.N.

47 vgl. Deutsch RN 13; Kühl 9/20; Göbel S. 22; Maurach/Zipf 17/36

48 BGH Urt. v. 28.11.1957 - 4 StR 525/57

49 Baumann/Weber/Mitsch 17/102; Köhler S. 248; Kühl 17/86; S/S-Lenckner Vorbem §§ 32 ff. RN 35a; Wessels/Beulke RN 373

50 RGSt Urt. v. 03.07.1908 - V 420/08; RGSt Urt. v. 07.10.1937 - 5 D 364/37; BGH Urt. v. 10.02.1959 - 5 StR 533/58; BGH Urt. v. 13.05.1969 - 2 StR 616/68; BGH Urt. v. 05.12.1958 - VI ZR 266/57; BGH Urt. v. 09.12.1958 - VI ZR 203/57; Amelung ZStW 1992, 525 ff. m.w.N.; Deutsch RN 105, 444; Dierks/Graf-Baumann/Lenard-Diederichsen S. 97 m.w.N.; Eberbach MedR 1986, 14 ff.; Ehlers S. 58; Engisch, Ärztliche Operation, S. 14; Engljähringer S. 151 ff.; Göbel S. 76; Haft AT S. 106 f.; Jescheck/Weigend § 34 IV 1; Kern NJW 1994, 755; Kern/Laufs S. 24, 29; Kühl 9/33; Kuhlmann S. 18 f. m.w.N.; Lackner/Kühl Vor § 32 RN 16; Laufs RN 222; LK-Hirsch Vor § 32 RN 118, ders. § 226a RN 16; Lippert Notfallmedizin 1993, 35; Otto Geerds-FS (1995) S. 614; Rüping DMW 1977, 369; Rouka S. 86 ff.; Eb. Schmidt S. 108; S/S-Lenckner Vorbem §§ 32 ff. RN 39 ff.; Schünemann VersR 1981, 306 f.; Trockel NJW 1972, 1493 ff.; Wessels/Beulke RN 374

Somit ist jeweils im Einzelfall zu prüfen, ob der Einwilligende die notwendige individuelle geistige und sittliche Reife und Urteilsfähigkeit, d.h. die Fähigkeit zur sachgerechten Würdigung seiner Situation und dem Wesen, Bedeutung und Tragweite des Eingriffs und seiner Gestaltung einschließlich dessen Folgen, zumindest in den Grundzügen besitzt[51] und nicht vorschnell oder unvernünftig entscheidet[52]. Erforderlich sind nach Amelung[53] intellektuelle Fähigkeiten, die „ein bestimmtes Wissen voraussetzen, ebenso die Fähigkeit, diese Wissensbestände logisch zu verknüpfen und auf den konkreten Fall anzuwenden".

aa. Normalfall: Volljährige Patienten

Beim volljährigen Patienten kann die Einwilligungsfähigkeit grundsätzlich unterstellt werden. Dies gilt jedoch nicht in Fällen von Patienten mit physischen oder psychischen Störungen. Jedoch führt nicht jede Beeinträchtigung der Einwilligungsfähigkeit zur Verneinung der Einwilligungsfähigkeit, so z.B. bei Angetrunkenheit oder Übermüdung eines Patienten. Bei nur vorübergehend willensunfähigen Patienten ist hingegen von einer mutmaßlichen Einwilligung auszugehen, sofern die entsprechende medizinische Maßnahme keinen Aufschub duldet[54]. Behandlungsverweigerungen von diesen Patienten bis hin zur Konsequenz des eigenen Todes sind nicht zu berücksichtigen, sofern die Einwilligungsfähigkeit erheblich eingeschränkt ist[55]. Wehren sich willensunfähige Personen gegen eine Behandlung, ist eine Zwangsbehandlung geboten[56].

51 BGH Beschl. v. 22.05.1981 - 4 StR 225/81; BGH Urt. v. 05.12.1958 - VI ZR 266/57; Baumann/Weber/Mitsch 17/103; Dierks/Graf-Baumann/Lenard-Ulsenheimer S. 76 m.w.N.; Haft AT S. 106; Kuhlmann S. 18 f.; LK-Hirsch § 226a RN 16; Rouka S. 102 ff.; Schaffer VersR 1993, 1463; Trockel NJW 1972, 1495; Ulsenheimer RN 109 m.w.N.; ähnlich die Empfehlungen der Deutschen Gesellschaft für Medizinrecht (DGMR) bei Kindern und Jugendlichen Nr. 7, abgedruckt in Dierks/Graf-Baumann/Lenard S. 147 ff.; als gesetzliche Normierung bei Minderjährigen gilt § 40 Abs. 4 Nr. 4 AMG (vom 24.08.1976, BGBl. I S. 2445). Danach ist die Einwilligung des Minderjährigen erforderlich, wenn dieser in der Lage ist, Wesen, Bedeutung und Tragweite der klinischen Prüfung einzusehen und seinen Willen hiernach zu bestimmen.

52 Deutsch RN 105; Dierks/Graf-Baumann/Lenard-Ulsenheimer S. 77 m.w.N.; LK-Hirsch Vor § 32 RN 118 m.w.N.; zur Frage der Vernünftigkeit der Entscheidung Amelung ZStW 1992, 544 ff.

53 Amelung ZStW 1992, 553 f.

54 vgl. hierzu die Fallgruppen im Rahmen der mutmaßlichen Einwilligung S. 86

55 Arthur Kaufmann ZStW 73, 366

56 Ufer Rettungsdienst 1991, 604 m.w.N.

Die allgemeine oder medizinische Unvertretbarkeit bzw. Unvernünftigkeit[57] einer Einwilligung oder deren Verweigerung ist kein Grund, die Einwilligungsfähigkeit als solche zu verneinen. Die „absolute Freiheit" des Patienten ist vielmehr auch dann zu respektieren, wenn dieser den nötigen Eingriff wider alle medizinische Vernunft ablehnt[58]. Es gibt damit keinen Therapiezwang und keinen Maßstab objektiver Vernunft, mit dem sich definieren ließe, was der einwilligungsfähige Patient zu tun hat. Beling[59] drückte dies bereits 1924 mit den inzwischen oft, aber häufig in falschem Kontext zitierten Worten aus, es gebe keine „Vernunfthoheit über den Patienten". Damit ist auch der Wille eines Therapieunwilligen, eines Abweichlers oder Sektierers grundsätzlich zu respektieren. Hierbei ist der Ursprung dieses Willens unbeachtlich; so spielt es keine Rolle, ob dieser Wille religiösen, weltanschaulichen, traditionellen oder familiäre Gründen entspringt[60]. Dieser Grundsatz gilt auch in Notfällen. „Auch ein selbst lebensgefährlich Kranker kann triftige und sowohl menschlich wie sittlich achtenswerte Gründe haben, eine Behandlung abzulehnen, auch wenn er durch sie und nur durch sie von seinem Leiden befreit werden könnte"[61]. Damit darf auch bei vital indizierter Indikation eine lebensrettende Behandlung nicht ohne Einwilligung vorgenommen werden, so daß ein Heileingriff bei der Verweigerung des einwilligungsfähigen Patienten ausgeschlossen ist[62]. Somit gilt auch in den Fällen, in denen es um Lebensrettung geht, der Grundsatz voluntas aegroti statt salus aegroti. „Daß jemand nach eigener Überzeugung oder nach dem Urteile seiner Berufsgenossen die Fähigkeit besitzt, das wahre Interesse seines Nächsten besser zu verstehen als dieser selbst, gewährt nicht irgendeine rechtliche Befugnis, nunmehr nach eigenem Ermessen in die Rechtssphäre des anderen einzugreifen, diesem Gewalt anzutun und dessen Körper willkürlich zum Gegenstand gutgemeinter Heilversuche zu benutzen"[63].

Auch wenn der Wille des volljährigen Patienten grundsätzlich zu beachten ist, besteht die Pflicht des Rettungsdienstpersonals, den verweigernden Patienten

[57] BGH Urt. v. 07.02.1984 - VI ZR 174/82; BGH Urt. v. 26.06.1990 - VI ZR 289/89; BGH Urt. v. 09.11.1993 - VI ZR 248/92

[58] BGH Urt. v. 28.11.1957 - 4 StR 525/57; BGH Urt. v. 09.12.1958 - VI ZR 203/57; BGH Urt. v. 22.01.1980 - VI ZR 263/78; Giesen RN 228 f.; Müller-Dietz JuS 1989, 282; Preisendanz § 13 V 2; Wessels/Hettinger RN 1047; zur Rechtslage in der Schweiz und Österreich Giesen JZ 1987, 286

[59] Beling ZStW 44, 239

[60] Burckhart/v. Fürstenwerth Rettungsdienst 1990, 637 m.w.N.

[61] BGH Urt. v. 28.11.1957 - 4 StR 525/57; BGH Urt. v. 07.02.1984 - VI ZR 174/82

[62] BGH Urt. v. 28.11.1957 - 4 StR 525/57; BGH Urt. v. 04.07.1984 - 3 StR 96/84; OLG München Beschl. v. 31.07.1987 - Ws 23/87; LG Ravensburg Urt. v. 03.12.1986 - 3 Kls 31/86; Forster-Lenckner S. 575; S/S-Eser § 223 RN 52; Tröndle/Fischer § 223 RN 9t

[63] RGSt Urt. v. 31.05.1894 - Rep. 1406/94; im Grundsatz auch BGH Urt. v. 28.11.1957 - 4 StR 525/57

auf die Notwendigkeit und Dringlichkeit einer Behandlung oder eines Transports in eine geeignete Einrichtung eindringlich hinzuweisen[64]. Läßt der Patient lediglich eine Teilbehandlung zu, indem er z.B. nur bestimmten medizinischen Maßnahmen die Einwilligung entzieht, ist diese durchzuführen, sofern sie im Rahmen der jeweiligen Einschränkungen noch medizinisch sinnvoll und geboten ist[65].
Eine Behandlungs- oder Transportverweigerung des Patienten ist bei nicht vitaler Indikation hinzunehmen und entsprechend zu dokumentieren. Bei vital indizierter Indikation ist das Rettungsdienstpersonal hingegen verpflichtet, Angehörige und ggf. auch den Hausarzt des Patienten zu informieren, damit diese auf den Patienten einwirken können[66]. Der entgegenstehende Wille des Patienten zu diesen Maßnahmen ist in vitalen Fällen unbeachtlich[67]. Das Rettungsdienstpersonal darf den Notfallpatienten in diesen Fällen nicht alleine am Einsatzort zurücklassen. Auch eine schriftliche Erklärung des Patienten über die Verweigerung genügt insoweit nicht[68]. Ist in diesen Fällen das nichtärztliche Personal auf sich alleine gestellt, ist ärztliches Personal nachzufordern.

bb. Problemfälle

aaa. Minderjährige Patienten

Schwierig ist nach den eben genannten Kriterien die Einwilligungsfähigkeit von Minderjährigen zu beurteilen. Auch hier ist danach die Einwilligungsfähigkeit von Minderjährigen nicht generell, sondern im Einzelfall mit Blick auf die konkrete Maßnahme zu beurteilen. Dabei ist die Schwere des Eingriffs von maßgeblicher Bedeutung. Dies zeigt schon, daß es aufgrund der unterschiedlichen Reifeentwicklung von Minderjährigen, aber auch aufgrund der unterschiedlichen Eingriffe der Medizin keine feste Altersgrenze geben kann, ab der von einer Einwilligungsfähigkeit der Minderjährigen auszugehen ist[69]. Weitgehend übereinstimmend wird jedoch als untere Grenze das Alter von 14 Jahren angenommen, so daß bei jüngeren Minderjährigen die Einwilligungs-

---

64 vgl. hierzu ausführlich S. 69

65 Deutsch RN 461 m.w.N.

66 BGH Urt. v. 26.10.1982 - 1 StR 413/82; Ufer Rettungsdienst 1990, 167; Walter/Meyer S. 93

67 BGH Urt. v. 26.10.1982 - 1 StR 413/82

68 Walter/Meyer S. 94

69 Dierks/Graf-Baumann/Lenard-Diederichsen S. 98 m.w.N.; Eberbach FamRZ 1982, 450; Hollmann NJW 1973, 1395; Lesch NJW 1989, 2310; Neyen S. 65; Trockel NJW 1972, 1495; Ulsenheimer RN 109a m.w.N.

fähigkeit ausscheidet[70]. In fortschreitendem Maße der Entwicklung des Minderjährigen tritt dann das elterliche Sorgerecht zugunsten der Eigenverantwortlichkeit des minderjährigen Patienten zurück, so daß zunehmend von einer Einwilligungsfähigkeit auszugehen ist[71]. Im Normalfall wird man ab dem 16. Lebensjahr die Einwilligungsfähigkeit des Minderjährigen annehmen können[72].

Da auch die Schwere des Eingriff eine Rolle spielt, ist bei alltäglichen Routineeingriffen eher von einer Einwilligungsfähigkeit des Minderjährigen auszugehen als bei schwereren Eingriffen. Als alltäglich ist dabei das anzusehen, „was in der Alltagspraxis ständig vorkommt und von ihrem üblichen Inhalt als bekannt vorausgesetzt werden kann"[73].

Entscheidend ist im Rahmen der präklinischen Notfallmedizin i.d.R. die Dringlichkeit eines lebensrettenden Eingriffs. Hierbei gilt, daß bei zunehmender Dringlichkeit einer medizinischen Maßnahme grundsätzlich eher von der Einwilligungsfähigkeit des Minderjährigen ausgegangen werden kann[74]. So ist bei vital indizierten, dringlichen Maßnahmen ein Minderjähriger eher einwilligungsfähig als bei zwingend indizierten, aber nicht dringlichen medizinischen Eingriffen.

Ist der Minderjährige nun zwar nach den o.g. Kriterien einwilligungsfähig, verweigert er aber dennoch aus offensichtlich sachfremden Motiven die erforderliche Einwilligung zur Durchführung der medizinischen Maßnahme, insbesondere dann, wenn die abgegebene Erklärung jeglicher Vernunft entbehrt, so ist auf den gesetzlichen Vertreter zurückzugreifen, da dessen Sorgerecht wieder auflebt. Liegt hingegen keine offensichtliche Fehlentscheidung des Minderjährigen vor, so geht aufgrund der Tatsache, daß das Sorgerecht hinter die Einwilligungsfähigkeit zurücktritt, auch bei einem Widerspruch der gesetzlichen Vertreter die Entscheidung des Minderjährigen vor, d.h. es

70 Ehlers S. 58; Kern NJW 1994, 755; ders. FamRZ 1981, 739; Kern/Laufs S. 29; Laufs RN 222; Laufs/Uhlenbruck-Laufs 66/9; Lippert Notfallmedizin 1989, 424; Neyen S. 63 ff.; RGRK-Nüßgens § 823 Anh. II RN 73; Tempel NJW 1980, 614 m.w.N.; Zipf S. 40 f.; Eberbach MedR 1986, 15 spricht von einer Altersgrenze von 12 Jahren

71 Dierks/Graf-Baumann/Lenard-Ulsenheimer S. 76 m.w.N.; Dönicke-Jaeger Rettungsdienst 1991, 188; Kern NJW 1994, 755; ders. FamRZ 1981, 739; Lesch NJW 1989, 2310

72 Haft AT S. 112; Arthur Kaufmann-von Gerlach Moderne Medizin S. 20 m.w.N.; Lesch NJW 1989, 2310 f.; Lippert Notfallmedizin 1993, 35; Böhme S. 23 und Trockel NJW 1972, 1494 ist insofern Recht zu geben, als sie die Befugnis des Minderjährigen zur Selbstbestimmung über einen ärztlichen Heileingriff regelmäßig vor dem 18. Lebensjahr annehmen; Rouka S. 132 ff. will im Interesse der Rechtssicherheit und zum Schutze des Arztes und des Minderjährigen als feste Altersgrenze das vollendete 16. Lebensjahr annehmen

73 mit dieser Einschränkung zu Recht Kuhlmann S. 36 f., da ansonsten beim heutigen medizinischen Fortschritt bereits Herzoperationen als alltäglich anzusehen sind

74 BGH Urt. v. 10.02.1959 - 5 StR 533/58

kommt allein auf die Entscheidung des Minderjährigen an[75]. Er kann damit eigenverantwortlich Maßnahmen zustimmen, welche die gesetzlichen Vertreter nicht vornehmen lassen würden. Ist der Minderjährige schließlich grundsätzlich einwilligungsfähig, aber eine Einwilligung aktuell nicht möglich, ist indes nicht auf den gesetzlichen Vertreter zurückzugreifen, sondern vielmehr auf die mutmaßliche Einwilligung des Minderjährigen abzustellen[76].
Fehlt dem Minderjährigen die Einwilligungsfähigkeit, so entscheidet der gesetzliche Vertreter. Dessen Befugnisse ergeben sich aus den Rechten und Pflichten zur Personensorge i.S. des Bürgerlichen Gesetzbuches[77]. Grundsätzlich sind bei Minderjährigen beide Eltern nur gemeinsam sorgeberechtigt, doch ist eine Ermächtigung zur alleinigen Ausübung des Sorgerechts von einem Elternteil auf den jeweils anderen Teil möglich[78]. Eine solche Ermächtigung ist grundsätzlich dann zu unterstellen, wenn am Einsatzort außer dem einwilligungsunfähigen Minderjährigen nur ein Elternteil anzutreffen ist. Hier ist die ausdrückliche Entscheidung des anderen Elternteils nicht erforderlich. Dies gilt insbesondere auch für dringliche Notfalleinsätze, in denen ein Aufschub zusätzliche Gefahren für den Minderjährigen zur Folge hätte[79].
Wenn Dritte mit der Ausübung des Sorgerechts betraut wurden, ist zumindest bei dringlichen Maßnahmen allein deren Einwilligung ausreichend. Hierbei ist jedoch auf die Legitimation der Dritten zu achten, wobei insbesondere der konkrete Einzelfall zu berücksichtigen ist. Hierbei gilt grundsätzlich, daß „eine konkludent eingeräumte Ermächtigung dessen anzunehmen ist, bei dem ein Kind zurückgelassen wurde“[80].
Mißbrauchen die gesetzlichen Vertreter ihre Befugnisse bei der Ausübung ihres Sorgerechts, liegt keine wirksame Einwilligung vor. Dabei ist immer auf die Umstände des konkreten Falles abzustellen[81]. Zusammenfassend ist die Grenze zur Unwirksamkeit letztlich dann erreicht, wenn eine Gefährdung des

---

75 Dierks/Graf-Baumann/Lenard-Ulsenheimer S. 85 f. m.w.N.; Göbel S. 82 f.; Jescheck/ Weigend § 34 IV 4 FN 51; Laufs/Uhlenbruck-Ulsenheimer 139/32; LK-Hirsch Vor § 32 RN 118; Schaffer VersR 1993, 1463; S/S-Lenckner Vorbem §§ 32 ff. RN 42 m.w.N.; Ulsenheimer RN 111; diff. RGRK-Nüßgens § 823 Anh. II RN 72, der grundsätzlich der Einwilligung des Personensorgeberechtigten Vorrang vor dem Widerspruch des Minderjährigen einräumt und nur in besonderen Situationen zusätzlich die Zustimmung des Minderjährigen fordert; a.A. Baumann/Arzt/Weber Fall 11 S. 65 ff.; Engljähringer S. 156 m.w.N.; Köhler S. 250 ff., der einen Konsens aus der Einheit des (familiären) Personensorgeverhältnisses für erforderlich hält

76 Roxin 13/63; S/S-Lenckner Vorbem §§ 32 ff. RN 42; Trockel NJW 1972, 1496

77 Eberbach MedR 1986, 16; Jescheck/Weigend § 34 IV 4; Laufs RN 222; S/S-Lenckner Vorbem §§ 32 ff. RN 41

78 Laufs RN 223

79 BGH Urt. v. 28.06.1988 - VI ZR 288/87; Kern NJW 1994, 756

80 Deutsch RN 446

81 vgl. ausführlich Dierks/Graf-Baumann/Lenard-Ulsenheimer S. 79 f. m.w.N.

Wohls des Minderjährigen die Folge wäre[82]. Eine solche Gefährdung ist bei offensichtlich fehlerhaftem oder unvernünftigem Verhalten der Sorgeberechtigten zu bejahen. Dies ist in der Praxis überwiegend bei „abweichlerischer" oder „sektiererischer" Einstellung der gesetzlichen Vertreter der Fall, so vor allem bei der Ablehnung der notwendigen lebensrettenden Behandlung bzw. Behandlungsmaßnahme aus religiösen oder anderen Gründen[83]. Die Zulässigkeit einer Behandlungsverweigerung in Fällen der Selbstbestimmung des Patienten ist hierbei nicht auf die Fälle der Fremdbestimmung übertragbar. Die gesetzlichen Vertreter nehmen die Befugnisse aus der Personensorge für den Minderjährigen wahr. Hierbei dürfen sie „eben nicht über Gesundheit und Leben des Kindes bestimmen wie über eigenes Leben"[84], vielmehr „müssen elterliche Interessen und Gefühle hinter dem Wohl des Kindes zurücktreten"[85]. Damit ist die Entscheidungsfreiheit der Sorgeberechtigten erheblich enger als die von einwilligungsfähigen Patienten. Im Ergebnis kann das Kindeswohl damit mit der medizinischen Indikation der Maßnahme gleichgesetzt werden[86].

Verweigern die Sorgeberechtigten schließlich mißbräuchlich die Einwilligung, muß zunächst versucht werden, diese umzustimmen. Ist dies erfolglos, ist grundsätzlich das Vormundschaftsgericht einzuschalten. Dieses Vorgehen ist in Notfällen jedoch unpraktikabel. Somit ist in diesen Fällen - um das Ergebnis der nachfolgenden Erörterung[87] bereits vorwegzunehmen - bei dringlichen Maßnahmen nach der Vorschrift des rechtfertigenden Notstandes, § 34 StGB, zu verfahren.

bbb. Alte Patienten

In den letzten Jahren ist innerhalb der Lehre das Problem der Einwilligungsfähigkeit alter Patienten verstärkt untersucht worden. Generell ist vorwegzunehmen, daß mit dieser Untersuchung ein äußerst schwieriger Aspekt der Einwilligung angesprochen wird.

Zunächst bleibt festzustellen, daß das Altern als solches keine Krankheit, sondern eine physiologische Entwicklung darstellt. Unabhängig davon ist jedoch zu sehen, daß das Altern häufig mit physischer und psychischer Krank-

82 vgl. Dierks/Graf-Baumann/Lenard-Ulsenheimer S. 80 f. m.w.N.; Kleinewefers/Sparwasser VersR 1990, 1208

83 RGSt Urt. v. 04.09.1940 - 3 D 346/40; OLG Hamm Urt. v. 10.10.1967 - 3 Ss 1150/67; Deutsch RN 462; Eberbach MedR 1986, 16; Kreuzer NJW 1968, 1201 ff.; RGRK-Nüßgens § 823 Anh. II RN 94 m.w.N.; Ulsenheimer RN 96

84 so Mergen-Kreuzer S. 239; Kern/Laufs S. 30

85 Dierks/Graf-Baumann/Lenard-Ulsenheimer S. 81 m.w.N.

86 Kern FamRZ 1981, 739

87 vgl. S. 104 ff.

heit verbunden ist[88]. Die Folge davon kann sein, daß der Patient mit zunehmendem Alter nicht mehr einwilligungsfähig ist[89]. Ursache einer solchen Entwicklung sind i.d.R. dementielle Erkrankungen im Alter[90]. Hierunter werden chronische, degenerative Veränderungen des Gehirns mit Verlust von früher erworbenen kognitiven Fähigkeiten verstanden[91].
Fraglich ist nun, auf welche Kriterien bei der Frage der Einwilligungsfähigkeit alter Patienten abgestellt werden kann. Zunächst bleibt festzuhalten, daß eine analoge Anwendung der oben aufgestellten Grundsätze zur Einwilligungsfähigkeit von minderjährigen Patienten ausgeschlossen ist. Insbesondere ist die Vorstellung einer festen Altersgrenze bei alten Patienten unrealistisch, da biologisches und kalendarisches Alter keineswegs immer vergleichbar sind[92]. Zudem ist das Altern kein gleichmäßiger Prozeß[93]. Im Gegensatz hierzu weist hingegen die Vertiefung an „kristallisierter Intelligenz" und die „Ausprägung der Fähigkeit zum Abschluß von Kompromissen" bei zunehmendem Alter häufig auf eine gesteigerte Einwilligungsfähigkeit hin[94]. Eine andere Lösung möchte auf die Betrachtung der Bewältigung der Aufgaben des täglichen Lebens abstellen. Dies scheitert jedoch am mangelnden Einblick in den Alltag des Patienten, insbesondere für das Rettungsdienstpersonal, welches nicht auf Kenntnisse eines längeren Behandlungsverhältnisses zurückgreifen kann. Auch die Kriterium der körperlichen Veränderungen oder Verhaltensstörungen des Patienten sind nicht hinreichend geeignet, da sich im zunehmenden Alter auch ohne geistige Veränderungen solche Auffälligkeiten häufen. Ferner wird ein Anhaltspunkt in der Kompensationsfähigkeit alter Menschen gesucht[95]. Darunter versteht man den Ausgleich einer verminderten Leistung durch gesteigerte Tätigkeit[96]. Diese Fähigkeit besteht auf psychischer wie auch auf physischer Ebene. Durch zunehmendes Alter sinkt die Fähigkeit der Kompensation. Nach dieser Auffassung solle zumindest eine Vermutung bestehen, daß kompensierte Patienten einwilligungsfähig seien, dekompensierte hingegen nicht. Hierbei ist jedoch zu sehen, daß die Feststellung einer Dekompensation im Einzelfall sehr schwierig sein kann, da der Übergang ein schleichender Prozeß ist[97]. Diese Lösung ist daher - insbeson-

88 Jeschek S. 9 f.; Kuhlmann S. 7; Neyen S. 76
89 Helmchen/Kanowski/Koch, Ethik Med 1989, 85; Jeschek S. 11
90 zum tatsächlichen Hintergrund Kuhlmann S. 1 f., ausführlich zur medizinischen Situation im Alter ders. S. 47 ff.
91 Pschyrembel S. 328 f.
92 Jeschek S. 33 m.w.N.; Kuhlmann S. 74 f.; Neyen S. 76
93 Jeschek S. 10
94 Kuhlmann S. 74
95 Jeschek S. 23 ff.
96 Pschyrembel S. 848
97 Jeschek S. 30 f., 37

dere im Rahmen des Rettungswesens - ebenfalls nicht geeignet, die Einwilligungsfähigkeit alter Patienten zu beurteilen.
Entscheidend muß daher sein, daß sich das Personal in der präklinischen Notfallmedizin anhand eines Gesprächs einen eigenen Eindruck vom geistigen Zustand des alten Patienten verschafft, sei es im Rahmen der Anamnese oder bei der Aufklärung des Patienten. Hierbei gelten die o.g. Kriterien, nach denen der Patient die notwendige Urteilsfähigkeit, d.h. die Fähigkeit zur sachgerechten Würdigung seiner Situation und dem Wesen, der Bedeutung und Tragweite des Eingriffs und seiner Gestaltung einschließlich dessen Folgen, zumindest in den Grundzügen besitzt. Dies setzt die notwendige Verständnis- und Orientierungsfähigkeit, Begründungs- und Entscheidungsfähigkeit voraus[98]. Manchmal wird auch die objektive „Richtigkeit" der Entscheidung als Indiz herangezogen[99]. Hierbei ist jeweils auf den Einzelfall abzustellen. Kritikpunkt dieser Lösung ist jedoch das erhebliche Ermessen der behandelnden Personen bei der Frage der Einwilligungsfähigkeit alter Patienten, welches aber - mangels anderer überzeugender Anknüpfungspunkte - hingenommen werden muß.
Ist ein Patient nun aufgrund der Auswirkungen seines Alters einwilligungsunfähig, so willigt sein gesetzlicher Vertreter in die medizinische Maßnahme ein. Bei dringlichen Maßnahmen im Rahmen von Notfällen ist auf die mutmaßliche Einwilligung abzustellen, welche im Anschluß an die ausdrückliche Einwilligung behandelt wird.

ccc. Psychisch kranke und behinderte Patienten

Psychisch kranke und behinderte Patienten können nicht immer wie andere Patienten selbstverantwortlich an der medizinischen Behandlung mitwirken. Hier kann es erforderlich sein, daß auch gegen den erklärten Willen des Patienten eine medizinische Behandlung oder ein Transport zur Folgebehandlung oder zur Sicherung durchgeführt wird. Rechtsgrundlagen sind hierbei die Landesgesetze über psychische Krankheiten, welche sowohl die Zwangsuntersuchung und Zwangsbehandlung als auch die Zwangseinweisung des Patienten im überragenden Interesse der Allgemeinheit oder zum Schutze einzelner vorsehen.
Hieraus kann jedoch nicht abgeleitet werden, daß Patienten automatisch als psychisch krank oder behindert einzustufen sind, wenn sie in Ausübung ihres Selbstbestimmungsrechts indizierte medizinische Maßnahmen verweigern. Die Entscheidung der Patienten kann verschiedene Ursachen haben und so-

98 Jeschek S. 37; Helmchen/Kanowski/Koch, Ethik Med 1989, 87
99 Kuhlmann S. 76

wohl aus psychisch kranker, aber auch aus gesunder Überlegung resultieren[100].
Auf der anderen Seite sind nicht alle psychisch kranken und behinderten Patienten immer einwilligungsunfähig[101]. Charakteristisch für psychische Erkrankungen sind häufige Krankheitsschübe, welche von symptomfreien Abschnitten abgelöst werden (sog. lucidum intervallum)[102]. Dies hat zur Folge, daß ein Patient vor einer medizinischen Maßnahme in vielen Fällen sehr wohl als einwilligungsfähig angesehen werden kann, möglicherweise ist auch eine eingeschränkte Einwilligungsfähigkeit zu bejahen.
Bezüglich den Voraussetzungen der Einwilligungsfähigkeit ist auf die allgemeinen Ausführungen zu verweisen. Auch hierbei ist die Beurteilung des Einzelfalls entscheidend. Dabei gelten grundsätzlich keine bestimmten Krankheitswerte als fester Maßstab einer Einwilligungsunfähigkeit[103]. Kriterien zur Bestimmung der Einwilligungsfähigkeit ergeben sich vielmehr aus der Art und dem Grad der Erkrankung des Patienten sowie der Schwere der medizinischen Behandlung[104]. Bei Eingriffen aufgrund der psychischen Krankheit oder Behinderung des Patienten ist zudem eher von einer Einwilligungsunfähigkeit auszugehen als bei medizinischen Maßnahmen wegen anderen Ursachen[105].
Bei einem psychisch kranken oder behinderten Patienten, dessen Einwilligungsunfähigkeit festgestellt wurde, ist die Einwilligung des gesetzlichen Vertreters in die medizinische Maßnahme einzuholen. Bei dringlichen Maßnahmen im Rahmen von Notfällen ist - auch hier - auf die mutmaßliche Einwilligung abzustellen.

ddd. Patienten unter Betreuung

Steht ein Patient unter Betreuung i.S. des Betreuungsgesetzes[106], ist auch hier nicht immer automatisch von der Einwilligungsunfähigkeit des Patienten auszugehen. Vielmehr ist auch in diesen Fällen eine Prüfung des Einzelfalls erforderlich. Denn selbst ein unter Betreuung stehender Patient ist nicht unbedingt und zu jedem Zeitpunkt urteilsunfähig, m.a.W. kann er in bestimmten Situationen durchaus in der Lage sein, einzelne Entscheidungen über seine Behandlung zu treffen.

---

100 Deutsch RN 464; Schünemann VersR 1981, 307 f.

101 vgl. BGH Urt. v. 24.04.1961 - III ZR 45/60; Giesen JZ 1990, 938; Helle MedR 1987, 68; Kern NJW 1994, 756

102 Schünemann VersR 1981, 307

103 Eberbach MedR 1986, 16

104 Eberbach MedR 1986, 17; Neyen S. 71 f.

105 Eberbach MedR 1986, 17

106 Gesetz zur Reform des Rechts der Vormundschaft und Pflegschaft für Volljährige vom 12.09.1990 (BGBl. I S. 2002)

Ist die Einwilligungsfähigkeit des Betreuten zu bejahen, so ist allein auf dessen Einwilligung abzustellen[107]. Fehlt ihm hingegen die Einwilligungsfähigkeit, so hat der Betreuer in die medizinische Maßnahme einzuwilligen. Wie in den anderen Fallgruppen ist bei dringlichen Maßnahmen hingegen auf die mutmaßliche Einwilligung abzustellen.

b. Reichweite der Einwilligung

Die Einwilligung des Patienten muß sich auf die tatsächlich durchgeführte medizinische Behandlung bezogen haben. Dabei umfaßt sie nur indizierte und kunstgerecht durchgeführte Maßnahmen[108]. Ist in Notfallsituationen aufgrund bestimmter Umstände eine kunstgerechte Behandlung nur eingeschränkt möglich, muß sich die Einwilligung des Patienten auch auf diese Tatsache beziehen[109].

Probleme entstehen insbesondere bei unvorhersehbaren Behandlungserweiterungen. Grundsätzlich gilt, daß bei solchen Erweiterungen, welche nicht von der ursprünglichen Einwilligung des Patienten umfaßt sind, vor der Weiterbehandlung zunächst die Einwilligung des Patienten einzuholen ist[110]. In der Praxis hat dies zur Folge, daß in diesen Fällen die medizinische Behandlung abzubrechen ist.

Anders ist die Sachlage nach Rechtsprechung[111] und herrschender Lehre[112] jedoch zu beurteilen, wenn die Behandlungserweiterung vital indiziert ist. Bei einem lebensrettenden medizinischen Eingriff sei es nämlich „völlig widersinnig“[113], den Eingriff zu unterbrechen und zunächst die erforderliche Einwilligung des Patienten einzuholen. Vielmehr ist in diesen Fällen maßgeblich darauf abzustellen, ob die Verzögerung des Eingriffs eine lebensgefährliche Gefahr für den Patienten darstellen würde oder zumindest mit zusätzlichen erheblichen physischen oder psychischen Beeinträchtigungen behaftet oder

---

107 Eberbach MedR 1986, 16; Ehlers S. 57; Kern MedR 1991, 68; Kloppenborg MedR 1986, 20; Köhler S. 259; Kuhlmann S. 139 f.; Schaffer VersR 1993, 1464

108 BGH Urt. v. 30.06.1959 - VI ZR 125/58; BGH Urt. v. 21.03.1961 - VI ZR 143/60; Bockelmann S. 61; Forster-Lenckner S. 595; Jauernig-Teichmann § 823 RN 113; Schroth S. 72

109 Forster-Lenckner S. 595

110 BGH Beschl. v. 25.03.1988 - 2 StR 93/88 m.Anm. Müller-Dietz JuS 1989, 281 ff.; OLG Koblenz Urt. v. 11.11.1993 - 5 U 1244/91

111 BGH Urt. v. 28.11.1957 - 4 StR 525/57; BGH Beschl. v. 25.03.1988 - 2 StR 93/88; BGH Urt. v. 02.11.1976 - VI ZR 134/75; OLG Frankfurt Urt. v. 10.02.1981 - 22 U 213/79; OLG Koblenz Urt. v. 11.11.1993 - 5 U 1244/91

112 Geppert JZ 1988, 1028; Giesen RN 240; Jungblut/Müller S. 441 f.; Kleinewefers/Sparwasser VersR 1990, 1206 f.; Laufs RN 227; Müller-Dietz JuS 1989, 283 m.w.N.; RGRK-Nüßgens § 823 Anh. II RN 147 f.; Steffen MedR 1983, 92; Ulsenheimer/Bock Gebfra 1991, 950

113 Giesen RN 240 m.w.N.

im Falle einer Verzögerung in absehbarer Zeit mit Sicherheit der Tod des Patienten zu erwarten wäre. Hier ist das Rettungsdienstpersonal zur Erweiterung der Behandlung berechtigt, sofern ein entgegenstehender Wille des Patienten nicht geäußert wurde bzw. nicht ernstlich zu vermuten ist. Letzteres wird im Rahmen der mutmaßlichen Einwilligung behandelt.
Probleme im Rahmen von Behandlungserweiterungen ergeben sich dann, wenn Patienten bestimmte Behandlungsmethoden ablehnen. Entscheidend ist dabei, ob bereits vor der Behandlung Gewißheit über die notwendige Anwendung der abgelehnten medizinischen Maßnahme besteht, d.h. ob die Behandlung nur mit dieser Maßnahme durchgeführt werden kann. Hier darf der Heileingriff nicht durchgeführt werden, um dem Selbstbestimmungsrecht des Patienten zu entsprechen. Andere indizierte medizinische Maßnahmen, welche der Ablehnung des Patienten nicht unterliegen, sind jedoch durchzuführen[114].
In den Fällen, in denen sich hingegen die Notwendigkeit der Durchführung der entsprechenden Maßnahme erst während der bereits begonnenen Behandlung herausstellt, ist nach der wohl überwiegenden Lehre[115] eine Entscheidung der bei dem Einsatz Behandelnden offen. So darf auf die Durchführung der Maßnahme verzichtet werden, selbst wenn diese vital indiziert und damit lebensrettend für den Patienten ist. Ebenso darf jedoch die entsprechende Maßnahme durchgeführt werden, um einen inneren Konflikt und einen Widerspruch zum Berufsethos der Beteiligten zu vermeiden.

c. Freiheit von Willensmängeln

Die Einwilligung des Patienten in die Rechtsgutsverletzung muß ferner frei von Willensmängeln sein, da sie andernfalls als unwirksam anzusehen ist. Hierbei kommt zum einen die Täuschung durch das Rettungsdienstpersonal in Frage, auf der anderen Seite der - wesentlich relevantere - Irrtum des Patienten, welcher nicht aus einer Täuschung resultiert.
Die durch Täuschung über Art und Umfang der jeweiligen Behandlungsmaßnahme erzielte Einwilligung ist regelmäßig unwirksam[116]. Entscheidend ist hier die Vorstellung des Patienten, insbesondere wenn dieser über Art und Umfang der eigenen Körperbeeinträchtigung im Irrtum ist, so z.B. bei Täuschungen über die gesundheitsschädlichen Wirkungen von Behandlungsmaßnahmen[117].
Wesentlich häufiger ist in der Praxis der Irrtum des Patienten über Art und Umfang seiner Einwilligung. Beachtlich sind in diesem Zusammenhang auch

114 Biermann Der Anästhesist 1993, 197; Ulsenheimer RN 95
115 so Ulsenheimer RN 94; ferner Arthur Kaufmann ZStW 73, 369
116 Deutsch RN 106; Kühl 9/37
117 Roxin 13/69 Beispiel 3

Motivirrtümer des Betroffenen[118]. Ein Irrtum des Patienten ist bei der Frage der Wirksamkeit der Einwilligung dann beachtlich, sofern über den entsprechenden Punkt eine Aufklärungspflicht des Arztes bestanden hätte. So ist eine auf Verletzung der Aufklärungspflicht beruhende Einwilligung regelmäßig unwirksam[119].

d. Form und Zeitpunkt der Einwilligung

Die Einwilligung des Patienten bedarf zu ihrer Wirksamkeit keiner besonderen Form. Sie kann damit nicht nur ausdrücklich, sondern auch konkludent erklärt werden[120]. Das konkludente Verhalten kann auch darin bestehen, daß der Patient die Behandlungsmaßnahme ohne Widerspruch i.S. eines „Geschehenlassens" duldet[121] oder an ihr mitwirkt[122]. Jedoch reicht eine bloße Passivität oder eine innere Billigung der Tat durch den Patienten nicht. Vielmehr ist ein Kundgabeakt erforderlich, welcher die Billigung des Patienten zur Vornahme des Eingriffs zum Ausdruck bringt[123]. „Sich fügen ist nicht notwendig soviel wie schweigend einwilligen"[124].

Zu beachten ist schließlich - wie bereits angesprochen -, daß im Rahmen eines Notfalleinsatzes der Patient aufgrund der Einsatzindikation häufig vorübergehend willensunfähig ist. In diesen Fällen ist auf die mutmaßliche Einwilligung zu verweisen.

Unabdingbare zeitliche Voraussetzung ist, daß die Einwilligung des Patienten vor dem medizinischen Eingriff erklärt wurde und bei Vornahme der Behandlungsmaßnahme fortbestehen muß[125]. Damit besteht keine Bindung des Patienten an eine einmal erteilte Einwilligung, sie kann vielmehr jederzeit widerrufen werden[126].

---

118 Baumann/Weber/Mitsch 17/109; str.

119 BGH Urt. v. 28.11.1957 - 4 StR 525/57; BGH Urt. v. 01.02.1961 - 2 StR 457/60; ferner Kühl 9/40; Otto BT 15/18; Roxin 13/80

120 Deutsch RN 103, 106; Gropp 6/47; Haft AT S. 110; Köhler S. 249; Kühl 9/31; LK-Hirsch Vor § 32 RN 111; Otto Geerds-FS (1995) S. 617 m.w.N.; Roxin 13/45; S/S-Lenckner Vorbem §§ 32 ff. RN 43

121 BGH Urt. v. 10.05.1966 - VI ZR 251/64; Burckhart/v. Fürstenwerth Rettungsdienst 1990, 638; Deutsch RN 103

122 Deutsch RN 106

123 BGH Urt. v. 10.07.1954 - VI ZR 45/54; LK-Hirsch Vor § 32 RN 109; ders.-Jähnke Vor § 226 RN 15; S/S-Lenckner Vorbem §§ 32 ff. RN 43 m.w.N.

124 Bockelmann S. 54

125 BGH Urt. v. 10.07.1962 - 1 StR 194/62; Baumann/Weber/Mitsch 17/105; Deutsch NJW 1979, 1906; Haft AT S. 106; Köhler S. 249; Kühl 9/32; Kuhlmann S. 15; Lackner/Kühl § 228 RN 4; Otto BT 15/18; S/S-Lenckner Vorbem §§ 32 ff. RN 43; SK-Horn § 228 RN 4; Wessels/Beulke RN 378

126 Baumann/Weber/Mitsch 17/104 a.E.; Deutsch RN 106

e. Subjektives Rechtfertigungselement

Im Rahmen des subjektiven Rechtfertigungselements muß der Täter nach der h.M.[127] in Kenntnis des rechtfertigenden Sachverhalts, d.h. in Kenntnis der Einwilligung des Patienten, handeln. Ob der Täter darüber hinaus auch den Willen haben muß, einen objektiven Rechtfertigungstatbestand zu verwirklichen, ist umstritten. So muß nach einer Ansicht[128] zusätzlich zur Kenntnis eine Motivation durch den Heilungswillen hinzutreten.
Ein genereller Verzicht auf das subjektive Rechtfertigungselement im Rahmen der Einwilligung[129] ist hingegen dogmatisch unhaltbar. Nachdem Konsens darüber besteht, daß zur Frage des Unrechts sowohl die objektive als auch die subjektive Seite zu betrachten sei, muß dies auch bei den Unrechtsausschließungsgründen der Fall sein[130].
Unabhängig, ob man zusätzlich das Vorliegen eines Heilungswillens fordert, ist nach einer Ansicht[131] beim Fehlen der Kenntnis des rechtfertigenden Sachverhalts, d.h. bei fehlender Kenntnis der wirksamen Einwilligung des Patienten in die medizinische Maßnahme, wegen vollendeter rechtswidriger Tat zu verurteilen. Die vor allem im Schrifttum vertretene Gegenansicht[132] stellt hingegen auf die Versuchsvorschriften ab. Den Vorzug verdient dabei die letztere Auffassung. Für diese Lösung spricht, daß das Handlungsunrecht trotz der erteilten Einwilligung zwar bestehen bleibt, jedoch das Erfolgsunrecht aufgrund der wirksamen Einwilligung aufgehoben wird.

f. Ärztliche Aufklärung

Die Einwilligung in den jeweiligen Eingriff läßt als wesentliche Ausprägung des Selbstbestimmungsrechts des Patienten die Rechtswidrigkeit der tatbestandsmäßigen Körperverletzung entfallen. Diese Einwilligung ist jedoch nur wirksam, wenn der Patient über Art und Umfang der jeweiligen Maßnahmen hinreichend informiert ist. Dies geschieht mit der Aufklärung des Patienten.

---

127 Baumann/Weber/Mitsch 17/113; Bockelmann S. 54; Jakobs 11/20; Köhler S. 258; Lackner/Kühl Vor § 32 RN 6; Otto BT 15/18; ders. Geerds-FS (1995) S. 620; Roxin 14/94; S/S-Lenckner Vorbem §§ 32 RN 14, 51; Wessels/Beulke RN 275, 379; Gallas Bockelmann-FS (1979) S. 174 verneint für die Einwilligung das Erfordernis der Kenntnis, da die objektiven Voraussetzungen der Rechtfertigung ausschließlich im Wirkungsbereich des Verletzten liegen

128 Haft AT S. 111; Laufs/Uhlenbruck-Ulsenheimer 139/39; ausführlich hierzu LK-Hirsch Vor § 32 RN 53 ff. m.w.N.

129 so Gallas Bockelmann-FS (1979) S. 174

130 Puppe Stree/Wessels-FS (1993) S. 183 ff.; Wessels/Beulke RN 277

131 BGH Urt. v. 15.01.1952 - 1 StR 552/51; LK-Hirsch Vor § 32 RN 59

132 Jescheck/Weigend § 34 V; Maurach/Zipf 25/34; S/S-Lenckner Vorbem §§ 32 ff. RN 15; Stratenwerth § 9 RN 148; Wessels/Beulke RN 279

Die Aufklärung ist der Einwilligung vorgelagert und füllt sie inhaltlich aus[133]. Damit gewährleistet die Aufklärung die Entscheidungsfreiheit des Patienten[134]. Entgegen der Vorstellung vieler Vertreter in der Ärzteschaft spielt die Aufklärung auch im Rahmen des Rettungsdienstes eine wichtige Rolle.
Die Entwicklung der ärztlichen Aufklärungspflicht erfolgte vor allem durch die zivilrechtliche Judikatur. Die dort entwickelten Grundsätze sind aber auch auf das Strafrecht anwendbar, da im Rahmen der Einheit der Rechtsordnung die Anforderungen an die Aufklärung des Patienten identisch sind. Zu beachten ist jeoch im Rahmen der Intention des Strafrechts, daß dem Arzt kein Unrecht geschieht, d.h. es werden höhere Anforderungen an eine konkrete Bestrafung gestellt, um eine Kriminalstrafe zu rechtfertigen[135]. Zudem ist im Strafrecht im Rahmen der Schuld insbesondere auf die Betrachtung der individuellen Komponente abzustellen.
Die Frage, ob der Patient im Einzelfall ausreichend aufgeklärt worden ist, ist nicht nur eine medizinische Frage, sondern berührt auch das rechtliche Gebiet, da von ihr die Beurteilung der Frage abhängt, ob der Patient wirksam in die medizinische Behandlung eingewilligt hat. Damit ist die Frage über die Wirksamkeit der Aufklärung nach juristischen Gesichtspunkten zu entscheiden und damit eine Rechtsfrage[136].

aa. Art und Umfang der Aufklärung im allgemeinen

Eine umfassende Begriffsdefinition von Art und Umfang der Aufklärung ist schwer möglich. Als übergeordnete Struktur kann gelten, daß aufgrund des Selbstbestimmungsrechts des Betroffenen der verständige Patient in den Grundzügen über Art, Bedeutung, Verlauf und Folgen der medizinischen Behandlungsmaßnahme aufgeklärt werden muß[137]. Hierbei ist er - in einer in Stil und Ausdrucksweise dem Verständnisvermögen des Aufklärungsempfängers aufgrund dessen Bildungsstandes angepaßten Weise[138] - vollständig

133 BVerfG Beschl. v. 25.07.1979 - 2 BvR 878/74

134 BGH Urt. v. 05.12.1958 - VI ZR 266/57; BGH Urt. v. 25.11.1975 - VI ZR 122/73

135 Tröndle MDR 1983, 882

136 BGH Urt. v. 09.12.1958 - VI ZR 203/57; BGH Urt. v. 28.11.1972 - VI ZR 133/71; OLG Frankfurt Urt. v. 10.02.1981 - 22 U 213/79; Tröndle MDR 1983, 882; zu Entscheidungen in der Schweiz und Österreich Giesen JZ 1987, 283 m.w.N.

137 manche Autoren sprechen auch von einer Aufklärungslast, da es sich nicht um eine wirkliche Pflicht handele, der ein entsprechendes Recht des Patienten gegenüberstehe, vgl. Bockelmann S. 76 FN 39

138 BGH Urt. v. 10.07.1954 - VI ZR 45/54; BGH Urt. v. 22.06.1971 - VI ZR 230/69; BGH Urt. v. 23.10.1979 - VI ZR 197/78; BGH Urt. v. 09.11.1985 - VI ZR 134/84; OLG Düsseldorf Urt. v. 30.11.1978 - 8 U 55/78; OLG Nürnberg Urt. v. 28.06.1995 - 4 U 3943/94; Deutsch RN 192; Kern/Laufs S. 117 f.; Laufs RN 510; RGRK-Nüßgens § 823 Anh. II RN 95; Tempel NJW 1980, 615

über den ärztlichen Befund, die Art, Tragweite, Schwere, Notwendigkeit und Dringlichkeit der jeweiligen Behandlungsmaßnahme einschließlich deren voraussichtlichen Verlauf, den Erfolgsaussichten, Chancen und Risiken sowie über die Folgen einer unterlassenen Behandlung in Kenntnis zu setzen[139]. Der Patient soll dabei nach ständiger Rechtsprechung[140] zwar nicht in allen Einzelheiten, aber doch „im großen und ganzen" Bescheid wissen („informed consent" bzw. „consentement éclairé"), um damit als wirkliche Entscheidungshilfe[141] eigenverantwortlich eine Abwägung des „Für und Widers" zu ermöglichen[142].

In den letzten Jahren wird in der Rechtsprechung[143] zumindest eine Grundaufklärung über Art und Schweregrad des Eingriffs vorausgesetzt. Die Wirksamkeit einer Grundaufklärung setzt dabei voraus, daß der Patient zumindest über das schwerste in Frage kommende Risiko unterrichtet wurde. Hierbei wird zugunsten des Aufklärungspflichtigen unterstellt, daß ein verständiger Patient in der Regel nachfragt, sofern er in einzelnen Punkten einen größeren Informationsbedarf hat als ein durchschnittlich interessierter Patient in derselben Situation[144].

Das Kriterium des verständigen Patienten ist die Fähigkeit, bei der Abwägung des Für und Widers einer Behandlungsmaßnahme „das rechte Maß zu treffen, weder im Fürchten noch im Hoffen zu übertreiben, vom Aberglauben an die Allmacht der medizinischen Wissenschaft ebenso frei zu bleiben wie vom Aberglauben an die Übermacht des Wunschdoktors, des Heilapostels oder auch des bloßen Außenseiters, der, indem er das Ressentiment der Unwissenden gegen die Schulmedizin nährt, dem Kranken verspricht, ihn ohne Operation zu heilen"[145]. Hierbei sind im Gespräch mit dem Patienten die „Erwartungen und die Befürchtungsschwelle des Kranken auszumessen"[146]. Dabei

---

139 BGH Urt. v. 05.12.1958 - VI ZR 266/57; BGH Urt. v. 09.12.1958 - VI ZR 203/57; BGH Urt. v. 14.02.1989 - VI ZR 65/88; MK-Mertens § 823 RN 423 ff.; Schroth S. 72; Ulsenheimer RN 60

140 BGH Urt. v. 22.06.1971 - VI ZR 230/69; BGH Urt. v. 16.11.1971 - VI ZR 76/70; BGH Urt. v. 12.02.1974 - VI ZR 141/72; BGH Urt. v. 02.11.1976 - VI ZR 134/75; BGH Urt. v. 07.02.1984 - VI ZR 174/82; BGH Urt. v. 26.02.1985 - VI ZR 124/83; BGH Urt. v. 09.11.1985 - VI ZR 134/84; BGH Urt. v. 22.09.1987 - VI ZR 238/86; BGH Urt. v. 22. 12.1987 - VI ZR 32/87; BGH Urt. v. 14.02.1989 - VI ZR 65/88; BGH Urt. v. 08.05. 1990 - VI ZR 227/89; BGH Urt. v. 26.11.1991 - VI ZR 389/90; BGH Urt. v. 07.04.1992 - VI ZR 192/91; ebenso BVerfG Beschl. v. 25.07.1979 - 2 BvR 878/74

141 MK-Mertens § 823 RN 354

142 BGH Urt. v. 09.11.1985 - VI ZR 134/84; BGH Urt. v. 07.04.1992 - VI ZR 192/91; Haft AT S. 111

143 BGH Urt. v. 14.02.1989 - VI ZR 65/88; BGH Urt. v. 12.03.1991 - VI ZR 232/90; BGH Urt. v. 14.11.1995 - VI ZR 359/94; OLG Brandenburg Urt. v. 01.09.1999 - 1 U 3/99

144 BGH Urt. v. 11.05.1982 - VI ZR 171/80

145 so Bockelmann S. 58

146 Deutsch RN 134

ist auf die Persönlichkeit des jeweiligen Patienten im Einzelfall abzustellen[147].
Sinn und Zweck der Aufklärung ist es, dem Patienten bei allen medizinischen Maßnahmen die Wahrnehmung des Selbstbestimmungsrechts zu ermöglichen. Dabei soll er in freier Entscheidung in eine Behandlungsmaßnahme einwilligen oder diese ablehnen können. Dies bedeutet, daß die Erfordernisse der Aufklärung des Patienten nicht nur bei Heileingriffen durch ärztliches Personal, sondern auch bei Behandlungsmaßnahmen von nichtärztlichem Personal Anwendung finden[148]. Insofern gelten die Ausführungen für nichtärztliches Personal zumindest insoweit entsprechend, als kein ärztliches Personal am Einsatzort zur Verfügung steht. Erfolgt ein Einsatz mit ärztlichem Personal, wird hingegen an anderer Stelle[149] noch zu prüfen sein, ob eine Aufklärung durch nichtärztliches Personal ausreicht. Eine gesonderte Betrachtung ist gerechtfertigt, da der Patient im letzteren Fall in ärztliche Maßnahmen einwilligt.

bb. Gegenstand der Aufklärung

Es hat sich als zweckmäßig erwiesen, nach den unterschiedlichen Gegenständen der Aufklärung zu unterscheiden. Es handelt sich - bei zum Teil unterschiedlicher Terminologie - um zwei Hauptkomplexe, die therapeutische Aufklärung (Sicherungsaufklärung) sowie die Selbstbestimmungsaufklärung, welche sich im einzelnen in die Diagnose-, Verlaufs- und Risikoaufklärung aufgliedert.
Als Besonderheit gilt im Rahmen des Rettungswesens die zusätzliche Aufklärung bezüglich des Transportes in die Klinik[150], bei der es jedoch nicht um die Frage der Körperverletzung durch einen Heileingriff geht. Insofern verdient dieser Bereich hier keine weiteren Ausführungen.

aaa. Therapeutische Aufklärung

Die therapeutische Aufklärung (Sicherungsaufklärung) ist ein Teil der medizinischen Behandlung als solche. Im Unterschied zu der Selbstbestimmungsaufklärung geht es hier nicht um die Entscheidungsfindung des Patienten über die Einwilligung in den entsprechenden Eingriff, sondern um den Bereich der Gefahrenabwehr durch Information des Patienten über gebotene und erforderliche Verhaltensregeln, um auf diese Weise einen komplikationslosen The-

147 insoweit zutreffend die abweichende Meinung der Richter Hirsch, Niebler und Steinberger zu BVerfG Beschl. v. 25.07.1979 - 2 BvR 878/74

148 insofern zutreffend Tries S. 28

149 vgl. insoweit S. 73

150 vgl. hierzu Ufer Rettungsdienst 1991, 606 f. m.w.N.

rapieverlauf sicherzustellen und den Behandlungserfolg zu erreichen oder zu sichern[151].
Ein wesentlicher Punkt im Rahmen der therapeutischen Aufklärung ist die Aufklärung über die Nichtbehandlung. Gerade im Rettungswesen ist das Rettungsdienstpersonal immer wieder mit Patienten konfrontiert, die eine Behandlung oder den Transport ablehnen. In diesen Fällen ist der verweigernde Patient in eindringlicher Weise bzgl. derjenigen existentiellen Gefahren zu warnen, die bei einer Verweigerung der medizinischen Behandlung sowie bei dem Nichttransport in eine geeignete Einrichtung zur weiteren Versorgung möglich bzw. zu erwarten sind[152]. Zudem ist eine genaue Mitteilung erforderlich, wie notwendig und dringlich die jeweils im Einzelfall erforderliche Behandlung ist[153]. So darf sich der Arzt bei einem erheblich verletzten Patienten gerade nicht mit der ersten, häufig unbedachten Weigerung des Patienten zufriedengeben, sondern muß erneut auf den Patienten einwirken[154]. Dabei ist erforderlich, daß der Arzt den Patienten mit geduldigem Zureden und Eingehen auf seine Ängste und Bedenken für eine dringend gebotene Behandlung zu gewinnen versucht und ihm zugleich eindringlich die Nachteile vor Augen hält, die zu erwarten wären, wenn die notwendige Behandlung unterbliebe[155]. Auch bei einer offensichtlich unbegründeten Weigerung des Patienten ist eine noch intensivere Aufklärung erforderlich. In diesem Falle ist ferner eine besondere Prüfung der Einwilligungsfähigkeit des Patienten erforderlich.
Ist eine eindringliche therapeutische Aufklärung des Patienten unterblieben und verweigert dieser daraufhin die Behandlung oder den Transport in eine geeignete Einrichtung, so ist daraus nicht auf einen wirksamen Behandlungs- oder Transportverzicht zu schließen[156]. Ein Verstoß gegen die Pflicht zur therapeutischen Aufklärung ist aufgrund der Zuordnung zur medizinischen Be-

151 vgl. Kern/Laufs S. 183 ff.; Lang/Arnold S. 115; Laufs/Uhlenbruck-Laufs 62/1 ff.

152 BGH Urt. v. 24.06.1986 - VI ZR 21/85; BGH Urt. v. 27.11.1990 - VI ZR 30/90; OLG Stuttgart Urt. v. 28.12. 1984 - 1 U 136/82; OLG Karlsruhe Urt. v. 15.10.1986 - 13 U 129/84; OLG Nürnberg Urt. v. 08.03.1994 - 3 U 2842/91; LG Memmingen Urt. v. 17.09.1980 - 3 O 852/79; Ehlers S. 97

153 BGH Urt. v. 28.01.1986 - VI ZR 83/85; BGH Urt. v. 26.06.1990 - VI ZR 289/89; BGH Urt. v. 24.06.1997 - VI ZR 94/96; OLG Hamm Urt. v. 25.01.1984 - 3 U 20/83; OLG Frankfurt Urt. v. 25.05.1993 - 8 U 19/93; Arthur Kaufmann ZStW 73, 366 f. m.w.N.; Ufer Rettungsdienst 1990, 167 m.w.N.

154 OLG Köln Urt. v. 31.01.1996 - 5 U 122/95

155 BGH Urt. v. 09.12.1958 - VI ZR 203/57

156 BGH Urt. v. 27.11.1990 - VI ZR 30/90; OLG Karlsruhe Urt. v. 15.10.1986 - 13 U 129/84

handlung als solche nach ständiger Rechtsprechung[157] und herrschender Ansicht der Lehre[158] als Behandlungsfehler zu werten.

bbb. Diagnoseaufklärung

Die Diagnoseaufklärung ist die Mitteilung des Befundes an den Patienten[159]. Hierbei ist der Patient darüber zu informieren, an welchen Krankheiten bzw. an welchen Verletzungen er leidet. Die Verpflichtung, dabei das ganze Ausmaß der jeweiligen Situation darzustellen, besteht grundsätzlich auch dann, wenn es sich um eine schwerwiegende Diagnose mit weitreichenden Folgen für den Patienten handelt. Dies gilt insbesondere dann, wenn die Risiken einer medizinischen Behandlung für den Patienten aufgezeigt werden müssen. Hierbei sind dem Patienten alle Diagnosebefunde mitzuteilen, wenn deren Kenntnis für die Entscheidung des Patienten, in eine Behandlung einzuwilligen, erkennbar von Bedeutung sind[160].
Modifikationen der Aufklärungspflicht können sich jedoch aus zwei Gründen ergeben: Eine Aufhebung der Pflicht zur Mitteilung ist zum einen dann möglich, wenn aus diagnostisch-methodischen Gründen keine hinreichende Basis für eine genaue bzw. zuverlässige Diagnosestellung gegeben ist. Dieser Komplex wird - da diese Situation aufgrund der begrenzten Möglichkeiten häufig im Rettungswesen anzutreffen ist - separat[161] besprochen. Auch aus therapeutischen Erwägungen kann die Mitteilungspflicht ganz entfallen oder zumindest teilweise gemindert sein. Diese Gründe führen indes nicht nur zu Modifikationen im Rahmen der Pflicht zur diagnostischen Aufklärung, sondern beeinflussen häufig auch die Anforderungen der Risikoaufklärung des Patienten. Insofern wird auch dieser Bereich noch gesondert[162] zu erörtern sein.
Die Diagnoseaufklärung des Patienten ist im Rahmen des Rettungswesens mitunter schwierig. Hieraus jedoch zu folgern, daß sie „kaum vorstellbar ist, weil der Arzt nicht zur Diagnosestellung angefordert wird, sondern einen gesetzlich definierten Rettungsauftrag ausführt“[163] ist jedoch nicht richtig. Primär geht es zwar nicht selten zunächst darum, Menschenleben zu retten, dennoch ist das Rettungsdienstpersonal im Rahmen einer Behandlung angehalten,

157 BGH Urt. v. 25.04.1989 - VI ZR 175/88; BGH Urt. v. 27.11.1990 - VI ZR 30/90; BGH Urt. v. 07.07.1994 - III ZR 52/93; OLG Stuttgart Urt. v. 01.12.1994 - 14 U 48/93 ; OLG Bremen Urt. v. 06.04.1999 - 3 U 101/98

158 Giesen RN 140 m.w.N.; Lang/Arnold S. 115; Laufs RN 167 f. m.w.N.; Laufs/Uhlenbruck-Laufs 67/1; RGRK-Nüßgens § 823 Anh. II RN 45; Ulseneimer RN 62

159 OLG Stuttgart Urt. v. 14.04.1988 - 14 U 16/87; Kern/Laufs S. 54

160 OLG Stuttgart Urt. v. 14.04.1988 - 14 U 16/87

161 vgl. S. 82

162 vgl. S. 78 ff.

163 so aber Ufer Rettungsdienst 1991, 604

vor therapeutischen Maßnahmen zunächst eine Diagnose zu stellen und - sofern möglich - den Patienten hierüber zu unterrichten.

ccc. Verlaufsaufklärung

Die Verlaufsaufklärung hat die Aufgabe, den Patienten - zumindest in groben Zügen - über die medizinische Behandlung als solche zu informieren. Hierbei ist dieser insbesondere bezüglich Wesen sowie Schwere, Tragweite und Ausführung der einzelnen Maßnahmen zu unterrichten[164]. Ferner sind der voraussichtliche Ablauf der Maßnahme sowie die Erfolgsaussichten des Eingriffs darzustellen, wobei letzteres schon in den Bereich der Risikoaufklärung hineinspielt. Auch die Information über Behandlungsalternativen zählt zur Verlaufsaufklärung[165].

ddd. Risikoaufklärung

Die Risikoaufklärung ist die Information des Patienten über wesentliche Folgen und Risiken des Eingriffs sowie über Neben- oder Wechselwirkungen, aber auch über sonstige Gefahren der medizinischen Behandlung[166]. Hierbei ist nicht nur auf die Person des Patienten abzustellen, vielmehr sind auch Dritte einzubeziehen[167].
Der Patient muß vor allem die typischen bzw. spezifischen, wenn auch seltenen Risiken kennenlernen, die mit dem Eingriff verbunden sind[168]. Dabei ist die Risikoaufklärung selbst dann geboten, wenn der Eingriff vital indiziert, das Risiko selten und ohne den Eingriff größer ist[169]. Wenngleich die Notwendigkeit der Risikoaufklärung und deren Ausmaß mit der Risikohäufigkeit einhergeht[170], ist gerade nicht die prozentuale Häufigkeit eines bestimmten Risikos bzw. einer Zwischenfallshäufigkeit ausschließlich maßgebend[171]. Diese noch ursprünglich durch die Rechtsprechung vertretene Auffassung, welche damit auf die statistische Wahrscheinlichkeit einer Komplikation (Komplikationsdichte) abzielte, wurde inzwischen aufgegeben. Mit diesem

164 Ehlers S. 69; Kern/Laufs S. 58; Schroth S. 72
165 Deutsch RN 114
166 Kern/Laufs S. 67; Laufs RN 187
167 OLG Braunschweig Urt. v. 19.07.1985 - 2 U 11/84: Gefahren für ein Kind bei der Geburt aufgrund einer bekannten Krampfanfallneigung der Mutter
168 BGH Urt. v. 22.04.1980 - VI ZR 37/79; BGH Urt. v. 07.02.1984 - VI ZR 174/82; BGH Urt. v. 16.04.1991 - VI ZR 176/90; Laufs/Uhlenbruck-Laufs 6/22
169 BGH Urt. v. 07.02.1984 - VI ZR 174/82
170 vgl. Schroth S. 72; Ulsenheimer RN 66 ff.
171 BGH Urt. v. 22.06.1971 - VI ZR 230/69; BGH Urt. v. 22.04.1980 - VI ZR 37/79; BGH Urt. v. 07.07.1994 - III ZR 52/93; Deutsch RN 120 m.w.N.; Arthur Kaufmann ZStW 73, 347 m.w.N.

Wandel ist auch die ursprüngliche Ansicht[172] überholt, wonach eine Aufklärung bei solchen Risiken unterbleiben könne, die sehr selten sind und damit auch einen verständigen Patienten nicht von der Einwilligung abschrecken würden.

Vielmehr ist die Notwendigkeit, auf die Gefahren hinzuweisen, von verschiedenen Faktoren abhängig. Insbesondere entscheidet über die Aufklärungsbedürftigkeit jedoch die konkrete Bedeutung, die es für die Entschließung des Patienten haben kann[173]. Dabei ist auch die künftige Lebensführung des Patienten einzubeziehen[174]. Des weiteren hat auch die Dringlichkeit einer Maßnahme Einfluß auf den Umfang der Aufklärungspflicht. Da dieser Bereich gerade auch im Rahmen der Notfallrettung äußerst relevant ist, wird darauf noch gesondert[175] einzugehen sein. Schließlich beeinflussen auch die drohenden schweren Folgen das Ausmaß der Aufklärungspflicht. So ist auch eine minimale Risikowahrscheinlichkeit bei einer besonders schweren Folge mitzuteilen[176], so z.B. das Risiko einer Querschnittslähmung[177], einer halbseitigen Gesichtslähmung[178] oder das Risiko einer Funktionsbeeinträchtigung wichtiger Organe[179].

Auf der anderen Seite ist die Intensität der Risikoaufklärung gemindert, sofern die medizinische Behandlung aufgrund ihrer Alltäglichkeit bekannt ist. Dies sind Eingriffe, bei denen „schon die landläufige Bezeichnung des Eingriffs auch den Laien hinreichend ins Bild setzt“[180], da sie „wegen der Häufigkeit der Allgemeinheit in besonderem Maße vertraut“ sind[181].

Unnötig ist die Aufklärung hingegen über allgemeine Risiken, mit denen jeder Patient rechnen muß und deren Kenntnis damit vorausgesetzt werden darf[182] sowie über die Risiken einer fehlerhaften Behandlung[183]. Auch ist

---

172 z.B. BGH Urt. v. 09.12.1958 - VI ZR 203/57; BGH Urt. v. 18.05.1965 - VI ZR 4/64

173 BGH Urt. v. 22.04.1980 - VI ZR 37/79; BGH Urt. v. 07.02.1984 - VI ZR 174/82; OLG Bremen Urt. v. 27.09.1989 - 1 U 2/89

174 BGH Urt. v. 14.11.1995 - VI ZR 359/94; OLG Oldenburg Urt. v. 02.07.1991 - 5 U 23/91

175 vgl. S. 80 ff.

176 BGH Urt. v. 02.11.1993 - VI ZR 245/92; BGH Urt. v. 26.02.1985 - VI ZR 124/83

177 BGH Urt. v. 03.04.1984 - VI ZR 195/82

178 BGH Urt. v. 22.04.1980 - VI ZR 37/79

179 OLG Oldenburg Urt. v. 02.07.1991 - 5 U 23/91

180 BGH Urt. v. 16.11.1971 - VI ZR 76/70

181 BGH Urt. v. 23.10.1979 - VI ZR 197/78

182 BGH Urt. v. 09.12.1958 - VI ZR 203/57; BGH Urt. v. 09.11.1985 - VI ZR 134/84; BGH Urt. v. 14.02.1989 - VI ZR 65/88; BGH Urt. v. 08.01.1991 - VI ZR 102/90; BGH Urt. v. 17.12.1991 - VI ZR 40/91; vgl. Lesch NJW 1989, 2310 f. m.w.N.; Tempel NJW 1980, 611 m.w.N.

183 BGH Urt. v. 19.03.1985 - VI ZR 227/83; Kern/Laufs S. 68 m.w.N.

eine Risikoaufklärung nicht erforderlich bei Risiken, welche erfahrungsgemäß mit den vorhandenen Mitteln beherrschbar sind[184].

cc. Durchführung der Aufklärung

aaa. Aufklärungspflichtiger und Adressat der Aufklärung

Die Aufklärung in therapeutische Maßnahmen erfolgt in einem vertrauensvollen Gespräch zwischen Arzt und Patienten[185]. Damit ist die Aufklärungspflicht prinzipiell eine ärztliche Pflicht, die in der Regel dem behandelnden Arzt zukommt. Nimmt freilich das nichtärztliches Personal ohne vorhandenen Arzt aufklärungsbedürftige medizinische Eingriffe am Patienten vor, muß es den Patienten hierüber selbständig aufklären.
Streitig ist, ob die ärztliche Aufklärungspflicht auch an das nichtärztliche Personal delegiert werden kann. Die überwiegende Ansicht[186] sowie die Rechtsprechung[187] lehnen die Zulässigkeit der Delegation jedoch - m.E. völlig zu Recht - ab, da sowohl bei der therapeutischen Aufklärung als auch bei der Selbstbestimmungsaufklärung des Patienten ärztliches Fachwissen und entsprechende Praxiserfahrung erforderlich sind. Hiervon werden jedoch Ausnahmen zugelassen, namentlich in äußersten Notfällen, wenn ansonsten überhaupt keine Aufklärung möglich wäre (z.B. häufig bei Massenanfällen)[188], wobei z.T. jedoch ein ausdrücklicher Auftrag durch den entsprechenden Arzt gefordert wird.
Gerade im Rettungsdienst stellt sich die Frage, ob der Arzt, der den Patienten nicht nur am Einsatzort behandelt, sondern auch in eine geeignete Einrichtung zur weiteren Versorgung einweist, auch über die weitere Behandlung aufklä-

184 BGH Urt. v. 09.12.1958 - VI ZR 203/57; Schaffer VersR 1993, 1461; Schlosshauer-Selbach DRiZ 82, 362; Schlund VersR 1977, 498

185 dies allein ist entscheidend, BGH Urt. v. 08.01.1985 - VI ZR 15/83; Engljähringer S. 170 ff. spricht von der Interaktion zwischen Arzt und Patient

186 Becker/Deutsch/Knappen/Nüßgens Laryng. Rhinol. 1975, 798; Biermann ZaeF 1995, 630; Deutsch RN 137; Ehlers S. 52 f.; Engljähringer S. 136; Kern MedR 1986, 179; ders. Weißauer-FS (1986) S. 71 ff.; MK-Mertens § 823 RN 442; RGRK-Nüßgens § 823 Anh. II RN 79, 87 ff.; Roxin/Schroth S. 23 f.; Rumler-Detzel VersR 1994, 257; Schaffer VersR 1993, 1462; Schlosshauer-Selbach DRiZ 82, 364; Tempel NJW 1980, 615; Ulsenheimer RN 104a; diff. Soergel-Zeuner § 823 RN 246, der die Zulässigkeit der Delegation dann verneint, wenn dies für die Reaktion und die Entscheidung des Einwillungsberechtigten von Einfluß sein kann; a.A. - jedoch ohne weitere Begründung - Kleinewefers VersR 1962, 199

187 BGH Urt. v. 10.02.1959 - 5 StR 533/58; OLG München Urt. v. 28.10.1981 - 20 U 1959/80

188 Dönicke-Jaeger Rettungsdienst 1991, 188; Kern Weißauer-FS (1986) S. 85 m.w.N.; Rieger RN 270; Rüping DMW 1977, 369

rungspflichtig ist. Dies ist grundsätzlich zu verneinen[189]. Eine Ausnahme hiervon ist lediglich in den seltenen, i.ü. für das Rettungswesen nicht relevanten Fällen vorzunehmen, in denen der einweisende Arzt von vornherein als weiterbehandelnder Arzt in der Einrichtung zuständig ist. Insbesondere für den (Not-) Arzt im Rettungswesen gilt damit, daß dieser nur über seinen eigenen Zuständigkeitsbereich (Versorgung des Patienten bis zur Übergabe in der Klinik) aufklären muß.
Grundsätzlich ist der Patient höchstpersönlich aufklärungsbedürftig. Die Aufklärung anderer - soweit überhaupt zulässig - kann das unmittelbare Gespräch zwischen Arzt und Patienten nicht ersetzen[190]. Damit ist lediglich auf die bereits im Rahmen der Einwilligungsfähigkeit erörterten besonderen Problemkreise einzugehen. Hierbei ist zunächst festzuhalten, daß aufgrund des Persönlichkeitsrechts des Patienten eine Einwilligungsunfähigkeit nicht grundsätzlich auch bedeutet, daß der Patient nicht auch - zumindest im Ansatz - aufzuklären ist.
Minderjährige, welche noch nicht einwilligungsfähig sind, haben in Zustimmung mit der wohl überwiegenden Meinung[191] sehr wohl einen Anspruch auf Information über die jeweilige medizinische Maßnahme. Dies zeigt auch eine Parallele zu § 1626 Abs. 2 BGB. Hiernach „berücksichtigen die Eltern die wachsende Fähigkeit und das wachsende Bedürfnis des Kindes zu selbständigem und verantwortungsvollem Handeln“ und „besprechen mit dem Kind, soweit es nach dessen Entwicklungsstand angezeigt ist, Fragen der elterlichen Sorge und streben Einvernehmen an“[192]. Wie bei der Frage der Einwilligungsfähigkeit sind jedoch auch hier feste Altersgrenzen nicht möglich[193]. Im Rahmen der Aufklärung ist besonders darauf zu achten, daß diese entsprechend dem Alter des Patienten erfolgt. Inhaltlich ist dabei insbesondere auf den Verlauf der Behandlung abzustellen, bei älteren Jugendlichen, d.h. bei Jugendlichen ab ca. 10 Jahren[194], bzw. 12 Jahren[195] auch auf das Risiko der jeweiligen Behandlung[196]. Ist der Eingriff an einem einwilligungsunfähigen Minderjährigen vital indiziert und dringlich, genügt im Rahmen der Aufklärung bei Abwesenheit der Sorgeberechtigten die Aufklärung des Minderjährigen[197]. Die Aufklärung gegenüber den Sorgeberechtigten zeigt i.ü. gerade im Rettungswesen eine besondere Problematik, da häufig nur ein Elternteil am

189 Biermann ZaeF 1995, 630 f. m.w.N.; RGRK-Nüßgens § 823 Anh. II RN 81
190 BGH Urt. v. 25.04.1989 - VI ZR 175/88 für die therapeutische Aufklärung; ferner Laufs RN 163
191 z.B. Dönicke-Jaeger Rettungsdienst 1991, 188; Eberbach MedR 1986, 15
192 hierauf stellt Eberbach MedR 1986, 15, ders. FamRZ 1982, 451 ab
193 Eberbach MedR 1986, 15 m.w.N.
194 Deutsch RN 445
195 Eberbach MedR 1986, 15
196 Ufer Rettungsdienst 1991, 604 m.w.N.; Ulsenheimer RN 111a m.w.N.
197 Eberbach MedR 1986, 16

Einsatzort anzutreffen ist. Wie bei der Frage der wirksamen Einwilligung gilt auch hier in Notfällen, daß die Aufklärung eines Elternteiles genügt[198].
Auch bei alten Patienten, psychisch Kranken oder Behinderten sowie bei Patienten unter Betreuung sind diese Grundsätze anzuwenden. In Fällen der Einwilligungsunfähigkeit ist der gesetzliche Vertreter aufzuklären[199]. Jedoch ist hier das bereits bei der Frage der Einwilligungsfähigkeit Gesagte zu berücksichtigen, wonach der Patient bei allen Fallgruppen, d.h. trotz des fortgeschrittenen Altersabbaus, der psychischen Erkrankung bzw. Behinderung oder der Betreuung - zumindest zeitweise - in der Lage sein kann, selbst in die medizinische Maßnahme einzuwilligen. Besteht damit in diesen Fällen die Einwilligungsfähigkeit des Patienten, ist ausschließlich dieser aufzuklären[200].
Einen weiteren Problemkreis stellen auch Patienten dar, welche der deutschen Sprache nicht mächtig sind. Hierbei ist darauf zu achten, daß diese Patienten grundsätzlich durch die Hinzuziehung einer Person, welche dieselbe Sprache wie der Patient spricht, aufgeklärt werden können[201]. Dabei muß die Gefahr von Mißverständnissen im Rahmen der Aufklärung ausgeschlossen sein. In Notfällen ist hingegen zu versuchen, durch entsprechende Gesten den Patienten zu informieren[202]. Bei dringlichen Maßnahmen ist schließlich auf die mutmaßlichen Einwilligung des Patienten zu verweisen.

bbb. Form und Zeitpunkt der Aufklärung

Im Rahmen der formalen Anforderungen ist zu sehen, daß die Aufklärung in einem vertrauensvollen und individuellen Gespräch des Arztes mit dem Adressaten der Aufklärung, i.d.R. dem Patienten vorzunehmen ist. Dieses Gespräch soll von jedem Formalismus frei bleiben[203].
Die Aufklärung soll ferner kein Monolog des Aufklärungspflichtigen sein, vielmehr sollen beide Seiten zusammenwirken[204]. Dabei muß man „auch von Seiten des Patienten den mitverantwortlich geführten Dialog" verlangen[205]. So werden von dem Patienten Fragen erwartet, um die Aufklärung abzukür-

[198] BGH Urt. v. 28.06.1988 - VI ZR 288/87

[199] Eberbach MedR 1986, 16 f.; Kloppenborg MedR 1986, 20; vgl. dazu die Studie bei Schroeter S. 11 ff.

[200] Kloppenborg MedR 1986, 20

[201] OLG Düsseldorf Urt. v. 12.10.1989 - 8 U 60/88; OLG Frankfurt Urt. v. 19.05.1993 - 13 U 138/92; OLG München Urt. v. 23.06.1994 - 1 U 7286/93; Kern/Laufs S. 23; Laufs/Uhlenbruck-Laufs 66/5; Schaffer VersR 1993, 1462

[202] Deutsch RN 146

[203] BGH Urt. v. 08.01.1985 - VI ZR 15/83

[204] Deutsch RN 100; RGRK-Nüßgens § 823 Anh. II RN 95

[205] BVerfG Beschl. v. 25.07.1979 - 2 BvR 878/74; vgl. ebenso Laufs NJW 1994, 1566; Ehlers S. 62 spricht von „wechselseitiger Unterredung"

zen[206]. Dies setzt jedoch eine gewisse Vorstellung des Patienten voraus, welche aus der in allen Fällen erforderlichen Grundaufklärung zu entnehmen ist[207]. Jedoch stellt nicht jeder Patient aus seiner Persönlichkeit heraus weiterführende Fragen, viele können es sogar gar nicht. Auch benötigen manche Patienten im Rahmen der Aufklärung mehr Informationen als andere, welche bereits mit der Grundaufklärung ausreichend befriedigt sind[208]. Insofern ist die individuelle Persönlichkeit des Patienten, insbesondere dessen Bildungsstand sowie soziale Bindung zu berücksichtigen[209]. In diesem Zusammenhang ist es zudem erforderlich, daß sich der Aufklärungspflichtige vergewissert, daß der Patient die Erläuterungen auch verstanden hat[210].
Der Aufklärungspflichtige ist nicht berechtigt, im Rahmen der Aufklärung die Unwahrheit zu sagen oder den Eingriff und dessen Folgen zu verharmlosen[211]. Darunter fällt jedoch nicht die Aussage, eine Verwirklichung des entsprechenden Risikos sei in seinem Bereich noch nicht vorgekommen, „wenn der Arzt damit bezweckt, die - tatsächlich bestehende - geringe Wahrscheinlichkeit des Risikos hervorzuheben, um den Patienten zu beruhigen und ihm die Furcht vor der Behandlung zu nehmen“[212]. Der die Aufklärung verkürzende Hinweis auf das Vorliegen einer Lebensgefahr ist hingegen unzulässig, wenn die Behandlung als nicht vital indiziert anzusehen ist[213].
Auch der richtigen Zeitpunkt der Aufklärung ist für deren Wirksamkeit entscheidend. Die Aufklärung ist naturgemäß vor dem Beginn der jeweiligen Maßnahmen durchzuführen. Hierbei ist sie grundsätzlich so frühzeitig wie möglich vorzunehmen, damit der Patient nicht unter Zeitdruck gesetzt wird[214], wobei z.B. bei normalen abulanten Eingriffen auch noch der Tag der Behandlung selbst genügt[215]. Jedoch spielt gerade auch die Dringlichkeit der Behandlungsmaßnahme eine maßgebliche Rolle, so daß dieser Grundsatz für Notfallsituationen nicht gelten kann[216].

---

206 BGH Urt. v. 04.11.1975 - VI ZR 226/73

207 vgl. bereits vorne S. 67

208 nach einer Untersuchung bei 500 Patienten konnten nur 18% der Befragten den Inhalt des Gesprächs reproduzieren, 49% wußten nur, daß die Operation notwendig und mit Gefahren verbunden war, die übrigen hatten keinerlei Erinnerung an den Inhalt der Aufklärung, vgl. Höfer/Streicher DMW 80, 694; zu ähnlichen Zahlen kommen auch Lang/Arnold S. 118

209 vgl. BGH Urt. v. 23.10.1979 - VI ZR 197/78

210 OLG Bremen Urt. v. 06.04.1999 - 3 U 101/98 für die therapeutische Aufklärung

211 Arthur Kaufmann ZStW 73, 362 f. m.w.N.; andere bejahen eine „barmherzige Lüge“ bzw. ein „barmherziges Schweigen“, vgl. Barnickel ZStW 1992, 1059

212 BGH Beschl. v. 30.09.1986 - VI ZR 172/85

213 BGH Beschl. v. 29.11.1988 - VI ZR 140/88

214 BGH Urt. v. 07.04.1992 - VI ZR 192/91

215 BGH Urt. v. 14.06.1994 - VI ZR 178/93; OLG Bremen Urt. v. 28.07.1998 - 3 U 5/98

216 RGRK-Nüßgens § 823 Anh. II RN 100

dd. Entbehrlichkeit der Aufklärung

aaa. Wissender Patient

Ein über aufklärungsbedürftige Tatsachen bereits ausreichend informierter Patient benötigt keine weitere Aufklärung[217]. Wie der Patient dabei zu dem entsprechenden Wissen gelangt ist, ist grundsätzlich unbeachtlich[218]. In Frage kommt dabei die eigene Fachkunde als Arzt[219], eine hinreichende Erfahrung aus früheren einschlägigen medizinischen Maßnahmen[220] oder die wirksame Aufklärung durch einen anderen Arzt[221]. Einige Vertreter der Lehre[222] wollen bereits Mitteilungen von nichtärztlichem Personal genügen lassen. Dies kann jedoch m.E. nicht zutreffend sein, da - wie bereits festgestellt - die Aufklärung eine ärztliche Aufgabe darstellt. Der Arzt nimmt die Aufklärung vor, der Patient besitzt die Möglichkeit, bei offenen Fragen ggf. nachzufragen. Hierzu ist ärztliches Fachwissen und die entsprechende Praxiserfahrung erforderlich.
Ist der Patient hingegen nur teilweise aufgeklärt, muß der Aufklärungspflichtige dessen Wissen in den jeweils erforderlichen Bereichen vervollständigen. Eine darüber hinausgehende Aufklärung ist nicht erforderlich.
Ein Berufen auf die jeweils ausreichende Kenntnis des Patienten setzt schließlich voraus, daß der Aufklärungspflichtige das Wissen des Patienten sorgfältig ermittelt hat. Hierzu ist i.d.R. ein Gespräch mit dem Patienten erforderlich. Nur in diesen Fällen kann eine Aufklärung unterbleiben.

bbb. Aufklärungsverzicht

Eine Aufklärung ist ferner nicht erforderlich, wenn der Patient ausdrücklich oder konkludent auf die Aufklärung verzichtet[223]. Dies ist gerade auch unter

---

217 Deutsch RN 120 a.E.; Kern/Laufs S. 11, 112 ff.; Roxin/Schroth S. 23; Ulsenheimer RN 125

218 Ehlers S. 98; Kern MedR 86, 176 ff.; Kern/Laufs S. 112 ff.; Kleinewefers VersR 1981, 102; Tempel NJW 1980, 613

219 BGH Urt. v. 22.06.1971 - VI ZR 230/69; OLG Karlsruhe Urt. v. 25.01.1978 - 7 U 299/76

220 BGH Urt. v. 07.02.1961 - VI ZR 69/60; BGH Urt. v. 04.11.1975 - VI ZR 226/73; OLG Hamm Urt. v. 11.12. 1996 - 3 U 93/96

221 BGH Urt. v. 26.03.1963 - VI ZR 122/62

222 Engljähringer S. 221 f. m.w.N.; Kern Weißauer-FS (1986) S. 71 ff.; Kern/Laufs S. 112; diff. RGRK-Nüßgens § 823 Anh. II RN 90 f., 93 m.w.N., der zwischen der unzulässigen Aufklärung durch nichtärztliches Personal und einer zutreffenden Aufklärung durch dieses, welche den Patienten „wissend" macht, unterscheidet

223 BGH Urt. v. 22.06.1971 - VI ZR 230/69; BGH Urt. v. 28.11.1972 - VI ZR 133/71; BGH Urt. v. 04.11.1975 - VI ZR 226/73

dem Gesichtspunkt der Ausübung des Selbstbestimmungsrechts des Patienten möglich, welches dem Patienten freistellt, ob er überhaupt von seinem Recht auf Aufklärung Gebrauch machen möchte.
Für einen wirksamen Aufklärungsverzicht gelten jedoch strenge Anforderungen, so daß ein Aufklärungsverzicht stets die Ausnahme bildet[224]. So ist von einem Verzicht nur auszugehen, wenn er dem Arzt gegenüber eindeutig und ernsthaft erklärt worden ist[225]. Nach einer Mindermeinung[226] ist ein konkludenter Verzicht dabei nicht möglich. Dies erscheint jedoch nicht stichhaltig, sofern im Verhalten des Patienten eine eindeutige und ernsthafte Willensäußerung zu erkennen ist. Ein reines Schweigen des Patienten stellt jedoch keinen zulässigen Verzicht in die Aufklärung dar[227].
Streitig ist schließlich der Umfang des jeweiligen Verzichts. Hierbei wird z.T. vertreten, daß ein genereller Verzicht zulässig sei, mit der Folge, daß der Aufklärungspflichtige immer von seiner Pflicht frei wird, sobald der Patient einen Verzicht zum Ausdruck bringt. Dieser Ansicht ist jedoch zu entgegnen, daß der Patient nur in Kenntnis seiner Situation, des Eingriffs und seiner Folgen auf die Aufklärung verzichten kann, d.h. er muß wissen, worauf er verzichtet[228]. Damit ist für einen zulässigen Aufklärungsverzicht zumindest eine Grundaufklärung zu fordern, um den Patienten diese Kenntnis zu vermitteln[229]. Verzichtet werden kann dann auf weitere Einzelheiten der medizinischen Maßnahme sowie deren Folgen.

ccc. Kontraindikationen

Kontraindikationen können ebenfalls zu einer verminderten oder gar aufgehobenen Aufklärungspflicht führen. Diese Problematik bezieht sich vor allem auf die Selbstbestimmungsaufklärung des Patienten.
In Frage kommen hier insbesondere therapeutische Erwägungen in Fällen, in denen der Patient durch die Aufklärung physisch und psychisch so belastet würde, daß seine Gesundheit oder gar sein Leben ernstlich gefährdet sein könnte und auch entsprechende medizinische Heilmaßnahmen keinen Erfolg mehr erwarten lassen. In diesen Fällen ist dem Patienten „Hilfe und Schutz zu

---

[224] BGH Urt. v. 09.12.1958 - VI ZR 203/57; BGH Urt. v. 28.11.1972 - VI ZR 133/71; Hollmann NJW 1973, 1395 f.; Kleinewefers/Sparwasser VersR 1990, 1206; Roßner NJW 1990, 2293 f. m.w.N.

[225] BGH Urt. v. 09.12.1958 - VI ZR 203/57; OLG Bremen Urt. v. 10.02.1981 - 1 U 63/80; Ehlers S. 101; Laufs/Uhlenbruck-Laufs 64/18; Schaffer VersR 1993, 1462

[226] OLG Frankfurt Urt. v. 10.07.1972 - 18 U 31/71

[227] Ehlers S. 101; Roßner NJW 1990, 2294 m.w.N.

[228] Laufs/Uhlenbruck-Laufs 64/18; Madea/Winter/Schwonzen/Rademacher-Schreiber S. 20

[229] Engljähringer S. 218 ff.; Forster-Lenckner S. 598 m.w.N.; Kern/Laufs S. 119; Roßner NJW 1990, 2294 f.; Ulsenheimer RN 126

gewähren, anstatt ihn durch Offenheit zu schädigen"[230]. Der Arzt soll nicht gezwungen sein, durch eine zu weit gehende Aufklärung den Heilerfolg selbst zu beeinträchtigen[231].

Die Rechtsprechung[232] legt die Anforderungen an die therapeutischen Gründe jedoch restriktiv aus. Nach dieser Ansicht muß damit zu rechnen sein, daß die Aufklärung zu einer Gefährdung einer ernsten und nicht behebbaren Gesundheitsschädigung des Patienten führen kann. Wenn hingegen (auch bei psychisch Kranken[233]) nur die Herabsetzung der Stimmung oder des Allgemeinbefindens des Patienten die Folge ist, sind dies unvermeidbare Nachteile, welche in Kauf zu nehmen sind[234]. Eine falsch verstandene Rücksicht kann sich nämlich nur allzu leicht nachträglich als eine unerwünschte Verheimlichung des wahren Zustandes des Patienten herausstellen[235].

Nach weitverbreiteter und m.E. vorzugswürdiger Ansicht in der Literatur[236] ist der Standpunkt der Rechtsprechung jedoch in zwei Punkten zu eng. Kritik erhebt sich zum einen an der geforderten „nicht behebbaren" Gesundheitsbeschädigung. Vielmehr sollte diese Bedingung aufgegeben werden und durch eine bereits genügende „erhebliche" Beschädigung ersetzt werden. Zum anderen sollten auch erhebliche psychische Beschädigungen des Patienten beachtet werden. Letzteres ist konsequenterweise auch bei Maßnahmen zur Linderung von Schmerzen bei einem Sterbenden anzuwenden, „da hier in Wirklichkeit nichts mehr zu entscheiden ist und daher Sinn und Zweck der Aufklärung leerlaufen"[237]. Dieser Ansicht entspricht auch § 123 Abs. 4 StGB-AE, nach dem eine Aufklärung des Patienten unterbleiben kann, „soweit sie die ernste Gefahr einer erheblichen Beeinträchtigung der Gesundheit oder des seelischen Zustandes begründen würde".

Besteht bei einer Aufklärung hingegen keine Gefahr einer physischen oder psychischen Beschädigung des Patienten, sondern (lediglich) die nicht auszuschließende Möglichkeit, ein labiler Patient würde aus Angst oder sonstigen

230 Deutsch RN 149; Fotakis MedR 1986, 121; ebenso BGH Urt. v. 09.12.1958 - VI ZR 203/57

231 BGH Urt. v. 09.12.1958 - VI ZR 203/57

232 BGH Urt. v. 09.12.1958 - VI ZR 203/57; BGH Urt. v. 07.02.1984 - VI ZR 174/82; OLG Köln Urt. v. 18.12. 1986 - 7 U 147/84

233 BGH Urt. v. 10.07.1954 - VI ZR 45/54

234 RGZ Urt. v. 08.03.1940 - III 117/39; BGH Urt. v. 10.07.1954 - VI ZR 45/54; BGH Urt. v. 09.12.1958 - VI ZR 203/57; zustimmend Arthur Kaufmann ZStW 73, 363 f.

235 BGH Urt. v. 28.11.1957 - 4 StR 525/57

236 Deutsch NJW 1980, 1306; ders. RN 150; Forster-Lenckner S. 598 f.; MK-Mertens § 823 RN 436 m.w.N.; Rieger RN 265 m.w.N.; Tempel NJW 1980, 614 m.w.N.; Ulsenheimer RN 63; speziell für alte Menschen Kuhlmann S. 99 f.; a.A. Giesen JZ 1987, 287, da die Gefahr bestehe, daß sich Ärzte mit Hilfe eines solchen Instituts aus ihren Aufklärungsverpflichtungen „hinausargumentieren" und das Patientenrecht auf Selbstbestimmung aushöhlen würden

237 Ulsenheimer RN 89

Gründen daraufhin seine Einwilligung in den erforderlichen Heileingriff versagen, so stellt dies keine Kontraindikation dar, welche den Aufklärungspflichtigen von seiner Pflicht entbindet[238]. Dies würde in der Konsequenz anderenfalls dazu führen, „daß das Selbstbestimmungsrecht des Patienten immer dort, wo es praktisch werden könnte, mißachtet werden darf“[239]. Vielmehr erweitert sich nun die Aufklärungspflicht des Arztes. Er muß den Patienten in diesen Fällen beruhigen und ausführlich auf die Notwendigkeit der medizinischen Maßnahme hinweisen.
Kann der Patient nach diesen Ausführungen nicht oder nicht vollständig aufgeklärt werden, so ist der Heileingriff ohne die erforderliche Aufklärung aufgrund der mutmaßlichen Einwilligung des Patienten durchzuführen[240].

ee. Reduktion der Aufklärungsanforderungen im Rettungswesen

Im Rettungswesen können die soeben entwickelten Grundsätze an einigen Stellen nur modifiziert Anwendung finden. Insbesondere ist - neben den bereits zuvor erläuterten Modifikationen - häufig eine Reduktion des Umfangs der Aufklärungspflicht erforderlich.
Festgestellt wurde bereits, daß im Rahmen der Aufklärung immer auf den Einzelfall abzustellen ist. Hierbei ist sowohl der Grad der sachlichen Indikation als auch der Zeitfaktor entscheidend. Die Verbindung beider Voraussetzungen stellen die Dringlichkeit eines Eingriffs dar[241]. Nach der wohl erstmals von Kallfelz im Jahre 1937[242] formulierten Formel (sog. Formel vom „reziproken Zusammenhang zwischen Indikation und Aufklärungspflicht“[243]) ist der Umfang der Aufklärungspflicht umgekehrt proportional zur Dringlichkeit des Eingriffs. Je dringlicher der medizinische Eingriff danach zu bewerten ist, desto geringer sind die Anforderungen an den Umfang der Aufklärungspflicht. Mit abnehmender Dringlichkeit erhöhen sich hingegen umgekehrt die Anforderungen an den Aufklärungspflichtigen[244].

---

238 BGH Urt. v. 09.12.1958 - VI ZR 203/57; BGH Urt. v. 07.02.1984 - VI ZR 188/82; Eberbach MedR 1986, 182; Haft Fallrepetitorium Nr. 218; MK-Mertens § 823 RN 436

239 Arthur Kaufmann ZStW 73, 364

240 Soergel-Zeuner § 823 RN 248

241 vgl. BGH Urt. v. 28.11.1972 - VI ZR 133/71; BGH Urt. v. 15.05.1979 - VI ZR 70/77

242 Kallfelz JW 1937, 928

243 Forster-Lenckner S. 597

244 vgl. BGH Urt. v. 16.11.1971 - VI ZR 76/70; BGH Urt. v. 28.11.1972 - VI ZR 133/71; LG Offenburg Urt. v. 07.02.1978 - 2 O 164/77; Biermann Der Anästhesist 1993, 192; Engljähringer S. 204 ff.; Hollmann NJW 1973, 1395; Kern/Laufs S. 68 ff.; Laufs RN 198 m.w.N.; Laufs/Uhlenbruck-Laufs 64/5; Schaffer VersR 1993, 1460; Schlosshauer-Selbach DRiZ 82, 362 f.; Sefrin S. 20; SK-Horn § 228 RN 14; Ulsenheimer RN 71; Tempel NJW 1980, 611 m.w.N.; Tries S. 28; das BVerfG Beschl. v. 25.07.1979 - 2 BvR 878/74 hat diese Rechtsprechung als verfassungsgemäß bejaht

Das Argument daß „eine solche Einschränkung der Aufklärungspflicht gegenüber dem Patienten im Ergebnis dazu führen würde, daß je ernstlicher ein Patient krank ist, desto stärker auch sein Selbstbestimmungsrecht verkürzt werden dürfe“[245], wird als vermeintliche Kritik häufig falsch interpretiert. Diese - zustimmungswürdige - Ansicht bezieht sich vielmehr ausdrücklich nur auf die sachliche Indikation, nicht aber auf die zeitliche Dringlichkeit der medizinischen Maßnahme.

Im Rettungswesen spielt die Dringlichkeit einer medizinischen Maßnahme häufig eine entscheidende Rolle. Dies betrifft insbesondere die präklinische Notfallversorgung. Hier handelt es sich bei der Behandlung von Notfallpatienten i.d.R. um vital indizierte, dringliche Maßnahmen. In diesen Fällen ist für die Aufklärung des Patienten nur geringer Raum. Bei vital indizierten Eingriffen, bei denen ein schneller Eingriff erforderlich ist, um eine Schädigung des Patienten abzuwenden, muß der Umfang der Aufklärung „nicht so umfassend ausfallen“[246]. Bei vital indizierten, lebensrettenden Maßnahmen sind mit der Aufklärung und der damit verbundenen Einwilligung des Patienten „nicht viele Umstände zu machen“[247]. So reicht z.B. bei einem Notfall mit einem mit akutem Abdomen eingelieferten Patienten mit schweren Schmerzzuständen eine äußerst knappe Aufklärung[248]. Auch genügt bei einem nach Luft ringenden Patienten der Hinweis, daß sofort eine Tracheotomie durchgeführt werden muß, um eine Erstickung zu verhindern[249]. Bei unaufschiebbaren lebensrettenden Eingriffen geht die Rettung des Patienten schließlich der Aufklärungspflicht vor, nicht zuletzt deshalb, weil in diesen Fällen der Patient häufig gar nicht mehr aufklärungsfähig, geschweige denn einwilligungsfähig ist[250]. Vielmehr ist die Einwilligung oft auch darin zu sehen, daß der Patient zu erkennen gibt, daß er gerettet werden will, so, wenn er sich in medizinische Behandlung begibt oder medizinische Hilfe herbeiruft[251]. Auch genügt das Nichtwidersprechen eines Heileingriffs durch den einwilligungsfähigen Patienten[252].

Nach konsequenter Anwendung der o.g. Formel kann bereits bei einer indizierten, aber (noch) nicht dringlichen Behandlung die Pflicht zur umfassenden

245 so die abweichende Meinung der Richter Hirsch, Niebler und Steinberger zu BVerfG Beschl. v. 25.07. 1979 - 2 BvR 878/74; zust. MK-Mertens § 823 RN 431

246 Deutsch RN 120; RGRK-Nüßgens § 823 Anh. II RN 122

247 BGH Urt. v. 10.02.1959 - 5 StR 533/58; Bockelmann S. 59; Sefrin S. 20; SK-Horn § 228 RN 14

248 OLG Saarbrücken Urt. v. 05.11.1986 - 1 U 92/84

249 Beispiel nach Kern/Laufs S. 68 m.w.N.

250 BGH Urt. v. 10.05.1966 - VI ZR 251/64; vgl. Ludolph MedR 1988, 120 f.; Tempel NJW 1980, 613; Ulsenheimer RN 75

251 BGH Urt. v. 10.02.1959 - 5 StR 533/58

252 BGH Urt. v. 10.02.1959 - 5 StR 533/58; Deutsch RN 387; Dönicke-Jaeger Rettungsdienst 1991, 188

Aufklärung eingeschränkt sein. Dies ist jedoch nicht unproblematisch unter dem Gesichtspunkt des Selbstbestimmungsrechts des Patienten, welches dadurch gefährlich verkürzt werden kann. Insofern kommt eine Reduktion des Umfangs der Aufklärung nur in Ausnahmefällen in Betracht.

Der Umfang der Aufklärung kann auch deshalb eingeschränkt sein, weil sich „der volle Umfang der Verletzungen und der Verletzungsfolgen aus diagnostisch-methodischen Gründen, aber auch wegen der Beschränkung der vor dem Eingriff zur Verfügung stehenden Zeit meistens nicht vollständig erkennen läßt“[253]. Hierbei ist aber zu sehen, daß in den Fällen, in denen eine Diagnose nicht mit Sicherheit gestellt werden kann, der Patient auch über die Unsicherheit des Befundes zu informieren ist[254]. Jedoch ist das Personal im Rettungswesen in vielen Fällen nur „zur Elementardiagnose in der Lage, um die Vitalfunktionen des Patienten zu sichern und den Patienten in eine geeignete Einrichtung zur weiteren Versorgung zu befördern“[255].

Ferner ist der Umfang der Aufklärung auch dann zu reduzieren, wenn für die medizinische Behandlung keine Alternative besteht[256]. Im Rahmen einer Notfallsituation geht es häufig um die unmittelbare Lebensrettung des Patienten und um die Sicherung seiner Vitalfunktionen. Diese Aufgaben werden i.d.R. durch Standardmaßnahmen der Notfallmedizin durchgeführt, eine alternative Therapie besteht in diesen Situationen nur selten.

In diesen Bereich fällt auch die Aufklärung darüber, ob die medizinische Maßnahme durch andere Personen oder in einer anderen Einrichtung therapeutisch sinnvoller wäre. Diese Aufklärung ist im allgemeinen grundsätzlich dann erforderlich, wenn dem Patienten eine echte Wahlmöglichkeit verbleibt[257]. Im Rahmen des Rettungswesens kann dies jedoch gewöhnlich nicht gelten: „Einem Notfallpatienten, der in das nächstgelegene Krankenhaus eingewiesen wird, bleibt zunächst keine Wahl, wo und von wem er behandelt werden will; er muß die personellen und technischen Verhältnisse hinnehmen, wie er sie vorfindet und kann nicht den Standard einer Spezialklinik erwarten, wenn er in ein kleineres Krankenhaus kommt. Darüber braucht er nicht besonders aufgeklärt zu werden, da die äußeren Umstände offenbar sind, sofern der Patient überhaupt noch aufnahmefähig ist. Nur dann, wenn eine Behandlung gerade durch einen Spezialisten oder eine Spezialklinik angezeigt ist, weil eine ausreichende Versorgung und Behandlung im Einweisungskrankenhaus nicht gewährleistet ist, ist dessen Entscheidung einzuholen“[258].

253 Jungblut/Müller S. 39; ferner OLG Köln Urt. v. 18.12.1986 - 7 U 147/84

254 OLG Stuttgart Urt. v. 29.04.1957 - 4 U 11/57

255 Kontokollias/Regensburger/Rupprecht S. 86

256 Arzt/Weber § 6 RN 104

257 BGH Urt. v. 11.05.1982 - VI ZR 171/80

258 BGH Urt. v. 11.05.1982 - VI ZR 171/80; ferner BGH Urt. v. 22.09.1987 - VI ZR 238/86; Kontokollias/Regensburger/Rupprecht S. 80; Rieger RN 321

Eine Reduktion der Aufklärungspflicht kann sich schließlich auch aus der gesundheitlichen Beeinträchtigung des (jedoch noch) einwilligungsfähigen Patienten ergeben. In Frage kommen hier Beeinträchtigungen mit unterschiedlichen Ursachen, so z.B. infolge eines Unfallschocks, Alkohol- oder Medikamenteneinwirkung oder durch erhebliche Schmerzen. Infolgedessen ist es typisch, daß der Patient in diesen Fällen „gegenüber Umweltreizen in erheblichem Maße in der Aufnahmefähigkeit eingeschränkt erscheint“[259]. Hier ist ausgeschlossen, daß ein Notfallpatient eine ausführliche Aufklärung erwartet[260]. In diesen Fällen ist daher über eine Grundaufklärung des Patienten nicht hinauszugehen, sofern dieser im Einzelfall keine weiterführenden Fragen stellt.

2. Einwilligung durch Bevollmächtigten?

Nach einer Ansicht[261] soll auch die Bevollmächtigung einer Vertrauensperson (consent auditor) mit der Ausübung des Selbstbestimmungsrechts möglich sein. Als rechtliche Grundlage der Zulässigkeit einer Ersetzung der ausdrücklichen Einwilligung des Patienten durch die Erklärung einer anderen Person wird dabei das Recht auf freie Entfaltung der Persönlichkeit angeführt. In diesem Sinne hielt auch das LG Göttingen in einer - allerdings nicht rechtskräftigen - Entscheidung[262] eine zwischen dem Arzt und dem Patienten geschlossene Vereinbarung für eine bevorstehende Operation für möglich, daß eine Behandlungserweiterung nur erfolgen darf, wenn die Ehefrau des Patienten hierin einwilligt. In der Literatur werden z.T. noch weitere Anforderungen an eine wirksame Vertretung vorausgesetzt, so z.B. das Vorliegen „inhaltserfüllter Vorgaben“[263]. Auch wird betont, daß bei der Behandlung Nicht-Willensfähiger kraft Natur der Sache eine Fremdbestimmung notwendig sei und infolgedessen mit der Zulässigkeit der Vertretung das Selbstbestimmungsrecht des Patienten am besten gewahrt sei[264].
Nach überwiegender, m.E. richtiger Ansicht[265] ist jedoch zumindest beim volljährigen Patienten - von den bereits besprochenen Problemfällen abgese-

259 OLG Frankfurt Urt. v. 19.05.1983 - 1 U 65/80 zu Schmerzen des Patienten

260 Jungblut/Müller S. 40 f.; Ludolph MedR 1988, 121 mit Verweis auf BGH Urt. v. 11.05.1982 - VI ZR 171/80

261 Deutsch RN 108 m.w.N.; Laufs/Uhlenbruck-Uhlenbruck 132/39; Sternberg-Lieben Lenckner-FS (1998) S. 363 ff.; Uhlenbruck MedR 92, 138 ff.; vgl. ferner Helmchen/ Kanowski/Koch Ethik Med 1989, 92 ff., 96

262 LG Göttingen Urt. v. 11.10.1990 - 2 O 569/88 m.Anm. Deutsch VersR 1990, 1402 f.

263 Sternberg-Lieben Lenckner-FS (1998) S. 363 ff.

264 Opderbecke/Weißauer MedR 1998, 396

265 BGH Urt. v. 09.12.1958 - VI ZR 203/57; Auer/Menzel/Eser-Eser S. 116 f.; Kern NJW 1994, 759; Maurach/Zipf 28/19

hen - die Bevollmächtigung einer Vertrauensperson nicht möglich. Dies ergibt sich zum einen daraus, daß es eine Stellvertretung bei einer höchstpersönlichen Entscheidung wie die über Leben oder Tod nicht geben darf[266]. Auf der anderen Seite erscheint auch zweifelhaft, ob der Bevollmächtigte die erforderliche Fachkompetenz für eine Entscheidung aufweisen kann. „Hingegen legitimiert den Arzt", wie Kern[267] richtig abstrahiert, „Fachkompetenz: Dessen tatsächliche Legitimation ist schon aufgrund seiner Verpflichtung für das Wohl des Patienten größer als die der Bevollmächtigten". Auch die Gefahr eines möglichen Mißbrauchs der Vertretung infolge von Konfliktsituationen aufgrund unterschiedlicher Interessen zwischen Patient und Vertrauensperson sprechen für diese Ansicht[268].
Damit stellt die Einwilligung durch einen Bevollmächtigten keinen Rechtfertigungsgrund dar. Vielmehr sind solche Äußerungen - wie noch im einzelnen besprochen wird - lediglich als Indizien für den mutmaßlichen Willen des Patienten von Bedeutung.

3. Mutmaßliche Einwilligung

a. Anwendungsbereich

Sowohl in der Rechtsprechung[269] als auch in der überwiegenden Literatur[270] ist die Stellung der mutmaßlichen Einwilligung als eigenständiger Rechtfertigungsgrund inzwischen weitgehend unumstritten.
Gleichwohl erheben sich immer wieder Stimmen in der Literatur[271], die einen eigenständigen Anwendungsbereich für die mutmaßliche Einwilligung ablehnen. Begründet wird diese Ansicht regelmäßig damit, daß mit Hilfe der ausdrücklichen Einwilligung und dem rechtfertigenden Notstand alle in Frage kommenden Konstellationen hinreichend abgedeckt werden. Damit ist zu prüfen, ob es Bereiche geben kann, die mit den Vorschriften des rechtfertigenden Notstandes nur unvollständig zu begreifen sind. Die mutmaßliche Einwilli-

266 Auer/Menzel/Eser-Eser S. 116
267 Kern NJW 1994, 759
268 Auer/Menzel/Eser-Eser S. 116 f.; Bade S. 163; Jeschek S. 40; Kern NJW 1994, 759; Laufs NJW 1992, 1533
269 BGH Beschl. v. 25.03.1988 - 2 StR 93/88
270 Baumann/Weber/Mitsch 17/114; Deutsch RN 109; Geppert JZ 1988, 1025; Jescheck/Weigend § 34 VII 1; Lackner/Kühl Vor § 32 RN 20; LK-Hirsch Vor § 32 RN 129; Müller-Dietz JuS 1989, 281; NK-Neumann § 34 RN 19; Roxin 18/4; ders. Welzel-FS (1974) S. 448; S/S-Lenckner Vorbem §§ 32 ff. RN 54 m.w.N.; Wessels/Beulke RN 380 ff.; krit. hingegen: Otto AT 8/129 ff.; ders. BT 15/23; Zipf S. 52 ff.
271 vgl. Nachweise bei Maurach/Zipf 28/4; offengelassen bei Tempel NJW 1980, 613 FN 78 m.w.N.

gung des Patienten in eine Behandlungsmaßnahme zeichnet sich dadurch aus, daß die Eingriffe im Interesse des Betroffenen vorgenommen werden. Es handelt sich dabei um Konstellationen, in denen eine ausdrückliche Einwilligung des Patienten aufgrund seiner vorübergehenden Einwilligungsunfähigkeit zwar nicht in Frage kommt, jedoch bei objektiver Würdigung der Situation ex ante mit Sicherheit zu erwarten gewesen wäre[272]. Bereits in diesen Fällen ist jedoch ein Abstellen auf die mutmaßliche Einwilligung einer objektiven Interessensabwägung i.S. des rechtfertigenden Notstandes vorzuziehen. Problematisch unter dem Gesichtspunkt einer objektiven Prüfung sind aber vor allem Fälle, in denen sich der Patient, gestützt auf sein Selbstbestimmungsrecht, anders entscheiden würde als die Gesellschaft bei einer objektiven Interessensabwägung. Hier ist zur Wahrung des Selbstbestimmungsrechts des Patienten ein Handeln im Interesse des Betroffenen nur im Rahmen der mutmaßlichen Einwilligung möglich[273].

b. Objektive Voraussetzungen

Die mutmaßlichen Einwilligung des Patienten stellt - wie bereits ausgeführt - ein Handeln im Interesse des Betroffenen dar. Sie ist damit mit der zivilrechtlichen Figur der Geschäftsführung ohne Auftrag (§§ 677 ff. BGB) zu vergleichen, da der Handelnde das Interesse realisiert, welches dem mutmaßlichen Willen des Berechtigten entspricht[274]. Sofern eine ausdrückliche Einwilligung des Patienten nicht möglich ist, gilt die mutmaßliche Einwilligung damit als deren Ersatz. Insofern hat sie - bis auf die Zustimmungserklärung selbst - die gleichen Voraussetzungen zu erfüllen wie die ausdrückliche Einwilligung[275].

Die Folge ist jedoch, daß die mutmaßliche Einwilligung unstreitig gegenüber der ausdrücklichen Einwilligung des Patienten subsidiär ist[276]. Dies bedeutet, daß ein Berufen auf die mutmaßliche Einwilligung dann nicht möglich ist, wenn der Berechtigte selbst hätte einwilligen können. Dieser Grundsatz gilt auch in jenen Fällen, in denen das Handeln des Täters dem Willen des Be-

272 vgl. Jescheck/Weigend § 34 VII 1; Lackner/Kühl Vor § 32 RN 21; LK-Hirsch Vor § 32 RN 129; Maurach/Zipf 28/6; S/S-Lenckner Vorbem §§ 32 ff. RN 54; Tröndle/Fischer Vor § 32 RN 4

273 Roxin Welzel-FS (1974) S. 468 f.

274 Lackner/Kühl Vor § 32 RN 19; Laufs RN 226

275 Baumann/Weber/Mitsch 17/115; Gropp 6/206; Jescheck/Weigend § 34 VII 3; Maurach/Zipf 28/10; Müller-Dietz JuS 1989, 282

276 Baumann/Weber/Mitsch 17/118; Geppert JZ 1988, 1025 f.; Gropp 6/204; Maurach/Zipf 28/12; Müller-Dietz JuS 1989, 282; Roxin 18/10; S/S-Lenckner Vorbem §§ 32 ff. RN 54 a.E. m.w.N.

rechtigten tatsächlich entspricht[277]. Somit muß eine ausdrückliche Einwilligung des Patienten zunächst abgewartet werden, sofern die medizinische Maßnahme als aufschiebbar anzusehen ist und dies keine zusätzliche Gefahr für den Patienten zur Folge hat. Relevanz entfaltet diese Problematik insbesondere in den - bereits näher[278] erörterten - Fällen von unvorhergesehenen Behandlungserweiterungen. Hier darf das Selbstbestimmungsrecht des Rechtsgutsträgers „keinesfalls dadurch überspielt werden, daß man vorschnell die Zuflucht zur mutmaßlichen Einwilligung nimmt“[279].

Im Rahmen des Rettungswesens kommt die mutmaßliche Einwilligung dann in Betracht, wenn medizinische Eingriffe indiziert sind, die ausdrückliche Einwilligung des Patienten jedoch nicht einzuholen ist, da dieser z.B. aufgrund eines Unfallschocks[280], schwerster Schmerzen[281], Rauschgift-, Alkohol- oder Medikamentenintoxikation[282] oder einer Bewußtlosigkeit[283] als willensunfähig anzusehen ist[284]. Praktisch häufig sind dabei Fälle der Akutreanimation des Patienten.

Zur Zulässigkeit der mutmaßlichen Einwilligung muß beim Betroffenen generell die Einwilligungsfähigkeit, d.h. die natürliche Einsichtsfähigkeit, Urteilsfähigkeit und Verständnisfähigkeit vorhanden sein. Fehlt diese dauerhaft, wie in den bereits ausgeführten Problemfällen, namentlich bei Minderjährigen, alten Menschen, psychisch Kranken oder Behinderten bzw. Patienten unter Betreuung, ist auf den mutmaßlichen Willen der jeweiligen gesetzlichen Vertreter abzustellen[285].

Von einer mutmaßlichen Einwilligung eines ansonsten willensfähigen Patienten kann des weiteren - wie bereits erwähnt - nur dann ausgegangen werden, wenn bei objektiver Würdigung der Situation ex ante die Einwilligung des Patienten in den Eingriff mit Sicherheit zu erwarten gewesen wäre. Zur

---

277 dazu führt das Österreichische Strafgesetzbuch in § 110 öStGB (Eigenmächtige Heilbehandlung) aus:

(1) Wer einen anderen ohne dessen Einwilligung, wenn auch nach den Regeln der medizinischen Wissenschaft, behandelt, ist mit Freiheitsstrafe bis zu sechs Monaten oder mit Geldstrafe bis zu 360 Tagessätzen zu bestrafen.

(2) Hat der Täter die Einwilligung des Behandelten in der Annahme nicht eingeholt, daß durch den Aufschub der Behandlung das Leben oder die Gesundheit des Behandelten ernstlich gefährdet wäre, so ist er nach Abs. 1 nur zu bestrafen, wenn die vermeintliche Gefahr nicht bestanden hat und er sich dessen bei Aufwendung der nötigen Sorgfalt (§ 6) hätte bewußt sein können.

278 vgl. S. 62 f.

279 Maurach/Zipf 28/12

280 Ulsenheimer RN 112

281 OLG Frankfurt Urt. v. 19.05.1983 - 1 U 65/80

282 vgl. Sefrin S. 20

283 Bockelmann S. 61; Hassemer JuS 1989, 146

284 Bockelmann S. 62; Deutsch RN 109; Wessels/Beulke RN 381

285 Jescheck/Weigend § 34 VII 3; Köhler S. 259; Lippert Notfallmedizin 1989, 424

Frage, ob der Betroffene hierin seine Einwilligung gegeben hätte, ist die Erfassung des hypothetischen Willens Voraussetzung. Dabei kommt es nicht auf eine objektive Interessensabwägung wie im Falle des rechtfertigenden Notstandes an, vielmehr ist ein „sachgemäßes hypothetisches Wahrscheinlichkeitsurteil über den wahren Willen des Betroffenen“[286] zu ermitteln. In diesem Sinne formuliert die Rechtsprechung[287], daß „im Hinblick auf den Vorrang des Selbstbestimmungsrechts der Inhalt des mutmaßlichen Willens in erster Linie aus den persönlichen Umständen des Betroffenen, aus seinen individuellen Interessen, Wünschen, Bedürfnissen und Wertvorstellungen“ zu ermitteln sei. Dabei haben „objektive Kriterien, insbesondere die Beurteilung einer Maßnahme als gemeinhin vernünftig und normal sowie den Interessen eines verständigen Patienten üblicherweise entsprechend, keine eigenständige Bedeutung“.

Wie in den Fällen der ausdrücklichen Einwilligung kann ein entgegenstehender Wille des Patienten nicht durch die allgemeine oder medizinische Vertretbarkeit bzw. Vernünftigkeit des Eingriffs ersetzt werden. Hieraus folgt, daß bei einem bekannten Widerspruch des Patienten gegen die Behandlung die Annahme einer mutmaßlichen Einwilligung nicht in Frage kommt, selbst wenn die Einwilligung geradezu in „selbstmörderischer Weise“ verweigert wird[288]. Dies hat zur Konsequenz, daß sich der Behandelnde „auf den Standpunkt des Patienten stellen muß, und nicht einfach davon ausgehen kann, daß das zu geschehen habe, was der Patient vernünftigerweise wollen sollte“[289].

Nur unter der Maßgabe einer sorgfältigen Ermittlung des mutmaßlichen Willens ist eine Rechtfertigung aufgrund einer mutmaßlichen Einwilligung möglich[290]. Fehlen jedoch Anhaltspunkte für den mutmaßlichen Willen des Patienten, so ist von dem auszugehen, was allgemein als vertretbar und vernünftig angesehen wird. Danach ist zu unterstellen, daß der Patient als ein verständiger Mensch vernünftigerweise gerettet werden will und mit der indizierten

286 Baumann/Weber/Mitsch 17/121 ff.; Geppert JZ 1988, 1026; Müller-Dietz JuS 1989, 282; ferner Deutsch RN 455; Laufs RN 226; LK-Hirsch Vor § 32 RN 137; S/S-Lenckner Vorbem §§ 32 ff. RN 56 m.w.N.; Wessels/Beulke RN 381; vgl. Roxin Welzel-FS (1974) S. 453, der aufgrund des Risikos einer Fehlinterpretation des mutmaßlichen Willens von einer Rechtfertigung aus erlaubtem Risiko spricht, womit die Tat auf jeden Fall rechtmäßig ist, wenn sachgemäß geurteilt wurde

287 BGH Beschl. v. 25.03.1988 - 2 StR 93/88; BGH Urt. v. 13.09.1994 - 1 StR 357/94; BGH Urt. v. 04.10.1999 - 5 StR 712/98

288 Deutsch RN 387; Gropp 6/205; Haft AT S. 110; Arthur Kaufmann ZStW 73, 378; Köhler S. 259; Laufs RN 226; RGRK-Nüßgens § 823 Anh. II RN 77; Roxin 18/24 a.E.; ders. Welzel-FS (1974) S. 469; S/S-Lenckner Vorbem §§ 32 ff. RN 57; Ulsenheimer Gebfra 1994, M 85 f.

289 Jescheck/Weigend § 34 VII 4 a

290 Baumann/Weber/Mitsch 17/124; S/S-Lenckner Vorbem §§ 32 ff. RN 58; a.A. LK-Hirsch Vor § 32 RN 140

Behandlung einverstanden sein wird, selbst wenn nur geringe Rettungschancen bestehen[291]. Somit dienen in diesen Fällen objektive Kriterien zur Ermittlung des individuellen hypothetischen Willens. Dieser Grundsatz findet in der täglichen Praxis gerade bei Notfällen häufig Anwendung. Hiernach ist die Notfallversorgung des Patienten zur Sicherung und Aufrechterhaltung der Vitalfunktionen sowie der sich daran anschließende Transport in eine geeignete Einrichtung zur weiteren Versorgung von der mutmaßlichen Einwilligung gedeckt[292].

Wie bereits[293] festgestellt, kommt beim volljährigen Patienten mit Ausnahme der gesetzlichen Vertretung eine Bevollmächtigung einer Vertrauensperson zur Ausübung des Selbstbestimmungsrechts des Patienten nicht in Betracht. Damit sind Mitteilungen dieser Personen, wie z.B. Angehörige des Patienten, kein Ersatz einer ausdrücklichen Einwilligung des Patienten, sie sind vielmehr nur als Indizien für den wirklichen bzw. mutmaßlichen Willen des Patienten heranzuziehen[294]. Auch hier ist - wie im Falle der i.ü. unzulässigen Bevollmächtigung - ein möglicher Mißbrauch infolge von Interessenskonflikten zwischen Patient und Vertrauensperson zu beachten. Zum Teil wird versucht, eine Rangfolge der Angehörigen des Patienten festzulegen. So stuft Deutsch[295] im einzelnen folgendermaßen ab: Der Ehegatte bei intakter Ehe, die volljährigen Kinder, die Eltern, die Geschwister. Jedoch ist zu sehen, daß - gerade im Rahmen der präklinischen Notfallversorgung - weniger eine bestimmte Rangfolge der Angehörigen entscheidend ist, da - wenn überhaupt - nur vereinzelt Angehörige am Einsatzort anzutreffen sind. Insofern ist vielmehr auch auf Freunde, Bekannte, Kollegen, Nachbarn oder andere Personen

---

291 BGH Beschl. v. 25.03.1988 - 2 StR 93/88; BGH Urt. v. 13.09.1994 - 1 StR 357/94; BGH Urt. v. 04.10.1999 - 5 StR 712/98; ebenso Bade S. 162; Baumann/Weber/Mitsch 17/121; Deutsch RN 455; Forster-Lenckner S. 596; Kleinewefers VersR 1981, 103; Kleinewefers/Sparwasser VersR 1990, 1207; Kühl 9/47; Opderbecke MedR 1985, 26; Opderbecke/Weißauer MedR 1998, 399; Roxin Welzel-FS (1974) S. 469; S/S-Lenckner Vorbem §§ 32 ff. RN 57; Wessels/Beulke RN 381

292 Deutsch RN 109; Kuhlmann S. 127; Lippert Notfallmedizin 1989, 424; Schulte Rettungsdienst 1998, 236

293 vgl. S. 83 f.

294 BGH Urt. v. 09.12.1958 - VI ZR 203/57; BGH Urt. v. 25.04.1989 - VI ZR 175/88; Auer/Menzel/Eser-Eser S. 116 f.; Bade S. 163; Deutsch RN 147; ders. NJW 1980, 1307; Eberbach MedR 1986, 18; Forster-Lenckner S. 596; Habermann/Lasch/Gödicke NJW 2000, 3389 ff.; Kern NJW 1994, 756; Kern/Laufs S. 25; Köhler S. 258 f.; Kuhlmann S. 127; Laufs RN 226; Leonardy DRiZ 1986, 286; Maurach/Zipf 28/19; Ulsenheimer RN 114; ders. Gebfra 1994, M 86; Roxin 18/25 möchte generell Indizien zur Ermittlung der Einstellung des Betroffenen nicht zulassen. Vielmehr sei „der Autonomie des Patienten am besten gedient, wenn man die Lebensrettung zuläßt, die ihm nachträgliche Entscheidung - selbst die für den Tod - offenhält". Damit wird bei existentiellen Entscheidungen grundsätzlich eine Rechtfertigung bejaht

295 Deutsch RN 147, 456

abzustellen, bei denen ein konkretes Vertrauensverhältnis zum Patienten besteht[296].
Schließlich wird in Anlehnung an § 161 Abs. 3 StGB-E 1962 teilweise auch vertreten[297], daß die mutmaßliche Einwilligung auch in den Fällen anwendbar sei, in denen das Vorliegen einer Kontraindikation einer umfassenden Aufklärung des Patienten entgegenstehe. Dieser Ansicht ist jedoch zu widersprechen. Vielmehr ist in den Fällen einer Kontraindikation - wie bereits ausgeführt - der Umfang einer Aufklärungspflicht entsprechend zu vermindern. Diese Lösung ist im Einklang mit der Gegenansicht[298] vorzuziehen, da hier die Subsidiarität der mutmaßlichen Einwilligung zur ausdrücklichen Einwilligung gewahrt wird.

c. Subjektives Rechtfertigungselement

Im Rahmen des subjektiven Rechtfertigungselements muß der Täter zunächst in der Absicht handeln, im Sinne des mutmaßlichen Willens des Betroffenen zu handeln[299]. Darüberhinaus ist mit Teilen der Lehre[300] auch eine gewissenhafte Prüfung des mutmaßlichen Willens zu fordern.

4. Grenzen der Einwilligung

Zu beachten sind schließlich noch die Grenzen der Einwilligung des Patienten. Hierbei kommen als Grenzen die Normen der Tötung auf Verlangen (§ 216 StGB) mit den damit zusammenhängenden Fragen der Sterbehilfe sowie der sittenwidrigen Einwilligung in die Körperverletzung (§ 228 StGB) in Betracht.

a. Verfassungsmäßigkeit der §§ 216, 228 StGB

Die Verfassungsmäßigkeit der §§ 216, 228 StGB ist in der Literatur aufgrund des Eingriffs in die persönliche Entfaltungsfreiheit des einzelnen nicht unumstritten[301]. Dieser Befürchtung ist jedoch entgegenzuhalten, daß selbst die Verfassung in Art. 2 Abs. 1 GG eine Beschränkung des Rechts auf freie Ent-

---

296 vgl. Deutsch RN 147, 456 jeweils m.w.N.; Kern/Laufs S. 25

297 Jescheck/Weigend § 34 VII 4 a; LK-Hirsch § 226a RN 35; Tröndle/Fischer § 223 RN 9p

298 Maurach/Zipf 28/19; vgl. dazu generell Hardwig GA 1965, 167 f.

299 Müller-Dietz JuS 1989, 282

300 z.B. Haft AT S. 109, S/S-Lenckner Vorbem §§ 32 ff. RN 58 m.w.N.; abl. Geppert JZ 1988, 1026

301 vgl. Nachweise bei LK-Hirsch § 226a RN 2, S/S-Stree § 226a RN 6; vgl. Sternberg-Lieben S. 136 ff.

faltung der Persönlichkeit vorsieht. Beide Normen sind i.S. dieser Beschränkung zu sehen und damit als verfassungsgemäß zu werten[302].
Gegen § 228 StGB wird schließlich vereinzelt vorgebracht, daß diese Norm i.S. von Art. 103 Abs. 2 GG nicht hinreichend bestimmt sei. Dieser Auffassung ist zumindest dann nicht zu folgen, wenn § 228 StGB restriktiv ausgelegt wird und nur Situationen umfaßt, „in denen allgemeingültige Wertmaßstäbe, die vernünftigerweise nicht anzweifelbar sind, zu einem eindeutigen Sittenwidrigkeitsurteil führen“[303]. Mit dieser Maßgabe ist auch unter diesem Gesichtspunkt die Verfassungsmäßigkeit zu bejahen.

b. Grenze des § 216 StGB

In § 216 StGB findet die Unantastbarkeit fremden Lebens ihre maßgebliche Ausprägung. Selbst in den Fällen des ausdrücklichen und ernsthaften Verlangens zur Tötung ist diese durch einen Dritten hiernach nicht zu rechtfertigen. Dieses Verlangen des Getöteten ist damit nur als strafmildernd zu werten, wobei hier mit der überwiegenden Lehre[304] auf eine Unrechtsminderung infolge des Rechtsgutsverzichts bzw. auf eine Schuldmilderung infolge der Konfliktlage des Täters abgestellt wird.
§ 216 StGB ist eigentlich durch den Wortlaut auf vorsätzliche Handlungen ausgerichtet. Daher ist streitig, ob diese Vorschrift nur vorsätzliche Tötungen als solche umfaßt, oder auch in Fällen Anwendung findet, in denen eine Einwilligung in lebensgefährliche Handlungen vorliegt. Da die Lösung dieser Streitfrage mit den Ausführungen zu § 228 StGB eng verknüpft ist, wird diese Problematik an dortiger Stelle näher behandelt.

c. Insbesondere: Sterbehilfe

Unter Sterbehilfe ist im vorliegenden Kontext die Unterstützung für unheilbar Kranke zu verstehen. Sie hat das Ziel, ihnen als Hilfe zu einem menschenwürdigen Sterben einen schmerzlosen Tod zu ermöglichen. Auch im Rettungswesen ist diese Problematik nicht unbekannt, etwa wenn der unrettbare Notfallpatient fordert, den Schmerzen „ein Ende“ zu machen.
Die Sterbehilfe wird dabei häufig auch unter dem Begriff der Euthanasie diskutiert. Hierbei ist jedoch zu beachten, das diese Begriffe nicht gleichgesetzt werden dürfen. Der Begriff Euthanasie stammt aus dem Griechischen und bedeutet „leichter Tod“. Dieser Euthanasiebegriff wurde in den dreißiger und vierziger Jahren durch den Nationalsozialismus mißbraucht, indem die Ver-

302 Weber Baumann-FS (1992) S. 47
303 S/S-Stree § 226a RN 6
304 Lackner/Kühl § 216 RN 1; Otto BT 6/1; Rengier 6/1; S/S-Eser § 216 RN 1; Wessels/Hettinger RN 158

nichtung „lebensunwerten Lebens“ unter diesen Begriff propagiert wurde und damit gerechtfertigt werden sollte[305]. Insofern scheint es geboten, auf diese Terminologie - zur Abgrenzung der hier zu besprechenden Problematik der Sterbehilfe - zu verzichten.
Die Sterbehilfe ohne Lebensverkürzung („reine Sterbehilfe“[306]) ist Hauptaufgabe innerhalb der Sterbehilfe und stellt dabei nicht nur eine rechtliche und medizinische, sondern auch eine menschliche Verpflichtung dar[307]. Diesc Maßnahmen umfassen die Basisversorgung des Patienten[308], wobei im Rahmen des Rettungswesens insbesondere das Freihalten der Atemwege relevant ist.
Sterbehilfe im hier relevanten rechtlichen Bereich ist die Beschränkung auf eine Linderung von Beschwerden bei gleichzeitigem Verzicht auf lebensverlängernde Maßnahmen beim Todkranken[309]. Bei dieser Form der Sterbehilfe mit Lebensverkürzung ist entscheidend, ob auf ein Tun oder Unterlassen abzustellen ist, da gerade im Bereich der Sterbehilfe für den Fall der Annahme eines Unterlassens „eher ein dogmatischer Ansatzpunkt für die Ablehnung der Tötung auf Verlangen in Betracht kommt als bei einer Begehungstat“[310].

aa. Abgrenzung von Tun und Unterlassen

Neben der meist eindeutigen Unterscheidung zwischen Tun und Unterlassen gibt es immer wieder problematische Situationen, in denen zweifelhaft ist, ob von einem Tun oder Unterlassen auszugehen ist, da das Verhalten des Täters sowohl Elemente von Tun als auch von Unterlassen aufweist. Einen dieser Fälle stellt die in Rechtsprechung und Literatur ausführlich beleuchtete Reanimatorproblematik in der Medizin dar. Zur Abgrenzung der Unterscheidung existieren dabei unterschiedliche Ansätze.
Die Rechtsprechung[311] sowie Teile der Literatur[312] stellen im Rahmen einer normativen Betrachtungsweise auf den Schwerpunkt der Vorwerfbarkeit des Verhaltens ab. Des weiteren wird häufig der soziale Sinn des Verhaltens als

305 vgl. Böhme S. 62; Leonardy DRiZ 1986, 281 f. jeweils m.w.N.
306 Roxin/Schroth S. 88
307 Auer/Menzel/Eser-Eser S. 84 m.w.N.; Bade S. 101; Haft BT S. 82; Arthur Kaufmann-Strub/Wolf Moderne Medizin S. 152 m.w.N.; Otto BT 6/21; Wessels/Hettinger RN 31
308 vgl. hierzu S/S-Eser Vorbem §§ 211 ff. RN 23; Ulsenheimer RN 274; Weißauer/Opderbecke MedR 1995, 426
309 so auch die Definition der Bundesärztekammer, Richtlinien für die Sterbehilfe, DÄBl. 1979, 958
310 Schneider S. 39 ff.; ferner Gropp 11/70
311 BGH Urt. v. 13.09.1994 - 1 StR 357/94; OLG Düsseldorf Urt. v. 03.05.1983 - 2 Ss 91/83
312 Forster-Lenckner S. 606; Geilen Euthanasie S. 22; Köhler S. 215; S/S-Stree Vorbem §§ 13 ff. RN 158 m.w.N.; Schwab S. 30

Abgrenzungskriterium herangezogen[313]. Im Rahmen einer Verbindung beider Ansichten wird daher nach wohl inzwischen überwiegender Ansicht[314] gefragt, wo bei normativer Betrachtung unter Berücksichtigung des sozialen Handlungssinns der Schwerpunkt des strafrechtlich relevanten Verhaltens liegt.

Nach einer anderen Auffassung in der Literatur[315] sind hingegen normative Gesichtspunkte ausdrücklich nicht zu berücksichtigen, vielmehr werden neutrale Kriterien für eine Abgrenzung herangezogen, welche jedoch im einzelnen auf unterschiedlichen Anknüpfungspunkten beruhen. Einige stellen dabei auf das Kriterium der Körperbewegung[316], andere auf den Energieeinsatz[317], die Kausalität[318] oder auch kumulativ auf diese Kriterien[319] ab. Im Rahmen des Kriteriums der Körperbewegung gilt als aktives Tun die Vornahme einer Körperbewegung, als Unterlassen hingegen die Nichtvornahme einer solchen Bewegung. Das Kriterium des Energieeinsatzes bejaht ein aktives Tun in Fällen des Aufwendens von Energie in eine bestimmten Richtung. Hiernach liegt ein Unterlassen in den Fällen des Nichtaufwendens dieser Energie vor. Das Kausalitätskriterium schließlich koppelt die Abgrenzung an die Frage der Kausalität. Nach dieser Lösung besteht ein aktives Tun nur beim Vorliegen der Kausalität.

Eine weitere, jedoch nur vereinzelt vertretene Ansicht[320] unterscheidet nach Ranggesichtspunkten und nimmt im Zweifel bei zweideutigem Verhalten als Regelfall aktives Tun an. Nur in Ausnahmefällen sei ein Unterlassen hiernach gegeben.

Die normative Lösung kommt im Gegensatz zu den neutralen Kriterien bei einer Anwendung im Rahmen der Reanimatorproblematik zur entgegengesetzten Lösung. Im Rahmen der normativen Betrachtung sei maßgeblich, daß das Abschalten zur Unterlassung weiterer Rettungsbemühungen geführt habe. Dabei liege der Schwerpunkt des strafrechtlich relevanten Verhaltens bei Berücksichtigung des sozialen Handlungssinns auf dem Unterlassen weiterer

---

313 Geilen JZ 1968, 151; Lenckner Med.Klin. 1969, 1004 f.; Ranft JuS 1963, 344 f.; Ulsenheimer RN 36

314 Ebert S. 152; Haft AT S. 175; ders. Fallrepetitorium Nr. 375; Krey RN 11; Wessels/Beulke RN 700

315 Baumann/Weber/Mitsch 15/33; LK-Jähnke Vor § 211 RN 47; Otto BT 6/28

316 Struensee Stree/Wessels-FS (1993) S. 143 ff.

317 Engisch Gallas-FS (1974) S. 163 ff. m.w.N.; Otto AT 9/2; Otto/Brammsen Jura 1985, 530 ff.; Schlüchter JuS 1976, 795

318 Jescheck/Weigend § 58 II 2; Küpper Strafrechtsdogmatik S. 72 ff.; LK-Jescheck Vor § 13 RN 90 m.w.N.; Samson Welzel-FS (1974) S. 595; Stoffers GA 1993, 262 ff.; ders. MDR 1992, 626

319 Maurach/Gössel/Zipf 45/32; NK-Seelmann § 13 RN 28

320 Gropp 11/61; Arthur Kaufmann Eb. Schmidt-FS (1961) S. 212; Spendel Eb. Schmidt-FS (1961) S. 194; abl. Ebert S. 152

Rettungsbemühungen[321]. In der Anwendung der neutralen Kriterien sei hingegen ein aktives Tun anzunehmen, da der Körper bzw. die Energie aktiv eingesetzt und hierdurch der Tod des Patienten kausal verwirklicht werde[322]. Es werde das gezielte aktive Tätigwerden in den Mittelpunkt der Betrachtung gestellt. Dabei werde ein Rettungswerk, welches selbsttätig weiterlaufen würde, abgebrochen.

Gegen die einzelnen Abgrenzungsversuche sind verschiedentlich Kritikpunkte angeführt worden. So wird dem Kriterium des Schwerpunktes der Vorwerfbarkeit des Verhaltens vorgeworfen, daß es gar nicht den Anspruch erhebe, Verhaltensweisen zu definieren, sondern von vornherein eine Kollision von Tun und Unterlassen voraussetze und eine Abgrenzung erst im Rahmen einer Konkurrenzfrage erörtere[323]. Ferner wird kritisiert, daß differenzierte Kriterien nicht entwickelt seien und dadurch eine Abgrenzung mittels unbestimmter Merkmale vorgenommen werde. Damit bestehe die Gefahr der „Preisgabe der Dogmatik zugunsten vager Abwägungen"[324]. Das Fehlen von Kriterien wird auch bei dem Abstellen auf den sozialen Sinn des Verhaltens kritisiert. Damit führe eine Abgrenzung „aufgrund fehlender Faßbarkeit" zu „Ungenauigkeiten"[325], es komme zu „emotionalen Wertungen"[326] bzw. einem „irrationalen Gefühlsurteil"[327].

Zahlreiche Kritik erfahren die Vertreter der neutralen Kriterien insoweit, als sie durch Außerachtlassung normativer Gesichtspunkte die jeweilige Situation nur teilweise erfassen. So geht es „bei der Strafrechtslehre als normativer Wissenschaft gerade darum, eine strafrechtliche Bewertung des tatsächlichen Geschehens vorzunehmen, nachdem menschliches Verhalten anhand von Normen, welche abstrakt und ausfüllungsbedürftig gestaltet sind, überprüft wird"[328]. Zudem werden mit diesen Kriterien mehrere parallele Handlungen nicht hinreichend genau unterschieden. Auch ein mögliches Abstellen auf die Kausalität erscheint zweifelhaft, da diese erst geprüft werden kann, wenn die entsprechende Handlungsform feststeht. „Da Kausalität eine besondere Beziehung zwischen zwei Gliedern ausdrückt, können diese Glieder selbst nicht durch diese Beziehung beschrieben werden"[329].

321 Geilen JZ 1968, 151; Haft AT S. 175; ders. BT S. 82; Wessels/Beulke RN 703

322 Baumann/Weber/Mitsch 15/33; Jescheck/Weigend § 58 II 2; Maurach/Gössel/Zipf 45/32

323 Struensee Stree/Wessels-FS (1993) S. 137

324 Jakobs 28/4; Küpper Strafrechtsdogmatik S. 74 f.; NK-Seelmann § 13 RN 27

325 Schneider S. 131 m.w.N.; Stoffers S. 103

326 Otto AT 9/2

327 Roxin ZStW 74, 418

328 Schneider S. 87 ff. m.w.N.

329 Struensee Stree/Wessels-FS (1993) S. 140 f.; ferner Schneider S. 92 f.

Die Mindermeinung in der Literatur, im Zweifel auf ein aktives Tun abzustellen, ist dogmatisch nicht herzuleiten[330]. Zudem können sich nach dieser Lösung falsche Resultate ergeben, wenn Unterlassungen mit lediglich beiläufigem Tun verbunden sind[331]. Damit ist vielmehr auf den Einzelfall abzustellen statt eine „generalisierende Entscheidung" vorwegzunehmen[332].
Die Kritikpunkte an der normativen Betrachtung greifen nur zum Teil. Der Vorwurf der fehlenden Abgrenzungskriterien ist unberechtigt, da diese am konkreten Fall entwickelt werden müssen. Diese Vorgehensweise erscheint zweckmäßig und wird i.ü. auch an anderen Stellen im Strafrecht praktiziert. Die übrigen Abgrenzungsversuche sind hingegen - wie ausführlich erörtert - ungenügend, da das Strafrecht vor allem auf eine normative Bewertung des Geschehens abstellt, welche in diesen Fällen völlig unbeachtet bleibt. Damit ist das Nichtweiterbehandeln bzw. das Unterlassen weiterer Rettungsbemühungen der maßgebende Gesichtspunkt und nicht die aktive Beendigung der medizinischen Behandlung. Für diese Lösung spricht auch die häufig gezogene Parallele zur Beendigung einer manuellen Behandlung, in welcher der Behandelnde lediglich aufhört, weiterhin zu helfen. „Juristisch ist die Apparatur für den Arzt nichts anderes als sein verlängerter Arm"[333]. Damit muß dort, wo ein medikamentös-therapeutischer Behandlungsabbruch zulässig wäre, auch der technische Behandlungsabbruch zulässig sein[334].
Sofern hingegen ein Dritter Rettungsbemühungen durch einen eigenmächtigen Eingriff abbricht, wird überwiegend[335] - allerdings mit unterschiedlichen Nuancen - aktives Tun angenommen. Diese, gerade unter normativer Betrachtung unter Berücksichtigung des sozialen Handlungssinns dogmatisch richtige Lösung, wird jedoch in einem vielbeachteten Urteil des LG Ravensburg[336] im Ergebnis ausdrücklich offengelassen, sofern der Dritte auf Verlangen des angeschlossenen Patienten den Reanimator abstellt. Hiernach ist der Dritte nicht strafbar, wenn er das Recht des Patienten auf Behandlungsfreiheit realisiert. Dieses Urteil hat, zwar nicht im Ergebnis, aber in der Begründung, scharfe Kritik durch die herrschende Auffassung in der Litera-

[330] Schneider S. 134
[331] Schneider S. 132; S/S-Stree Vorbem §§ 13 ff. RN 158
[332] Ranft JuS 1963, 344; Schneider S. 133
[333] so Geilen JZ 1968, 150; ferner Küper JuS 1971, 476; Lenckner Med.Klin. 1969, 1005; Wessels/Beulke RN 703; a.A. Samson Welzel-FS S. 603 FN 92
[334] Auer/Menzel/Eser-Eser S. 138 ff.; S/S-Eser Vorbem §§ 211 ff. RN 32; Verrel JR 1999, 6
[335] Küpper Strafrechtsdogmatik S. 81 m.w.N.; Schneider S. 190; Stoffers S. 458 f.; ders. MDR 1992, 626; Wessels/Beulke RN 704; a.A. Gropp 11/66 ff., der in diesen Fällen immer Unterlassen annimmt, sofern keine Überlebenschance des Patienten besteht
[336] LG Ravensburg Urt. v. 03.12.1986 - 3 Kls 31/86, vgl. dazu Gropp 11/69; Kühl 18/18; Otto AT 9/5 m.w.N.; Schneider S. 24 ff.; S/S-Eser Vorbem §§ 211 ff. RN 32

tur[337] erfahren, da es ausdrücklich offenläßt, ob das Abschalten bereits die Tatbestandsmäßigkeit entfallen läßt oder einen Rechtfertigungsgrund verwirklicht. Vielmehr stellt das Urteil lediglich fest, daß ein unweigerlich dem Tode geweihter Mensch, der aus eigener Kraft nicht mehr weiterleben kann und dessen Lebensverlängerung mit Hilfe technischer Geräte unzweifelhaft nur eine Verlängerung des Sterbevorgangs bedeutet, verlangen kann, daß solche Maßnahmen unterbleiben oder abgebrochen werden.
Im Rahmen der vorliegenden Arbeit ist insofern darauf einzugehen, ob das nichtärztliche Personal überhaupt als „Dritter“ in diesem Sinne anzusehen ist; eine Abgrenzung, welche in der Literatur bisher scheinbar vernachlässigt wurde. Diese Unterscheidung i.S. der vorliegenden Untersuchung betrifft dabei nicht nur nichtärztliches Personal im Rettungswesen, sondern auch das nichtärztliche Personal in Kliniken, zumindest soweit sie bei der Behandlung dieser Patienten unmittelbar beteiligt sind, so insbesondere auf Intensivstationen. Schneider[338] sieht als Dritten an, wem die bereits begonnene Behandlung nicht als eigene zugerechnet werden könne. So gelte ein Arzt im Falle des Schichtwechsels im Klinikbetrieb danach nicht als Dritter. Nach Schmidhäuser[339] ist „Dritter“ jede Person, die hinsichtlich der Behandlung nicht die Verantwortung trage, so z.B. - auch ausdrücklich benannt - der Sanitäter.
Die Begründung für die Annahme eines Unterlassens bei Ärzten liegt im Schwerpunkt des strafrechtlich relevanten Verhaltens bzw. im sozialen Sinngehalt, hier auf dem Unterlassen weiterer Rettungsbemühungen. Davon umfaßt wird dabei auch das nichtärztliche Personal, welches mit der Behandlung des Patienten unmittelbar betraut ist; in diesem Sinne auch das nichtärztliche Personal im Rettungswesen. Dabei wäre auch eine Abgrenzung zu anderem nichtärztlichen Personal oder anderen Ärzten mit Hilfe einer Analogie zur Garantenstellung kraft faktischer Übernahme möglich. Diejenigen Medizinalpersonen, die eine solche Garantenstellung nicht innehaben, sind auch nicht als Dritte in diesem Sinne zu verstehen (freilich darf dies nicht mißverstanden werden: Diese Analogie betrifft nur Medizinalpersonen mit ausschließlicher Garantenstellung aus faktischer Übernahme. Sonst können Garanten selbstverständlich auch Dritte in diesem Sinne sein, so z.B. Angehörige des Patienten). Für die hier vertretene Lösung spricht wohl auch Wessels/Beulke[340], der insofern eine Grenze zieht und ganz allgemein von „externen“ Dritten spricht.
Somit bleibt zusammenfassend festzuhalten, daß das Abschalten des rettenden Kausalverlaufes durch ärztliches wie durch nichtärztliches Personal im Rettungswesen als Unterlassen zu werten ist. Aufgrund dieser Beurteilung kommt in Fällen wie dem o.g. Reanimatorfall eine Strafbarkeit des Täters

337 vgl. nur Krey RN 11 FN 23; Schneider S. 192 f.; Ulsenheimer RN 285
338 Schneider S. 179 FN 545
339 Schmidhäuser AT 16/107
340 Wessels/Beulke RN 704

nicht in Betracht, weil „keine Rechtspflicht bestehe, ein verlöschendes Leben gegen den wirklichen oder mutmaßlichen Willen des Patienten durch künstliche Mittel zu verlängern“[341]. Dennoch schließen im Ergebnis auch die Vertreter der Gegenansicht - jedoch im einzelnen mit unterschiedlicher Begründung - die Strafbarkeit des Täters aus. Dabei wird entweder bereits das Vorliegen der tatbestandlichen Voraussetzungen verneint[342] oder aber im weiteren Verlauf schließlich die Rechtswidrigkeit der Tat abgelehnt[343].

bb. Direkte (aktive) Sterbehilfe

Die direkte Sterbehilfe ist die bewußte und gewollte aktive Verkürzung des Lebens durch aktive Einflußnahme auf den Krankheitsprozeß des Patienten[344]. Diese Form der Sterbehilfe ist in anderen Ländern bereits weitgehend anerkannt[345]. Auch in Deutschland finden sich - gerade in den letzten Jahren - immer mehr Stimmen, welche eine aktive Sterbehilfe für menschlich geboten halten[346]. Dieser Ansicht widerspricht jedoch eindeutig der Wortlaut des § 216 StGB. Hieraus ergibt sich, daß die direkte Sterbehilfe regelmäßig als strafbar anzusehen ist und die Einwilligung des Patienten damit auch nicht rechtfertigend wirken kann, da das menschliche Leben als solches nicht disponibel ist[347]. Dies bedeutet im Ergebnis, daß alle aktiven Maßnahmen, die darauf abzielen, den Eintritt des Todes zu beschleunigen, unzulässig sind[348]. Streitig ist jedoch, ob in bestimmten, extremen Ausnahmesituationen eine Rechtfertigung[349] oder zumindest eine Entschuldigung[350] in Form der direkten Sterbehilfe in Betracht kommt. Dies wird dabei meist durch eine Interessensabwägung zwischen der Unerträglichkeit bestimmter, persönlichkeitszerstörender Schmerzen oder Qualen und dem befristeten Lebensrest des Pati-

---

341 Roxin NStZ 1987, 349

342 Bade S. 178 f.; Hirsch Lackner-FS (1987) S. 605 f.; LK-Jähnke Vor § 211 RN 17; Sax JZ 1975, 149

343 Otto BT 6/27

344 Opderbecke/Weißauer MedR 1998, 398

345 vgl. im einzelnen Giesen JZ 1990, 933 f.; Kutzer NStZ 1994, 113; Laufs NJW 1998, 1752 m.w.N.

346 vgl. Jens/Küng S. 47 ff., 122 ff.; Wettstein S. 97 ff.

347 Haft AT S. 101; Rengier 7/1

348 BGH Urt. v. 08.05.1991 - 3 StR 467/90; Geilen Spendel-FS (1992) S. 519 ff.

349 Geilen Euthanasie S. 26 ff.; Herzberg NJW 1986, 1639; ders. NJW 1996, 3043 ff.; Hirsch Welzel-FS (1974) S. 795 f.; Merkel JZ 1996, 1151; NK-Neumann § 34 RN 38; Otto BT 6/35 ff.

350 Bade S. 127 ff.; Engisch Dreher-FS (1977) S. 320; Hirsch Lackner-FS (1987) S. 615; Küpper I 1/24; S/S-Lenckner Vorbem §§ 32 ff. RN 119; Tröndle/Fischer Vor § 211 RN 14; Rudolphi Welzel-FS (1974) S. 628 ff. leitet den „Strafbefreiungsgrund“ aus Art. 4 Abs. 1 GG ab und sieht diesen als einen Anwendungsfall des Entschuldigungsgrundes der Unzumutbarkeit

enten begründet (Konflikt zwischen Schmerzverlängerung und Lebensverkürzung). Hiergegen spricht jedoch, daß das menschlichen Leben inkonsumerabel und unverfügbar ist[351] und daher kein überwiegendes Interesse entgegengesetzt werden kann. Zudem stellt die andere Ansicht auch die Zerstörung des ärztlichen Berufsethos sowie des Vertrauensverhältnisses zwischen Patient und Mediziner dar[352]. Ebenfalls wäre die Gefahr des Mißbrauchs nicht auszuschließen. Damit ist die aktive Sterbehilfe ausnahmslos unzulässig, sie kann auch nicht gerechtfertigt oder entschuldigt werden[353].

cc. Indirekte (aktive) Sterbehilfe

Ein Fall der indirekten Sterbehilfe liegt dann vor, wenn mit ausdrücklicher oder mutmaßlicher Einwilligung eines Patienten zur Linderung unerträglicher Schmerzen eine indizierte medikamentöse Schmerzbekämpfung erfolgt, welche aufgrund von Art oder Dosierung als Nebenwirkung den Todeseintritt des Patienten beschleunigt oder sich zumindest eine solche Beschleunigung nicht ausschließen läßt[354]. Dies ist jedoch nach heutigem Stand der Schmerzmitteltherapie nur noch selten zu befürchten[355].
Über die Beurteilung der indirekten Sterbehilfe besteht spätestens seit dem 56. DJT im Jahre 1986 weitgehend Einigkeit. Hiernach bejaht die ganz herrschende Lehre[356], ebenso wie die neuere Rechtsprechung[357] die Zulässigkeit der indirekten Sterbehilfe, sofern der Zweck der Therapie nicht in der möglichen Lebensverkürzung bestehe, sondern diese nur eine unvermeidbare Nebenwirkung sei und die Behandlung dem erklärten oder mutmaßlichen Willen des Patienten entspreche. Dies wird dabei aber nur deshalb akzeptiert, weil andere, gleichgeeignete schmerzlindernde Mittel ohne die Gefahr einer Lebensverkürzung nicht zur Verfügung stehen. In diesen Fällen tritt das Risiko der geringen Lebensverkürzung hinter die Schmerzlinderung zurück[358].

---

351 Haft Fallrepetitorium Nr. 206; Maurach/Zipf 27/28

352 Dölling MedR 1987, 8; Wessels/Hettinger RN 28; Bockelmann S. 24 formulierte diesbezüglich dramatisch, daß „nie wieder ein Leidender, dessen Beschwerden ernstlich sind, den Arzt an sein Lager treten sehen könnte, ohne die bange Frage in sich auftauchen zu fühlen, ob der Arzt als Helfer komme oder als Mörder“

353 Haft BT S. 82; Maurach/Zipf 27/28; gegen eine Rechtfertigung: Auer/Menzel/Eser-Eser S. 91; LK-Jähnke Vor § 211 RN 14 m.w.N.

354 Deutsch RN 401; Opderbecke/Weißauer MedR 1998, 399; Rengier 7/3; Roxin/Schroth S. 89

355 vgl. Kutzer Salger-FS (1995) S. 671 m.w.N.

356 Dölling MedR 87, 6 ff.; Haft Fallrepetitorium Nr. 941; Krey RN 12; LK-Jähnke Vor § 211 RN 17; Mergen-Kreuzer S. 242; Schöch NStZ 1997, 409 ff.; S/S-Eser Vorbem §§ 211 ff. RN 26; ebenso die Deutsche Gesellschaft für Chirurgie in ihrer Resolution zur Behandlung Todkranker und Sterbender Nr. II.2

357 BGH Urt. v. 15.11.1996 - 3 StR 79/96

358 Deutsch RN 401; Hirsch Lackner-FS (1987) S. 609

Formal betrachtet erfüllt die Therapie mit dem Risiko der geringen Lebensverkürzung den objektiven und subjektiven Tatbestand der § 216 bzw. § 212 StGB. Um im Ergebnis schließlich zur Straflosigkeit einer solchen Therapie zu gelangen, werden nun verschiedene rechtliche Konstruktionen diskutiert. Ein größerer Teil der Lehre stellt bereits auf den Schutzbereich der Norm ab[359], andere verneinen die Vorsätzlichkeit einer solchen Handlung[360]. Ebenso wird auf die Rechtsfiguren des erlaubten Risikos[361] oder der Pflichtenkollision[362] verwiesen. Die wohl herrschende Ansicht stellt jedoch - m.E. zu Recht - auf den rechtfertigenden Notstand ab[363]; eine Lösung, die vor kurzer Zeit auch durch die höchstrichterliche Rechtsprechung[364] bestätigt wurde. Die Vertreter der Mindermeinung, welche die indirekte Sterbehilfe für strafbar erklären, berufen sich vor allem auf den vollkommenen Schutz des Lebens. Dies kann jedoch nicht überzeugen, da eine medizinisch indizierte, zur wirksamen Schmerztherapie erforderliche Maßnahme am Patienten gerade das Leben des Patienten als solches schützt. Auch wird speziell gegen eine Rechtfertigung oft vertreten, daß im Rahmen der Interessensabwägung ein wesentliches Überwiegen der Schmerzlinderung gegenüber der Gefahr einer Lebensverkürzung nicht zu erkennen sei[365]. Manche argumentieren nun in die Richtung, daß eine Gleichwertigkeit in den Fällen, in denen ein und dasselbe Rechtsgut - hier der Patient (körperliche Unversehrtheit auf der einen, Leben auf der anderen Seite) - betroffen ist, nicht erforderlich sei. Richtiger ist jedoch in diesen Fällen, ein wesentliches Überwiegen zugunsten der körperlichen Unversehrtheit des Patienten anzunehmen. So wird im Gegensatz zur direkten Sterbehilfe häufig ein geringerer Handlungsunwert in Rechnung gestellt[366]. Zudem erscheint geboten, auf der objektiven Seite der körperlichen

359 Krey RN 14, welcher hierbei von der h.L. spricht; LK-Jähnke Vor § 211 RN 17; Tröndle/Fischer Vor § 211 RN 17; zu Recht a.A. Dölling JR 1998, 161; ebenso Otto BT 6/33, da die Tötungshandlung hier außer Frage steht; zudem stehen dieser Lösung rechtspolitische Bedenken entgegen, weil damit verlöschendem Leben die Schutzwürdigkeit gegenüber möglicher aktiver Verkürzung abgesprochen wird, vgl. Auer/Menzel/Eser-Eser S. 88 f.

360 Bockelmann S. 70 f.

361 S/S-Eser Vorbem §§ 211 ff. RN 26 m.w.N.

362 Arthur Kaufmann-Strub/Wolf Moderne Medizin S. 153 m.w.N.; Leonardy DRiZ 1986, 290 f.

363 Auer/Menzel/Eser-Eser S. 88 ff.; Bade S. 115 m.w.N.; Forster-Lenckner S. 604; Haft AT S. 101, anders ders. Fallrepetitorium Nr. 942; Hirsch Welzel-FS (1974) S. 795; Küpper I 1/23; Kutzer Salger-FS (1995) S. 671 f.; ders. NStZ 1994, 115; Lackner/Kühl Vor § 211 RN 7; NK-Neumann § 34 RN 37; Otto BT 6/34; Rengier 7/4; Schreiber NStZ 1986, 340 f.; Dölling MedR 1987, 6 f. und JR 1998, 161 f. will auf eine Kombination von Elementen der Einwilligung und § 34 StGB abstellen

364 BGH Urt. v. 15.11.1996 - 3 StR 79/96

365 Krey RN 14 FN 31

366 so Forster-Lenckner S. 604; Kühl 8/164

Integrität weitere Güter wie die Lebensqualität[367] oder die Würde des Sterbenden[368] zuzuordnen, um zu einem Interessensübergewicht zu kommen. Auch ist subjektiv für die Patienten zu sehen, daß im Rahmen einer Gesamtabwägung die Befreiung von Angst sowie die Linderung von unerträglichen Schmerzen einem Risiko der Lebensverkürzung vorgeht[369]. So formulierte unlängst der BGH[370] mit Verweis auf die Lehre[371], daß „die Ermöglichung des Todes in Würde und Schmerzfreiheit gemäß dem erklärten oder mutmaßlichen Patientenwillen ein höherwertiges Rechtsgut ist, als die Aussicht, unter schwersten, insbesondere sog. Vernichtungsschmerzen noch kurze Zeit länger leben zu müssen".

dd. Passive Sterbehilfe

Besondere praktische Bedeutung kommt schließlich der passiven Sterbehilfe zu. Hierunter versteht man die Sterbehilfe durch den Verzicht auf lebensverlängernde Maßnahmen, auch im Rahmen der Einstellung einer bereits begonnenen lebensverlängernden Therapie oder bei ausweglosen Bemühungen zur Rettung eines sterbenden oder irreversibel bewußtlosen Patienten.
Passive Sterbehilfe ist nach der Rechtsprechung[372] nur entsprechend dem erklärten oder mutmaßlichen Patientenwillen durch die Nichteinleitung oder den Abbruch lebensverlängernder Maßnahmen zulässig, um dem Sterben - ggf. unter wirksamer Schmerzmedikation - seinen natürlichen, der Würde des Menschen entsprechenden Verlauf zu lassen. Voraussetzung ist dabei, daß die Erkrankung oder Verletzung des Patienten nach ärztlicher Überzeugung irreversibel ist, einen tödlichen Verlauf angenommen hat und die unmittelbare Phase des Sterbens erreicht wurde[373]. Dies ist dann der Fall, „wenn die vitalen Funktionen des Zentralnervensystems, der Atmung, der Herzaktion und des Kreislaufs offensichtlich schwer beeinträchtigt sind und wenn der fort-

[367] Schölmerich/Thews-Schreiber S. 250; Schreiber NStZ 1986, 341
[368] Engisch Dreher-FS (1977) S. 313; Arthur Kaufmann-Strub/Wolf Moderne Medizin S. 154; Kutzer Salger-FS (1995) S. 672; ders. NStZ 1994, 115; Otto BT 6/34
[369] Dölling MedR 1987, 7; Hirsch Welzel-FS (1974) S. 795 FN 66; Kühl 8/164; Küpper I 1/23; Schreiber NStZ 1986, 341
[370] BGH Urt. v. 15.11.1996 - 3 StR 79/96
[371] Kutzer NStZ 1994, 115; ders. Salger-FS (1995) S. 671 f.
[372] BGH Urt. v. 08.05.1991 - 3 StR 467/90; zur mutmaßlichen Einwilligung insbes. OLG Frankfurt Beschl. v. 15.07.1998 - 20 W 224/98, wonach der Abbruch in entsprechender Anwendung des § 1904 BGB vormundschaftsgerichtlich zu genehmigen ist, dazu zust. Verrel JR 1999, 5 ff. sowie abl. Laufs NJW 1998, 3399 ff.; ebenso LG Duisburg Beschl. v. 09.06.1999 - 22 T 22/99; a.A. LG München I Beschl. v. 18.02. 1999 - 13 T 478/99
[373] BGH Urt. v. 13.09.1994 - 1 StR 357/94; Kutzer NStZ 1994, 113; Wessels/Hettinger RN 36

schreitende Verfall nicht aufzuhalten ist oder wenn nicht beherrschbare Infektionen vorliegen“[374].
Die Zulässigkeit der passiven Sterbehilfe beruht auf dem Selbstbestimmungsrecht des Patienten. Es wäre ein rechtswidriger Eingriff in die Freiheit und Würde der menschlichen Persönlichkeit, wenn ein Arzt eigenmächtig und selbstherrlich einen folgenschweren Eingriff bei einem Kranken gegen dessen Willen vornimmt[375]. Das Selbstbestimmungsrecht des Patienten schließt auch die Selbstbestimmung zum Tode ein[376]. Damit gibt es keine Pflicht zur Lebenserhaltung um jeden Preis und mit allen zur Verfügung stehenden Mitteln[377]. Somit sind auch „die Anwendung außerordentlicher Stimulantia und artifizieller Methoden zum Zweck einer sinnlosen Lebensverlängerung“ rechtlich nicht geboten[378]. „Angesichts des bisherige Grenzen überschreitenden Fortschritts medizinischer Technologie bestimmt nicht die Effizienz der Apparatur, sondern die an der Achtung des Lebens und der Menschenwürde ausgerichtete Einzelfallentscheidung die Grenze ärztlicher Behandlungspflicht“[379]. So bestimmt vielmehr „der wirkliche oder mutmaßliche Patientenwille, welche lebensverlängernden Eingriffe zulässig sind; die dem Patientenwillen widersprechende Ausschöpfung intensivmedizinischer Technologie ist rechtswidrig“[380]. Hinsichtlich lebensverlängernder Maßnahmen bindet damit der vom urteilsfähigen Patienten ausgesprochene Verzicht den Arzt auch dann, wenn der Patient im voraussehbaren Verlauf der Krankheit das Bewußtsein verliert und keine wesentliche Veränderung der seiner Erklärung zugrundeliegenden tatsächlichen Umstände erkennbar ist, weil die Entscheidung gerade auch für dieses Stadium getroffen wurde[381].
Entscheidend ist danach der mutmaßliche Wille des Patienten zum Tatzeitpunkt, wie er sich nach sorgfältiger Abwägung aller Umstände darstellt. Hierbei sind die Grundsätze zur mutmaßlichen Einwilligung heranzuziehen[382].

---

374 so die Deutsche Gesellschaft für Chirurgie in ihrer Resolution zur Behandlung Todkranker und Sterbender Nr. II.3

375 BGH Urt. v. 28.11.1957 - 4 StR 525/57; BGH Urt. v. 08.05.1991 - 3 StR 467/90; Geilen Euthanasie S. 7 ff.; Arthur Kaufmann MedR 1983, 122

376 BGH Urt. v. 28.11.1957 - 4 StR 525/57; OLG München Beschl. v. 31.07.1987 - Ws 23/87; Geilen Euthanasie S. 7 ff.; Leonardy DRiZ 1986, 285

377 BGH Urt. v. 04.07.1984 - 3 StR 96/84; MK-Mertens § 823 RN 366a; Pfenninger/Himmelseher Anästhesiologie und Intensivmedizin 1993, 4

378 so Krey RN 8 m.w.N.

379 BGH Urt. v. 04.07.1984 - 3 StR 96/84; krit. hierzu Schmitt JZ 1985, 367 f., da die Einzelfallentscheidung des Arztes diesem zuviel Macht gegenüber dem Patienten zugesteht und es generell kein Ermessen bei der Entscheidung zwischen Leben und Tod geben darf

380 BGH Urt. v. 04.07.1984 - 3 StR 96/84; BGH Urt. v. 08.05.1991 - 3 StR 467/90; Geilen Spendel-FS (1992) S. 526

381 OLG München Beschl. v. 31.07.1987 - Ws 23/87

382 BGH Urt. v. 13.09.1994 - 1 StR 357/94

Bei der Ermittlung des mutmaßlichen Patientenwillens stellt sich in diesem Zusammenhang häufig auch die Frage nach der Verbindlichkeit einer Patientenverfügung (Patiententestament) bzw. der Verbindlichkeit von früheren Äußerungen oder Erklärungen des Patienten. Die Lösung dieser Frage ist streitig. Nach einer Ansicht[383] ist es durch eine Patientenverfügung möglich, die Durchführung bestimmter lebensverlängernder Maßnahmen bereits im Vorfeld für den Arzt rechtlich bindend zu untersagen. Hierbei wird regelmäßig auf das Selbstbestimmungsrecht des Patienten abgestellt. Problematisch an dieser Sichtweise ist jedoch, daß frühere Verfügungen des Betroffenen dem aktuellen Willen keineswegs entsprechen müssen[384], da „die psychische Situation eines jeden Kranken im Vergleich zu seinem Normalzustand eine andere ist und schon viele in gesunden Tagen sehr willensstarke Patienten sich an einen Strohhalm zur Rettung geklammert haben“[385]. In diesen Fällen stehen „existentielle Entschlüsse an, die sich auch vom Betroffenen selbst nicht vorwegnehmen lassen“[386]. Gleiches gilt auch für frühere Äußerungen oder Erklärungen des Betroffenen. Des weiteren ist zu sehen, daß diese Ansicht zudem vernachlässigt, daß vor Abfassung einer Verfügung oder vor einer mündlichen Willensbekundung keine ärztliche Aufklärung des Betroffenen im Rahmen der unmittelbaren Situation erfolgt, so „daß der Betroffene bei seiner Anordnung nicht in voller Kenntnis aller Umstände gehandelt hat“[387]. Damit fehlt die unmittelbare Einsicht des Patienten in die zu beurtei-

383 Hiersche MedR 1987, 84; Laufs/Uhlenbruck-Uhlenbruck 132/37; Sternberg-Lieben NJW 1985, 2734 ff.; ders. Lenckner-FS (1998) S. 355 ff.; Uhlenbruck MedR 1983, 16; ders. MedR 1992, 138 ff.; ders. NJW 1978, 568 ff.; einschränkend Opderbecke/Weißauer MedR 1998, 399, welche die Verbindlichkeit bejahen, wenn ihr hinreichend präziser Inhalt mit der aktuellen Situation übereinstimmt; vgl. i.ü. auch die Richtlinien der Schweizerischen Akademie der Medizinischen Wissenschaften NJW 1996, 767 ff. = MedR 1995, 496 f. Nr. II.3.4: „Liegt dem Arzt eine Patientenverfügung vor, die der Patient in einem früheren Zeitpunkt als Urteilsfähiger abgefaßt hat, so ist diese verbindlich“.

384 vgl. BGH Urt. v. 13.09.1994 - 1 StR 357/94; Dölling MedR 1987, 9; Opderbecke MedR 1985, 26; aus diesem Grunde will Hartmann NStZ 2000, 113 eine Bindung des Arztes nur dann annehmen, wenn die Verfügung im Zeitpunkt der terminalen Krankheit oder maximal ein halbes Jahr vor diesem Zeitpunkt errichtet wird

385 so Ulsenheimer RN 289 m.w.N.; ferner Francke S. 183 f. m.w.N.; Fritsche MedR 1993, 130

386 so Ulsenheimer RN 115; Sternberg-Lieben NJW 1985, 2735 läßt dieses Argument mit dem folgenden, m.E. unzulässigen Vergleich zur Einwilligung nicht gelten: Es sei davon auszugehen, daß eine Fehlbeurteilung des eigenen Wollens ebenso in dem Fall der Erteilung einer Einwilligung auftreten kann, ohne daß dies die Beachtlichkeit der Einwilligung in Frage stellen kann. Dem ist jedoch entgegenzuhalten, daß sich der Patient bei der Einwilligung in eine ärztliche Maßnahme in einer anderen Situation befindet als der noch (oft) Gesunde bei der Abfassung des Patiententestaments

387 Rieger DMW 1988, 999

lende Situation. Der Vergleich[388] zum zulässigen Verzicht der Aufklärung überzeugt insoweit nicht, da zum einen - wie bereits ausgeführt - kein Totalverzicht möglich ist, auf der anderen Seite sich der Verzichtende i.d.R. in einer anderen Situation befindet als der Verfasser der Verfügung, da dieser unmittelbar vor der Behandlungsmaßnahme verzichtet. Damit wird die absolute Bindungswirkung der Patientenverfügung oder früherer Äußerungen oder Erklärungen völlig zu Recht nach der überwiegenden Ansicht[389] abgelehnt.
Zusammenfassend können Patientenverfügungen sowie frühere Äußerungen oder Erklärungen des Patienten damit lediglich als Indizien bei der Erforschung des mutmaßlichen Willens herangezogen werden[390]. Solche Willensbekundungen wirken als aktuell gewollte Bindung stärker bei engem zeitnahen Zusammenhang zwischen Erstellung und Eintritt der lebensgefährlichen Situation, sowie bei sachlicher Nähe, d.h. bei Voraussicht der kritische Lage. Einen Hinweis bietet auch die Mitführung einer Verfügung durch den Patienten[391].
Wie bereits im Rahmen der mutmaßlichen Einwilligung erörtert, ist auf allgemeine Wertvorstellungen abzustellen, wenn sich keine Anhaltspunkte für einen mutmaßlichen Willen des Patienten zeigen. Im Rahmen der Sterbehilfe ist dabei jedoch besondere Zurückhaltung geboten. So wird die Entscheidung im Einzelfall davon abhängen, „wie aussichtslos die ärztliche Prognose und wie nahe der Patient dem Tode ist: je weniger die Wiederherstellung eines nach allgemeinen Vorstellungen menschenwürdigen Lebens zu erwarten ist und je kürzer der Tod bevorsteht, um so eher wird ein Behandlungsabbruch vertretbar erscheinen“[392].

ee. Richtlinien zur Sterbehilfe und Sterbebegleitung

Verschiedene Richtlinien und Resolutionen beschäftigen sich mit der Problematik der Sterbehilfe. Die Bundesärztekammer stellte bereits frühzeitig

388 Sternberg-Lieben NJW 1985, 2736; ders. Lenckner-FS (1998) S. 355 f.; Uhlenbruck MedR 1992, 137

389 Bade S. 161; Fritsche MedR 1993, 130; Haft BT S. 82; Arthur Kaufmann-Endlich Moderne Medizin S. 233 ff.; Laufs/Uhlenbruck-Ulsenheimer 139/54; Opderbecke MedR 1985, 26; Otto BT 6/29; RGRK-Nüßgens § 823 Anh. II RN 105; Rieger DMW 1988, 999 f.; Verrel JR 1999, 7

390 Auer/Menzel/Eser-Eser S. 114 m.w.N.; Bade S. 161 m.w.N.; Deutsch RN 109; Forster-Lenckner S. 605; Kern NJW 1994, 756; Rieger DMW 1988, 999; Spickhoff NJW 2000, 2297; Schöch NStZ 1995, 155 geht von einem voraussichtlichen Bedeutungszuwachs für Patientenverfügungen aus

391 Dölling MedR 1987, 9; Laufs NJW 1999, 1762; Opderbecke/Weißauer MedR 1998, 396; Schreiber NStZ 1986, 342; Ulsenheimer RN 115; Verrel JR 1999, 8

392 BGH Urt. v. 13.09.1994 - 1 StR 357/94

Richtlinien für die ärztliche Sterbehilfe[393] auf, welche 1998[394] nach einer breiten öffentlichen Diskussion überarbeitet wurden. Inhaltlich wesentlich weiter gefaßt sind die Richtlinien der Schweizerischen Akademie der Medizinischen Wissenschaften[395]. Zu beachten ist ferner die Resolution der Deutschen Gesellschaft für Chirurgie zur Behandlung Todkranker und Sterbender, welche durch eine interdisziplinäre Kommission erarbeitet worden ist[396].

d. Grenze des § 228 StGB

Eine weitere Grenze der Einwilligung des Patienten stellt der Sittenwidrigkeitsmaßstab des § 228 StGB dar. Eine Einwilligung in den Heileingriff wirkt damit nur rechtfertigend, wenn der Eingriff als solcher nicht sittenwidrig ist. § 228 StGB wird dabei eng ausgelegt, um den Betroffenen gegen seine eigene Kurzsichtigkeit zu schützen[397].
Problematisch erscheint jedoch, daß der Begriff der Sittenwidrigkeit nicht klar umrissen und damit kaum greifbar ist. Seit der Definition des Reichsgerichts[398] werden die guten Sitten bekanntlich als das „Anstandsgefühl aller billig und gerecht Denkenden" verstanden. Hierbei ist im Rahmen des § 228 StGB neben der Art und Weise der Rechtsgutsverletzung vor allem deren Zweck miteinzubeziehen[399].
Die überwiegende Ansicht[400] wendet § 228 StGB nicht nur für vorsätzliche, sondern auch für fahrlässige Körperverletzungen an. Streitig ist jedoch, ob sich diese Auffassung auch auf Fälle der Einwilligung des Patienten in eine lebensgefährdende Behandlung übertragen läßt. Die Rechtsprechung und ein Teil der Lehre[401] stellen hierbei auf die Grenze des § 216 StGB ab und verneinen die Zulässigkeit einer solchen Einwilligung des Patienten. Dem ist zu entgegnen, daß die Sittenwidrigkeit nach überzeugender Ansicht[402] nach der

393 Bundesärztekammer, Richtlinien für die Sterbehilfe, DÄBl. 1979, 957
394 Bundesärztekammer, Grundsätze zur ärztlichen Sterbebegleitung, NJW 1998, 3406 f. = DÄBl. 1998, A-2365 ff.
395 Richtlinien der Schweizerischen Akademie der Medizinischen Wissenschaften vgl. NJW 1996, 767 ff. = MedR 1995, 496 f.
396 Deutsche Gesellschaft für Chirurgie, Resolution zur Behandlung Todkranker und Sterbender, ärztliche und rechtliche Hinweise, abgedruckt in MK-Mertens § 823 RN 366a
397 Arzt/Weber § 6 RN 29
398 RGZ Urt. v. 15.10.1912 - Rep. VII 231/12
399 vgl. RGSt Urt. v. 23.01.1940 - 1 D 39/40; Haft AT S. 112 f.; Rengier 20/2
400 S/S-Stree § 226a RN 1 m.w.N.; Weber Baumann-FS (1992) S. 47; Erst-recht-Schluß, vgl. Rengier 20/8
401 BGH Urt. v. 22.01.1953 - 4 StR 373/52; BGH Urt. v. 25.01.1955 - 2 StR 366/54; Jescheck/Weigend § 56 II 3; Maurach/Gössel/Zipf 43/65; Zipf S. 74
402 Baumann/Weber/Mitsch 17/101; LK-Hirsch Vor § 32 RN 95 m.w.N.; S/S-Lenckner Vorbem §§ 32 ff. RN 104 m.w.N; SK-Samson Anh. zu § 16 RN 33; Weber Baumann-FS (1992) S. 47 f.

Handlung des Täters und nicht nach dem Erfolg zu messen ist, womit § 216 StGB nur die wirksame Einwilligung in die vorsätzliche Tötung verhindert. Dafür spricht auch der Gesichtspunkt, daß sich bei einer Behandlung des Patienten Lebensgefährdungen nicht immer verhindern lassen und daher „der mehr oder weniger zufällige Ausgang des Geschehens (Körperverletzung oder Tod) die Wirksamkeit der Einwilligung in die lebensgefährdende Handlung nicht berühren kann“[403]. Nimmt man hingegen mit der Gegenansicht die Geltung des § 216 StGB auch für die Einwilligung in Lebensgefährdungen an, wenn diese im Ergebnis zum Tode führen, bedeutet dies dennoch nicht in allen Fällen eine Strafbarkeit des Verhaltens, da das Handlungsunrecht einer einverständlichen fahrlässigen Tötung regelmäßig geringer zu beurteilen ist als das einer einverständlichen vorsätzlichen Tötung. Zumindest in solchen Situationen, in denen durch das Verhalten ein von der Gesellschaft billigenswertes Ziel verfolgt wird - so bei der Rettung und Behandlung von Notfallpatienten - wird eine Strafbarkeit im Ergebnis verneint[404].

5. Rechtfertigender Notstand, § 34 StGB

Schließlich könnte sich auch eine Rechtfertigung der Behandlung des Patienten aus dem Gesichtspunkt des rechtfertigenden Notstandes ergeben. § 34 StGB kommt dann in Betracht, wenn sich gegenwärtige Gefahren für berechtigte Interessen ausschließlich durch die Verletzung anderer berechtigter Interessen abwenden lassen[405]. Nach ganz überwiegender Ansicht[406] wird dabei auf das Prinzip der moralischen Solidarpflicht abgestellt. Dabei ist ein Eingriff in Interessen anderer nur in den Fällen möglich, in denen das eigene Interesse nicht anders zu bewahren ist und gegenüber den fremden Interessen wesentlich überwiegt. Insofern setzt § 34 StGB nach einhelliger Ansicht[407] eine Notstandslage sowie eine erforderliche und angemessene Notstands- bzw. Rettungshandlung einschließlich des Rettungswillens voraus. Da das Rettungsdienstpersonal im vorliegenden Kontext jedoch nicht Inhaber des gefährdeten Rechtsguts ist, sondern vielmehr der Patient, wird hier die gebräuchliche Terminologie der Notstandshilfe verwandt[408].

403 Rengier 20/12

404 Engisch Vorsatz und Fahrlässigkeit S. 287 spricht von Operationen und Rettungswerken; Kühl 17/87 nennt die Notoperation des Schwerverletzten auf der Straße

405 Bockelmann/Volk S. 96; Jescheck/Weigend § 33 I 1; Maurach/Zipf 27/1

406 vgl. Jakobs 11/3; Kühl 8/9; NK-Neumann § 34 RN 9

407 Kühl 8/12 ff.; Wessels/Beulke RN 298 ff.

408 vgl. Baumann/Weber/Mitsch 17/52; S/S-Lenckner § 34 RN 9; Tröndle/Fischer § 34 RN 18

a. Anwendungsbereich

Zunächst ist jedoch zu klären, ob im Rahmen von medizinischen Maßnahmen neben einer ausdrücklichen oder mutmaßlichen Einwilligung des Patienten überhaupt eine Rechtfertigung nach § 34 StGB in Betracht kommen kann. Nach einer Mindermeinung ist Notstandshilfe regelmäßig ausgeschlossen, wenn der Rechtsgutsinhaber von Erhaltungsgut und Eingriffsgut identisch ist. Dieser Ansicht ist jedoch mit der überwiegenden Meinung[409] entgegenzuhalten, daß sowohl nach Wortlaut und teleologischer Auslegung eine solche Begrenzung keine gesetzliche Grundlage finden kann. Damit ist die Notstandshilfe am Patienten grundsätzlich nicht ausgeschlossen.
Jedoch werden diese Konstellationen primär von den Rechtfertigungsgründen Einwilligung bzw. mutmaßlicher Einwilligung erfaßt[410], wodurch sich im Normalfall ein Rückgriff auf § 34 StGB verbietet. Dies dient der weitgehenden Wahrung des Selbstbestimmungsrechts des Patienten. In Problemfällen ist jedoch ein solcher Rückgriff geboten, so insbesondere dann, wenn bei der Behandlung von Minderjährigen eine rechtsmißbräuchliche Weigerung der Sorgeberechtigten vorliegt und eine Anrufung des Vormundschaftsgerichts aufgrund der Dringlichkeit nicht mehr möglich ist[411].

b. Gefahrenlage

Eine Gefahrenlage besteht in einer gegenwärtigen Gefahr für Interessen, die sich nicht anders als durch die Verletzung anderer Interessen abwenden läßt. In Betracht kommt im vorliegenden Kontext eine Gefahr für Leib oder Leben des jeweiligen Patienten.
Unter einer Gefahr versteht man allgemein[412] einen Zustand, in welchem nach den konkreten Umständen der Schadenseintritt naheliegt bzw. als wahrscheinlich gilt. Dem naheliegenden bzw. wahrscheinlichen Schadenseintritt gleichzusetzen ist dabei die Steigerung eines bereits eingetretenen Schadens[413]. Praktisch relevant wird diese Fallgruppe bei der Verschlimmerung des Gesundheitszustandes des Patienten. Auch eine Dauergefahr fällt unter

409 Kühl 8/34; Lackner/Kühl § 34 RN 4; LK-Hirsch § 34 RN 59 m.w.N.; Schneider S. 260 m.w.N.; S/S-Lenckner § 34 RN 8a; a.A. Baumann/Weber/Mitsch 17/54

410 Baumann/Weber/Mitsch 17/54; Haft AT S. 97; Maurach/Zipf 27/28; Müller-Dietz JuS 1989, 281 m.w.N.; S/S-Lenckner § 34 RN 8a; anders Ulsenheimer Gebfra 1994, M 86, der in Notsituationen auf § 34 StGB abstellt

411 RGSt Urt. v. 04.09.1940 - 3 D 346/40; S/S-Lenckner § 34 RN 8a; SK-Horn § 323c RN 16; Trockel NJW 1970, 491 f.

412 RGSt Urt. v. 14.06.1897 - Rep. 1579/97; BGH Urt. v. 24.07.1975 - 4 StR 165/75; Bokkelmann/Volk S. 97; Gropp 6/118; Lackner/Kühl § 34 RN 2; LK-Hirsch § 34 RN 32; S/S-Cramer Vorbem §§ 306 ff. RN 5: nicht fernliegend; ders.-Lenckner § 34 RN 12

413 LK-Hirsch § 34 RN 26; S/S-Lenckner § 34 RN 12

den Gefahrbegriff[414]. Hierunter ist eine längeranhaltende Gefahrdrohung zu verstehen, welche sich nicht unbedingt sofort, aber jederzeit in eine Schädigung des Patienten auswirken kann. Irrelevant ist hingegen nach überwiegender Ansicht[415] die gefahrauslösende Ursache als solche, so daß auch dann von einer Gefahr im o.g. Sinn zu sprechen ist, wenn der Patient die Gefahrenlage, z.B. als Verursacher eines Verkehrsunfalls oder als Suizident, selbst verschuldet hat.
Gegenwärtig ist eine Gefahr schließlich dann, wenn bei natürlicher Weiterentwicklung der Dinge der Eintritt oder die Intensivierung eines Schadens sicher oder höchstwahrscheinlich ist, falls nicht alsbald Abwehrmaßnahmen ergriffen werden[416]. Modifiziert gilt dies auch für die Dauergefahr, wenn diese als derart dringend anzusehen ist, daß der drohende Schaden nur durch ein sofortiges Tätigwerden wirksam verhindert werden kann[417].
Das Vorliegen der gegenwärtigen Gefahr wird nach herrschender Ansicht[418] ex ante geprüft. Maßgeblich ist hierbei das objektive Urteil eines verständigen[419] bzw. sachkundigen[420] Beobachters aus dem Verkehrskreis des Handelnden in der konkreten Situation. Dabei ist für eine Beurteilung einer Gefahr nach allgemeiner Meinung[421] auch ein eventuelles Sonderwissen mit einzubeziehen.

c. Notstandshilfe- bzw. Rettungshandlung

Die rechtfertigende Notstandshilfehandlung muß geeignet und erforderlich sein. Handlungen, die hingegen nur eine „ganz entfernte und vage Rettungschance"[422] bieten, sind in diesem Sinne nicht geeignet. Sind mehrere Handlungsweisen geeignet, ist darauf abzustellen, mit welcher Handlung der Erfolg am sichersten zu erwarten ist[423]. Bei mehreren Möglichkeiten mit gleichen

[414] BGH Urt. v. 15.05.1979 - 1 StR 74/79; Haft AT S. 98; Köhler S. 289; S/S-Lenckner § 34 RN 17; Wessels/Beulke RN 306
[415] Kühl 8/55; Lackner/Kühl § 34 RN 2; S/S-Lenckner § 34 RN 16
[416] RGSt Urt. v. 26.04.1932 - I 1341/31; BGH Urt. v. 30.06.1988 - 1 StR 165/88; Jescheck/Weigend § 33 IV 3 a; Lackner/Kühl § 34 RN 2; LK-Hirsch § 34 RN 36; S/S-Lenckner § 34 RN 17; Wessels/Beulke RN 303 f.
[417] Hillenkamp Miyazawa-FS (1995) S. 154; Kühl 8/68; Otto AT 8/168
[418] Gropp 6/117; Jescheck/Weigend § 33 IV 3 b FN 35; Lackner/Kühl § 34 RN 2; Wessels/Beulke RN 308
[419] Schaffstein Bruns-FS (1978) S. 89 ff.
[420] Jakobs 13/13; Lackner/Kühl § 34 RN 2; LK-Hirsch § 34 RN 29; Wessels/Beulke RN 304
[421] Haft AT S. 98; Jescheck/Weigend § 33 IV 3 b FN 35; Lackner/Kühl § 34 RN 2; LK-Hirsch § 34 RN 29; Wessels/Beulke RN 304
[422] Lenckner Lackner-FS (1987) S. 99; NK-Neumann § 34 RN 60
[423] LK-Hirsch § 34 RN 51; Maurach/Zipf 27/18; S/S-Lenckner § 34 RN 20a

Erfolgschancen ist die für den Patienten relativ mildeste Behandlung zu wählen[424].
Bei der Beurteilung dieser Prüfung wird nach der überwiegenden Ansicht[425] auf den Zeitpunkt der Vornahme der Notstandshilfehandlung abgestellt. Auch hier ist ein eventuelles Sonderwissen zu berücksichtigen.

d. Interessensabwägung

Eine Rechtfertigung kommt ferner nur dann in Frage, wenn das geschützte Interesse das beeinträchtigte wesentlich überwiegt. Damit wird ein zweifelsfreies bzw. eindeutiges Interessenübergewicht vorausgesetzt[426]. In dieser Abwägung sind nicht nur die abstrakten Rang- und Werteverhältnisse der Güter alleine, sondern vielmehr alle schutzwürdigen Belange einzubeziehen, welche im jeweiligen Fall betroffen sind[427]. Im Zusammenhang des Rettungswesens spielt dabei insbesondere die Individualisierung der Interessen des Patienten eine entscheidende Rolle.
Im Rahmen einer Abwägung nach abstrakten Rang- und Werteverhältnissen ist eine Notstandshilfehandlung grundsätzlich nur dann gerechtfertigt, wenn das Erhaltungsgut in seiner Sozialwertung zweifelsfrei bzw. eindeutig bedeutsamer als das Eingriffsgut ist. Auch wenn diese Abwägung objektiv vorgenommen wird, darf im Rahmen der Individualisierung der Interessen die unterschiedliche individuelle Bedeutung der Güter für die jeweiligen Betroffenen nicht unbeachtet bleiben[428].
Zu erörtern ist in diesem Zusammenhang, ob eine indizierte Behandlung eines sich weigernden Patienten auf § 34 StGB gestützt werden kann. Dabei ist jedoch das Autonomieprinzip bzw. das Selbstbestimmungsrecht des Patienten zu beachten. Eine Bejahung der Zulässigkeit eines Eingriffs würde damit „auf die Anerkennung eines mit dem Freiheitsprinzip nicht zu vereinbarenden ärztlichen Zwangsbehandlungsrechts hinauslaufen“[429] und ist folglich abzulehnen. Gerade bei der Frage des Suizids ist jedoch fraglich, ob dieser Grundsatz nicht modifiziert werden muß. Die wohl herrschende Lehre[430] bejaht ein Eingriffsrecht aufgrund der Unverfügbarkeit des Lebens. Doch stößt bereits,

---

424 vgl. Bockelmann/Volk S. 98; LK-Hirsch § 34 RN 52; Otto AT 8/172; S/S-Lenckner § 34 RN 18 ff.; Wessels/Beulke RN 308
425 Baumann/Weber/Mitsch 17/61, 17/66; Haft AT S. 98; LK-Hirsch § 34 RN 50
426 Gropp 6/136: „deutliches Übergewicht“; Küper GA 1983, 296 f.; Lackner/Kühl § 34 RN 6; Roxin 16/78
427 Baumann/Weber/Mitsch 17/69; Haft AT S. 98; Kühl 8/103; NK-Neumann § 34 RN 68 f.; S/S-Lenckner § 34 RN 22
428 Roxin 16/62; Schneider S. 249; S/S-Lenckner § 34 RN 33
429 Forster-Lenckner S. 596; ferner Haft AT S. 110; Schneider S. 252 ff. m.w.N.; S/S-Lenckner § 34 RN 38
430 Bottke S. 86 ff.; LK-Hirsch § 34 RN 73; ders. § 226a RN 37; S/S-Lenckner § 34 RN 8a

wie Schneider[431] ausführt, die Abgrenzung Suizident - Nichtsuizident zu Problemen: „Wird etwa der Normalpatient zum Suizidpatienten, wenn er lebensnotwendige Behandlungsmaßnahmen verweigert aus Gründen, die aus ärztlicher Sicht unvernünftig erscheinen?". Auch würde das Selbstbestimmungsrecht des Patienten ausgeschaltet. Vielmehr ist auch in diesen Fällen das Selbstbestimmungsrecht zu respektieren, so daß auch bei einwilligungsfähigen Suizidenten auf den mutmaßlichen Willen des Patienten abzustellen ist und ein Zwangsbehandlungsrecht nach § 34 StGB damit ausscheidet[432].
Anders hingegen ist die Situation zu beurteilen, wenn bei der Behandlung von Minderjährigen eine rechtsmißbräuchliche Weigerung der Sorgeberechtigten vorliegt und eine Anrufung des Vormundschaftsgerichts aufgrund der Dringlichkeit nicht mehr möglich ist. In diesen Fällen ist mit der h.M.[433] die Anwendung des § 34 StGB geboten, da angesichts der Dringlichkeit der medizinischen Maßnahmen das Wohl des Minderjährigen der Entscheidungsfreiheit des Sorgeberechtigten vorgeht. Hiernach sind die erforderlichen Maßnahmen zum Wohl des Kindes durchzuführen, unabhängig von der Weigerung der Sorgeberechtigten. Wenn hingegen vereinzelt auf die mutmaßliche Einwilligung des Minderjährigen abgestellt wird, ist dies fehlerhaft, da der Minderjährige in diesen Fällen einwilligungsunfähig ist. Ob letztlich eine Verpflichtung zum Eingreifen besteht, wird im Rahmen der Garantenstellung erörtert.

e. Angemessenheitsklausel

Nach weitverbreiteter Ansicht[434] soll aufgrund des § 34 S. 2 StGB das Ergebnis der Interessensabwägung in einer weiteren selbständigen Wertungsstufe, der Angemessenheit, überprüft werden. Begründet wird dies mit der Berücksichtigung der „obersten Prinzipien der Rechtsordnung"[435]. Hierbei sollte die „gesetzgeberische Konzeption zumindest insofern aufgegriffen werden, als man nach der Interessensabwägung noch einen Moment innehält und sich der Angemessenheit, der Richtigkeit oder gar der Gerechtigkeit der ge-

[431] Schneider S. 240 m.w.N.

[432] Kühl 8/161; NK-Neumann § 34 RN 35; S/S-Eser Vorbem §§ 211 ff. RN 41 m.w.N.; a.A. SK-Horn § 228 RN 16

[433] Böhme S. 28; Burckhart/v. Fürstenwerth Rettungsdienst 1990, 639; Dierks/Graf-Baumann/Lenard-Ulsenheimer S. 82 m.w.N.; Haft AT S. 112; ders. Fallrepetitorium Nr. 199; Jauernig-Teichmann § 823 RN 112; Jescheck/Weigend § 34 IV 4 FN 51; Laufs RN 222 FN 128; Roxin 13/63; Eb. Schmidt S. 116 FN 156; Ulsenheimer RN 234b; zu den vereinzelt abweichenden Meinungen Dierks/Graf-Baumann/Lenard-Ulsenheimer S. 81 f.

[434] vgl. Jescheck/Weigend § 33 IV 3 d m.w.N.; NK-Neumann § 34 RN 21; Tröndle/Fischer § 34 RN 12

[435] Kühl 8/168 ff. m.w.N.; ähnlich: Gropp 6/143

fundenen Lösung vergewissert“[436]. Mit der Gegenansicht[437] ist einer erneuten Prüfung jedoch entgegenzuhalten, daß bereits im Rahmen der Interessensabwägung eine umfassende Prüfung erforderlich ist und hierin auch übergeordnete Maßstäbe einzubeziehen sind. Auch wird die Substanz einer übergeordneten Prüfung durch die unsubstantiierte Formel des § 34 S. 2 StGB verneint. Insofern bleibt zu Recht kein eigener Anwendungsbereich für eine separate Prüfung der Angemessenheit.

f. Subjektives Rechtfertigungselement

Nach der Rechtsprechung und der herrschenden Meinung[438] wird im Rahmen des subjektiven Rechtfertigungselements - im Gegensatz zu den sonstigen Rechtfertigungsgründen, die lediglich die Kenntnis des Täters fordern - ein Rettungswille vorausgesetzt. Dieser Ansicht ist unter Berücksichtigung des Wortlautes des § 34 StGB zuzustimmen, wonach der Notstandstäter handelt, „um die Gefahr abzuwenden“.

Hierbei wird jedoch im Gegensatz zur früheren Rechtsprechung[439] nach wohl überwiegender Ansicht[440] nicht vorausgesetzt, daß der Täter die Interessenlage selbst abgewogen habe. Vielmehr solle eine Prüfung nur dann erfolgen, wenn der Notstandstäter irrtümlich handele[441]. Diese Ansicht ist jedoch abzulehnen. Blei[442] führt in diesem Zusammenhang dazu aus, daß „wenn es schon im Wesen der Gefahr als der Voraussetzung des Rechtfertigungsgrundes liegt, daß sie ein sachkundiges Urteil über die Wahrscheinlichkeit voraussetzt, ist es nur sachgerecht, die Eingriffsbefugnis grundsätzlich dem vorzubehalten, der zur Abgabe dieses Urteils fähig war und alles getan hat, um es in begründeter Weise zu gewinnen“. Auch ist ohne eine vorzunehmende Prüfung keine hinreichende Abwägung möglich. So sollte das Handeln im Notstand „kein

---

436 Kühl 8/167; ebenso Gropp 6/145; LK-Hirsch § 34 RN 78 f.

437 Baumann/Weber/Mitsch 17/83; Bockelmann/Volk S. 100; Haft AT S. 102; S/S-Lenckner § 34 RN 46 m.w.N.; Maurach/Zipf 27/38 ff. m.w.N. will hingegen die Angemessenheit als Sammelbecken für Grenzfälle ansehen, welche zwar die Interessensabwägung bestehen, dennoch aber nicht als gerechtfertigt erscheinen

438 BGH Urt. v. 15.01.1952 - 1 StR 552/51; Baumann/Weber/Mitsch 17/84; Jescheck/Weigend § 33 IV 4; LK-Hirsch § 34 RN 45 ff.; a.A. Lackner/Kühl § 34 RN 5 und S/S-Lenckner § 34 RN 48, welche die bloße Kenntnis genügen lassen

439 RGSt Urt. v. 20.04.1928 - I 160/28; BGH Urt. v. 06.06.1952 - 1 StR 13/52

440 Frisch Lackner-FS (1987) S. 135 ff.; Jescheck/Weigend § 33 IV 4; Kühl 8/186; Lackner/Kühl § 34 RN 13; LK-Hirsch § 34 RN 77; NK-Neumann § 34 RN 110; Roxin 14/82; S/S-Lenckner § 34 RN 49 m.w.N.

441 Jescheck/Weigend § 33 IV 4; Lackner/Kühl § 34 RN 13

442 Blei S. 170

Glücksspiel, sondern eine von hohem Verantwortungsbewußtsein getragene Rettungsaktion sein“[443].

[443] Baumann/Weber/Mitsch 17/84

Drittes Kapitel
Hilfeleistungspflicht des ärztlichen und nichtärztlichen Personals im Rettungswesen

§ 6 Grundlagen der Hilfeleistungspflicht

1. Garantenstellung von ärztlichem und nichtärztlichem Personal

Gemäß § 13 Abs. 1 StGB ist nur für denjenigen ein Unterlassen strafbar, der „rechtlich dafür einzustehen hat, daß der Erfolg nicht eintritt". Diese Umschreibung stellt die Garantenstellung des Unterlassenstäters dar, welche sich aus seiner besonderen sozialen Stellung ergibt. Die ältere Lehre unterschied bei der Entstehung der Garantenstellung zunächst drei Bereiche, die Garantenstellung aus Vertrag, Gesetz und Ingerenz[1], später sind noch einzelne Gemeinschaftsverhältnisse, so insbesondere die Lebens- und Gefahrgemeinschaften, hinzugetreten[2]. Die von Armin Kaufmann begründete, moderne Lehre[3] teilt die Garantenstellung inzwischen in zwei Komplexe auf, welche sich im Gegensatz zur älteren Lehre nicht nach formellen, sondern nach materiellen Kriterien richten. Auf der einen Seite stehen Sicherungspflichten, die Verantwortlichkeiten für bestimmte Gefahrenquellen bilden (Überwachungsgaranten), auf der anderen Seite stehen Obhutspflichten als Schutzpflichten für bestimmte Rechtsgüter (Beschützergaranten). Problematisch an dieser Sichtweise ist jedoch, daß diese Einteilung nichts über die Entstehung einer Garantenstellung als solche aussagt. Insofern muß nach zutreffender Ansicht[4] die Garantenstellung als solche schon bestimmt sein, ehe sie im Anschluß daran in die Bereiche Beschützergaranten oder Überwachungsgaranten einzuordnen ist.

In Betracht kommt im vorliegenden Kontext eine Garantenstellung des Rettungsdienstpersonals aufgrund faktischer Übernahme. Diese stellt eine Fall-

---

1 vgl. RGSt Urt. v. 28.03.1924 - I 818/23; BGH Urt. v. 29.11.1963 - 4 StR 390/63; ein kurzer geschichtlicher Abriß findet sich bei Schmidhäuser AT 16/36 ff.

2 BGH Urt. v. 12.02.1952 - 1 StR 59/50; BGH Urt. v. 29.11.1963 - 4 StR 390/63

3 Armin Kaufmann S. 280 ff.; ferner Kühl 18/44; LK-Jescheck § 13 RN 19 ff.; Schmidhäuser AT 16/39; Schwab S. 31 ff.; SK-Rudolphi § 13 RN 24 f.; Wessels/Beulke RN 716 ff.

4 Baumann/Weber/Mitsch 15/50; Jakobs 29/27; Jescheck/Weigend § 59 IV 2 und S/S-Stree § 13 RN 8 streben eine Verbindung zwischen der formellen und der materiellen Betrachtungsweise an

gruppe der Obhutspflichten dar[5]. Entscheidend ist dabei, daß das ärztliche und nichtärztliche Personal im Rettungswesen die Behandlung des Patienten tatsächlich übernommen hat[6]. Hierbei ist der Rechtsgrund der Behandlungsübernahme unbeachtlich, so kann ein Behandlungsvertrag entweder nicht zustandegekommen oder auch unwirksam sein[7]. Vielmehr ist ausschließlich die faktische Aufnahme des Patienten in die Obhut des Rettungsdienstpersonals entscheidend. Diese Verantwortlichkeit beruht dabei darauf, daß dem Patienten allein durch die Übernahme ausdrücklich oder konkludent die Vorstellung vermittelt wird, er dürfe auf den Beistand und den Einsatz der medizinischen Fähigkeiten vertrauen und müsse sich nicht zusätzlicher Maßnahmen versichern[8]. Der Kranke verläßt sich auf diese Obhut und wird nicht mehr versuchen, anderweitig Hilfe zu erlangen. Zu beachten ist, daß eine Garantenstellung im Rahmen des Rettungswesens nicht erst beim Patienten am Einsatzort, sondern bereits durch die tatsächliche Übernahme des jeweiligen Einsatzes entsteht[9]. Dies betrifft sowohl ärztliches als auch nichtärztliches Personal, letzteres unabhängig davon, ob nun ein Arzt am Einsatz beteiligt ist oder nicht[10].

Fraglich ist schließlich, ob bereits eine Pflicht zur Übernahme des Einsatzes und damit der Behandlung besteht. Danach ist zu fragen, ob sich das Personal im Rettungswesen schon strafbar macht, wenn es ablehnt, einem Einsatzbefehl zu folgen. Voraussetzung ist, daß das Rettungsdienstpersonal bereits durch die Übernahme des jeweiligen Dienstes eine Garantenstellung innehat, wodurch es zur Übernahme des Einsatzes verpflichtet wird. Hierbei ist festzuhalten, daß die Rechtsprechung eine solche Garantenstellung bereits in einer älteren Entscheidung für den Bereitschaftsarzt aufgrund des Wesens des Bereitschaftsdienstes und dem überragenden Interesse der Bevölkerung sowie der Ärzteschaft an seiner geordneten Durchführung bejaht hat. „Wer als Bereitschaftsarzt den Schutz der Bevölkerung gegenüber gesundheitlichen Gefahren übernimmt, muß schon deshalb für pflichtwidriges Unterlassen ebenso

---

5 vgl. Baumann/Weber/Mitsch 15/59 m.w.N.; LK-Jescheck § 13 RN 26 ff.; Maurach/Gössel/Zipf 46/82 ff.; Schmidhäuser AT 16/45 ff.; S/S-Stree § 13 RN 10, 26 ff.; Stratenwerth § 13 RN 22 ff.; SK-Rudolphi § 13 RN 58 ff.; Welzel § 28 I 4 a

6 vgl. BGH Urt. v. 01.03.1955 - 5 StR 583/54; BGH Urt. v. 21.04.1961 - 2 StR 78/61; Bringewat NStZ 1996, 440 f.; Forster-Lenckner S. 573; Lackner/Kühl § 13 RN 9; Laufs RN 132; Mergen-Kreuzer S. 222; Ranft JZ 1987, 914; S/S-Stree § 13 RN 28a

7 Bringewat NStZ 1996, 441; Forster-Lenckner S. 573; Jakobs 29/48; Jescheck/Weigend § 59 IV 3 c; Kühl 18/69 m.w.N.; Maiwald JuS 1981, 481; Stratenwerth § 13 RN 24

8 vgl. BGH Urt. v. 20.02.1979 - VI ZR 48/78; Baumann/Weber/Mitsch 15/59 m.w.N.; Forster-Lenckner S. 573; Laufs RN 132; Maiwald JuS 1981, 481 f.; SK-Rudolphi § 13 RN 60; Wessels/Beulke RN 720

9 Gorgaß/Ahnefeld/Rossi S. 529; Kühn/Luxem/Runggaldier S. 648; Kurtenbach/Gorgaß/Raps S. 92

10 Gorgaß/Ahnefeld/Rossi S. 529; Lippert/Weißauer RN 353

einstehen wie für tätiges Handeln, weil die Pflichten anderer Ärzte gegenüber ihren Patienten für die Dauer des Bereitschaftsdienstes mindestens erheblich eingeschränkt werden“[11], was erhöhte Gefahren für die Bevölkerung begründet, welche nicht ohne weiteres rückgängig zu machen sind. Damit ist bereits bei der Übernahme einer Stellung, welche eine Verantwortung für einen größeren Personenkreis begründet, eine Garantenstellung kraft Übernahme regelmäßig zu bejahen[12]. Hiernach bedeutet auch bereits die Übernahme einer Tätigkeit im Rettungs- oder Notarztdienst unstreitig die Entstehung einer entsprechenden Garantenstellung[13]. Insofern besteht auch eine Garantenpflicht nicht erst mit der Übernahme des konkreten Einsatzes, sondern bereits mit der Übernahme des jeweiligen Rettungs- oder Notarztdienstes. Besondere praktische Relevanz kommt dieser Lösung u.a. bei Einsatzbefehlen unmittelbar vor Dienstende zu. Hierbei besteht oft das Bestreben, den Einsatz in den nächsten Dienst zu verschieben. Dieses Verhalten widerspricht der hier vertretenen Ansicht, so daß in der Konsequenz in diesen Fällen eine Strafbarkeit durch Unterlassen zu bejahen ist.

2. Insbesondere: Notkompetenz des nichtärztlichen Personals

a. Arztvorbehalt und rechtfertigender Notstand

Wie bereits ausgeführt, ist das nichtärztliche Personal nicht zur selbständigen Ausübung ärztlicher Tätigkeiten befugt. Dies ergibt sich ausdrücklich aus dem Arztvorbehalt für die Ausübung der Heilkunde nach § 1 des Heilpraktikergesetzes[14]. Auch mit der Einführung des Rettungsassistentengesetzes ist gemäß der Stellungnahme der Bundesärztekammer aus dem Jahre 1992[15], dessen Inhalt inzwischen auch von anderen ärztlichen Standesvereinigungen[16] übernommen wurde, „kein medizinischer Fachberuf geschaffen wor-

---

11 BGH Urt. v. 01.03.1955 - 5 StR 583/54; vgl. ferner OLG Hamm Urt. v. 06.09.1974 - 3 Ss 396/74; Bockelmann S. 23; Kamps S. 105; diff. Ranft JZ 1987, 914

12 S/S-Stree § 13 RN 28a

13 Auer/Menzel/Eser-Eser S. 86 m.w.N.; Forster-Lenckner S. 574; Konzert-Wenzel/Prokscha/Theisinger S. 29 f.; Laufs RN 134 f.; Lippert NJW 1982, 2091; ders. Notfallmedizin 1982, 1574; Lippert/Weißauer RN 378, 397; Sefrin S. 21; ders. Leben retten 1995, 148; Weißauer Bayerisches Ärzteblatt 1980, 34

14 Gesetz über die berufsmäßige Ausübung der Heilkunde ohne Bestallung vom 17.02. 1939 (RGBl. I S. 251)

15 Bundesärztekammer MedR 1993, 42

16 vgl. die Stellungnahme der Bundesvereinigung der Arbeitsgemeinschaften Notärzte Deutschlands (BAND) zur Frage der Inhalte der Rettungsassistentenausbildung nach dem RettAssG im Hinblick auf Maßnahmen im Rahmen der „Notkompetenz“, Notarzt 1994, 54 f.

den, in dem die Erlaubnis zur Durchführung spezifischer ärztlicher Leistungen im Rettungsdienst übertragen wurde", wenngleich, wie auch zu Recht festgestellt wird, „das nichtärztliche Personal u.U. sogar geübter und vor Ort sicherer ist als so mancher Arzt“[17].
In der rettungsdienstlichen Praxis ist nun zu sehen, daß trotz der lückenlosen Einrichtung und Ausstattung von Notarztstandorten notärztliche Hilfe nicht in allen Situationen gewährleistet werden kann. Dies ist zum einen dann möglich, wenn der Notarzt infolge widriger Wetterverhältnisse, hohem Verkehrsaufkommen oder auch aufgrund logistischer Gründe den Einsatzort nicht oder nur verspätet erreichen kann (Rendez-vous-System) oder andererseits dann, wenn der Notarzt am Einsatzort wegen des Antreffens von mehreren Patienten sich nicht sofort um alle Notfallpatienten kümmern kann. In derartigen Situationen ist jedoch häufig bereits qualifiziertes nichtärztliches Personal am Einsatzort und kann erste medizinische Hilfe leisten. Hierbei hat es unter den im folgenden zu besprechenden Voraussetzungen die Möglichkeit und auch die Pflicht, im Rahmen der Notkompetenz lebensrettende Maßnahmen vorzunehmen, die ansonsten dem Arzt vorbehalten sind. Das bloße Zuwarten auf das Eintreffen des Arztes ist in solchen Fällen unzureichend. Hierbei ist auch zu beachten, daß - wie ausgeführt - nur in knapp der Hälfte der Notfälle ein Notarzt zum Einsatzort kommt. Somit ist in über 50% aller Notfalleinsätze das nichtärztliche Personal auf sich allein gestellt.
Die Notkompetenz im Rahmen des Rettungsdienstes resultiert aus der - bereits erörterten - Garantenstellung des im Rettungswesen tätigen nichtärztlichen Personals und wurzelt dabei in dem Rechtfertigungsgrund des rechtfertigenden Notstandes. Nach dieser Vorschrift ist das nichtärztliche Personal unter bestimmten Voraussetzungen gerechtfertigt, gegen den Arztvorbehalt zur Ausübung der Heilkunde zu verstoßen[18].

b. Voraussetzungen der Notkompetenz

Ein Tätigwerden im Rahmen der Notkompetenz kommt nur in denjenigen Situationen in Betracht, in denen rechtzeitige ärztliche Hilfe nicht verfügbar ist[19]. Damit ist in diesen Fällen zunächst regelmäßig ein Notarzt zu alarmieren bzw. ein bereits alarmierter Notarzt zu kontaktieren, um damit den jeweiligen Standort und die voraussichtliche Eintreffzeit zu erfragen[20].

---

[17] Konzert-Wenzel/Prokscha/Theisinger S. 37 f.
[18] Bundesärztekammer MedR 1993, 42; Kühn/Luxem/Runggaldier S. 653; Lippert MedR 1995, 236
[19] Bundesärztekammer MedR 1993, 42; Lippert/Weißauer RN 353; vgl. Böhme S. 232 f.
[20] Gorgaß/Ahnefeld/Rossi S. 25; Kühn/Luxem/Runggaldier S. 653; Kurtenbach/Gorgaß/Raps S. 47

Das nichtärztliche Personal muß zur Durchführung der jeweiligen Maßnahme hierzu theoretisch und praktisch aus- und fortgebildet sowie ausreichend geübt sein[21]. Auch ist erforderlich, möglichen Komplikationen entgegenzuwirken und diese im Falle eines Eintritts angemessen zu meistern. Im Beispiel der Medikamentenapplikation sind in diesem Sinne nach Lechleuthner/ Funk[22] ausführliche Kenntnisse in Dosierung, Indikation, Kontraindikation und Verabreichung der jeweiligen Medikamente erforderlich. Eine regelmäßige Kontrolle dieser besonderer Kenntnisse und Fähigkeiten ist dabei durch ärztliches Personal zu gewährleisten[23].
Entscheidend bei der Wahl einer Maßnahme im Rahmen der Notkompetenz ist eine Prüfung der Verhältnismäßigkeit. Hiernach sind durch das nichtärztliche Personal nur solche Eingriffe durchzuführen, die „zur Abwendung einer Gefahr für Leib oder Leben des Patienten geeignet, erforderlich sowie angemessen sind“[24]. Hierbei ist ausschließlich auf die „Notwendigkeit zur akuten Lebensrettung oder zur Stabilisierung des Notfallpatienten“ abzustellen[25]. Folglich sind auch ärztliche Maßnahmen nur dann durchzuführen, wenn sämtliche nichtärztliche Maßnahmen die Gefahr nicht abwenden können. Danach ist - nach dem Beispiel der Bundesärztekammer[26] - eine Intubation unverhältnismäßig, sofern auch die Beatmung mit einem Beatmungsbeutel bereits den gewünschten Erfolg sichert.

c. Maßnahmen im Rahmen der Notkompetenz gemäß der Bundesärztekammer

Nach dem wissenschaftlichen Stand der Notfallmedizin kommen gemäß der Stellungnahme der Bundesärztekammer als spezifisch ärztliche Maßnahmen zur Durchführung für den Rettungsassistenten im Rahmen der Notkompetenz in Betracht: Die endotracheale Intubation ohne Relaxantien, die Punktion pe-

21 Böhme S. 232 f. m.w.N.; Bundesärztekammer MedR 1993, 42; Kontokollias/Regensburger/Rupprecht S. 84; Lippert NJW 1982, 2091; Lippert/Weißauer RN 353; Runggaldier/ Nadler Rettungsdienst 1998, 412 m.w.N.

22 Lechleuthner/Funk S. 12

23 Bundesärztekammer MedR 1993, 42; Kontokollias/Regensburger/Rupprecht S. 84

24 Bundesärztekammer MedR 1993, 42; vgl. Lippert NJW 1982, 2091; ders. Notfallmedizin 1981, 208; Lippert/Weißauer RN 354

25 Runggaldier/Nadler Rettungsdienst 1998, 412 m.w.N. zur Frage der Erforderlichkeit im Rahmen der Notkompetenz

26 Bundesärztekammer MedR 1993, 42

ripherer Venen, die Applikation kristalloider Infusionen[27], die Applikation ausgewählter Medikamente[28] sowie die Frühdefibrillation[29].
Nach dem Wortlaut gilt die Stellungnahme ausdrücklich nicht für Maßnahmen von Rettungssanitätern. Die Richtlinie engt jedoch nicht den Anwendungsbereich des rechtfertigenden Notstandes als solchen ein. Damit gelten die Ausführungen zur Notkompetenz - unter Beachtung der einzelnen Fähigkeiten aufgrund der jeweils unterschiedlichen Ausbildungsinhalte - grundsätzlich auch für Rettungssanitäter[30].
Es bleibt anzumerken, daß die Stellungnahme der Bundesärztekammer zwar keine rechtliche Verbindlichkeit schafft, dennoch aber den maßgeblichen Beurteilungsmaßstab für die rechtliche Überprüfung eines Verhaltens bildet.

3. Tatbestand des § 221 StGB

a. Schutzbereich des § 221 Abs. 1 StGB

Eine Hilfeleistungspflicht des Personals im Rettungswesen kann ferner auch durch § 221 StGB gegeben sein. Hierbei ist zunächst zu sehen, daß die mit dem 6. StrRG in Kraft getretene Neufassung gegenüber der ursprünglichen Vorschrift zahlreiche Veränderungen beinhaltet. Insgesamt ist diesbezüglich festzuhalten, daß der Umfang der Strafbarkeit wesentlich erweitert wurde, was u.a. auch aus dem deutlich erweiterten Kreis der geschützten Personen resultiert.
Schutzzweck ist die Verhinderung konkreter Gefahren für Leben und körperliche Unversehrtheit hilfloser Personen[31]. Als hilflos wird jeder angesehen, der zur Zeit der Tat außerstande ist, sich aus eigener Kraft vor drohender Gefahr für Leib und Leben zu schützen[32]. Die ursprünglichen Einschränkungen

---

27 auf die Gabe synthetischer Kolloide vor dem Eintreffen des Notarztes ist wegen möglicher Komplikationen zu verzichten, vgl. Hennes/Lehranstalt für Rettungsdienst S. 34

28 die in Frage kommenden Medikamente werden durch die Stellungnahme nicht genannt. Derzeit wird die Verabreichung von Nitrokörpern, Dexamethason, Fenoterol, Adrenalin, Diazepam und Glukose empfohlen, vgl. die Empfehlungen der Bundesärzte von Arbeiter-Samariter-Bund, Deutsche Lebensrettungsgesellschaft, Deutsches Rotes Kreuz, Johanniter-Unfall-Hilfe und Malteser Hilfsdienst Leben retten 1994, 37 ff.

29 nachdem nach Herrmann/Cordes/Heine Rettungsdienst 1996, 809 m.w.N. in ca. 80% der Fälle des plötzlichen Herztods Kammerflimmern zum Kreislaufstillstand führt, ist dieses Verfahren der Notkompetenz berechtigt und geboten. In diesem Zusammenhang ist zu sehen, daß jede Verzögerung eine zusätzliche Gefahr für den Patienten bedeuten würde

30 ebenso Kurtenbach/Gorgaß/Raps S. 85

31 Haft BT S. 100; Kreß NJW 1998, 641; Otto BT 10/1; Schroth S. 62; Wessels/Hettinger RN 198

32 BGH Urt. v. 24.02.1966 - 1 StR 587/65; KG Urt. v. 31.08.1972 - 2 Ss 70/72; Krey RN 134

des § 221 a.F. StGB wurden dabei aufgegeben, so daß in der Neufassung alle Personen unabhängig von ihrem Alter, ihrer Gebrechlichkeit oder Krankheit berücksichtigt werden. Als hilflos zählen nicht nur erkrankte oder verletzte Patienten, vielmehr genügt z.B. bereits die schwere Angetrunkenheit des Betroffenen[33].

b. Versetzen in eine hilflose Lage i.S. des § 221 Abs. 1 Nr. 1 StGB?

Nach § 221 Abs. 1 Nr. 1 StGB ist als Täter anzusehen, wer einen Menschen in eine hilflose Lage versetzt. Dies setzt nach nicht unumstrittener, aber inzwischen vorzugswürdiger Ansicht keine Veränderung des Aufenthaltsortes des Schutzobjektes mehr voraus[34]. Diese Lösung ergibt sich durch die begriffliche Unterscheidung der Neufassung zum „Aussetzen" i.S. des § 221 Abs. 1 StGB a.F. Von einem Versetzen in eine hilflose Lage ist somit vielmehr bereits dann auszugehen, wenn ein aktives Handeln des Täters einen Zustand verursacht, in dem ein anderer sich nicht mehr selbst helfen kann[35].
Im vorliegenden Kontext stellt die unterlassene Behandlung eines Patienten kein aktives Versetzen in eine hilflose Lage dar. Die hilflose Lage des Patienten ist in diesem Fall bereits eingetreten und wird damit nicht mehr durch das Rettungsdienstpersonal verursacht[36].
Ferner ist das Versetzen in eine hilflose Lage auch durch ein Unterlassen des Täters zu verwirklichen[37]. Diese Konstellation ist gegeben, wenn ein Garant untätig bleibt, obwohl der Schutzbedürftige sich selbst in eine hilflose Lage versetzt. Auch diese Variante ist im Rahmen der Tätigkeit im Rettungswesen nicht einschlägig.

c. Im-Stich-lassen i.S. des § 221 Abs. 1 Nr. 2 StGB

Täter ist nach § 221 Abs. 1 Nr. 2 StGB, wer einen Schutzbedürftigen in einer hilflosen Lage im Stich läßt, obwohl er ihn in seiner Obhut hat oder ihm sonst beizustehen verpflichtet ist. Im Rahmen dieser Obhut bzw. Beistandspflicht wird von einem wirksamen Schutzverhältnis zwischen Täter und Schutzbedürftigen ausgegangen. Hierbei finden die Grundsätze der unechten Unterlassensdelikte, insbesondere die der Garantenstellung und -pflicht, Anwen-

[33] BGH Urt. v. 05.12.1974 - 4 StR 529/74; BGH Urt. v. 27.05.1983 - 3 StR 153/83; KG Urt. v. 31.08.1972 - 2 Ss 70/72
[34] Schroth NJW 1998, 2863; a.A. Haft BT S. 101; Krey RN 134 f.; Otto BT 10/2
[35] so auch Hörnle Jura 1998, 178; Schroth S. 62
[36] vgl. Schroth S. 62
[37] Wessels/Hettinger RN 199; a.A. Schroth NJW 1998, 2863

dung[38]. Somit entsteht auch durch die faktische Übernahme eine Beistandsverpflichtung bzw. ein Obhutsverhältnis i.S. des § 221 Abs. 1 Nr. 2 StGB[39], wodurch das Rettungsdienstpersonal zur Hilfeleistung verpflichtet ist.
Die Tathandlung besteht im Im-Stich-lassen in hilfloser Lage, welches in Folge der Neufassung der Norm unstreitig keine räumliche Trennung des Hilfspflichtigen von dem Schutzbedürftigen mehr voraussetzt[40]. Maßgeblich ist vielmehr allein das Unterlassen der Hilfeleistung als solches. Damit ist die Tatbestandsverwirklichung bereits durch „schlichte Passivität und geistige Abwesenheit“[41] möglich. Ferner wird der Tatbestand erfüllt, wenn der Hilfspflichtige die Hilfeleistung nicht vollendet, indem er z.B. eine Behandlung nicht fortsetzt oder im Falle einer räumlichen Trennung zu dem zunächst behandelten Schutzbedürftigen nicht zurückkehrt[42].

4. Tatbestand des § 323c StGB

a. Schutzbereich des § 323c StGB

Ferner könnte eine Strafbarkeit aus unterlassener Hilfeleistung nach § 323c StGB in Betracht kommen. § 323c StGB resultiert aus der zur Schadensabwehr gebotenen Solidarpflicht in besonderen Notlagen. Schutzgüter sind dabei die Individualrechtsgüter des Betroffenen[43], im vorliegenden Kontext damit vor allem Leib und Leben des Patienten.
Strafgrund ist die Versäumung einer Gelegenheit zur erfolgreichen solidarischen Schadensabwehr[44], „da keine Gemeinschaft ohne ein Minimum an menschlicher Solidarität auskommen kann und deshalb jedermann verpflichtet sein muß, seinem Nächsten in unmittelbarer Gefahr im Rahmen des ihm Möglichen Beistand zu leisten, wenn dies billigerweise von ihm erwartet werden kann“[45].

---

38 BGH Urt. v. 05.12.1974 - 4 StR 529/74; BGH Urt. v. 27.05.1983 - 3 StR 153/83; BGH Urt. v. 22.06.1993 - 1 StR 264/93; Haft BT S. 101; Hörnle Jura 1998, 177; Krey RN 135; Otto BT 10/3; Rengier 10/2; Schroth S. 63 f.; Tröndle/Fischer § 221 RN 3

39 BGH Urt. v. 22.06.1993 - 1 StR 264/93

40 vgl. Haft BT S. 101; Kreß NJW 1998, 641; Kundlich JuS 1998, 469; Otto BT 10/3; Rengier 10/6; Wessels/Hettinger RN 202

41 Rengier 10/6

42 vgl. Schroth S. 64; Wessels/Hettinger RN 202 a.E.

43 Haft BT S. 283; Lackner/Kühl § 323c RN 1; LK-Spendel § 323c RN 29; NK-Seelmann § 323c RN 8; SK-Rudolphi § 323c RN 1; Wessels/Hettinger RN 1042

44 BGH Urt. v. 08.04.1960 - 4 StR 2/60; Geilen Jura 1983, 140

45 Forster-Lenckner S. 578

b. Tatbestandsmerkmale des § 323c StGB

Als Tatbestandsmerkmal des § 323c StGB kommt im vorliegenden Kontext allein der Unglücksfall in Betracht. Unter einem Unglücksfall, dessen Vorliegen auf der Basis einer ex-post-Beurteilung geprüft wird[46], versteht man in ständiger Rechtsprechung[47] und Literatur[48] ein plötzlich eintretendes Ereignis, welches die unmittelbare Gefahr eines erheblichen Schadens für ein Individualrechtsgut mit sich bringt oder zu bringen droht.
Regelmäßig liegen die Voraussetzungen des Unglücksfalls bei Unfällen als solchen vor[49]. Auch bei Schädigungen im Zusammenhang mit Straftaten ist dieses Tatbestandsmerkmal verwirklicht[50]. Bei Erkrankungen wird zur Bejahung einen Unglücksfalls hingegen vorausgesetzt, daß im Verlauf der Krankheit plötzliche und sich rasch verschlimmernde Wendungen vorliegen oder zumindest damit zu rechnen ist[51]. Damit ist selbst bei schweren Erkrankungen diese Voraussetzung nicht immer automatisch erfüllt. Dennoch ist das Merkmal der Plötzlichkeit i.d.R. weit auszulegen. Damit genügen schon Situationen, in denen dem Patienten eine Vermehrung oder Verlängerung von erheblichen Schmerzen drohen, da die Linderung der Schmerzen „keine bloße, mit einer wirksamen Hilfe nur lose zusammenhängende Annehmlichkeit darstellt, die nicht ins Gewicht fiele“[52]. Die Anforderungen an den Unglücksfall bei Erkrankungen des Patienten sind im Rahmen des Rettungswesens regelmäßig gegeben, da bei der Notfallversorgung Patienten behandelt werden, deren Gesundheitszustand sich negativ verändert hat.

---

[46] AG Tiergarten Beschl. v. 02.03.1990 - 52 Js 889/89; Otto BT 67/7; Rengier 42/2; Seelmann JuS 1995, 284; Wessels/Hettinger RN 1044; a.A. SK-Rudolphi § 323c RN 5a; ders. NStZ 1991, 238 f.

[47] vgl. beispielhaft BGH Urt. v. 10.06.1952 - 2 StR 180/52; OLG Düsseldorf Beschl. v. 24.06.1991 - 5 Ss 206/91; AG Tiergarten Beschl. v. 02.03.1990 - 52 Js 889/89

[48] Bockelmann S. 20; Lackner/Kühl § 323c RN 2; LK-Spendel § 323c RN 42 m.w.N.; Lippert/Weißauer RN 15; NK-Seelmann § 323c RN 10; Rengier 42/2; S/S-Cramer § 323c RN 5; Seelmann JuS 1995, 284; SK-Rudolphi § 323c RN 5

[49] BGH Urt. v. 14.11.1957 - 4 StR 532/57; BGH Urt. v. 22.03.1966 - 1 StR 567/65; Lippert/Weißauer RN 15; Mergen-Kreuzer S. 228; NK-Seelmann § 323c RN 16

[50] vgl. BGH Urt. v. 08.10.1996 - 5 StR 458/96; ferner S/S-Cramer § 323c RN 7; SK-Rudolphi § 323c RN 7

[51] vgl. RGSt Urt. v. 19.12.1940 - 2 D 445/40; BGH Urt. v. 10.03.1954 - GSSt 4/53; BGH Urt. v. 26.10.1982 - 1 StR 413/82; BGH Urt. v. 03.04.1985 - 2 StR 63/85; OLG Hamm Urt. v. 06.09.1974 - 3 Ss 396/74; OLG Düsseldorf Beschl. v. 24.06.1991 - 5 Ss 206/91; OLG Düsseldorf Beschl. v. 14.11.1994 - 5 Ss 330/94; AG Tiergarten Beschl. v. 02.03.1990 - 52 Js 889/89; Deutsch RN 296; Haft BT S. 285; Laufs RN 142; Lenckner Med.Klin. 1966, 314; NK-Seelmann § 323c RN 23; S/S-Cramer § 323c RN 6; Schroth S. 226; SK-Rudolphi § 323c RN 6

[52] BGH Urt. v. 08.04.1960 - 4 StR 2/60; AG Tiergarten Beschl. v. 02.03.1990 - 52 Js 889/89; NK-Seelmann § 323c RN 24; Vermander S. 52 ff.

Das Vorliegen eines Unglücksfalls hat die Judikatur bisher beispielhaft in folgenden - auch für das Rettungswesen relevanten - Fällen bejaht: Krampfanfall eines Epileptikers[53], plötzlich eintretende Atembeschwerden und hohes Fieber bei einem an Bronchitis erkrankten Kind[54], schwere, andauernde Atemnot[55], sich steigernde und nahezu unerträglich gewordene Schmerzen in der Bauchhöhle[56], Herzinfarkt[57], bei einer Geburt auftretende Komplikationen wie die Schieflage des Kindes mit vorgefallenem Ärmchen[58], Eileiterschwangerschaft mit der Gefahr einer Ruptur des Eileiters[59].
Eine normal verlaufende Schwangerschaft wurde hingegen nicht als Unglücksfall angesehen[60]. Die frühe Entscheidung[61], sowohl eine doppelseitige Lungenentzündung als auch eine Angina, in deren Verlauf Atemnot auftrat, nicht als Unglücksfall anzusehen, würde heute wohl anders beurteilt werden.
Ist die Gefahr weiterer Schäden für ein geschütztes Rechtsgut bereits objektiv nicht vorhanden, liegt schon kein Unglücksfall vor, etwa bei bereits verstorbenen Verunglückten[62]. Jedoch muß einem Verunglückten selbst dann Hilfe geleistet werden, wenn sich aus der Rückschau die befürchtete Folge des Unglücks als von Anfang an unabwendbar erweist[63].
Hilfspflichtige Täter i.S. des § 323c StGB sind nicht nur die hier angesprochenen Personengruppen, sondern zunächst alle am Ort des Unglücksfalls anwesende Personen. Zu beachten ist dabei, daß § 323c StGB keine Sondernorm, mit der Folge einer Verschärfung der Hilfspflicht für ärztliches bzw. nichtärztliches Personal darstellt. Jedoch sind die besonderen Kenntnisse und Fähigkeiten dieser Personen sowohl für die Entstehung der Hilfspflicht als auch für die einzelnen Anforderungen an die Hilfeleistung zu berücksichtigen[64]. So muß „der Arzt hier u.U. mehr tun als ein Laie, was jedoch kein Wi-

53 RGSt Urt. v. 19.12.1940 - 2 D 445/40
54 BGH Beschl. v. 02.03.1962 - 4 StR 355/61
55 OLG Düsseldorf Beschl. v. 14.11.1994 - 5 Ss 330/94
56 OLG Hamm Urt. v. 06.09.1974 - 3 Ss 396/74
57 BGH Urt. v. 03.04.1985 - 2 StR 63/85; OLG Köln Urt. v. 10.10.1995 - Ss 409/95
58 RGSt Urt. v. 18.03.1941 - 1 D 752/40
59 BGH Urt. v. 26.10.1982 - 1 StR 413/82
60 OLG Düsseldorf Beschl. v. 24.06.1991 - 5 Ss 206/91; zust. Meurer JR 1992, 37
61 RGSt Urt. v. 19.12.1940 - 2 D 445/40
62 AG Tiergarten Beschl. v. 02.03.1990 - 52 Js 889/89; Geilen Jura 1983, 144; ungenau wird hier oft erst die Erforderlichkeit verneint, so z.B. BGH Urt. v. 28.06.1951 - 4 StR 270/51; BGH Beschl. v. 02.03.1962 - 4 StR 355/61; BGH Urt. v. 04.07.1984 - 3 StR 96/84; Wessels/Hettinger RN 1046
63 BGH Urt. v. 10.07.1985 - 3 StR 104/85; NK-Seelmann § 323c RN 32 f.; Rengier 42/2; Wessels/Hettinger RN 1046
64 RGSt Urt. v. 19.12.1940 - 2 D 445/40; BGH Urt. v. 22.04.1952 - 1 StR 516/51; BGH Urt. v. 22.03.1966 - 1 StR 567/65; BGH Urt. v. 26.10.1982 - 1 StR 413/82; Laufs RN 144; LK-Spendel § 323c RN 109; S/S-Cramer § 323c RN 25a; SK-Rudolphi § 323c RN 19

derspruch ist, weil jeder zu der Hilfe verpflichtet ist, zu der er nach seinen persönlichen Fähigkeiten imstande ist"[65].
Zu prüfen ist in diesem Zusammenhang ferner, ob unter bestimmten Voraussetzungen auch zur Hilfe Gerufene als Hilfspflichtige i.S. des § 323c StGB anzusehen sind. Hierbei besteht die Frage nach dem erforderlichen räumlichen und zeitlichen Verhältnis des Pflichtigen zum Unglücksgeschehen. In enger Auslegung wird vereinzelt gefordert[66], daß eine konkrete räumlich-örtliche Nähebeziehung zum Ort des Unglücksfalles oder zum entsprechenden Aufenthaltsort des Verunglückten Voraussetzung einer Hilfspflicht ist. Die Rechtsprechung[67] geht darüber hinaus und bejaht die Möglichkeit einer Hilfspflicht auch bei einem Abwesenden, insbesondere bei einen um Hilfe Angerufenen. Auslöser dieser Thematik und praktische Relevanz in der Judikatur betreffen dabei nicht so sehr den Rettungs- bzw. Notarztdienst, sondern vielmehr die Hilfeleistungspflicht eines generell erreichbaren Arztes. Die Rechtsprechung erfährt von mehreren Seiten[68] Kritik. So wird im Rahmen der Folgenbetrachtung vorgebracht, daß diese Auslegung eine Sonderstrafandrohung für professionelle Retter schaffe. Hiergegen ist jedoch zu sehen, daß sehr wohl auch andere Personen hilfspflichtig werden können. Beispiele dafür bietet Geilen[69], nach dessen Auffassung kein Unterschied zu sehen sei, wenn „der telefonisch um Hilfe gebetene Schlosser nicht erscheint und deshalb dem schwerverletzten, in den Trümmern seines Wagens eingeklemmten Fahrer nicht geholfen werden kann oder wenn trotz der Bitte eines zum Hof gelaufenen Helfers ein Einödbauer sein Telefon nicht zur Verfügung stellt". Ferner wird jedoch nach der Gegenansicht kritisiert, daß es unter dem Gesichtspunkt der Kriminalisierung eines Verhaltens einen entscheidenden Unterschied mache, ob lediglich eine Weigerung vorliege, den Ort des jeweiligen Unglücksfalls bzw. den entsprechenden Aufenthaltsort des Verunglückten aufzusuchen oder ob man vielmehr unter dem Eindruck des Unglücksgeschehen den Blick vom Verunglückten abwenden müsse. Diesem Argument ist jedoch entgegenzuhalten[70], daß auch in anderen Fällen das Unglücksgeschehen vom Hilfspflichtigen nicht persönlich wahrgenommen wurde, so z.B. wenn dieser den Ort des Unglücksfalls erst später erreicht oder unabhängig vom Unfallgeschehen mit dem Verunglückten zusammentrifft, entweder wenn der Aufenthaltsort des Verunglückten nicht dem Unfallort entspricht oder der Verun-

---

[65] Forster-Lenckner S. 579
[66] Gallas JZ 1952, 398; Armin Kaufmann S. 233 m.w.N.; Lenckner Med.Klin. 1966, 314 f.
[67] RGSt Urt. v. 19.12.1940 - 2 D 445/40; RGSt Urt. v. 18.03.1941 - 1 D 752/40; BGH Urt. v. 22.04.1952 - 1 StR 516/51; BGH Beschl. v. 02.03.1962 - 4 StR 355/61; BGH Urt. v. 22.03.1966 - 1 StR 567/65; OLG Köln Urt. v. 10.10.1995 - Ss 409/95; ebenso Geilen Jura 1983, 138 f.; Laufs RN 145
[68] Arzt/Weber § 39 RN 20 f.
[69] Geilen Jura 1983, 139
[70] Geilen Jura 1983, 138

glückte zum Hilfspflichtigen transportiert wird. Damit ist nach richtiger Ansicht[71] der Wortlaut des § 323c StGB „bei einem Unglücksfall“ als „anläßlich eines Unglücksfalles“ zu verstehen. Zusammenfassend kann somit im Einklang mit der Rechtsprechung eine Hilfspflicht auch bei einem von dem Ort des Unglücksfalles Abwesenden entstehen.

5. Sonderproblem: Weigerung des Patienten

a. Hilfeleistungspflicht bei nicht-suizidal bedingter Weigerung?

aa. Garantenstellung von ärztlichem und nichtärztlichem Personal

Bei der Weigerung des Patienten wird die rechtfertigende Einwilligung in die medizinische Maßnahme verwehrt. In diesen Fällen ist aufgrund der Subsidiarität auch eine mutmaßliche Einwilligung nicht möglich. Damit ist nur in Ausnahmefällen eine Rechtfertigung möglich, so insbesondere aufgrund besonderer gesetzlicher Ermächtigung oder über § 34 StGB.
Wie bereits festgestellt, ist die „Unvertretbarkeit“ bzw. „Unvernünftigkeit“ einer Verweigerung für sich kein Grund, die Einwilligungsfähigkeit zu verneinen, d.h. die „absolute Freiheit“ des Patienten ist schließlich auch dann zu respektieren, wenn dieser den nötigen Eingriff wider alle medizinische Vernunft ablehnt. Es gibt damit keine Garantenstellung und damit auch keine daraus resultierende Hilfeleistungspflicht des Personals im Rettungswesen[72]. Streitig ist jedoch, ob in den oben beschriebenen Ausnahmefällen eine Garantenstellung zu bejahen ist und damit eine Hilfeleistungspflicht zum Handeln besteht. Nach einer Mindermeinung[73] ist dies abzulehnen. Dem ist jedoch entgegenzuhalten, daß aufgrund der faktischen Übernahme der Behandlung und der damit bezogenen Schutzfunktion der Garantenstellung eine Hilfeleistungspflicht zur Heilbehandlung zu bejahen ist[74].

bb. Tatbestand des § 221 Abs. 1 Nr. 2 StGB

Die Ausführungen zur Garantenstellung und der daraus resultierenden Garantenpflicht sind auch auf den Tatbestand des § 221 Abs. 1 Nr. 2 StGB übertragbar.

---

[71] Geilen Jura 1983, 138 f.

[72] Laufs RN 148

[73] Arthur Kaufmann ZStW 73, 379 m.w.N.

[74] RGSt Urt. v. 04.09.1940 - 3 D 346/40; Dierks/Graf-Baumann/Lenard-Ulsenheimer S. 82; Kreuzer NJW 1968, 1202; Laufs NJW 1996, 1574

cc. Tatbestand des § 323c StGB

Die Frage, ob aus § 323c StGB eine Hilfspflicht bei nicht-suizidal bedingter Weigerung des Patienten statuiert wird, wird zustimmend zur h.M. im Rahmen der Erforderlichkeit der Hilfeleistung behandelt. Vorwegzunehmen ist bereits an dieser Stelle, daß diese richtigerweise regelmäßig zu verneinen ist. Dies betrifft letztlich auch Notfälle, in denen es um die Abwendung einer akuten Lebensgefahr des Patienten geht.

b. Hilfeleistungspflicht bei suizidal bedingter Weigerung?

aa. Abgrenzung zwischen strafbarer Fremdtötung und strafloser Teilnahme am Suizid

Ist der aktive Tatbeitrag als Beihilfe zu einer Selbsttötung zu werten, so bleibt er aufgrund fehlender teilnahmefähiger tatbestandsmäßiger und rechtswidriger Haupttat straflos, da die §§ 211 ff. StGB nur die Tötung eines anderen Menschen, nicht aber die Selbsttötung erfassen. Um von einer solchen straflosen Teilnahme am Suizid ausgehen zu können, sind - wenngleich mit einigen Nuancen - nach herrschender Meinung[75] zwei Voraussetzungen erforderlich: Der Suizident muß sowohl freiverantwortlich handeln als auch das zum Tode führende Geschehen tatsächlich beherrscht haben.
Bei der Frage der Freiverantwortlichkeit des Suizids werden von manchen Autoren[76] als Kriterium die §§ 19, 20, 35 StGB, 3 JGG herangezogen. Nach dieser Auffassung wird anhand des Verantwortungsprinzips entschieden, ob der Suizident freiverantwortlich handelt oder nicht. Hierbei wird als Folge auch im Falle eines Motivirrtums die Freiverantwortlichkeit des Suizidenten bejaht. Die wohl inzwischen überwiegende Ansicht[77] hingegen verknüpft die Freiverantwortlichkeit mit den Grundsätzen der Einwilligungslehre. Danach ist von einer Freiverantwortlichkeit auszugehen, wenn der Selbsttötungsentschluß des Suizidenten aufgrund eines freien und ernstlichen Verlangens gebildet wurde. Der entscheidende Vorteil dieser Lösung ist im Rahmen systematischer Erwägungen die Parallelität zur Einwilligung des Rechtsgutsinhabers in eine Körperverletzung[78]. Abschließend bleibt anzumerken, daß auch die berufliche Stellung als ärztliches oder nichtärztliches Personal nichts an

---

75 eine Übersicht zu den sonst vertretenen Ansichten bietet Bade S. 138 f.

76 BGH Urt. v. 05.07.1983 - 1 StR 168/83; Arzt/Weber § 3 RN 24 ff.; Bottke S. 250 ff.; Roxin NStZ 1984, 71

77 Herzberg JA 1985, 336 ff.; Krey RN 86 ff.; Lackner/Kühl Vor § 211 RN 13a; Rengier 8/4 f.

78 Rengier 8/5; Wessels/Hettinger RN 48

der Straflosigkeit der Teilnahme an einer freiverantwortlich verwirklichten Selbsttötung ändert[79].

Die zweite Voraussetzung für eine Entscheidung zur straflosen Teilnahme ist die Tatherrschaft des Suizidenten. Als entscheidende Voraussetzung gilt, daß der Suizident die Tatherrschaft über den unmittelbar lebensbeendenden Akt hat[80], d.h. das zum Tode führende Geschehen tatsächlich beherrscht. Im Einzelfall sind dafür die Umstände, wie der Tote über sein Schicksal verfügt hat, entscheidend. Hat er sich in die Hand eines anderen begeben, weil er duldend von ihm den Tod entgegennehmen wollte, dann hatte dieser die Tatherrschaft. Behielt der Suizident dagegen bis zuletzt die freie Entscheidung über sein Schicksal, dann tötete er sich selbst, wenn auch mit fremder Hilfe[81]. Gegen diese Abgrenzung nach der Tatherrschaft machen einige Stimmen (vermeintliche) Widersprüche geltend. So werden häufig zwei vergleichbare Fälle zitiert, welche ohne einleuchtenden Grund die Strafbarkeit eines Arztes unterschiedlich behandeln. So sei kein Unterschied darin zu sehen, ob einem Patienten einen Giftcocktail an den Mund geführt oder injiziert wird. Hierbei wird jedoch verkannt, daß die beiden Fälle sehr wohl unterschiedlich zu beurteilen sind. Im ersten Fall kann von einer Tatherrschaft des Patienten gesprochen werden, da diesem die Entscheidung über Trinken oder Nichttrinken des Cocktails verbleibt, im zweiten Fall ist dieses Zutun des Patienten hingegen ausgeschlossen[82].

Vereinzelt werden in diesem Zusammenhang auch andere Lösungen vertreten. Nach Schmidhäuser[83] ist jede Teilnahme am Suizid strafbar, da auch dieser durch § 212 StGB pönalisiert werde, weil „der Mensch sein ihm noch irgendwie zumutbares Leben selbst zu achten hat". Nach dieser Lösung soll lediglich die Rechtsschuld entfallen, da „sich der Tötende in einer notstandsähnlichen Lage der subjektiven Ausweglosigkeit befindet". Gegen diese Auffassung wird jedoch einmütig[84] angeführt, daß sowohl Gesetzessystematik als auch historischer Wille des Gesetzgebers eine solche Auslegung nicht erlauben. Herzberg[85] schließlich will zumindest für den Garanten eine Teilnahme am Suizid als strafbar ansehen, weil das Geschehenlassen des Suizids die Entstehung einer selbständigen Unterlassenstäterschaft zur Folge hat. Hiergegen

79 vgl. OLG München Beschl. v. 31.07.1987 - Ws 23/87 m.w.N. der Literatur

80 OLG München Beschl. v. 31.07.1987 - Ws 23/87; Krey RN 105; Lackner/Kühl § 216 RN 3; Otto BT 6/4; 6/41; ders. Tröndle-FS (1989) S. 162 f.; Rengier 8/8; Roxin NStZ 1987, 347 f.

81 BGH Urt. v. 14.08.1963 - 2 StR 181/63; OLG München Beschl. v. 31.07.1987 - Ws 23/87; Krey RN 104; Küpper I 1/61; Otto Tröndle-FS (1989) S. 162 f.

82 vgl. Hirsch Welzel-FS (1974) S. 793

83 Schmidhäuser BT 2/9; ders. Welzel-FS (1974) S. 801 ff.

84 BGH Urt. v. 04.07.1984 - 3 StR 96/84; Krey RN 98; S/S-Eser Vorbem §§ 211 ff. RN 33 m.w.N. der Literatur

85 Herzberg JA 1985, 179 ff.

ist jedoch anzuführen, daß nach dieser Lösung die Absicht des Gesetzgebers, die Teilnahme am Suizid straflos zu behandeln, übergangen wird[86].

bb. Garantenstellung von ärztlichem und nichtärztlichem Personal

Unterschiedlich beurteilt wird eine Handlungspflicht aufgrund einer Garantenstellung des Rettungsdienstpersonals. Als Ausgangspunkt kann hierbei in Abwandlung von BGH Urt. v. 04.07.1984 - 3 StR 96/84 der Ausgangsfall gebildet werden, wonach ein Notarzt zu einer bereits bewußtlosen Person gerufen wird, welche in erkennbar freier Selbsttötungsabsicht eine Überdosis Medikamente eingenommen hat. Überall in der Wohnung finden sich schriftliche Hinweise mit dem Inhalt, daß der Patient zu sterben wünsche und keine Behandlung wolle.
Die Rechtsprechung geht in diesen Fällen von einer umfassenden Garantenstellung der Behandelnden aus. Wenngleich in Fällen, in denen der Suizident noch das Handlungsgeschehen tatsächlich beherrsche, keine Handlungspflichten bestünden, gehe in Situationen, in denen der Patient seine Tatherrschaft (z.B. aufgrund einer Bewußtlosigkeit) verliere, diese auf den Garanten über. Danach sei bei einem Unterlassen der Behandlung durch den Garanten dessen Strafbarkeit zu bejahen[87]. Begründet wird dies vor allem damit, daß in den Fällen, in denen der Suizident die Tatherrschaft verloren habe, der Eintritt des Todes allein vom Willen und Verhalten des Garanten abhänge. In dessen Hand liege es nunmehr, ob das Opfer, für dessen Leben er von Rechts wegen einzustehen habe, gerettet werde oder nicht[88]. Der Unterschied zur nicht-suizidal bedingten Weigerung wird insofern damit begründet, daß bereits ein Vergleich zwischen einem Suizidenten und einem nicht-suizidal motivierten Behandlungsverweigerer nicht möglich erscheine. Zudem solle dem Suizidenten eine Fortführung des Lebens ermöglicht werden, um etwaige Überreaktionen bzw. Kurzschlußhandlungen des Suizidenten zu kompensieren. Die Garantenstellung gebietet damit medizinische Hilfe bei bewußtlosen Patienten auch gegen deren Willen. Dies hat hiernach zur Konsequenz, daß „Ärzte im Notarztwagen einen Selbstmörder behandeln dürfen, wissend, daß sie damit seinem erklärten Willen nicht folgen, zu einer Behandlung verpflichtet sind“[89]. Eine Einschränkung wird durch die Rechtsprechung jedoch in seltenen, noch zu erörternden Ausnahmefällen vorgenommen, in denen eine Hilfeleistung im Einzelfall nicht mehr zumutbar erscheint.

---

86 Roxin Dreher-FS (1977) S. 348

87 BGH Urt. v. 12.02.1952 - 1 StR 59/50; BGH Urt. v. 15.05.1959 - 4 StR 475/58; BGH Urt. v. 05.07.1960 - 5 StR 131/60; BGH Urt. v. 04.07.1984 - 3 StR 96/84

88 BGH Urt. v. 04.07.1984 - 3 StR 96/84

89 Deutsch RN 484

Gegen diese Rechtsprechung erhebt die herrschende Meinung in der Literatur[90] zu Recht tiefgreifende Bedenken. Hierbei ist zu sehen, daß nach der Lösung der Rechtsprechung das Selbstbestimmungsrecht des Patienten unzulässig eingeschränkt wird, da eine Hilfeleistung verlangt wird, welche sich bewußt gegen den ausdrücklichen oder mutmaßlichen Patientenwillen richtet. Dies widerspricht der sonstigen Linie der Rechtsprechung, welche das Selbstbestimmungsrecht des Patienten als unverzichtbar erklärt. Damit wird „unter Strafe gestellt, was ansonsten unter Strafe verboten ist. Will die Rechtsprechung bei Selbstmordversuchen den Arzt bei Strafe zur Zwangsheilung gegen den erklärten Willen des Patienten verpflichtet wissen, soll es ihm in sonstigen lebensbedrohlichen Krankheitssituationen gleichfalls bei Strafe verwehrt sein, unter Zwang zu heilen“[91]. Auch ist gegen die Ansicht der Rechtsprechung das in der Literatur oft zitierte, geradezu widersprüchliche Ergebnis anzuführen, daß derjenige, der einem Suizidenten zunächst eine rechtlich unbedenkliche Möglichkeit zum Suizid eröffnet hat, im Falle der Anwendung eingreifen muß. Es widerspricht der Absicht des Gesetzgebers, die Teilnahme am Suizid straflos zu behandeln, wenn im weitergehenden Verlauf das Unterlassen unter Strafe gestellt wird[92].

Damit bleibt als Ergebnis festzuhalten, daß eine Strafbarkeit des Garanten nicht in Betracht kommt, sofern dieser den freiverantwortlichen Suizidwillen des Patienten respektiert. Somit wird in diesen Fällen die Garantenstellung durch den ausdrücklichen oder mutmaßlichen Patientenwillen begrenzt[93]. Eine solche Begrenzung kommt nur dann nicht in Betracht, wenn der Suizident erkennbar von seinem ursprünglichen Plan Abstand nimmt und nunmehr gerettet werden möchte[94].

Inzwischen modifizierte das OLG München[95] die strenge Haltung der Rechtsprechung. So ist bei einer Rechtsgüterabwägung darauf abzustellen, ob der Wert der Erlösung den der Erhaltung des qualvollen, vom Kranken selbst nicht mehr gewollten Lebens wesentlich überwiegt. Dies kann der Fall sein, wenn der Kranke selbst sein Leben nur noch als quälende Last empfindet und es deshalb preisgeben will. „Eine zwingend rechtliche Begründung dafür, daß anders als beim „Normalpatienten“ die mit der Verweigerung der Einwilli-

---

[90] Bringewat NJW 1973, 540 ff.; Forster-Lenckner S. 575; Haft BT S. 81; Lackner/Kühl Vor § 211 RN 15; Maurach/Schroeder/Maiwald BT1 1/24 f.; Mergen-Kreuzer S. 233 ff.; Rengier 8/14; S/S-Eser Vorbem §§ 211 ff. RN 42 f.; Tröndle/Fischer Vor § 211 RN 6; krit. aus psychiatrischer Sicht Meyer MedR 1985, 210 ff.

[91] Mergen-Kreuzer S. 234 ff.

[92] Bringewat NJW 1973, 541 ff. m.w.N.; Forster-Lenckner S. 574; Rengier 8/16; S/S-Eser Vorbem §§ 211 ff. RN 43

[93] Bockelmann/Volk S. 145; Hirsch Welzel-FS (1974) S. 792; LK-Jähnke Vor § 211 RN 13; Otto BT 6/44 ff.; Rengier 8/14

[94] Otto BT 6/52

[95] OLG München Beschl. v. 31.07.1987 - Ws 23/87

gung in lebensverlängernde Maßnahmen auf Aufhebung der Lebensschutzverantwortung des Arztes gerichtete Willenserklärung eines urteilsfähigen, freiverantwortlich handelnden Suizidpatienten rechtlich unbeachtlich sei, vermag der Senat nicht zu erkennen“. In diese Richtung geht auch der Beschluß des 2. Strafsenats des BGH[96], wonach dieser - in Anlehnung an seine früheren Entscheidungen - dazu neigt, einem ernsthaften, freiverantwortlich gefaßten Selbsttötungsentschluß eine stärkere rechtliche Bedeutung beizumessen als bisher.

Problematisch an dieser vorzugswürdigen Ansicht ist jedoch die praktische Umsetzung innerhalb des Rettungswesens. Gerade bei Notfallsituationen kann sich durch das Wesen des Rettungsdienstes sowie durch die Dringlichkeit einer oft vital indizierten Behandlung Art und Ursprung des Patientenwillens kaum hinreichend ermitteln lassen[97]. Der Suizident ist dem Rettungsteam - im Gegensatz zu den häufig auch in der Judikatur besprochenen Fällen, in denen das Verhältnis zwischen Patient und Hausarzt erörtert wird - vor dem Rettungseinsatz i.d.R. unbekannt. „Innerhalb der kurzen Zeitspanne, die für die u.U. lebensrettende Entscheidung am Unglücksort zur Verfügung steht, kann kaum jemand ohne psychiatrisch-psychologische Fachkenntnisse und ohne sorgfältige Abklärung der äußeren und inneren Motivationsfaktoren zuverlässig beurteilen“, ob die Freiverantwortllichkeit des Suizids sowie die Willensfreiheit des Suizidenten vorliegt[98].

Dies bedeutet jedoch, daß zumindest im Falle einer Behandlungs- oder Transportverweigerung eines Suizidenten grundsätzlich zunächst ein Notarzt hinzuzuziehen ist, sofern dieser sich nicht bereits am Einsatzort befindet. Aber auch bei Hinzuziehung eines Notarztes wird in der Praxis aufgrund der Unsicherheit über die Freiverantwortlichkeit und Freiheit des Patientenwillens dennoch häufig eine Behandlung des Patienten vorgenommen[99]. Diese Vorgehensweise scheint bei Beachtung der widerstreitenden Interessen gerechtfertigt. So wiegt bei unklarer Sachlage „eine aus den Umständen heraus notwendige, zeitlich begrenzte, mit der Verhältnismäßigkeit der Mittel durchgeführte Behinderung des Willens weniger schwer als der Vorwurf einer fahrlässigen Tötung“[100]. Dieser Weg ist jedoch aufgrund des oben Gesagten in den Fällen ausgeschlossen, in denen an der Freiverantwortlichkeit des Patienten kein Zweifel besteht.

96 BGH Beschl. v. 08.07.1987 - 2 StR 298/87

97 Burckhart/v. Fürstenwerth Rettungsdienst 1990, 695; Kontokollias/Regensburger/Rupprecht S. 69; Spann/Liebhardt/Braun Bockelmann-FS (1979) S. 494 f.

98 BGH Urt. v. Urt. v. 04.07.1984 - 3 StR 96/84; ähnlich Geilen Jura 1979, 208; Spann/Liebhardt/Braun Bockelmann-FS (1979) S. 490 ff.; Sternberg-Lieben NJW 1985, 2737

99 vgl. Walter/Meyer S. 94 ff.

100 Walter/Meyer S. 96; ferner Sternberg-Lieben NJW 1985, 2737 m.w.N.

Fraglich ist ferner, ob der einwilligungsfähige Suizident die Garantenstellung des Rettungsdienstpersonals aufheben kann, mit der Folge, daß eine Hilfeleistungspflicht entfällt. Dazu führte das OLG München[101] aus, daß die Auffassung, daß der Mensch nicht befugt sei, aus eigenem Willensentschluß über sein Leben zu verfügen, „allenfalls für die allgemeine Nothilfepflicht aus § 323c StGB von Bedeutung sein kann, nicht aber für die Wirksamkeit der Entlassung des Arztes aus den besonderen vereinbarungsabhängigen und kündbaren Rechtsbeziehungen zum Patienten, da eine aus der Unverfügbarkeit des Lebens für den einzelnen ableitbare Verpflichtung zum Weiterleben allenfalls gegenüber der Rechtsgemeinschaft, nicht aber gegenüber seinem Arzt besteht. Somit verfügt der Suizident mit der Entpflichtung des Arztes aus dem Arzt-Patienten-Verhältnis weder über sein Leben noch über die jedermann treffende allgemeine Nothilfepflicht, sondern lediglich über die zwischen ihm und dem Arzt bestehenden Rechtsbeziehungen“.

cc. Tatbestand des § 221 Abs. 1 Nr. 2 StGB

Auch für den Tatbestand des § 221 Abs. 1 Nr. 2 StGB wird - wie bereits erörtert - eine Garantenstellung vorausgesetzt. Insofern ist in diesem Zusammenhang an die o.g. Ausführungen zur Garantenstellung und -pflicht zu verweisen. Der Wille des Suizidenten begrenzt damit die Garantenstellung des Personals im Rettungswesen.

dd. Tatbestand des § 323c StGB

Sehr streitig ist die Reichweite des § 323c StGB in Suizidfällen. Die ständige Rechtsprechung[102] und die wohl überwiegende Auffassung in der Literatur[103] bejahen das Vorliegen eines Unglücksfalls ab dem Eintritt der Hilfsbedürftigkeit des Suizidenten. Hiernach ist das Vorliegen eines Unglücksfalls aus der Sicht des Hilfspflichtigen zu bewerten, sobald dieser die Hilfsbedürftigkeit des Suizidenten erkennt[104]. Dies gilt nach dieser Ansicht konsequenterweise auch für Garanten, welche nach überwiegender Literaturansicht zwar durch den Suizidwillen des Patienten in ihrer Garantenstellung begrenzt, jedoch nicht von der allgemeinen Hilfeleistungspflicht des § 323c StGB befreit werden. Hierfür spricht vor allem die Zielrichtung dieser Norm, dem allge-

---

101 OLG München Beschl. v. 31.07.1987 - Ws 23/87

102 seit BGH Urt. v. 10.03.1954 - GSSt 4/53; BGH Urt. v. 15.05.1959 - 4 StR 475/58; BGH Urt. v. 04.07.1984 - 3 StR 96/84; anders noch BGH Urt. v. 12.02.1952 - 1 StR 59/50

103 Deutsch RN 296; Dölling NJW 1986, 1012 ff.; Kutzer MDR 1985, 712; Laufs RN 151; Lippert/Weißauer RN 15; Otto BT 6/58 ff., 67/5; Rengier 8/19; Sefrin S. 10

104 BGH Urt. v. 10.03.1954 - GSSt 4/53; Geilen Jura 1979, 208

meinen Lebensschutz zu dienen. „Da niemand selbstherrlich über sein eigenes Leben verfügen und sich den Tod geben darf, kann das Recht nicht anerkennen, daß die Hilfepflicht des Dritten hinter dem sittlich mißbilligten Willen des Selbstmörders zu seinem eigenen Tode zurückzustehen habe“[105]. Zudem sei aufgrund der Abgrenzungsprobleme in der Praxis, zwischen freiverantwortlichem und nicht freiverantwortlichem Suizid zu unterscheiden, im Interesse des allgemeinen Lebensschutzes jede Suizidhandlung als Unglücksfall zu werten. Auch wird geltend gemacht, daß Suizidversuchen in den meisten Fällen nur ein Appellcharakter zukomme. Damit seien sie als Hilferufe nach menschlichen Beistand anzusehen[106]. Diese Unsicherheit über den Willen des Patienten gebiete nun, eine Hilfeleistungspflicht zu bejahen[107].
Eine beachtliche und m.E. vorzugswürdige Ansicht der Lehre[108] verneint bei einem freiverantwortlichen Suizid bei Vorliegen der Willensfreiheit des Suizidenten bereits das Tatbestandsmerkmal Unglücksfall. Eine Ausnahme bildet lediglich der Fall, daß der Suizident erkennbar von seinem ursprünglichen Plan Abstand nimmt und gerettet werden möchte[109]. Diese Lösung ergibt sich dogmatisch aus der Gesetzessystematik. So ist es widersinnig, die aktive Teilnahme an einem Suizid straflos zu behandeln, die unterlassene Verhinderung des Suizids hingegen unter Strafe zu stellen[110]. Auch widerspricht der Wortlaut des Unglücksfalls der Anwendung auf planmäßig herbeigeführte Suizidfälle[111]. Schließlich entspricht diese Ansicht der Willensfreiheit des Patienten, welche sich aus dessen Selbstbestimmungsrecht ergibt[112].
Die Problematik im Rahmen des Rettungswesens ist die oft mangelnde Erkennbarkeit eines freiverantwortlichen Suizids sowie der Willensfreiheit des Suizidenten in der konkreten Situation. Hier gilt das bereits oben[113] Gesagte. Damit wird aufgrund der Unsicherheit über die Freiverantwortlichkeit und

---

105 BGH Urt. v. 10.03.1954 - GSSt 4/53

106 BGH Urt. v. 04.07.1984 - 3 StR 96/84 m.w.N.; Burckhart/v. Fürstenwerth Rettungsdienst 1990, 695; Dölling NJW 1986, 1014; Kutzer MDR 1985, 714; LK-Jähnke Vor § 211 RN 27 ff.; Sternberg-Lieben NJW 1985, 2737 m.w.N.

107 Geilen Jura 1979, 208

108 Bottke S. 313 ff.; Forster-Lenckner S. 578; Haft Fallrepetitorium Nr. 272; Krey RN 92 ff.; LK-Spendel § 323c RN 48 ff.; NK-Seelmann § 323c RN 24 f.; so noch - allerdings durch die st.Rspr. seit BGH Urt. v. 10.03.1954 - GSSt 4/53 überholt - BGH Urt. v. 12.02.1952 - 1 StR 59/50; Schmitt JZ 1985, 368 FN 56 lehnt hingegen ohne Rücksicht auf den Geisteszustand des Patienten das Vorliegen eines Unglücksfalls ab

109 Mergen-Kreuzer S. 235; S/S-Eser Vorbem §§ 211 ff. RN 44

110 Bade S. 137; Bottke S. 314; Haft BT S. 81 f.; LK-Spendel § 323c RN 51; Maurach/Schroeder/Maiwald BT2 55/16; S/S-Cramer § 323c RN 7; SK-Rudolphi § 323c RN 8; Tröndle/Fischer § 323c RN 3a; Wessels/Hettinger RN 63

111 Arzt/Weber § 3 RN 33; ders. § 39 RN 13; LK-Spendel § 323c RN 50

112 Bade S. 137; LK-Spendel § 323c RN 52; Spann/Liebhardt/Braun Bockelmann-FS (1979) S. 490

113 vgl. bereits S. 107

Freiheit des Patientenwillens dennoch häufig eine Behandlung des Patienten vorgenommen werden müssen.
Wenn man hingegen nach anderer Auffassung das Vorliegen eines Unglücksfalls annimmt, führt das im Ergebnis dennoch nicht zwangsläufig zu einer Strafbarkeit wegen unterlassener Hilfeleistung. In diesen Fällen wird vielmehr die Erforderlichkeit[114] der Hilfeleistung oder deren Zumutbarkeit[115] restriktiv geprüft und ggf. verneint.

6. Konkurrenzen

Innerhalb des § 221 StGB hat Abs. 3 Vorrang vor Abs. 2. Im Rahmen der Konkurrenz mit § 323c StGB tritt dieser hinter § 221 Abs. 1 Nr. 2 StGB zurück[116]. Beide Normen wiederum treten hinter den vorsätzlichen unechten Unterlassungsdelikten wie den §§ 212, (22), 13, §§ 223, (22), 13 StGB im Wege der Gesetzeskonkurrenz zurück[117].

§ 7 Weitere tatbestandliche Voraussetzungen

1. Nichtvornahme der Rettungshandlung trotz Handlungsmöglichkeit

Ein strafrechtlich relevantes Unterlassen liegt regelmäßig erst dann vor, wenn ein bestimmtes Verhalten unterlassen wurde. Hierunter wird im Rahmen der Erfolgsdelikte ein Verhalten zur Abwendung des tatbestandsmäßigen Erfolges gefordert. Nach § 323c StGB ist schlicht „Hilfe zu leisten". Was dabei im einzelnen vorausgesetzt wird, ergibt sich aus den konkreten Umständen des Einzelfalls. Mindestvoraussetzung ist zunächst eine Handlung, welche zur Rettung des bedrohten Rechtsguts überhaupt geeignet ist.
Im Rahmen der Geeignetheit einer Handlung ist dabei erforderlich, daß überhaupt eine physisch-reale Möglichkeit zur Vornahme der jeweiligen Handlung besteht[118]. Dazu gehört, daß man zu deren Ausführung sowohl objektiv

[114] OLG München Beschl. v. 31.07.1987 - Ws 23/87
[115] BGH Beschl. v. 08.07.1987 - 2 StR 298/87; Dölling NJW 1986, 1015 ff.; Laufs RN 152
[116] LK-Spendel § 323c RN 207; Wessels/Hettinger RN 208
[117] Haft BT S. 102; Otto BT 67/15; Rengier 42/14; für klarstellende Tateinheit SK-Horn § 221 RN 17
[118] Gropp 11/46 ff.; S/S-Stree Vorbem §§ 13 RN 141 ff.; Tröndle/Fischer § 13 RN 14; für § 323c StGB: Rengier 42/6; Sefrin S. 21

als auch subjektiv in der Lage ist[119]. An dem objektiven Element fehlt es z.B. in solchen Fällen, in denen die zur wirksamen Notfallversorgung erforderlichen medizinisch-technischen Geräte oder Medikamente am Einsatzort nicht zur Verfügung stehen. Eine subjektive Unmöglichkeit hingegen liegt z.B. bei fehlender Kenntnis über die Möglichkeit zur Rettung und Behandlung des Patienten in einer konkreten Situation vor, so z.B. der Fall der Unkenntnis darüber, daß sich ein Medikament zur Behandlung von bestimmten Krankheiten eignet[120]. Zwar ist das Vorliegen der subjektiven Unmöglichkeit auch zu bejahen, wenn der Handlungspflichtige gänzlich handlungsunfähig ist, dennoch ist ein Unterlassen in jenen Fällen gegeben, in denen dieser seine Leistungsfähigkeit z.B. infolge einer Berauschung selbst eingeschränkt hat[121]. Sofern schließlich verschiedene Handlungen möglich sind, besteht ein Wahlrecht des Handlungspflichtigen, welche Maßnahmen er in der konkreten Situation im einzelnen durchführt. Tritt hierbei jedoch mangels Eignung der Maßnahme der tatbestandsmäßige Erfolg eines Erfolgsdeliktes dennoch ein, ist dem Handlungspflichtigen ggf. ein fahrlässiges Verhalten vorzuwerfen[122].

2. Erfolgseintritt beim Erfolgsdelikt

Bei den Erfolgsdelikten ist Voraussetzung, daß der jeweilige tatbestandsmäßige Erfolg eingetreten ist. Dieser ist bei den unechten Erfolgs-Unterlassensdelikten der §§ 212, 13 bzw. §§ 223, 13 StGB der Tod bzw. die Körperverletzung des Patienten.

Der Taterfolg des § 221 Abs. 1 Nr. 2 StGB besteht hingegen in einer konkreten Gefahr oder deren „meßbaren“[123] Steigerung durch das Im-Stich-lassen des Schutzbedürftigen. Dies ist z.B. zu verneinen, wenn lediglich ein Hypochonder das Rettungsdienstpersonal auffordert, vor Ort zu bleiben[124]. Der Patient muß in eine hilflose Lage kommen, in der es so gut wie ausgeschlossen ist, den Tod oder eine schwere Gesundheitsschädigung abzuwenden[125]. Letztere ist dabei unstreitig weiter gefaßt als die Fallgruppen des § 226 Abs. 1 StGB[126]. Zu verneinen ist eine konkrete Gefahr des Patienten schließlich in

119 ganz h.M., vgl. Baumann/Weber/Mitsch 15/15; Blei S. 314 f.; Bockelmann/Volk S. 134; Jescheck/Weigend § 59 II 2; Kühl 18/30; Wessels/Beulke RN 708

120 NK-Seelmann § 13 RN 59

121 S/S-Stree Vorbem §§ 13 ff. RN 144; SK-Rudolphi Vor § 13 RN 46; krit. NK-Seelmann § 13 RN 60 m.w.N.

122 Jakobs 29/12; Jescheck/Weigend § 59 II 1

123 Wessels/Hettinger RN 203 mit Verweis auf die Gesetzesmaterialien

124 in Anlehnung an Haft Fallrepetitorium Nr. 1002

125 BGH Urt. v. 27.03.1953 - 1 StR 689/52; Rengier 10/7; Schroth S. 64; Tröndle/Fischer § 221 RN 6

126 Krey RN 132; Rengier 10/8

jenen Fällen, in denen dieser bereits unrettbar verletzt ist und auch die Linderung von Schmerzen nicht mehr möglich ist[127].
Bei der unterlassenen Hilfeleistung nach § 323c StGB kommt es hingegen für die Strafbarkeit des Verhaltens nicht auf einen diesbezüglichen Erfolg, sondern allein auf das Unterlassen des rechtlich gebotenen Tuns an.

3. Kausalität zwischen Unterlassen und Erfolg beim Erfolgsdelikt

Bei Erfolgs-Unterlassensdelikten ist zwischen der Nichtvornahme der Rettungshandlung und dem Eintritt des tatbestandsmäßigen Erfolges ferner eine Kausalverbindung erforderlich. Hierbei wird jedoch z.T. die Terminologie der Kausalität kritisiert[128], da der Handlungspflichtige in diesen Fällen lediglich eine Handlung unterläßt und damit eine Kausalität als solche gar nicht möglich ist. Insofern wird häufig auch von einer „Quasi-Kausalität“[129] gesprochen. Eine nähere Erörterung dieser Auffassung kann jedoch unterbleiben, „da es für die normative Betrachtungsweise auf den naturwissenschaftlichen Kausalbegriff nicht ankommt und ein gesetzmäßiger Bedingungszusammenhang zwischen dem Untätigbleiben und dem Erfolgseintritt genügt“[130].
Nach der Rechtsprechung[131] und der Literatur[132] wird - unter Anwendung der conditio-sine-qua-non-Formel - die Ursächlichkeit des Unterlassens für den Eintritt des tatbestandlichen Erfolges dann bejaht, wenn die rechtlich erwartete Handlung nicht hinzugedacht werden kann, ohne daß der tatbestandsmäßige Erfolg entfiele, also die hinzugedachte Handlung den tatbestandsmäßigen Erfolg verhindert hätte.

4. Objektive Zurechnung des Erfolges beim Erfolgsdelikt

Auch im Rahmen von Erfolgs-Unterlassensdelikten wird vor allem in jüngerer Zeit das Vorliegen der objektiven Zurechnung vorausgesetzt. Die objektive

127 Rengier 10/9; S/S-Eser § 221 RN 8

128 Kühl 18/35; Lackner/Kühl Vor § 13 RN 12 m.w.N.

129 Forster-Lenckner S. 571; Gropp 11/71; Haft AT S. 178 f.; Kühl 18/35; S/S-Lenckner Vorbem §§ 13 RN 71 ff.; ders.-Stree § 13 RN 61

130 Wessels/Beulke RN 711; ferner Baumann/Weber/Mitsch 15/23; SK-Rudolphi Vor § 13 RN 15

131 RGSt Urt. v. 28.03.1924 - I 818/23; BGH Urt. v. 04.03.1954 - 3 StR 281/53; BGH Beschl. v. 08.07.1987 - 2 StR 269/87; BGH Urt. v. 06.07.1990 - 2 StR 549/89; BGH Beschl. v. 03.03.1994 - 4 StR 819/93; OLG Düsseldorf Beschl. v. 14.01.1993 - 3 Ws 308/92

132 Baumann/Weber/Mitsch 15/23; Gropp 11/71; Haft AT S. 68; Kühl 18/35; LK-Jescheck § 13 RN 18; S/S-Stree § 13 RN 61; Wessels/Beulke RN 711

Zurechnung ist danach gegeben, wenn durch die jeweilige unterlassene Handlung eine tatbestandsrelevante Gefahr[133] bzw. ein rechtlich mißbilligtes Risiko[134] geschaffen wurde und diese spezifische Folge im konkreten Fall auch eintritt.
Ferner muß ein Pflichtwidrigkeitszusammenhang zwischen Erfolgseintritt und Unterlassen gegeben sein, d.h. es wird vorausgesetzt, daß der tatbestandliche Erfolg gerade auf der Pflichtwidrigkeit des jeweiligen Unterlassens beruht[135]. Wäre hingegen der tatbestandsmäßige Erfolg auch bei pflichtgemäßer Vornahme der rechtlich erwarteten Handlung eingetreten, ist der Pflichtwidrigkeitszusammenhang nicht gegeben.
Problematisch und in der rechtlichen Beurteilung streitig sind dabei Situationen, in denen durch die rechtlich erwartete Handlung eine Rettung des Patienten zwar möglich erscheint, aber nicht zweifelsfrei zu erwarten ist. Dabei ist mit der Rechtsprechung[136] und der h.L.[137] in Anwendung des in-dubio-pro-reo-Grundsatzes die „an Sicherheit“ bzw. „an Gewißheit“ grenzende Wahrscheinlichkeit der Vermeidung des Erfolgseintritts zu verlangen. „Ist ein Überleben nach dem Stand der wissenschaftlichen Erkenntnisse nur möglich oder in hohem Maße wahrscheinlich, kann der verbleibende Zweifel nicht mit Erwägungen ausgeräumt werden, die diese Erkenntnisse unberührt lassen“[138]. Im Ergebnis muß hiernach eine Rettungshandlung, welche den Erfolgseintritt nur möglicherweise verhindert hätte, nicht durchgeführt werden.
Entgegen dieser restriktiven Auffassung genügt den Vertretern der Risikoerhöhungslehre[139] im Unterlassensbereich bereits eine Gefahrverringerung durch die jeweils rechtlich erwartete Handlung. Wenngleich die letztere Ansicht zu dem positiven Ergebnis führt, daß - bevor eine Handlung gänzlich unterbleibt - zumindest eine Handlung vorgenommen wird, welche den Erfolgseintritt „nur“ möglicherweise verhindert, ist jedoch auf der anderen Seite zu sehen, daß damit durch die „Verhängung von Verdachtsstrafen“[140] der Bereich des strafbaren Unterlassens auf eine unzulässige Weise ausgedehnt würde. Vielmehr ist die „Verursachung eines Erfolges mehr als die Erhöhung des Erfolgsrisikos, dementsprechend ist die Abwendung eines Erfolges mehr

[133] Haft AT S. 68
[134] SK-Rudolphi § 13 RN 17
[135] BGH Urt. v. 06.07.1990 - 2 StR 549/89; Kahlo S. 306
[136] RGSt Urt. v. 07.06.1940 - 1 D 223/40; BGH Urt. v. 20.05.1980 - 1 StR 177/80; BGH Urt. v. 10.08.1984 - 1 StR 9/84; BGH Beschl. v. 08.07.1987 - 2 StR 269/87
[137] Baumann/Weber/Mitsch 15/23; Blei S. 316; Gropp 11/72 ff.; Jescheck/Weigend § 59 III 4; LK-Jescheck § 13 RN 18; Tröndle/Fischer Vor § 13 RN 20
[138] BGH Beschl. v. 08.07.1987 - 2 StR 269/87
[139] Brammsen MDR 1989, 126 f. m.w.N.; Maurach/Gössel/Zipf 46/23; Roxin 11/76 ff.; ders. ZStW 74, 430 ff.; Stratenwerth § 13 RN 54 ff.; SK-Rudolphi Vor § 13 RN 16 f. m.w.N.
[140] S/S-Stree § 13 RN 61

als die Verringerung des Erfolgsrisikos“[141]. Damit ist das Ergebnis bei Anwendung der Risikoerhöhungstheorie abzulehnen.

5. Erforderlichkeit der Hilfeleistung

Die Erforderlichkeit einer Hilfeleistung ist in den Fällen gegeben, in denen ohne deren Vornahme aufgrund der Verletzung bzw. Erkrankung eine zusätzliche Gefahr für den Patienten zu erwarten ist. Sie besteht hingegen nicht in Situationen, in denen bereits sofortige und ausreichende anderweitige Hilfe gesichert ist, insbesondere, wenn der Patient bereits ausreichend ärztlich versorgt wird[142] oder sich noch selbst helfen kann[143]. Ebensowenig besteht die Erforderlichkeit der Hilfeleistung, wenn diese nicht mehr möglich ist, d.h. von vornherein als „offensichtlich aussichtslos und nutzlos" anzusehen ist[144]. Hierbei ist jedoch zu beachten - wie noch ausgeführt wird - daß die Hilfeleistungspflicht nicht immer deckungsgleich mit der jeweiligen Erfolgsabwendungspflicht ist. Die Verneinung der Erforderlichkeit in diesem Zusammenhang gilt jedoch insbesondere, wenn der Verunglückte bereits tot ist[145] - wobei jedoch nach der hier vertretenen Ansicht bereits das Vorliegen eines Unglücksfalls zu verneinen ist. Auch ist - wie bereits angesprochen - die Erforderlichkeit nach h.M.[146] in den Fällen zu verneinen, in denen der Patient sich weigert, konkrete Hilfe anzunehmen.
Inhalt und Umfang der Hilfeleistungspflicht richten sich maßgeblich nach den Fähigkeiten und Möglichkeiten des jeweiligen Hilfspflichtigen. Dieser muß in dem Augenblick, in dem sich die Notwendigkeit einer Hilfeleistung herausstellt, stets die bestmögliche Hilfe leisten, d.h. unverzüglich und in wirksamer Weise[147]. So ist zunächst zu sehen, daß mit jeder Verzögerung der Hilfeleistung die Gefahr für den jeweiligen Patienten zunimmt. In wirksamer Weise wird eine Hilfe schließlich dann geleistet, wenn der Hilfspflichtige seine be-

---

141 Baumann/Weber/Mitsch 15/23 a.E.

142 BGH Urt. v. 08.10.1996 - 5 StR 458/96; Arzt/Weber § 39 RN 17; Bockelmann S. 20; Buchfelder/Buchfelder S. 270

143 Rengier 42/8

144 BGH Beschl. v. 02.03.1962 - 4 StR 355/61; BGH Urt. v. 04.07.1984 - 3 StR 96/84; Rengier 42/8; Wessels/Hettinger RN 1046

145 BGH Urt. v. 28.06.1951 - 4 StR 270/51; BGH Urt. v. 08.04.1960 - 4 StR 2/60; BGH Urt. v. 28.06.1961 - 2 StR 83/61; BGH Beschl. v. 02.03.1962 - 4 StR 355/61; BGH Urt. v. 04.07.1984 - 3 StR 96/84; Bockelmann S. 21

146 Haft AT S. 180; Otto BT 67/6; S/S-Cramer § 323c RN 26; Wessels/Hettinger RN 1046

147 BGH Urt. v. 08.04.1960 - 4 StR 2/60; BGH Urt. v. 22.03.1966 - 1 StR 567/65; BGH Urt. v. 26.10.1982 - 1 StR 413/82 m.w.N.; Arzt/Weber § 39 RN 17; Buchfelder/Buchfelder S. 271; Lackner/Kühl § 323c RN 10; Lippert/Weißauer RN 368; Opderbecke/Weißauer MedR 1998, 398; Schroth S. 226; Sefrin S. 20

sonderen Kenntnisse und Fähigkeiten sowie die vorhandene medizinisch-technische Ausstattung vollständig einsetzt, sofern dies beim konkreten Patienten notwendig erscheint. Eine Verletzung der Hilfeleistungspflicht ist dann gegeben, wenn diese Hilfe dem Patienten nicht zukommt, etwa weil sich das Rettungsdienstpersonal nicht unverzüglich an den Einsatzort begibt, medizinisch indizierte Maßnahmen verspätet anwendet oder die Einschaltung weiterer Unterstützung (z.B. den Notarzt) unnötig verzögert. Unbeachtlich ist hierbei hingegen die Frage der Erfolgsaussichten der Hilfeleistung[148].
Im Rahmen der Fähigkeiten und Möglichkeiten des jeweiligen Hilfspflichtigen ist die Hilfeleistungspflicht nicht in allen Fällen mit der Erfolgsabwendungspflicht deckungsgleich, sondern geht darüber hinaus. Dies betrifft zum einen die Fälle, in denen zur Behandlung des Patienten weitere medizinische Hilfe erforderlich ist. Insofern besteht die Hilfeleistungspflicht gerade im Rettungswesen regelmäßig auch darin, den Patienten in eine geeignete Einrichtung zur weiteren Versorgung zu befördern. Auch wenn auf der anderen Seite im konkreten Fall der Tod des Patienten nicht abgewendet werden kann, entfällt die Hilfeleistungspflicht keinesfalls. Vielmehr besteht dann die Pflicht zur effektiven Schmerzlinderung[149]. „Auch der Kranke, dem sonst nicht mehr geholfen werden kann, hat unbedingten Anspruch auf eine seinen menschlichen Grundbedürfnissen entsprechende ärztliche Betreuung und Pflege“[150].

6. Zumutbarkeit der Hilfeleistung

Sowohl bei den unechten Unterlassensdelikten als auch bei § 323c StGB ist in der Literatur streitig, ob die Zumutbarkeit der Hilfeleistung im Rahmen des Tatbestandes oder der Schuld zu prüfen ist[151].
Die Zumutbarkeit im Rahmen des § 323c StGB ist nach herrschender und m.E. vorzugswürdiger Ansicht[152] auf der Tatbestandsebene angesiedelt. Hier-

148 BGH Urt. v. 08.05.1956 - 5 StR 29/56; BGH Urt. v. 08.04.1960 - 4 StR 2/60; BGH Beschl. v. 02.03.1962 - 4 StR 355/61; BGH Urt. v. 04.07.1984 - 3 StR 96/84; BGH Urt. v. 03.04.1985 - 2 StR 63/85

149 BGH Urt. v. 08.04.1960 - 4 StR 2/60; Auer/Menzel/Eser S. 85 ff.; Bade S. 101; Bokkelmann S. 22; Forster-Lenckner S. 579; Krey RN 808; S/S-Eser Vorbem §§ 211 ff. RN 23 m.w.N.; Sefrin S. 20

150 Deutsche Gesellschaft für Chirurgie in ihrer Resolution zur Behandlung Todkranker und Sterbender Nr. II.5

151 wieder andere wollen die Zumutbarkeit im Rahmen der Rechtfertigung prüfen, vgl. Gropp 11/55, 11/96; Jakobs 29/98; Köhler S. 297 f.; Schmidhäuser AT 16/84

152 BGH Beschl. v. 02.03.1962 - 4 StR 355/61; Arzt/Weber § 39 RN 26; Haft BT S. 284; Jescheck/Weigend § 59 VIII 2; Krey RN 808b; Nauke Welzel-FS (1974) S. 766 ff.; NK-Seelmann § 323c RN 41; Otto BT 67/12; Rengier 42/10; S/S-Stree Vorbem §§ 13 ff. RN 155; Stree Lenckner-FS (1998) S. 394 ff.; Wessels/Hettinger RN 1048

für spricht insbesondere, daß die Zumutbarkeit ein „regulatives Prinzip"[153] darstellt, welches durch den Wortlaut des § 323c StGB ausdrücklich als Tatbestandseinschränkung zu verstehen ist. Hiernach ist in Fällen, in denen eine Hilfeleistung nicht zumutbar ist, bereits eine rechtliche Pflicht zur Hilfeleistung zu verneinen[154]. Ein hinreichendes Bedürfnis, im Einklang mit der Gegenansicht[155] entgegen dem Wortlaut der Norm nur zu einem möglichen Schuldausschluß zu kommen, ist hingegen nicht zu erkennen[156].

Wenngleich die wohl überwiegende Meinung[157] im Bereich der unechten Unterlassensdelikte der letzteren Ansicht folgt, ist auch in diesen Fällen vielmehr von einer Tatbestandseinschränkung auszugehen[158]. Hierfür spricht zunächst § 323c StGB, dessen Systematik auf alle Unterlassensdelikte zu übertragen ist[159]. Auch ist festzustellen, daß die Erfolgsabwendungspflicht eine „sozialethische Grenze in Form der Opfergrenze"[160] hat und damit bereits durch die Zumutbarkeit der Hilfeleistung begrenzt wird[161]. Damit ist in Fällen der Unzumutbarkeit der Hilfeleistung eine Rechtspflicht zum Handeln zu verneinen.

Da im vorliegenden Kontext die Zumutbarkeit der unechten Unterlassensdelikte und des § 323c StGB zusammen geprüft wird, bleibt - wenngleich darauf im einzelnen noch zurückzukommen ist - bereits vorweg anzumerken, daß im Rahmen der allgemeinen Hilfspflicht des § 323c StGB die Opfergrenze deutlich geringer zu ziehen ist als in Fällen einer aus einer Garantenstellung resultierenden Hilfeleistungspflicht[162].

Im Rahmen der Zumutbarkeit der jeweiligen Hilfeleistung ist nach allgemeinen sittlichen Maßstäben[163] auf die Persönlichkeit des Hilfspflichtigen sowie

---

[153] Geilen Jura 1983, 145 f.; Haft AT S. 180; Wessels/Hettinger RN 1048

[154] S/S-Stree Vorbem §§ 13 ff. RN 155 ff. m.w.N.; Seelmann JuS 1995, 285 f.

[155] LK-Spendel § 323c RN 159; Maurach/Schroeder/Maiwald BT2 55/23; Stratenwerth § 13 RN 78 f.; SK-Rudolphi § 323c RN 24; Wessels/Beulke RN 746; ebenso Baumann/ Weber/Mitsch 15/19 und Kühl 18/33 aufgrund der Nähe zu den gesetzlichen und sonst anerkannten Entschuldigungsgründen

[156] so auch Stree Lenckner-FS (1998) S. 395

[157] Kühl 18/10; LK-Jescheck Vor § 13 RN 98; SK-Rudolphi Vor § 13 RN 31; Wessels/Beulke RN 739

[158] BGH Beschl. v. 16.07.1993 - 2 StR 294/93; Forster-Lenckner S. 575; Gropp 11/51, der hierbei von der „ganz überwiegenden Ansicht" spricht; Haft AT S. 180; S/S-Stree Vorbem §§ 13 ff. RN 155; Stree Lenckner-FS (1998) S. 396 ff.; Tröndle/Fischer § 13 RN 16

[159] Haft AT S. 180; Stree Lenckner-FS (1998) S. 396 ff.

[160] Gropp 11/53

[161] BGH Beschl. v. 16.07.1993 - 2 StR 294/93

[162] vgl. Forster-Lenckner S. 579; Stree Lenckner-FS (1998) S. 402

[163] BGH Urt. v. 14.11.1957 - 4 StR 532/57; BGH Urt. v. 01.04.1958 - 1 StR 24/58; S/S-Cramer § 323c RN 20; aufgrund der Unbestimmtheit des Begriffes krit. Geilen Jura 1983, 147

auf seine physischen und psychischen Kräfte abzustellen. Insbesondere ist auch der Bildungsstand sowie die entsprechende Lebenserfahrung zu berücksichtigen. Im konkreten Einzelfall ist dabei jeweils eine Gesamtabwägung erforderlich. Maßgebliche Faktoren sind dabei die Schwere der Erkrankung bzw. Verletzung des Patienten sowie die zu erwartenden Folgen, ferner die Erfolgsaussichten einer Behandlung sowie die Beachtung anderer schützenswerter Interessen bzw. Pflichten[164].
Bei der Frage der Schwere der Erkrankung bzw. Verletzung des Patienten gilt, daß dem Hilfspflichtigen um so mehr zugemutet werden kann, je schwerer die Beeinträchtigung im einzelnen zu werten ist[165]. Damit sind zur Erhaltung eines Menschenlebens „zwar äußerste Anstrengungen zu fordern“, jedoch spielen auch die Erfolgsaussichten eine entscheidende Rolle: „So wie die sicher voraussehbare Erfolglosigkeit eines Rettungsbemühens die Handlungspflicht entfallen läßt, kann es unter dem Gesichtspunkt der Zumutbarkeit bedeutsam werden, daß dieses Bemühen nur eine verschwindend geringe Rettungschance bietet“[166].
Bei der Beachtung anderer schützenswerter Interessen ist zunächst auf die Gefahr einer möglichen Selbstgefährdung der Behandelnden hinzuweisen. Im Rahmen von § 323c StGB ist eine Hilfeleistung dann zumutbar, wenn im Einzelfall keine übermäßigen Anforderungen verlangt werden. Dabei wird in der Literatur häufig auf den Nichtschwimmerfall hingewiesen, wonach sich ein Nichtschwimmer nicht in einen See stürzen müsse, um einen Ertrinkenden zu retten; zumutbar sei ihm jedoch das Benachrichtigen anderer Helfer. Die Hilfeleistung muß ohne erhebliche Gefahr für die Gesundheit oder das Leben des Hilfspflichtigen möglich sein. So muß man sich z.B. der Gefahr einer schweren Erkrankung bzw. einer schweren Körperverletzung nicht auszusetzen[167]. Damit verlangt § 323 StGB „von dem potentiellen Nothelfer keinen Heldenmut und Opfergeist“[168]. Zumutbar ist jedoch eine Hilfeleistung, bei der ein vergleichsweise geringer Schaden im Rahmen der Selbstgefährdung zu befürchten ist. So sind kleine Schürfwunden bei lebensrettenden Maßnahmen ebenso hinzunehmen wie eine mögliche Verschmutzung der eigenen Kleidung. Anders zu qualifizieren ist hingegen die Beurteilung einer noch zumutbaren Selbstgefährdung im Rahmen einer Garantenstellung. Wie bereits ausgeführt, ist die Opfergrenze in Fällen des Vorliegens einer Garantenstellung

164 Geilen Jura 1983, 146; Otto BT 67/12; S/S-Stree Vorbem §§ 13 ff. RN 156 m.w.N.; Ulsenheimer RN 262

165 BGH Urt. v. 22.01.1953 - 4 StR 417/52; BGH Urt. v. 14.11.1957 - 4 StR 532/57; Dönicke-Jaeger Rettungsdienst 1991, 186; S/S-Stree Vorbem §§ 13 ff. RN 156

166 BGH Beschl. v. 16.07.1993 - 2 StR 294/93

167 LG Mannheim Urt. v. 03.05.1990 - 2 Ns 70/89; LK-Spendel § 323c RN 122 ff.; S/S-Cramer § 323c RN 21; vgl. die Stellungnahme des bayer. Staatsministerium des Innern v. 23.08.1988 in Spengler DRiZ 1990, 259 f.

168 LK-Spendel § 323c RN 122 a.E.

höher. Dies betrifft insbesondere auch Berufsgruppen mit besonderen Gefahrtragungspflichten, so - neben Feuerwehrleuten, Polizeibeamten und Soldaten - insbesondere auch ärztliches und nichtärztliches Personal im Rettungswesen[169]. Damit gilt z.B. für den Fall einer Ansteckungsgefahr, daß durch die Garantenstellung des Rettungsdienstpersonals eine Ablehnung der Behandlung aufgrund der Unzumutbarkeit nicht möglich ist[170]. Jedoch bestehen auch in diesen Fällen Grenzen. So ist die Weigerung eines nicht schwindelfreien Notarztes zulässig, in großer Höhe von der Drehleiter der Feuerwehr auf ein Baugerüst überzusteigen[171].

Bei der Beachtung anderer schützenswerter Pflichten ist im ärztlichen Bereich z.B. auf die Pflicht zur Wahrnehmung des Hintergrunddienstes innerhalb eines Klinikbetriebes einzugehen. Sofern sich hierbei der diensthabende Arzt nach Rücksprache mit der Rettungsleitstelle darauf verlassen kann, daß am Einsatzort rechtzeitig anderweitig fachliche Hilfe geleistet wird (z.B. durch Anforderung eines Rettungshubschraubers), ist eine eigene Anfahrt zumindest dann nicht zumutbar, wenn in der Klinik mehrere Intensivpatienten mit kritischem Zustand zu versorgen sind und der allein zuständige Assistenzarzt nicht die erforderliche Fachpraxis besitzt, um selbstverantwortlich möglichen Komplikationen zu begegnen[172].

Schließlich bleibt anzumerken, daß der BGH - wie bereits ausgeführt - in seltenen Fällen eine Korrektur seiner restriktiven Anforderungen zur Hilfeleistungspflicht im Rahmen der Zumutbarkeit vornimmt. Dies betrifft sowohl Fälle der passiven Sterbehilfe als auch von Suizidhandlungen. Bei unheilbar Kranken ist eine besondere Prüfung der Zumutbarkeit in den Fällen erforderlich, in denen keine Besserung des Gesundheitszustandes mehr zu erwarten ist[173]. Hier ist zwischen der prinzipiellen Lebenserhaltungspflicht und der Achtung des Selbstbestimmungsrechts des Patienten eine Abwägung erforderlich. Der BGH sieht hierbei die Entscheidung darüber, welche dieser beiden Pflichten im Einzelfall den Vorrang habe, als eine Frage des ärztlichen Gewissens an, so in dem Fall[174], in welchem der Arzt wegen eines weit fortgeschrittenen, von ihm als tödlich aufgefaßten Zustands einer Patientin davon

---

169 vgl. Forster-Lenckner S. 575 f.; S/S-Stree Vorbem §§ 13 ff. RN 156; Stree Lenckner-FS (1998) S. 402 spricht von der erhöhten Zumutbarkeit bei der Eingehung von Gefahren bei der Besetzung eines Seenotrettungsdienstes

170 vgl. Forster-Lenckner S. 576; Haft Fallrepetitorium Nr. 313; Stree Lenckner-FS (1998) S. 402

171 AG Hannover Urt. v. 16.01.1990 - 35 Js 44312/89 zur Strafbarkeit nach § 323c StGB, jedoch gilt dies auch für die Strafbarkeit im Rahmen einer Garantenstellung, die im betreffenden Fall ebenso gegeben ist

172 AG Calw Urteil v. 28.09.1993 - 3 Cs 186/93 zur Strafbarkeit nach § 323c StGB

173 vgl. BGH Urt. v. 04.07.1984 - 3 StR 96/84

174 BGH Urt. v. 04.07.1984 - 3 StR 96/84; Ranft JZ 1987, 912 sieht in der ärztlichen Gewissensentscheidung die Abdankung des Rechts zugunsten der ärztlichen Standesethik

überzeugt war, das Leben der Patientin allenfalls noch mittels von ihr abgelehnter Maßnahmen der Intensivmedizin und auch dann nur unter Inkaufnahme irreparabler schwerer Schäden verlängern zu können. In diesem Fall ist die ärztliche Gewissensentscheidung, „nicht den bequemeren Weg der Einweisung in eine Intensivstation zu wählen, sondern in Respekt vor der Persönlichkeit der Sterbenden bis zum endgültigen Eintritt des Todes bei ihr auszuharren“, von Rechts wegen nicht unvertretbar. Auch in Suizidfällen ist auf das ärztliche Gewissen abzustellen. „Jedenfalls dann, wenn der ohne ärztlichen Eingriff dem sicheren Tod preisgegebene Suizident schon bewußtlos ist, darf sich der behandelnde Arzt nicht allein nach dessen vor Eintritt der Bewußtlosigkeit erklärtem Willen richten, sondern hat in eigener Verantwortung eine Entscheidung über die Vornahme oder Nichtvornahme auch des nur möglicherweise erfolgreichen Eingriffs zu treffen“[175].

7. Entsprechungsklausel beim Erfolgsdelikt?

Aufgrund des Wortlautes des § 13 Abs. 1 StGB muß das Unterlassen der Tatbestandsverwirklichung durch aktives Tun entsprechen. Nach überwiegender Ansicht[176] ist diese Entsprechungsklausel nur bei verhaltensgebundenen Delikten anzuwenden, nicht hingegen bei reinen Erfolgsdelikten, wie den hier relevanten §§ 212, 13, §§ 223, 13 StGB. Vielmehr ist der Tatbestand in diesen Fällen bereits dann verwirklicht, wenn der Erfolgseintritt nicht verhindert wird. Damit ist eine gesonderte Prüfung dieser Voraussetzung im vorliegenden Kontext entbehrlich.

8. Subjektiver Tatbestand beim Vorsatzdelikt

Subjektiv muß sich der Unterlassende beim Vorsatzdelikt bewußt gegen ein Handeln entscheiden bzw. sich überhaupt nicht entscheiden[177]. Hierzu reicht jeweils die Kenntnis zur Begründung des Vorsatzes aus. Auch muß die Kenntnis des Hilfspflichtigen alle objektiven Tatbestandsvoraussetzungen der jeweiligen Delikte umfassen. So fordert § 323c StGB die Kenntnis über das Vorliegen eines Unglücksfalls, bei Erfolgsdelikten wird die Kenntnis über die drohende Gefahr eines Erfolgseintritts vorausgesetzt. Ferner muß der Hilfspflichtige die Möglichkeit, Erforderlichkeit und - da die Zumutbarkeit

[175] BGH Urt. v. 04.07.1984 - 3 StR 96/84

[176] Baumann/Weber/Mitsch 15/77; Ebert S. 159; Kühl 18/124; Wessels/Beulke RN 730 m.w.N.; a.A. Kahlo S. 322

[177] BGH Urt. v. 05.05.1964 - 1 StR 26/64; Gropp 11/84; Jescheck/Weigend 59 VI 2 a; Wessels/Beulke RN 732

der Hilfeleistung im Rahmen dieser Ausarbeitung als Tatbestandsmerkmal qualifiziert wird - auch die Zumutbarkeit einer Rettungshandlung erkennen. Hierzu gehört auch das Wissen von Merkmalen, welche bei den unechten Erfolgsdelikten eine Garantenstellung begründen[178], welches im vorliegenden Kontext jedoch unproblematisch zu bejahen ist. Die sich hieraus ergebende Garantenpflicht ist hingegen nach h.M.[179] vom Vorsatzerfordernis nicht umfaßt.

9. Fahrlässiges Unterlassen

Ist hingegen ein vorsätzliches Unterlassen einer Handlung zu verneinen, besteht ferner die Möglichkeit eines fahrlässigen Verhaltens. Hier ist - wie bei den Begehungsdelikten - auf das jeweilige Außerachtlassen der im Verkehr erforderlichen Sorgfalt abzustellen[180].

§ 8 Rechtfertigungs- und Schuldfragen

Auch beim Unterlassungsdelikt gilt, daß i.d.R. von der Rechtswidrigkeit des Verhaltens auszugehen ist, sofern nicht ein Rechtfertigungsgrund in Betracht kommt. Zu einem Schuldvorwurf sind schließlich die in Betracht kommenden Entschuldigungsgründe zu prüfen. In diesem Zusammenhang ist nun zu prüfen, ob es im Rettungswesen Situationen gibt, in denen das Unterlassen einer Behandlung gerechtfertigt oder zumindest entschuldigt sein kann.

1. Rechtfertigender Notstand, § 34 StGB

Eine Rechtfertigung nach § 34 StGB kommt - wie bereits festgestellt - nur dann in Frage, wenn das geschützte Interesse das beeinträchtigte wesentlich überwiegt. Damit wird ein zweifelsfreies bzw. eindeutiges Interessenübergewicht vorausgesetzt.
Als Grenze einer möglichen Abwägung gilt hierbei das menschliche Leben. So ist die vorsätzliche Vernichtung eines Lebens auch in solchen Fällen nicht nach § 34 StGB gerechtfertigt, in denen damit anderes Leben gerettet wird, da

178 Jakobs 29/89; LK-Schroeder § 16 RN 216; SK-Rudolphi Vor § 13 RN 25; Wessels/Beulke RN 732

179 BGH Beschl. v. 29.05.1961 - GSSt 1/61; S/S-Cramer § 15 RN 96; SK-Rudolphi Vor § 13 RN 25

180 Gropp 11/85; SK-Rudolphi Vor § 13 RN 28a

jedes menschliche Leben für sich einen absoluten Höchstwert bildet und eine Differenzierung des jeweiligen Lebenswertes ausscheidet. So sind Differenzierungskriterien wie Alter oder Gesundheit des Patienten unzulässig. Auch in einer aussichtslosen Situation des Patienten darf dieser nicht zur Rettung eines anderen geopfert werden. Ferner ist eine Abwägung auch in jenen Fällen ausgeschlossen, in denen ein Leben gegen viele Leben steht. Zusammenfassend gilt daher, daß das menschliche Leben regelmäßig einer qualitativen und quantitativen Abwägung entzogen ist[181]. Damit können auch solche Problemsituationen, in denen nach Behandlungsbeginn eines Notfallpatienten im Rettungseinsatz ein weiterer Notfallpatient z.B. mangels medizinisch-technischer Kapazität nicht genügend versorgt werden kann, nicht über § 34 StGB gelöst werden. Keinesfalls darf hiernach eine lebensrettende Behandlung des ersten Patienten abgebrochen werden, um den zweiten zu retten, nur weil dieser z.B. jünger ist oder im Falle einer medizinischen Versorgung bessere Überlebenschancen aufweist[182].

Ausnahmen von diesem Grundsatz werden lediglich in Fällen des defensiven Notstandes erörtert. So wird immer wieder der Fall[183] der Tötung eines Kindes während der Geburt (Perforation) angeführt, um damit als einziges Mittel das Leben der Mutter zu retten oder diese vor einer schweren Gesundheitsschädigung zu bewahren. Begründet wird diese Ansicht durch die Nähe zu den Fällen des Schwangerschaftsabbruchs aus medizinischer Indikation[184]. Diese sind nicht direkt übertragbar, da der Leibesfrucht einer Frau abweichend von § 1 BGB nicht erst mit der Vollendung, sondern schon mit Beginn der Geburt, und zwar mit dem Einsetzen der die Fruchtausstoßung einleitenden Eröffnungswehen, die Menschqualität zugesprochen wird[185].

Eine vorsätzliche Vernichtung des Lebens ist auch durch das Unterlassen der Rettung bzw. einer Behandlung möglich. Eine Anwendung des § 34 StGB scheidet aus den bereits genannten Gründen aus. Vielmehr sind dies Fälle der - im Anschluß zu besprechenden - rechtfertigenden Pflichtenkollision.

---

181 Bockelmann/Volk S. 100 f.; Haft AT S. 99; Jescheck/Weigend § 33 IV 2 a; Küper JuS 1981, 785 ff.; Lackner/Kühl § 34 RN 7 f.; NK-Neumann § 34 RN 74; Wessels/Beulke RN 316

182 vgl. Kühl 8/114; Roxin 16/29; i.Erg. auch Jescheck/Weigend § 33 V 1 b

183 Haft AT S. 99; Lackner/Kühl § 34 RN 9; Roxin 16/70; nach a.A. soll hier nur ein Schuldausschluß möglich sein, vgl. SK-Rudolphi vor § 218 RN 15

184 Haft AT S. 99; Roxin 16/70, i.Erg. auch Jescheck/Weigend § 33 IV 5; LK-Hirsch § 34 RN 74

185 BGH Urt. v. 22.04.1983 - 3 StR 25/83; BGH Urt. v. 07.12.1983 - 1 StR 665/83; Krey RN 2; Wessels/Hettinger RN 12

2. Rechtfertigende Pflichtenkollision

a. Anwendungsbereich

Die im einzelnen nicht unumstrittene Pflichtenkollision stellt eine Sonderform der Notstandslage dar, welche nach herrschender Auffassung[186] nur in solchen Konstellationen eingreift, in denen den Täter mehrere rechtlich begründete Handlungspflichten treffen, von denen er nur eine auf Kosten der anderen erfüllen kann. Dadurch kommt es notgedrungen zu einer Verletzung der jeweils anderen Pflichten. Treffen hingegen Handlungspflichten mit Unterlassenspflichten zusammen, so ist auf die Regelung des rechtfertigenden Notstandes abzustellen, da die Handlungspflichten durch die Unterlassenspflichten begrenzt werden[187].
Lenckner stellte in diesem Zusammenhang bereits 1969[188] fest, daß diese Situationen gerade für den medizinischen Bereich, insbesondere für den Bereitschaftsarzt, keineswegs selten sind. Zu dem Bereitschaftsdienst ist in der Zwischenzeit der organisierte Rettungsdienst getreten. In Betracht kommen im vorliegenden Kontext unterschiedliche Situationen, so z.B. wenn der Rettungsdienst zu spät am Einsatzort eintrifft, weil er auf der Anfahrt einen bei einem Verkehrsunfall verletzten Patienten medizinisch versorgen mußte[189], oder bei zwei Patienten, welche gleichzeitig zu versorgen sind, aufgrund der begrenzten Kapazität nur einen ausreichend behandeln kann[190].
Zu beachten ist ferner, daß das Vorliegen einer Kollisionslage in jenen Fällen zu verneinen ist, in denen die Unterlassung einer der Handlungspflichten gerechtfertigt ist. Baumann/Weber/Mitsch[191] bilden dabei den auch für das Rettungswesen praktisch relevanten Fall, in welchem der bei einem Verkehrsunfall verletzte Vater die Helfer am Unfallort auffordert, zunächst die ebenfalls verletzte Tochter zu versorgen. Hier wirkt die Einwilligung des Vaters rechtfertigend. „Der Helfer hat dann nicht mehr die Wahl, sondern (nur) die Pflicht zur unverzüglichen Hilfeleistung zugunsten der Tochter".

186 vgl. Baumann/Weber/Mitsch 17/132; Blei S. 331 ff.; Küper JuS 1971, 475 f.; LK-Hirsch Vor § 32 RN 76; Lenckner Med.Klin. 1969, 1000 f.; Maurach/Zipf 27/48; Roxin 16/103 f.; S/S-Lenckner Vorbem §§ 32 ff. RN 71; Wessels/Beulke RN 735

187 Baumann/Weber/Mitsch 17/133; Forster-Lenckner S. 576; Gropp 6/160 f.; Kamps S. 254 f.; Küper S. 29 ff.; ders. JuS 1971, 475 f.; Roxin 16/103; ders. Oehler-FS (1985) S. 185; S/S-Lenckner Vorbem §§ 32 ff. RN 71; SK-Rudolphi Vor § 13 RN 29a; Wessels/Beulke RN 735; a.A. Tröndle/Fischer Vor § 32 RN 11

188 Lenckner Med.Klin. 1969, 1002

189 in Anlehnung an Maurach/Zipf 27/48

190 in Anlehnung an Jescheck/Weigend § 33 V 1 c; ähnlich Otto AT 8/198 Fall 1

191 Baumann/Weber/Mitsch 17/134 a.E.

b. Dogmatische Einordnung

In der Lehre unterscheiden sich bei der Frage der dogmatischen Einordnung der Pflichtenkollision bei gleichrangigen Handlungspflichten zwei Grundpositionen. Während die erste Ansicht[192] eine rechtfertigende Wirkung bejaht, handelt nach der Gegenansicht[193] der Täter lediglich entschuldigt. Vertreter der zweiten Ansicht stellen dabei insbesondere darauf ab, daß bei gleichrangigen Handlungspflichten der Täter in jedem Fall rechtswidrig handele, unabhängig davon, wie er sich entscheidet. Dies widerspräche jedoch dem Grundsatz, daß das menschliche Leben kraft Natur der Sache einer qualitativen und quantitativen Wertung entzogen ist. So sei, „wie auch immer sich der Täter entscheiden mag, die Erfüllung der einen Pflicht der Rechtsordnung ebenso wichtig wie die Erfüllung der anderen“[194]. Damit sei jedoch in keinem Fall eine rechtmäßige Handlung möglich. Vielmehr könne damit nur eine Entschuldigung die Strafbarkeit ausschließen, wobei dann an die in der Tat verwirklichte rechtliche Gesinnung des Täters anzuknüpfen sei[195].
Hauptproblem dieser Ansicht ist jedoch, daß sie keine Möglichkeit eines rechtfertigenden Verhaltens aufzeigen kann. So muß, damit eine Handlung als rechtswidrig beurteilt werden kann, zumindest eine theoretische Alternative vorhanden sein, da das Recht eine Handlung nur dann als rechtswidrig ansehen darf, wenn andererseits die Möglichkeit einer Vermeidung besteht: ultra posse nemo tenetur[196]. Damit kann in Fällen, in denen „es einen richtigen Weg nicht gibt, ein Verhaltensfehler also nicht festgestellt werden kann, nur das Schicksal und nicht der ihm unterworfene Mensch mißbilligt werden“[197]. Ferner bedeutet die Konsequenz der Gegenansicht, daß der Täter mit einer „gegensätzlichen Zwangsbefugnis“[198] konfrontiert wird, wodurch ein „Selbstwiderspruch der Rechtsordnung“ entstehe, „der die Einheitlichkeit des Normensystems in Frage stellt“[199]. Des weiteren ist zu sehen, daß in diesen Fällen im Ergebnis kein Unterschied besteht, ob der Täter nun eine der

[192] Baumann/Weber/Mitsch 17/132; Gropp Hirsch-FS (1999) S. 215 ff.; Köhler S. 296 f.; Kühl 18/134; Küper JuS 1987, 89 f.; LK-Hirsch Vor § 32 RN 71 ff.; Preisendanz § 34 5; Roxin 16/101 ff.; Schlehofer S. 72; Schmidhäuser AT 16/77; S/S-Lenckner Vorbem §§ 32 ff. RN 71 ff.; SK-Rudolphi Vor § 13 RN 29; Blei S. 334 spricht hierbei von „nicht rechtswidrig“ in der Unterscheidung zu „gerechtfertigt“, da das Recht hier keine Wertungen treffen kann

[193] Gallas Mezger-FS (1954) S. 332 f.; Haft AT S. 103 f., 145 f.; Jescheck/Weigend § 33 V, § 47 I 2

[194] Jescheck/Weigend § 33 V 2

[195] Gallas Mezger-FS (1954) S. 332

[196] Küper S. 21 ff. m.w.N.; Roxin 16/105; ders. Oehler-FS (1985) S. 186

[197] Roxin 16/105

[198] Köhler S. 297

[199] Küper S. 26 m.w.N.

Handlungsmöglichkeiten wählt oder gänzlich untätig bleibt. Dies wird jedoch dem Handelnden nicht gerecht. Vielmehr gilt es, den Handelnden so zu motivieren, daß dieser das ihm Mögliche tut[200]. Schließlich sprechen auch strukturelle Gründe gegen diese Lösung. So wird im Rahmen der Schuld die subjektive Seite des Täters betrachtet. Jedoch ist die Pflichtenkollision eine Konstellation, in der bereits ein objektiver Mangel gegeben ist[201]. Zusammenfassend ist damit im Ergebnis von einer rechtfertigenden Wirkung der Pflichtenkollision auszugehen.

c. Rangverhältnis der kollidierenden Pflichten

Nach der rechtfertigenden Pflichtenkollision ist eine Handlung in unmittelbarer Anwendung der Grundsätze des § 34 StGB dann nicht rechtswidrig, wenn bei rangverschiedenen Handlungspflichten die höherrangige Pflicht zugunsten der zweitrangigen Pflicht ausgeführt wird. Hier ergibt sich die Entscheidung eindeutig zugunsten der höherrangigen Pflicht. Bei gleichrangigen Pflichten genügt es der Rechtsordnung hingegen, daß zumindest eine der beiden Handlungspflichten erfüllt wird[202], weil sie andernfalls Unmögliches fordern würde[203].

Das Rangverhältnis der kollidierenden Pflichten hängt dabei in erster Linie - aber nicht ausschließlich - von der Stellung und dem Wert der gefährdeten Rechtsgüter ab. Vielmehr sind weitere Kriterien heranzuziehen, im vorliegenden Kontext insbesondere die Nähe der Gefahr und die Wahrscheinlichkeit des Erfolgseintritts beim Patienten[204].

In der Praxis des Rettungswesens sind regelmäßig beide Varianten anzutreffen. Rangverschiedene Pflichten sind z.B. in jenen Fällen gegeben, in denen die Patienten am Einsatzort (z.B. nach einem Verkehrsunfall) unterschiedlich stark verletzt sind bzw. unterschiedliche Lebenschancen haben. So ist zu Lasten eines Leichtverletzten ein vital verletzter Patient bei der notfallmedizinischen Versorgung vorzuziehen, da der Schutz der Gesundheit des ersten Patienten dem Leben des vital verletzten Patienten eindeutig nachsteht[205]. Ebenso sind, sofern lebensgefährliche Verletzungen nicht vorliegen, Patienten

200 Gropp Hirsch-FS (1999) S. 216

201 Schlehofer S. 72

202 Baumann/Weber/Mitsch 17/135; Kühl 18/136 f.; LK-Hirsch Vor § 32 RN 72; S/S-Lenckner Vorbem §§ 32 ff. RN 73

203 Forster-Lenckner S. 576; Köhler S. 297; Lenckner GA 1985, 304

204 ebenso Baumann/Weber/Mitsch 17/136; Forster-Lenckner S. 576; Wessels/Beulke RN 736

205 vgl. Dönicke-Jaeger Rettungsdienst 1991, 187; S/S-Lenckner Vorbem §§ 32 ff. RN 73; Ufer Rettungsdienst 1991, 382

mit schwereren Verletzungen der Gesundheit anderen Patienten vorzuziehen[206].
Problematisch sind im vorliegenden Kontext vor allem gleichrangige Pflichten, insbesondere dann, wenn mehrere gleich schwer verletzte Notfallpatienten versorgt werden müssen. Fraglich ist hierbei jedoch zunächst, ob es in diesen Fällen dennoch Faktoren gibt, nach denen eine gezielte Auswahl unter den Notfallpatienten stattfinden soll. Hierbei muß im Gegensatz zu vereinzelten Stimmen in der Lehre[207] zweifellos unbeachtlich sein, wer den „größeren Lebenswillen" hat bzw. wer „produktiver" oder eine „wertvollere Persönlichkeit" ist, da diese Kriterien der Rechtsordnung widersprechen. Ernster sind jene Vorschläge zu nehmen, die den Grad der Erfolgsaussichten der jeweiligen Behandlung berücksichtigen möchten. Jedoch ist zu sehen, daß - wie bereits oben festgestellt - das menschliche Leben als höchstes Gut einer Abwägung entzogen ist. Damit ist auch eine diesbezügliche Unterscheidung nach den Erfolgsaussichten einer Behandlung abzulehnen[208]. „So wenig das Recht einen Unterschied macht zwischen „lebenswertem" und „lebensunwertem" Leben, so wenig kann es eine Differenzierung vornehmen unter dem Aspekt, ob eine Maßnahme zum Schutz des bedrohten Lebens mehr oder weniger sinnvoll ist"[209]. Ferner wird auch vertreten, eine Differenzierung nach der Frage des Verschuldens vorzunehmen. So soll z.B. im Rahmen von Verkehrsunfällen die Schuldfrage in der Weise eine Rolle spielen, daß unschuldige Verletzte vorrangig zu behandeln sind, während der verletzte Unfallverursacher zurückzustehen hat[210]. Hiergegen ist jedoch anzuführen, daß eine solche Verwirkung des Lebensrechts im Widerspruch zur Rechtsordnung steht und damit abzulehnen ist[211]. Damit ist den Patienten unter gleichen Voraussetzungen zu helfen - unabhängig von der Frage des Verschuldens (dessen Feststellung i.ü. auch nicht zu den Aufgaben des Rettungsdienstes gehört).
Zusammenfassend ist damit festzuhalten, daß bei gleichrangigen Pflichten eine gezielte Auswahl unter den Notfallpatienten nicht stattfinden kann. Vielmehr ist auf die zufällige Priorität der Rettung durch die Entscheidung des Handelnden abzustellen. Dieses Prinzip „bietet Zugangs- und Chancengleichheit für jeden Patienten und betont gleichzeitig dessen Autonomie und Würde, weil ihm ein gleiches Recht und Rettung aus dem einzigen Grunde gegeben wird, weil er ein Mensch an sich ist und nicht, weil er einen be-

206 Forster-Lenckner S. 576; Kühn/Luxem/Runggaldier S. 657; Roxin 16/109
207 Mergen-Kreuzer S. 245
208 Pfenninger/Himmelseher Anästhesiologie und Intensivmedizin 1993, 5; S/S-Lenckner Vorbem §§ 32 ff. RN 74
209 Forster-Lenckner S. 576 f.; Lenckner Med.Klin. 1969, 1003
210 Roxin 16/109
211 Lenckner Med.Klin. 1969, 1003; NK-Neumann § 34 RN 131; S/S-Lenckner Vorbem §§ 32 ff. RN 74

stimmten sozialen Wert oder bestimmte Eigenschaften wie Alter, Rasse usw. besitzt, für die er nicht verantwortlich ist“[212].

d. Subjektives Rechtfertigungselement

Subjektiv wird die Kenntnis der Kollisionslage vorausgesetzt, d.h. der Täter muß wissen, daß ihn mehrere rechtlich begründete Handlungspflichten treffen, von denen er nur eine auf Kosten der jeweils anderen erfüllen kann. Ferner ist die Kenntnis über die jeweiligen Kriterien, welche das Rangverhältnis in seiner konkreten Ausgestaltung begründen, erforderlich[213].

3. Übergesetzlicher entschuldigender Notstand

Schließlich ist zu prüfen, ob in bestimmten Situationen, in denen eine Rechtfertigung nach den Regeln des rechtfertigenden Notstandes oder der rechtfertigenden Pflichtenkollision bisher nicht möglich war, ein Unterlassen der Hilfeleistung zumindest entschuldigt sein kann. In Betracht kommt hier eine Anwendung des übergesetzlichen entschuldigenden Notstandes. Dieser ist in Rechtsprechung und Literatur - wenngleich mit unterschiedlicher Terminologie[214] - weitgehend anerkannt, da die gesetzlich normierten Notstandsvorschriften nicht alle Konstellationen umfassen und damit als nicht abschließend verstanden werden können.

Im Rahmen dieses übergesetzlichen entschuldigenden Notstandes ist auf die bereits oben erörterten Problemsituationen, in denen nach Behandlungsbeginn eines Notfallpatienten im Rettungseinsatz ein weiterer Notfallpatient z.B. mangels medizinisch-technischer Kapazität nicht genügend versorgt werden kann, einzugehen. Fraglich ist, ob es - wenngleich nicht über § 34 StGB gerechtfertigt - zumindest als entschuldigt gewertet werden kann, wenn die lebensrettende Behandlung des ersten Patienten abgebrochen wird, um den zweiten Patienten zu retten, etwa weil dieser jünger ist oder im Falle einer medizinischen Versorgung bessere Überlebenschancen aufweist. Hier haben sich in der Literatur unterschiedliche Meinungen herausgebildet. Vertreter der Ansicht[215], welche eine Entschuldigung in diesen Fällen für möglich halten, stellen dabei vor allem auf sittliche bzw. moralische Aspekte ab. In diesem

212 Giesen JZ 1990, 942; ferner Laufs RN 494

213 Baumann/Weber/Mitsch 17/138; S/S-Lenckner Vorbem §§ 32 ff. RN 77; diff. LK-Hirsch Vor § 32 RN 82

214 der im Text verfolgten Bezeichnung folgen z.B. Baumann/Weber/Mitsch 23/55; Bokkelmann/Volk S. 131; Haft AT S. 145 f.; Jakobs 20/39; Kühl 12/92 ff.; S/S-Lenckner Vorbem §§ 32 ff. RN 115 ff.; Welzel § 23 III; Wessels/Beulke RN 452

215 Haft Fallrepetitorium Nr. 340; Küper JuS 1971, 477; Ulsenheimer RN 234b

Sinne definiert Welzel[216] die Rechtsschuld erst ab einem bestimmten Schweregrad der sittlichen Schuld, wobei ein bestimmtes sozialerhebliches Maß erreicht sein müsse.
Diese Auffassung ist jedoch im Einklang mit der Gegenansicht[217] abzulehnen. Kreuzer[218] führt dazu aus, daß „es nicht sein dürfe, zu wählen und Schicksal zu spielen, wo schicksalhaft schon einmal entschieden und damit eine vergleichsweise höherrangige Pflicht gegenüber dem ersten Patienten übernommen wurde". Für diese Ansicht spricht auch, daß die Gegenansicht in der Konsequenz die drohende Gefahr für das Rechtsgut Leben bzw. Gesundheit des zweiten Patienten auf dcn unbeteiligten ersten Patienten überträgt. Hierzu stellt Roxin[219] fest, daß „Unbeteiligte darauf vertrauen dürfen müssen, daß das Recht sie gegen eine gewaltsame Zerstörung ihres Lebens oder ihrer Gesundheit unter allen Umständen schützt. Denn was das Schicksal verhängt, ist dem Menschen nicht zuzurechnen. Erst der Versuch, auf Kosten Unbeteiligter das Schicksal zu korrigieren, würde den Rechtsfrieden stören". Dieser Ansicht ist nichts hinzuzufügen.

216 Welzel ZStW 63 (1951), 53 f.

217 Krey JuS 1971, 248 f.; Roxin 22/157; ders. Engisch-FS (1969) S. 400 FN 58; SK-Rudolphi Vor § 19 RN 9

218 Mergen-Kreuzer S. 245

219 Roxin 22/156 ff.

Viertes Kapitel
Fahrlässige Körperverletzung und fahrlässige Tötung im Rettungswesen (§§ 222, 229 StGB)

§ 9 Der Strafrechtsaufbau der Fahrlässigkeitstat

Der allgemeine Deliktsaufbau der Fahrlässigkeitstat entspricht nach allgemeiner Auffassung dem dreistufigen Aufbau nach Tatbestandsmäßigkeit, Rechtswidrigkeit und Schuld. Jedoch haben sich im Laufe der Zeit die Inhalte dieser einzelnen Komplexe gewandelt.

1. Tatbestandsmäßigkeit

Im Rahmen der Tatbestandsmäßigkeit ist nach moderner Ansicht nach dem Eintritt des tatbestandlichen Erfolges die Außerachtlassung der im Verkehr erforderlichen Sorgfalt (objektive Sorgfaltspflichtverletzung) sowie die Kausalität zwischen dieser Sorgfaltspflichtverletzung und dem Erfolg zu prüfen. Die Tatbestandsverwirklichung muß zudem objektiv voraussehbar sein. Weitere Voraussetzung ist die objektive Zurechnung des Erfolges unter Berücksichtigung der tatbestandlichen Relevanz der Sorgfaltspflichtverletzung für den Eintritt des Erfolges (Pflichtwidrigkeitszusammenhang) sowie der Schutzzweck der Norm (Schutzzweckzusammenhang).
Dieser Aufbau, über den inzwischen weitgehende Einigkeit besteht[1], sieht im Gegensatz zum früheren Ansicht die Fahrlässigkeit nicht lediglich als eine bestimmte, schwächere Schuldform gegenüber den Vorsatzdelikten, sondern weist einen eigenen Charakter auf, welcher sowohl Unrechts- als auch Schuldelemente beinhaltet.
In neuerer Zeit wird nun z.T.[2] vertreten, im jeweiligen Tatbestand lediglich den Handlungsunwert einzuordnen und den Erfolg außerhalb des Tatbestandes als eine Bedingung der Strafbarkeit anzusiedeln. Hierbei wird darauf abgestellt, daß man lediglich Handlungen, nicht jedoch den Erfolg als solchen untersagen könne, wobei zudem ungewiß sei, ob sich dieser auch konkret

---

[1] vgl. nur Gropp 12/6; Haft AT S. 69; Jescheck/Weigend § 54 I 3, 4; Roxin 24/3; ferner BGH Urt. v. 22.09.1953 - 5 StR 331/53

[2] Lüderssen Bockelmann-FS (1979) S. 186 ff; Zielinski S. 128 ff., 205 ff.; für die Fahrlässigkeitstat Armin Kaufmann Welzel-FS (1974) S. 410 f.; Welzel § 18 I; weitere Nachw. bei Schaffstein Welzel-FS (1974) S. 560

verwirklicht. Diese Auffassung hat jedoch durch die ganz überwiegende Literatur[3] scharfe Kritik erfahren. Trotz der Tatsache, daß sich nur Handlungen als solche untersagen lassen, besteht eine notwendige Kausalverbindung zwischen Handlung und Erfolgseintritt. Die dabei ins Feld geführte Unsicherheit über die Erfolgsverwirklichung als solche unterliegt schließlich der weiteren Kontrolle im Rahmen der objektiven Zurechnung. Zudem sprechen auch kriminalpolitische Aspekte gegen eine Abtrennung des Erfolges, da andernfalls bereits jede sorgfaltswidrige Handlung als solche unter Strafe gestellt werden müßte[4].

2. Rechtswidrigkeit

Wie bei den Vorsatzdelikten ist nach allgemeiner Ansicht auch im Rahmen von Fahrlässigkeitsdelikten mit der Verwirklichung des Tatbestandes von der Rechtswidrigkeit des jeweiligen Verhaltens auszugehen, sofern dieses nicht aufgrund besonderer Umstände gerechtfertigt ist.

Umstritten ist jedoch in diesem Zusammenhang, ob als notwendige Bedingung für die Annahme einer wirksamen Rechtfertigung ein subjektives Rechtfertigungselement vorauszusetzen ist[5], oder ob - so die überwiegende Ansicht[6] - bereits das Vorliegen der objektiven Voraussetzungen des jeweiligen Rechtfertigungsgrundes für eine Rechtfertigung ausreicht. Wenngleich für die erste Ansicht zu sprechen scheint, daß mit der objektiven Voraussehbarkeit der Tatbestandsverwirklichung Aspekte der Wahrnehmung bereits im Tatbestand zu finden sind, ist mit der überwiegenden Ansicht festzuhalten, daß auf der einen Seite - im Gegensatz zu den Vorsatzdelikten - das Handlungsunrecht als solches nicht strafbar ist, jedoch andererseits das Erfolgsunrecht bereits mit der objektiven Rechtfertigungslage beseitigt wird[7]. Auch gilt in den Fällen der unbewußten Fahrlässigkeit, daß der Täter durch sein unbewußtes Verhalten überhaupt keine Vorstellung von einem möglichen Eintritt des Er-

---

[3] Gallas Bockelmann-FS (1979) S. 155 ff.; Jakobs 6/69 ff.; Jescheck/Weigend § 24 III 2; Lackner/Kühl Vor § 13 RN 21; LK-Jescheck Vor § 13 RN 44; Maurach/Zipf 17/5; S/S-Lenckner Vorbem §§ 13 ff. RN 59; Schünemann Schaffstein-FS (1975) S. 159 ff.; Stratenwerth Schaffstein-FS (1975) S. 177 ff.

[4] so Jescheck/Weigend § 24 III 2

[5] Geppert ZStW 83, 957 f. m.w.N.; LK-Hirsch Vor § 32 RN 58 m.w.N.; Maurach/Gössel/Zipf 44/18; Roxin 24/95, 98

[6] Ebert S. 146; Haft AT S. 79 f.; Jescheck/Weigend § 56 I 3; Puppe Stree/Wessels-FS (1993) S. 187; Schaffstein Welzel-FS (1974) S. 573 f. m.w.N.; S/S-Lenckner Vorbem §§ 32 ff. RN 97 ff. m.w.N.; Stratenwerth § 15 RN 39; SK-Samson Anh. zu § 16 RN 32

[7] Jescheck/Weigend § 56 I 3

folges entwickeln konnte[8]. Insofern scheint ein Bewußtseinselement im Rahmen der Rechtfertigung wenig überzeugend.

3. Schuld

Im Rahmen der Schuld ist zunächst die Schuldfähigkeit des Täters zur Zeit der Tat zu prüfen. Danach ist die Frage zu erörtern, ob die Tat dem Täter durch die Nichterfüllung der objektiven Sorgfaltsanforderungen trotz ausreichender persönlicher Kenntnisse und Fähigkeiten und subjektiver Voraussehbarkeit des Erfolges (subjektive Sorgfaltspflichtverletzung) einschließlich des Kausalverlaufs (subjektive Voraussehbarkeit) persönlich vorzuwerfen ist oder die Möglichkeit zur Unrechtseinsicht (potentielles Unrechtsbewußtsein) bestand. Des weiteren ist das Fehlen von Entschuldigungsgründen unter Einschluß der Unzumutbarkeit normgemäßen Verhaltens zu prüfen, bevor zuletzt noch auf persönliche Strafausschließungs- und Strafaufhebungsgründe einzugehen ist.

§ 10 Die Pflichtwidrigkeit (objektive Sorgfaltspflichtverletzung)

1. Begriff der allgemeinen Sorgfaltspflicht

Der Begriff der allgemeinen Sorgfaltspflicht ist bis in die Gegenwart uneinheitlich, obwohl sich sowohl die Literatur als auch verschiedene gesetzgeberische Vorhaben immer wieder mit dieser Thematik auseinandergesetzt haben. Einen Grundstein setzte in diesem Zusammenhang die bereits 1930 entwickelte und vielbeachtete Formel von Engisch[9], wonach als Sorgfalt das zu bezeichnen ist, „was jemand als Mittel zur Vermeidung drohender Tatbestandsverwirklichungen den konkreten Verhältnissen entsprechend anzuwenden verpflichtet ist“. Im Lauf der Entwicklung ist ferner insbesondere auf die Reformversuche des Strafgesetzes zu verweisen, welche den Begriff der Sorgfaltspflicht mit dem damit zusammenhängenden Begriff der Fahrlässigkeit begrifflich zu erfassen versuchten. Nach § 18 StGB-E 1962 handelt derjenige fahrlässig, der „die Sorgfalt außer acht läßt, zu der er nach den Umständen und seinen persönlichen Verhältnissen verpflichtet und fähig ist und deshalb nicht erkennt, daß er den gesetzlichen Tatbestand verwirklicht“ bzw. „wer es für möglich hält, daß er den gesetzlichen Tatbestand verwirklicht, jedoch pflichtwidrig und vorwerfbar im Vertrauen darauf handelt, daß er ihn nicht

[8] Stratenwerth § 15 RN 39
[9] Engisch Vorsatz und Fahrlässigkeit S. 327

verwirklichen werde". Nach § 18 StGB-AE handelt fahrlässig, „wer die Sorgfalt außer acht läßt, zu der er verpflichtet und fähig ist".
Als Fundament jeder Fahrlässigkeit gilt heute die Verletzung der im Verkehr erforderlichen Sorgfalt[10]. Diese Formel entspricht damit der des § 276 Abs. 1 Satz 2 BGB.
Die einzelnen Sorgfaltsanforderungen stellen Ausprägungen gesellschaftlicher Entwicklungen dar. Daher sind sie beweglich und passen sich Weiterentwicklungen an. Sie werden allgemein durch die verschiedenen Entstehungsgründe in mehrere Fallgruppen unterteilt. Dabei ergeben sie sich neben gesetzlichen Normen, Verkehrsnormen und den besonderen Umständen des jeweiligen Einzelfalles insbesondere auch aus Erfahrungssätzen. Letztere - die im vorliegenden Kontext auch die hier maßgeblichen Regeln der ärztlichen Kunst umfassen[11] - sind das Ergebnis einer auf Erfahrung und Überlegung beruhenden umfassenden Voraussicht möglicher Gefahren[12].

2. Maßstab eines einsichtigen, besonnenen und gewissenhaften Angehörigen im Rettungswesen

Der Maßstab der Sorgfaltsanforderungen wird ganz überwiegend anhand der Festlegung von bestimmten, genau umgrenzten Sorgfaltstypen vorgenommen. So ist nach der Rechtsprechung[13] und der Lehre[14] auf den Maßstab eines einsichtigen, besonnenen und gewissenhaften Angehörigen des jeweiligen Verkehrskreises in der konkreten Situation (die sog. „differenzierte Maßfigur"[15]) abzustellen.
Der Sorgfaltsmaßstab des Verkehrskreises beruht auf dem für seine Angehörigen vorausgesetzten Fähigkeitsmaßstab. Dieser muß zum einen die Fähigkeit zur Erkennung und Vermeidung von möglichen Gefahren aufweisen, ferner bei riskanten Verhaltensweisen auch seine eigenen Grenzen kennen[16]. Hierbei darf nicht einfach auf den Durchschnittsmenschen abgestellt werden, da das Verhalten des Durchschnitts keineswegs dem eines Sorgfaltstypen in der konkreten Situation entsprechen muß. Vielmehr kann nur maßgebend sein, was von einem Angehörigen durchschnittlich verlangt werden kann[17].

10 Forster-Lenckner S. 599; Wilhelm S. 13 f.; dies. Jura 1985, 184
11 Kühl 17/23; Lackner/Kühl § 15 RN 39
12 BGH Urt. v. 23.04.1953 - 3 StR 894/52; BGH Urt. v. 10.07.1958 - 4 StR 180/58
13 BGH Urt. v. 11.02.1955 - 1 StR 478/54; BGH Urt. v. 10.12.1965 - 1 StR 327/65
14 Bockelmann/Volk S. 160; Gropp 12/31; Haft AT S. 166 f.; Jescheck/Weigend § 55 I 2 b; Kühl 17/25; Lackner/Kühl § 15 RN 37; S/S-Cramer § 15 RN 133 ff.; Wessels/Beulke RN 669
15 Burgstaller S. 54 ff.; Roxin 24/32
16 so Kühl 17/25; ferner Deutsch Fahrlässigkeit und erforderliche Sorgfalt S. 138
17 Burgstaller S. 55 f.; Kamps S. 80 ff.

Auch sind objektive Sorgfaltsanforderungen unabhängig von der jeweiligen Einzelperson zu prüfen. Insofern spielen individuelle Faktoren, wie z.B. eine schlechte Ausbildung bzw. die fehlende praktische Erfahrung, keine Rolle[18]. Eine nähere Untersuchung setzt voraus, zunächst die differenzierte Maßfigur im Rettungswesen zu charakterisieren und deren Sorgfaltsanforderungen zu bestimmen. Unabhängig hiervon wird schließlich zu klären sein, ob ein eventuelles Sonderwissen oder besondere Fähigkeiten dieser Personen berücksichtigt werden muß.

a. Die differenzierte Maßfigur

Problematisch bei der Aufstellung eines Sorgfaltstyps ist die Generalisierung der Fähigkeiten der einzelnen Personen. Dieser Gefahr muß dadurch entgegengesteuert werden, daß die differenzierte Maßfigur möglichst eng eingrenzt wird. Damit ist bei der Frage des Maßstabes eines einsichtigen, besonnenen und gewissenhaften Mitarbeiters im Rettungswesen zunächst zwischen ärztlichem und nichtärztlichem Personal zu unterscheiden. Zudem ist bei den Anforderungen an das ärztliche Personal nicht nur auf die Sorgfalt eines „normalen" Arztes, sondern unter dem Gesichtspunkt der Gruppenfahrlässigkeit auf die Sorgfalt eines erfahrenen Facharztes abzustellen[19], d.h. im vorliegenden Kontext von einem notfallmedizinisch ausgebildeten Arzt (Fachkundenachweis „Arzt im Rettungsdienst" oder vergleichbare Qualifikation)[20]. Bei den Anforderungen an das nichtärztliche Personal ist mit gleicher Konsequenz an den Fachstandard eines erfahrenen Angehörigen der jeweiligen Berufsgruppe - Rettungsassistenten (zweijährige Ausbildung), Rettungssanitäter (520-Stunden-Ausbildung) und Rettungshelfer (organisationsintere Ausbildung) - anzuknüpfen[21]. Diese Spezialisierung auf das Fachpersonal ist insofern erforderlich, da eine besondere Ausbildung und Zulassung für die Teilnahme am Rettungswesen vorausgesetzt wird.

---

18 BGH Urt. v. 19.11.1997 - 3 StR 271/97; Mergen-Isele S. 17 f.

19 BGH Urt. v. 13.06.1960 - III ZR 54/59; BGH Urt. v. 10.02.1987 - VI ZR 68/86; BGH Urt. v. 15.06.1993 - VI ZR 175/92; BGH Urt. v. 27.09.1983 - VI ZR 230/81; BGH Urt. v. 29.11.1994 - VI ZR 189/93; OLG Oldenburg Urt. v. 08.03.1993 - 5 U 14/93; Bockelmann S. 88; Giesen RN 85; Kamps S. 167; Kühl 17/26; Lang/Arnold S. 114; Laufs NJW 2000, 1757; Laufs/Uhlenbruck-Laufs 99/11; Rieger RN 305; S/S-Cramer § 15 RN 135; Sefrin S. 19

20 vgl. hierzu bereits S. 13 f.

21 vgl. hierzu bereits S. 15 f.

b. Sorgfaltspflichten und medizinischer Standard

Die Sorgfaltspflichten des Personals bei der Behandlung von Patienten sind streng. Jedoch reicht allein das Vorliegen einer irrigen Annahme[22] oder ein ungünstiges Ergebnis einer Behandlung (z.B. ein Mißerfolg oder Komplikationen[23] bzw. kein dauerhafter Erfolg[24], die Entwicklung und Fortschreiten eines Syndroms[25], ein Materialfehler[26] eine Infektion[27] oder Schädigung[28] des Patienten) nicht aus, um zur Annahme eines fahrlässigen Handelns zu kommen. Auch ist zu berücksichtigen, daß selbst der Geschickteste „nicht mit der Sicherheit einer Maschine arbeitet, daß trotz aller Fähigkeit und Sorgfalt ein Griff, ein Schnitt oder Stich mißlingen kann"[29].

Vielmehr ist maßgeblich darauf abzustellen, ob so gehandelt wurde, wie es - wie bereits ausgeführt - im jeweiligen Berufskreis einer differenzierten Maßfigur erwartet wird. Neben dieser äußeren Sorgfalt wird seit der Untersuchung von Engisch[30] auch eine innere Sorgfalt vorausgesetzt. Diese besteht in einem intellektuellen, emotionalen Vorgang, einer „rein geistig-sinnliche Erkenntnisarbeit"[31], die sich auf die entsprechende Wahrnehmung und auf die hieraus folgende Einhaltung der äußeren Sorgfalt richtet[32].

Bei der Frage des Vorliegens einer erwarteten Handlung ist ein etwaiges Abweichen vom Standard der medizinischen Wissenschaft entscheidend, weil dieser Standard die erforderliche Sorgfalt festlegt. Unter dem - oft uneinheitlich verwendeten - Begriff des medizinischen Standards ist hierbei der „jeweilige Stand der naturwissenschaftlichen Erkenntnisse und der ärztlichen Erfahrung, der zur Erreichung des ärztlichen Behandlungsziels erforderlich ist und sich in der Erprobung bewährt hat"[33], zu verstehen. Zur Einhaltung diese Standards ist nach der Judikatur[34] dabei grundsätzlich die „schnellstmögliche

22 OLG Stuttgart Urt. v. 08.12.1988 - 14 U 25/88

23 BGH Urt. v. 14.03.1978 - VI ZR 213/76; BGH Urt. v. 20.09.1983 - VI ZR 35/82; OLG Köln Urt. v. 22.01.1987 - 7 U 193/86; OLG Düsseldorf Urt. v. 23.06.1988 - 8 U 229/86

24 OLG Köln Urt. v. 12.10.1995 - 5 U 234/94

25 OLG Düsseldorf Urt. v. 30.06.1988 - 8 U 214/86

26 OLG Celle Urt. v. 06.02.1989 - 1 U 36/88

27 OLG Saarbrücken Urt. v. 05.11.1986 - 1 U 92/84

28 OLG Stuttgart Urt. v. 17.12.1987 - 14 U 21/87; OLG Düsseldorf Urt. v. 05.05.1988 - 8 U 119/86

29 RGZ Urt. v. 01.03.1912 - Rep. III 231/11; OLG Zweibrücken Urt. v. 13.08.1990 - 4 U 266/89

30 Engisch Vorsatz und Fahrlässigkeit S. 269 ff.

31 Engisch Vorsatz und Fahrlässigkeit S. 273 m.w.N.

32 Deutsch RN 180; ders. Fahrlässigkeit und erforderliche Sorgfalt S. 93 ff., 468 ff.; Jescheck/Weigend § 55 I 3

33 Hart MedR 1998, 9; ähnlich Buchborn MedR 1993, 328 ff.

34 OLG Koblenz Urt. v. 14.09.1993 - 3 U 1608/92; krit. zur Formulierung MK-Mertens § 823 RN 367

Anwendung der wirksamsten Therapie unter weitmöglichster Verkürzung des Krankheitsverlaufs" erforderlich.
Ferner ist zu beachten, daß die erforderliche Sorgfalt in der Medizin nicht mit der üblichen Sorgfalt verwechselt werden darf, da diese nicht dem Standard entspricht. So können „Unsitten, welche den durch die allgemeinen Verkehrsrücksichten auferlegten Pflichten zuwiderlaufen, ihre Berechtigung nicht darin finden, daß sie in einem mehr oder minder großen Kreis geübt werden"[35]. Insofern verkürzen sie die jeweilige Sorgfaltspflicht nicht, sind sie auch noch so üblich[36]. Ferner reicht auch „die Gebräuchlichkeit eines Verfahrens zur Verneinung eines Behandlungsfehlers nicht aus, wenn nicht zugleich alles getan wird, was nach den Regeln und Erfahrungen der medizinischen Wissenschaft zur Bewahrung des Patienten vor körperlichen Schäden getan werden muß"[37].
Aufgrund der durch verschiedene medizinische Faktoren geprägte Begriff des Standards wird bei der Frage, ob nun in einer konkreten Situation ein Abweichen vom Standard und damit eine Sorgfaltspflichtverletzung zu bejahen ist, nach einer Ansicht[38] auf den medizinischen Maßstab abgestellt. Richtiger ist jedoch, mit der wohl überwiegenden Gegenansicht[39] in erster Linie einen juristischen Maßstab anzulegen und medizinische Faktoren als entsprechende Anhaltspunkte zu werten: Wenn auch die Entscheidung „regelmäßig nur mit Hilfe eines ärztlichen Sachverständigen" zu beurteilen ist, so ist der Richter „doch nicht verpflichtet, die Begriffswelt des Arztes zu übernehmen. Dies trägt dazu bei, der möglichen Gefahr einer Vernunfthoheit des Arztes über den Patienten zu begegnen"[40].

aa. Der jeweilige Stand medizinischer Erkenntnis

Der Maßstab der Sorgfaltspflichten in Bezug auf den medizinischen Standard im Rettungswesen ist ex ante zu bestimmen, d.h. nach dem wissenschaftlichen

---

35 RGSt Urt. v. 03.05.1906 - I 155/06; BGH Urt. v. 27.11.1952 - VI ZR 25/52; Bockelmann/Volk S. 159

36 BGH Urt. v. 27.11.1952 - VI ZR 25/52; Blei S. 300; Bockelmann S. 88; Deutsch NJW 1976, 2289; Gropp 12/33; Laufs RN 473; RGRK-Nüßgens § 823 Anh. II RN 179; Rieger RN 309; Schreiber DMW 1984, 1458

37 BGH Urt. v. 13.10.1964 - VI ZR 169/63 - wobei hier noch von Kunstfehlern gesprochen wird

38 Deutsch RN 177; Laufs RN 513; Schreiber DMW 1984, 1459; ferner BGH Urt. v. 29.11.1994 - VI ZR 189/93

39 Giesen JZ 1982, 348; Laufs/Dierks/Wienke/Graf-Baumann/Hirsch-Ulsenheimer S. 31; Ulsenheimer MedR 1992, 129

40 BVerfG Beschl. v. 07.10.1981 - 2 BvR 1194/80; praktisch läuft dies jedoch auf eine bloße Plausibilitätskontrolle des Sachverständigengutachtens hinaus, vgl. Ulsenheimer MedR 1992, 129 m.w.N.

Stand der Medizin zum Zeitpunkt der Vornahme des jeweiligen Heileingriffs[41]. Damit spielen nachträgliche medizinische Weiterentwicklungen zu Lasten des Betroffenen keine Rolle.
Zu beachten ist dabei, daß der Standard der medizinischen Wissenschaft keineswegs unbeweglich ist, vielmehr erfolgt aufgrund neuer Kenntnisse eine ständige Weiterentwicklung[42], mit der Folge, daß in der Vergangenheit anerkannte, aber inzwischen überholte Therapieformen niemals Standard sein können[43]. Damit kann „das, was gestern noch anerkannte Übung war und damit den Regeln ärztlicher Kunst entsprochen hat, schon bald veraltet und damit sorgfaltswidrig sein“[44], womit „der Standard von heute den Fehler von morgen“ bildet[45].
Eine Verletzung der Sorgfalt ist gegeben, wenn die jeweilige Methode durch gesicherte medizinische Erkenntnisse überholt und daher bedenklich erscheinen muß[46]. Der Zeitpunkt, ab dem eine bestimmte Behandlungsmaßnahme im einzelnen als überholt anzusehen ist, so daß ihre Anwendung nicht mehr dem einzuhaltenden Standard genügt, ist jedenfalls dann erreicht, wenn „die neue Methode risikoärmer ist oder bessere Heilungschancen verspricht, in der medizinischen Wissenschaft im wesentlichen unumstritten sind und deshalb nur ihre Anwendung verantwortet werden kann“[47]. Auch dürfen Behandlungsmethoden oder Behandlungsmittel nicht mehr angewandt werden, wenn inzwischen gewichtige Lehrmeinungen entgegenstehen[48].
Dies setzt eine ständige Informations- und Weiterbildungspflicht der im Rettungswesen tätigen Mitarbeiter über den jeweiligen Stand der medizinischen Wissenschaft, d.h. über die aktuellen Behandlungsmethoden und -mittel voraus[49], wobei grundsätzlich hohe Anforderungen heranzuziehen sind[50]. So ist das medizinische Personal verpflichtet, „sich in dem Umfang fortzubilden, wie es zur Enthaltung und Entwicklung der zur seiner Berufsausübung erfor-

---

41 vgl. BGH Urt. v. 03.05.1962 - 1 StR 18/62; BGH Urt. v. 18.12.1984 - VI ZR 23/83; Bockelmann S. 88; Laufs RN 476; Lechleuthner/Funk S. 17; RGRK-Nüßgens § 823 Anh. II RN 179 m.w.N.; Ulsenheimer MedR 1992, 128

42 Hart MedR 1998, 10; Laufs/Uhlenbruck-Laufs 99/3; Ulsenheimer MedR 1992, 128; vgl. zur Problematik der allgemeinen wissenschaftlichen Anerkennung: Neuhaus-Neuhaus/Deutsch/Wieland S. 137 ff.

43 Deutsch RN 10; Schreiber DMW 1984, 1458; Ulsenheimer RN 19

44 Giesen RN 74; ders. JZ 1982, 353 m.w.N.

45 Deutsch RN 11

46 BGH Urt. v. 27.09.1977 - VI ZR 162/76

47 BGH Urt. v. 22.09.1987 - VI ZR 238/86; BGH Urt. v. 26.11.1991 - VI ZR 389/90; OLG Köln Urt. v. 10.04. 1991 - 27 U 152/90

48 BGH Urt. v. 27.09.1977 - VI ZR 162/76

49 Bockelmann S. 88; vgl. allgemein zur Fortbildungspflicht: BGH Urt. v. 22.03.1977 - VI ZR 28/75; BGH Urt. v. 27.09.1977 - VI ZR 162/76; BGH Urt. v. 27.10.1981 - VI ZR 69/80; Kamps S. 147; Laufs/Uhlenbruck-Laufs 99/10

50 vgl. Giesen RN 77 ff.; ders. JZ 1982, 353 jew. m.w.N.

derlichen Fachkenntnisse notwendig ist“[51], wobei man sich „neuen Lehren und Erfahrungen nicht aus Bequemlichkeit, Eigensinn oder Hochmut verschließen“ darf[52]. Wenngleich dadurch das regelmäßige Lesen einschlägiger Fachzeitschriften auf dem entsprechenden Gebiet, im vorliegenden Fall also der Notfallmedizin, gefordert wird, bedeutet das nicht, daß ein Mitarbeiter „alle medizinischen Veröffentlichungen alsbald kennt und beachtet“[53]. Auch ist das regelmäßige Verfolgen der Rechtsprechung anhand des Studiums aktueller Urteile nicht erforderlich, da andernfalls die Anforderungen an die erforderliche Sorgfalt überspannt werden[54].
Zu beachten ist ferner, daß alle Zusatzinformationen zu den neuen Behandlungsmethoden, insbesondere bei der Applikation von Medikamenten (Packungsbeilage) oder der Anwendung medizinisch-technischer Geräte (Anwendungsvorschriften) zur Kenntnis zu nehmen sind[55]. Zudem sind einschlägige Hinweise im medizinischen Schrifttum zu beachten[56]. So ist es als sorgfaltswidrig anzusehen, wenn eine Behandlungsmethode angewandt wird, obwohl im medizinischen Schrifttum über schädliche Nebenwirkungen berichtet wurde, welche der jeweilige Hersteller nicht angegeben hat[57]. Auf die Richtigkeit der jeweiligen Angaben darf dabei grundsätzlich vertraut werden. Etwas anderes gilt jedoch, wenn es sich um offensichtliche Fehler handelt[58], so z.B. bei der Verwechslung von Mikrogramm mit Milligramm[59] oder der Verwechslung einer 25-prozentigen mit einer 2,5-prozentigen Kochsalzlösung[60].

bb. Therapiefreiheit und ihre Grenzen

Im Rahmen der Erörterung des medizinischen Standards ist insbesondere auf den anerkannten Grundsatz der ärztlichen Therapiefreiheit[61] einzugehen. So

[51] BGH Urt. v. 19.11.1997 - 3 StR 271/97
[52] vgl. RGSt Urt. v. 01.12.1931 - I 707/31; ebenso Laufs RN 470, Eb. Schmidt S. 175 ff.
[53] BGH Urt. v. 29.01.1991 - VI ZR 206/90; vgl. Ehlers S. 73; Laufs/Dierks/Wienke/Graf-Baumann/Hirsch-Pelz S. 45 f.
[54] so zu Recht Schreiber DMW 1984, 1459, der in diesem Fall vielmehr den Arzt wechseln würde, da dieser bei „regelmäßigem ausführlichen Studium der Rechtsprechung höchstwahrscheinlich nicht zur notwendigen Fortbildung in seinem eigenem Fachgebiet“ komme
[55] OLG Celle Urt. v. 20.09.1976 - 9 U 174/75
[56] BGH Urt. v. 27.10.1981 - VI ZR 69/80; OLG Nürnberg Urt. v. 10.06.1970 - 4 U 178/68
[57] BGH Urt. v. 05.12.1967 - VI ZR 54/66
[58] Engisch Ärztliche Operation S. 29 Anm. 3; Bockelmann S. 94 FN 23
[59] so geschehen 1983 im DÄBl.; die Richtigstellung erfolgte in DÄBl. 1983, Heft 21, 3
[60] BGH Urt. v. 07.07.1970 - VI ZR 223/68
[61] vgl. z.B. RGSt Urt. v. 01.12.1931 - I 707/31; BGH Beschl. v. 17.05.1991 - 3 StR 8/91; BGH Urt. v. 29.01. 1991 - VI ZR 206/90

ist heute unstreitig, daß die Therapiefreiheit maßgeblich zur Weiterentwicklung der Medizin beiträgt.
Damit ist die Wahl der Therapiemethode primär Sache des Arztes[62], sofern keine dem Selbstbestimmungsrecht des Patienten aktualisierende Wahlmöglichkeit mehr verbleibt[63]. Dies bedeutet, daß man auf der einen Seite grundsätzlich auch eine neue Methode anwenden darf, sofern dies keine zusätzliche Gefahr für den Patienten begründet. Auf der anderen Seite besteht jedoch grundsätzlich auch keine Verpflichtung, immer der neuesten Entwicklung zu folgen. Vielmehr besteht ein erheblicher Ermessensspielraum des Arztes, wobei für die Frage der Methodenwahl der konkrete Einzelfall maßgeblich sein wird. Voraussetzung für eine Methodenwahl ist jedoch, daß der Arzt die jeweiligen in Betracht kommenden Therapieformen beherrscht. Ferner muß die Ausübung der Therapiefreiheit mit entsprechenden Aufklärungspflichten gegenüber dem Patienten verbunden sein[64].
Entscheidend ist, daß auch ein sorgfältiger Arzt im konkreten Fall ebenso „wenigstens möglicherweise" entschieden hätte[65]. Dies setzt voraus, daß die Erfahrungen der Schulmedizin auch dann zu beachten sind, wenn sie von der eigenen Schulmeinung abweichen[66], insbesondere bei lebensgefährlichen Erkrankungen[67]. Damit gilt als Grenze auch die in der medizinischen Wissenschaft anerkannte Überlegenheit eines speziellen Verfahrens[68]. Eine andere Beurteilung ist dagegen geboten, wenn ärztliches oder nichtärztliches Personal aus sachlichen Gründen eine Behandlungsmethode bzw. ein Behandlungsmittel nicht einsetzen, weil hierdurch „erhebliche anderweitige Gefahren für den Kranken befürchtet" werden oder aus „wohlerwogenen Gründen" an diese Wirksamkeit nicht geglaubt und die scheinbare Wirksamkeit auf andere Umstände zurückgeführt wird[69]. In diesen Ausnahmefällen darf von dem anerkannten Verfahren Abstand genommen werden. Auch muß der Arzt „nicht stets den sichersten therapeutischen Weg wählen. Ein höheres Risiko muß aber in den besonderen Sachzwängen des konkreten Falles oder in einer günstigeren Heilungsprognose eine sachliche Rechtfertigung finden"[70]. Zeigt die

62 BGH Urt. v. 29.06.1995 - 4 StR 760/94; BGH Urt. v. 11.05.1982 - VI ZR 171/80; BGH Urt. v. 22.09.1987 - VI ZR 238/86; BGH Urt. v. 22.12.1987 - VI ZR 32/87; BGH Urt. v. 06.12.1988 - VI ZR 132/88; BGH Urt. v. 26.11.1991 - VI ZR 389/90; OLG Hamm Urt. v. 10.12.1990 - 3 U 39/90; Ulsenheimer MedR 1992, 128

63 Giesen JZ 1987, 284

64 vgl. hierzu MK-Mertens § 823 RN 382 m.w.N.

65 Deutsch RN 184; ders. NJW 1993, 1508 f.

66 RGSt Urt. v. 12.02.1940 - 3 D 939/39

67 BGH Urt. v. 21.06.1960 - 1 StR 186/60

68 BGH Urt. v. 21.06.1960 - 1 StR 186/60; BGH Urt. v. 26.11.1991 - VI ZR 389/90; Biermann Der Anästhesist 1993, 190

69 RGSt Urt. v. 08.07.1930 - I 465/30; Bockelmann S. 87 f.; Ulsenheimer RN 19b

70 BGH Urt. v. 07.07.1987 - VI ZR 146/86

angewandte Therapie im konkreten Fall hingegen keinen Erfolg oder zeigen sich Kontraindikationen, so muß sie unverzüglich abgebrochen und auf eine anerkannte Methode umgestellt werden[71]. Hierbei ist stets der sicherste Weg zu beschreiten[72].
Einschränkend ist schließlich speziell in der präklinischen Notfallmedizin zu sehen, daß der Versorgung des Patienten am Einsatzort und auf dem Transport die medizinische Behandlung in einer geeigneten Einrichtung nachfolgt. Damit ist erforderlich, daß der Notarzt auch die Behandlungsmethoden und -mittel der jeweiligen Einrichtung mitbeachtet und die Therapiemaßnahmen aufeinander abstimmt[73].

c. Sorgfaltsanforderungen und Notsituation im Rettungswesen

Die Anforderungen an die Sorgfaltspflicht sind nicht generell zu definieren, sondern richten sich nach den jeweiligen Umständen des konkreten Falles[74]. Hierbei ist auf die besondere Situation in Notfällen einzugehen.
So ist zunächst zu beachten, daß dem Personal im Rettungswesen am jeweiligen Einsatzort nur begrenzte medizinische Mittel zur Verfügung stehen. Hier sind - notgedrungen - die Anforderungen den äußeren Gegebenheiten anzupassen[75]. So kann „das objektiv Richtige einer medizinischen Behandlung nicht i.S. des medizinisch-theoretisch Optimalen verstanden werden, sondern stets nur dem nach den konkreten Umständen praktisch Möglichen“[76]. Damit kann im Rettungswesen als sorgfaltsgemäß angesehen werden, was im klinischen Bereich zugleich sorgfaltswidrig wäre.
Ferner handelt es sich bei der Behandlung von Notfallpatienten im Rahmen des Rettungswesens oft um vital indizierte, dringliche Maßnahmen. Unter diesem Zeitdruck müssen die jeweiligen Anforderungen an die Sorgfaltspflicht von ärztlichem und nichtärztlichem Personal herabgesenkt werden[77]. So kann in Ausnahmefällen z.B. die Verpflichtung des Arztes zur Nachschau dargereichter Ampullen - um fehlerträchtiges Handeln seiner nichtärztlichen Helfer bzgl. der Art und Dosierung von Medikamenten zu vermeiden - entfallen[78].

---

71 RGSt Urt. v. 08.07.1930 - I 465/30; RGSt Urt. v. 12.02.1940 - 3 D 939/39; BGH Urt. v. 21.06.1960 - 1 StR 186/60; Laufs/Uhlenbruck-Laufs 6/33

72 OLG Koblenz Urt. v. 14.09.1993 - 3 U 1608/92

73 Sefrin S. 7

74 Bockelmann S. 88; Buchfelder/Buchfelder S. 272; Maiwald Jescheck-FS (1985) S. 416 f.; Schwalm Bockelmann-FS (1979) S. 544

75 Deutsch RN 383; Dönicke-Jaeger Rettungsdienst 1991, 187; Lippert/Weißauer RN 385; Ulsenheimer MedR 1992, 128 f.

76 Schwalm Bockelmann-FS (1979) S. 544

77 BGH Urt. v. 18.12.1984 - VI ZR 23/83; MK-Mertens § 823 RN 368 m.w.N.

78 vgl. Laufs RN 477; Rieger RN 321; Umbreit S. 149

Andererseits bedeutet dies jedoch nicht, daß vom fachspezifischen, d.h. rettungsdienstlichen Standard abgewichen werden darf. So beschränkt sich die Pflicht nicht nur darauf, akute Beschwerden des Patienten zu behandeln. Vielmehr besteht regelmäßig auch bei Notfällen die Notwendigkeit, das jeweilige Krankheitsbild so zuverlässig wie möglich zu ermitteln[79].
Abschließend ist zu beachten, daß nach der Rechtsprechung[80] auch für Notfälle der Sorgfaltsmaßstab regelmäßig nur in solchen Bereichen herabgesetzt werden kann, „wo eine sorgfältige Organisation und Vorbereitung für sie nicht vorsorgen kann".

d. Generalisierung und Individualisierung des Fahrlässigkeitsmaßstabes

In der Literatur ist streitig, ob für den Fall, daß individuelle Kenntnisse oder Fähigkeiten des Täters geringer oder größer sind, diese bei der Frage des fahrlässigen Handelns angerechnet werden müssen.
Nach überwiegender Ansicht[81] ist diese individuelle Komponente nicht zu berücksichtigen, da als Maßstab nur von standardisierten Kenntnissen und Fähigkeiten ausgegangen werden kann. Dennoch bestehen nach dieser Auffassung keine Lücken, da das individuelle Andershandelnkönnen im Rahmen der Fahrlässigkeitsschuld erfaßt wird[82]. Hierbei wird maßgeblich darauf abgestellt, daß erst dann, „wenn die objektive Seite der Fahrlässigkeitstat festgestellt ist, weiter geprüft werden kann, ob das generelle Sorgfalts- und Voraussichtsgebot für den individuellen Täter nach seiner Intelligenz und Bildung, seiner Geschicklichkeit und Befähigung, seiner Lebenserfahrung und sozialen Stellung auch erfüllbar gewesen ist"[83].
Im Gegensatz hierzu möchten die Vertreter[84] der Theorie von der individuellen Sorgfaltswidrigkeit die Sorgfalt im Rahmen der Tatbestandsmäßigkeit durchaus nach den individuellen Kenntnissen und Fähigkeiten des Täters bestimmen. Hiernach ist von einem Täter mehr zu verlangen, wenn dieser aufgrund größerer Kenntnisse und Fähigkeiten auch mehr zu leisten in der Lage

[79] KG Urt. v. 20.05.1986 - 9 U 2178/85 zu den Aufgaben eines Notarztes; ferner OLG Karlsruhe Urt. v. 25.01. 1989 - 7 U 155/87; OLG Düsseldorf Urt. v. 22.03.1979 - 8 U 156/78

[80] OLG Stuttgart Urt. v. 31.10.1996 - 14 U 52/95; OLG Stuttgart Urt. v. 21.01.1993 - 14 U 34/91

[81] Bockelmann/Volk S. 158 ff.; Burgstaller S. 16 ff.; Kühl 17/26; Ulsenheimer MedR 1984, 162; Welzel § 18 I

[82] vgl. Kühl 17/30; S/S-Lenckner Vorbem §§ 13 ff. RN 118; SK-Rudolphi Vor § 19 RN 1

[83] Jescheck/Weigend § 54 I 3

[84] Castaldo GA 1993, 495 ff.; Gropp 12/82 ff.; Jakobs 9/1 ff.; Otto AT 10/12 ff.; Stratenwerth § 15 RN 12 ff.; ders. Jescheck-FS (1985) S. 285 ff.; SK-Samson Anh. zu § 16 RN 13; Umbreit S. 14 ff.

ist; hingegen ist demjenigen bei der Frage der Sorgfaltspflicht nachzulassen, welcher nur geringeren Anforderungen genügen kann. Der maßgebliche Ausgangspunkt dieser Ansicht ist die zur herrschenden Meinung unterschiedliche Sichtweise des Unrechts, wobei eine scharfe Trennung zwischen dem „instrumentellem Können im Rahmen des Unrechts und dem sittlichen Können auf der Ebene der Schuld“[85] vorgenommen wird. Hiernach haben objektive Maßstäbe nur indizielle Bedeutung.
Ein maßgeblicher Vorteil der Theorie von der individuellen Sorgfaltswidrigkeit ist die Möglichkeit, von einem Täter mit Zusatzqualifikationen auch eine gesteigerte Sorgfaltspflicht verlangen zu können[86]. Problematisch ist in diesem Zusammenhang hingegen, daß es dadurch nicht möglich ist, bestimmte rechtliche Maßstäbe, vorliegend im medizinischen Bereich mit den fachspezifischen Kunstregeln, so zu standardisieren, daß eine erforderliche Motivationswirkung der Betroffenen eintritt[87]. Zudem erscheint es dogmatisch nicht stichhaltig, warum zwar bei Vorsatzdelikten die individuelle Komponente im Rahmen der Schuldebene Beachtung findet, bei Fahrlässigkeitsdelikten jedoch auf die Unrechtsebene abzustellen ist[88]. Auch das hiergegen vorgebrachte Gegenargument[89], es gehe im Strafrecht immer um die Strafbarkeit eines Täters, führt in diesem Zusammenhang nicht weiter. Der Schutz von Personen mit geringeren Kenntnissen und Fähigkeiten erfolgt vielmehr auf der Ebene der Schuld.
Wenngleich aus diesen Gründen die Theorie von der individuellen Sorgfaltswidrigkeit überwiegend Ablehnung erfahren hat, besteht angesichts der positiven Konsequenz, bei Tätern mit Zusatzqualifikationen auch eine gesteigerte Sorgfaltspflicht verlangen zu können, in der Rechtsprechung[90] sowie bei etlichen Autoren[91] die Forderung, Sonderkenntnisse und Sonderfähigkeiten zu berücksichtigen, damit diese Personen auch zu dessen Einsatz angehalten werden. Diese Forderung dient dem Schutz des jeweiligen Patienten. Hierbei ist vor allem zu berücksichtigen, daß der Einsatz von Sonderkenntnissen und Sonderfähigkeiten für den besonders qualifizierten Mitarbeiter keine „Zusatzanstrengung, sondern nur eine durchschnittlich größere Leistungsfähigkeit“[92] darstellt. Insofern erscheint es nur konsequent, einen solchen Mitarbeiter mit

[85] Stratenwerth Jescheck-FS (1985) S. 288 ff.
[86] vgl. insoweit Stratenwerth § 15 RN 14; ders. Jescheck-FS (1985) S. 299 ff.
[87] Jescheck/Weigend § 54 I 3; Kühl 17/29; LK-Schroeder § 16 RN 146; Roxin 24/53
[88] Kühl 17/30; S/S-Lenckner Vorbem §§ 13 ff. RN 118; SK-Rudolphi Vor § 19 RN 1; Ulsenheimer RN 21
[89] Gropp 12/86
[90] BGH Urt. v. 10.02.1987 - VI ZR 68/86; OLG Oldenburg Urt. v. 04.05.1988 - 3 U 89/87
[91] z.B. Deutsch Fahrlässigkeit und erforderliche Sorgfalt S. 128, 143; Gropp 12/34; ders. MedR 1994, 130; Laufs NJW 1988, 1504; S/S-Cramer § 15 RN 138 ff.; Soergel-Zeuner § 823 RN 163
[92] Kuhlen S. 85; Roxin 24/57

gleicher Intensität zu verpflichten wie die entsprechende differenzierte Maßfigur. So wird sich ein besonders befähigter Mitarbeiter im Rettungswesen sorgfaltswidrig verhalten, wenn er nur den Mindeststandard der jeweiligen Berufsgruppe einhält und dadurch einen Schaden am Patienten verursacht, welcher mit dem Einsatz der Zusatzqualifikationen hätte verhindert werden können.
Damit ist im Ergebnis der vermittelnden Auffassung zu folgen, welche auf der einen Seite bei geringer qualifizierten Personen auf der Ebene der Schuld ansetzt und damit sowohl den Tatbestand als auch die Rechtswidrigkeit des Handelns bzw. des Unterlassens bejaht und auf der anderen Seite bei Zusatzqualifikationen den Einsatz dieser Kenntnisse und Fähigkeiten verlangt. Damit ist „nach unten zu generalisieren, nach oben zu individualisieren“[93]. Dieser vorzugswürdigen Auffassung haben sich inzwischen etliche Autoren[94] angeschlossen.

e. Übernahmefahrlässigkeit

Die Sorgfaltspflicht wird in bestimmten Konstellationen als die „Sorgfalt als Unterlassung gefährlicher Handlungen“[95] definiert. Dies ist dann der Fall, wenn mögliche Unterlassungspflichten bestehen. Nach der Rechtsprechung[96] und der Lehre[97] besteht in diesem Zusammenhang die Pflicht, bei geringen Kenntnissen und Fähigkeiten oder fehlender praktischer Übung die Übernahme einer gefährlichen Handlung, in diesem Fall die Übernahme einer Behandlung bzw. bereits des Dienstes im Rahmen des Rettungswesens, zu unterlassen. Vielmehr ist im Rahmen der Berücksichtigung des Vorverhaltens die objektive Pflichtwidrigkeit bereits dann zu bejahen, wenn der Dienst übernommen wird, obwohl die dazu erforderliche Qualifikation nicht ausreicht.

---

93 Roxin 24/50; gegen solche Ausnahmen mit der Auffassung, daß diese Ansicht dem generellen Ausgangspunkt der h.M. widerspricht sind Bockelmann/Volk S. 160 f.; LK-Schroeder § 16 RN 147 ff.; Ulsenheimer RN 25 m.w.N.; von einer widersprüchlichen Lösung in diesem Zusammenhang spricht Castaldo GA 1993, 507 ff.

94 Baumann/Weber/Mitsch 22/46; Blei S. 301; Haft AT S. 167; Herzberg Jura 1984, 410; Kuhlen S. 85 f.; S/S-Cramer § 15 RN 133 ff.; andere folgen dieser Auffassung nur zum Teil und wollen diese Individualisierung auf Sonderkenntnisse beschränken, vgl. Burgstaller S. 64 ff.; Köhler S. 184; Krey RN 121 FN 232; Wessels/Beulke RN 670

95 Jescheck/Weigend § 55 I 3 a; Kühl 17/34

96 RGSt Urt. v. 01.12.1931 - I 707/31; BGH Urt. v. 27.09.1983 - VI ZR 230/81; BGH Urt. v. 19.11.1997 - 3 StR 271/97

97 Bockelmann S. 89; Burgstaller S. 192 ff.; Jescheck/Weigend § 55 I 3 a; Kühl 17/35; Lackner/Kühl § 15 RN 39a; RGRK-Nüßgens § 823 Anh. II RN 192; Roxin 24/36; Ulsenheimer MedR 1992, 129; vgl. bereits Binding Normen S. 541 ff.

Die bereits besprochenen fachspezifischen Qualifikationsanforderungen an das im Rettungswesen tätige ärztliche und nichtärztliche Personal entsprechen in Bezug auf Sonderkenntnisse und Sonderfähigkeiten dem Sorgfaltsmaßstab für deren Einsatz im Rettungswesen. Eine gesonderte Prüfung muß hingegen häufig im Rahmen der praktischen Übung erfolgen. So kann u.U. fraglich sein, ob etwa der ehrenamtliche Helfer, der nur selten einen Dienst übernimmt, die erforderliche Übung aufweisen kann. Wird der jeweilige Sorgfaltsmaßstab in diesem Zusammenhang nicht eingehalten, so handelt das Personal im Rahmen der Übernahmefahrlässigkeit sorgfaltswidrig. Hier liegt bereits in der Übernahme des Dienstes ein Sorgfaltsmangel, da eine ordnungsgemäße Erfüllung nicht garantiert werden kann[98].
Besondere praktische Relevanz entfaltet diese Problematik vor allem bei Mitarbeitern, welche innerhalb ihrer fachspezifischen Ausbildung im Rettungswesen teilnehmen. Regelmäßig gilt, daß der alleinige Einsatz von ärztlichem und nichtärztlichem Personal, welches sich noch in der jeweiligen Ausbildung befindet, so im ärztlichen Bereich der Arzt im Praktikum (AiP) oder in der Facharztausbildung, im nichtärztlichen Bereich innerhalb der Ausbildung zum Rettungsassistenten oder Rettungssanitäter, sorgfaltswidrig ist. Behandlungen durch einen Anfänger sind deshalb von einem erfahrenen Mitarbeiter unter unmittelbarer Aufsicht zu begleiten[99]. Dies gilt im ärztlichen Bereich selbst dann, wenn ein AiP bereits den Fachkundenachweis „Arzt im Rettungsdienst“ vorweisen kann[100].
Diese strenge Regelung ergibt sich daraus, daß das Handeln unter Zeitdruck und psychischer Belastung gerade für einen in der Ausbildung stehenden Mitarbeiter eine besondere Belastung darstellt. Auch fehlt die notwendige Sensibilisierung auf mögliche Komplikationen im Rahmen einer Behandlung[101]. Ferner kann weder innerhalb einer angemessenen Frist Hilfe durch eine erfahrene Fachkraft herbeigeholt werden, noch steht ausreichend Zeit zur Verfügung, einen entsprechenden Rückruf in der Klinik vorzunehmen[102]. Insofern

98 Deutsch RN 196; Ulsenheimer RN 22 ff.; Weißauer Bayerisches Ärzteblatt 1980, 39

99 BGH Urt. v. 10.03.1992 - VI ZR 64/91; BGH Urt. v. 15.06.1993 - VI ZR 175/92

100 Laufs NJW 1994, 1564; Rieger DMW 1993, 315; Ulsenheimer RN 20

101 BGH Urt. v. 15.06.1993 - VI ZR 175/92

102 vgl. Schreiben des Bundesministers für Jugend, Familie, Frauen und Gesundheit v. 08.05.1990, Auszug in Rieger DMW 1993, 314; anders liegt der Fall zu Recht im stationären Bereich, vgl. OLG Düsseldorf Urt. v. 07.10.1993 - 8 U 18/92 für den Fall eines in der Ausbildung stehenden Assistenzarztes, welcher aufgrund seiner theoretischen Kenntnisse und seiner praktischen Erfahrung einen Routineeingriff ohne Beteiligung eines Facharztes eigenverantwortlich durchführen kann; vgl. ferner BGH Urt. v. 12.07. 1994 - VI ZR 299/93

ist insbesondere auch die alleinige Übertragung von Diagnosestellung und Therapieentscheidung sorgfaltswidrig[103].
Damit bleibt zusammenfassend festzuhalten, daß in der Ausbildung stehendes Personal - ob ärztlich oder nichtärztlich - nur zusätzlich zum Notfalleinsatz eingesetzt werden darf, um damit den erforderlichen Fachstandard jederzeit zu sichern. Ist nun zusätzlich ein entsprechend Auszubildender am Einsatz beteiligt, sind dessen Maßnahmen ununterbrochen durch eine Fachkraft zu überwachen und auf ihre Richtigkeit zu überprüfen[104]. Hierbei sind anspruchsvollere Eingriffe auch unter entsprechender Kontrolle erst dann zu übertragen, wenn leichtere Maßnahmen erfolgreich bewältigt wurden[105], da das Wohl des Patienten vor der Gelegenheit zum Erwerb der notwendigen Qualifikationen Vorrang hat[106].

3. Sorgfaltspflichtverletzung durch pflichtwidriges Tun oder Unterlassen

Die Sorgfaltspflichtverletzung des Arztes bzw. des nichtärztlichen Personals im Rettungswesen kann sowohl durch aktives Tun als auch durch Unterlassen verwirklicht werden. So ist es rechtlich unerheblich, ob auf der einen Seite eine kontraindizierte Maßnahme am Patienten durchgeführt oder andererseits eine indizierte Maßnahme unterlassen wird. Im Rahmen der fahrlässigen Tötung bzw. Körperverletzung kann ein Unterlassen nach § 13 Abs. 1 StGB jedoch einem aktiven Tun nur dann gleichgestellt werden, wenn der Unterlassende rechtlich dafür einzustehen hat, daß der jeweilige Erfolg nicht eintritt. Auf das Vorliegen dieser Garantenstellung und der damit zusammenhängenden Garantenpflicht wurde bereits an anderer Stelle[107] näher eingegangen.

4. Erscheinungsformen der Fahrlässigkeit

Sorgfaltswidriges Handeln oder Unterlassen ist sowohl bewußt als auch unbewußt möglich. Während vor allem die Abgrenzung zwischen bewußter Fahrlässigkeit und bedingtem Vorsatz häufig von großer Relevanz ist, spielt der Grad der Fahrlässigkeit bei der Strafzumessung eine besondere Rolle[108].

[103] Peter S. 101 ff. für den Fall der Einteilung eines AiP in den ärztlichen Bereitschaftsdienst; Rieger DMW 1988, 1206 f. will hingegen den alleinigen Bereitschaftsdienst für den AiP zulassen, sofern eine Rufbereitschaft für einen approbierten Arzt besteht

[104] BGH Urt. v. 10.03.1992 - VI ZR 64/91; OLG Karlsruhe Urt. v. 10.10.1990 - 7 U 12/89

[105] OLG Koblenz Urt. v. 13.06.1990 - 5 U 860/88

[106] BGH Urt. v. 27.09.1983 - VI ZR 230/81

[107] vgl. bereits S. 91 ff.

[108] Baumann/Weber/Mitsch 22/69; Haft AT S. 157; Kamps S. 266

Bekanntermaßen handelt derjenige unbewußt, der die gebotene Sorgfalt außer acht läßt und dadurch den jeweiligen gesetzlichen Tatbestand erfüllt, ohne dies selbst zu realisieren; bewußt handelt hingegen, wer die Tatbestandsverwirklichung für möglich hält, aber pflichtwidrig auf den Nichteintritt vertraut[109]. Unbewußtes Handeln bzw. Unterlassen liegt im Rettungswesen vor, wenn der Arzt oder das nichtärztliche Personal sorgfaltswidrig handeln, ohne dies zu erkennen. Als Beispiel für unbewußtes Handeln sind häufig Falschdosierungen bei der Medikation[110] zu nennen. Unbewußtes Unterlassen kann z.B. bei fehlender Lagerung des Patienten vorliegen.
Bewußt sorgfaltswidriges Handeln bzw. Unterlassen ist hingegen gegeben, wenn die Behandelnden in vollem Bewußtsein eine Behandlungsmethode anwenden, welche in der konkreten Situation nicht dem fachspezifischen Standard entspricht bzw. eine indizierte Maßnahme am Patienten nicht vornehmen. Bewußtes Handeln ist z.B. gegeben, wenn eine medizinische Maßnahme am Patienten trotz eindeutiger Anzeichen einer Komplikation fortgesetzt wird[111]. Als Beispiel für bewußtes Unterlassen ist der Fall zu nennen, in dem trotz einer erkennbarer Fehlstellung von Gelenken weitere Untersuchungen am Patienten unterbleiben[112].

5. Einschränkungsversuche der Strafbarkeit beim Fahrlässigkeitsdelikt

Eine kontrovers geführte Frage in der Literatur ist, ob eine objektiv geringfügige Fahrlässigkeit von einer Strafbarkeit generell auszunehmen ist. Rechtsvergleiche mit anderen Ländern wie Österreich[113], den USA[114] oder Frank-

---

[109] Baumann/Weber/Mitsch 22/63; Gropp 12/19; Haft AT S. 157; Jescheck/Weigend § 54 II 1; Lackner/Kühl § 15 RN 35; Preisendanz Vorbem C 1

[110] OLG München Urt. v. 30.09.1976 - 1 U 1685/74

[111] BGH Urt. v. 07.10.1980 - VI ZR 176/79; BGH Urt. v. 07.06.1988 - VI ZR 277/87; Gaisbauer MedR 91, 132

[112] LG Memmingen Urt. v. 17.09.1980 - 3 O 852/79

[113] dazu führt das Österreichische Strafgesetzbuch in § 42 öStGB (Mangelnde Strafwürdigkeit der Tat) aus:
Ist die von Amts wegen zu verfolgende Tat nur mit Geldstrafe, mit nicht mehr als drei Jahren Freiheitsstrafe oder mit einer solchen Freiheitsstrafe und Geldstrafe bedroht, so ist die Tat nicht strafbar, wenn
1. die Schuld des Täters gering ist,
2. die Tat keine oder nur unbedeutende Folgen nach sich gezogen hat oder, sofern sich der Täter zumindest ernstlich darum bemüht hat, die Folgen der Tat im wesentlichen beseitigt, gutgemacht oder sonst ausgeglichen worden sind und
3. eine Bestrafung nicht geboten ist, um den Täter von strafbaren Handlungen abzuhalten oder der Begehung strafbarer Handlungen durch andere entgegenzuwirken.

[114] vgl. dazu Arzt Schröder-GS (1978) S. 131 ff.; Wilhelm S. 45 ff.

reich[115] sowie Teile der Literatur[116] weisen in diese Richtung. Auch wird gefordert, daß nicht nur die objektive Seite beschränkt werden müsse, sondern generell die unbewußte Fahrlässigkeit keine Schuld im strafrechtlichen Sinne begründen könne[117]. Dabei ist auch auf gesetzliche Reformvorschläge zu verweisen, so insbesondere auf § 16 Abs. 2 StGB-AE: „Bei geringfügigem fahrlässigem Verhalten bleibt der Täter straffrei".
Neben dem Bereich des Straßenverkehrsrechts ist gerade auch im Rahmen der strafrechtliche Verfolgung des Arztes bzw. des nichtärztlichen Personals möglicherweise eine Beschränkung der Strafbarkeit bei fahrlässigem Verhalten geboten (z.B. auf grobe Behandlungsfehler), da die Intention dieser Berufsgruppen mit der Rettung und notfallmedizinischen Versorgung eines Notfallpatienten einen sozialen Aspekt gegenüber Dritten verfolgt.
Für die Ansicht einer solchen Einschränkung der Strafbarkeit sprechen indes deutliche Vorzüge. Hierbei ist insbesondere anzuführen, daß eine Bestrafung in jenen Fällen ihren Zweck verfehlt, in denen lediglich geringfügig fahrlässiges Verhalten wie kleinere Unaufmerksamkeiten, Nachlässigkeiten oder einem Versehen vorliegt, da dieses selbst bei einsichtigen, besonnenen und gewissenhaften Menschen nicht zu jeder Zeit und in jeder Situation zu vermeiden ist[118]. Denn „Schusseleien, die jedermann passieren können, sind qualitativ etwas völlig anderes als bewußte Angriffe auf wichtige Güter, daran vermögen auch die u.U. eintretenden schlimmen Folgen nichts zu ändern"[119]. Vielmehr ist festzuhalten, daß in diesen Fällen diese Folgen als „unglückliches Resultat"[120] anzusehen sind. Dann muß jedoch in der Konsequenz eine Strafandrohung ins Leere gehen, da das Vorkommen dieser Situationen nicht wirksam vermieden werden kann. Besser geeignet - gerade auch in Bezug auf den Patienten - ist vielmehr der zivilrechtliche Anspruch gegen den Schädiger[121]. Ein strafbewehrtes fahrlässiges Verhalten ist damit richtigerweise nur in jenen Fällen anzunehmen und i.Erg. auch sinnvoll, in denen der Täter „verwerflich"[122], „gleichgültig oder leichtfertig"[123] bzw. „offensichtlich und rücksichtslos"[124] handelt.

---

115 vgl. dazu Schlüchter S. 67; Wilhelm S. 51 f.
116 vgl. Roth S. 99 ff.; Schlüchter S. 1 ff.; Stratenwerth § 15 RN 54 ff.; Bockelmann Verkehrsstrafrechtliche Ansätze S. 216 ff. hält sogar generell nur die Leichtfertigkeit, d.h. die grobe Fahrlässigkeit für strafwürdig. Für rechtspolitisch bedenklich halten jede Einschränkung Tröndle/Fischer § 15 RN 21
117 Köhler S. 182
118 Haft AT S. 167 f.
119 Frisch Stree/Wessels-FS (1993) S. 97 f.
120 Schlüchter S. 83 f.
121 Franzki Versicherungsmedizin 1990, 3 f.
122 Roth S. 99 ff.
123 Stratenwerth § 15 RN 56
124 Schlüchter S. 93

Insofern besteht auch an dieser Stelle der Wunsch an den Gesetzgeber, objektiv geringfügige Fahrlässigkeiten von einer Strafbarkeit generell freizustellen. Doch wird sich dieser Wunsch wohl - wie Roth[125] bemerkt - zumindest nicht in allen Bereichen durchsetzen. So ist „die Rede von Bagatellkriminalität tabuisiert, wenn sie auch fahrlässige Tötungen einbezieht".

§ 11 Der Behandlungsfehler im Rettungswesen

Die objektive Sorgfaltspflicht wird im vorliegenden Kontext durch die Regeln der ärztlichen Kunst ausgefüllt. Werden diese Regeln im konkreten Rettungseinsatz nicht beachtet, ist regelmäßig von dem Vorliegen der objektiven Sorgfaltswidrigkeit auszugehen. Damit ist in diesem Zusammenhang auf den Behandlungsfehler im Rahmen des Rettungswesens näher einzugehen.

1. Der Behandlungsfehler im allgemeinen

a. Begriff des Behandlungsfehlers/des groben Behandlungsfehlers

Bei der Frage des Vorliegens eines Behandlungsfehlers ist regelmäßig nicht auf den Erfolg oder Mißerfolg einer Behandlung, sondern vielmehr auf die Einhaltung der jeweiligen Sorgfaltsregeln des ärztlichen bzw. nichtärztlichen Personals abzustellen. Ein Behandlungsfehler ist damit nur in jenen Fällen zu bejahen, in denen ein Verstoß gegen den jeweiligen fachspezifischen Standard gegeben ist, m.a.W. bei allen Maßnahmen, welche dem jeweiligen Stand der medizinischen Wissenschaft nicht entsprechen und damit im Ergebnis unsachgemäß sind[126].

Ob nun im konkreten Fall ein Verstoß gegen den jeweiligen fachspezifischen Standard vorliegt, ist regelmäßig in weiter Auslegung[127] zu ermitteln. Ein Behandlungsfehler kann sowohl im diagnostischen als auch im therapeutischen Bereich entstehen. Dieses läßt einzelne Fallgruppen des Behandlungsfehlers entstehen, auf die im Anschluß noch näher einzugehen sein wird.

In diesem Zusammenhang wurde in früherer Zeit der Begriff des Kunstfehlers verwandt. Diese Terminologie ist jedoch mehrdeutig und somit irreführend, da auch Pflichtverletzungen möglich sind, die keinen Kunstfehler darstellen,

---

125 Roth S. 227

126 vgl. OLG Hamm Urt. v. 27.01.1999 - 3 U 26/98; Bockelmann S. 86 m.w.N.; Giesen RN 68; RGRK-Nüßgens § 823 Anh. II RN 177; Ulsenheimer RN 38; ders. MedR 1992, 128

127 Giesen RN 99

insbesondere Fehler im Behandlungsumfeld[128]. Insofern geht die Rechtsprechung sowie das ganz überwiegende Schrifttum zu Recht inzwischen vom Begriff des Behandlungsfehlers aus.
Schließlich bleibt anzumerken, daß der Begriff des Behandlungsfehlers vor allem durch die zivilrechtliche Judikatur[129] geprägt und weiterentwickelt wurde. Hierbei ist zu sehen, daß die rechtliche Qualifikation eines Behandlungsfehlers im Zivilrecht mit der des Strafrechts im Rahmen der objektiven Sorgfaltswidrigkeit identisch ist, wenngleich im Anschluß daran im Rahmen des Strafrechts die subjektive Sorgfaltswidrigkeit als zusätzliche Voraussetzung zu prüfen ist.
Entscheidend ist ferner, ob es sich bei einem möglichen Behandlungsfehler um einen groben Fehler handelt. Während im Zivilrecht ein grober Behandlungsfehler, der grundsätzlich geeignet scheint, den eingetretenen Gesundheitsschaden herbeizuführen, zu Beweiserleichterungen bis hin zur Beweislastumkehr führt[130], ist im Strafrecht die Klassifizierung als grober Behandlungsfehler im Rahmen der Strafzumessung zu berücksichtigen[131].
Eine grobe Fahrlässigkeit liegt in jenen Fällen vor, in denen die erforderliche Sorgfalt „in ungewöhnlich hohem Maße“ verletzt worden ist bzw. der Täter die sich ihm aufdrängende Möglichkeit eines Schadens „aus besonderem Leichtsinn oder aus besonderer Gleichgültigkeit außer acht läßt“[132]. Die Judikatur stellt in diesem Sinne für die Beurteilung eines groben Behandlungsfehlers entscheidend darauf ab, ob der Behandelnde „eindeutig gegen bewährte Behandlungsregeln oder gesicherte medizinische Erkenntnisse verstößt und einen Fehler begangen hat, der aus objektiver ärztlicher Sicht nicht mehr verständlich und verantwortbar erscheint, weil er schlechterdings nicht unterlaufen darf“[133]. Nicht erforderlich ist hingegen eine gesteigerte Gefähr-

---

128 ebenso Bockelmann S. 86 f., Laufs RN 469; Laufs/Uhlenbruck-Laufs 99/5; RGRK-Nüßgens § 823 Anh. II RN 175; vgl. ferner Jung/Schreiber-Fahrthmann S. 129 ff.

129 zur Häufigkeit von Arzthaftungsprozessen in der Bundesrepublik Deutschland vgl. Giesen RN 30 ff.

130 z.B. BGH Urt. v. 08.03.1988 - VI ZR 201/87; BGH Urt. v. 25.04.1989 - VI ZR 175/88; BGH Urt. v. 06.10. 1998 - VI ZR 239/97; BGH Urt. v. 06.07.1999 - VI ZR 290/98; BGH Urt. v. 16.05.2000 - VI ZR 321/98; MK-Mertens § 823 RN 409 m.w.N.; ausführlich RGRK-Nüßgens § 823 Anh. II RN 286 ff.

131 Ulsenheimer RN 29; ders. MedR 1992, 129

132 BGH Urt. v. 09.11.1984 - 2 StR 257/84

133 BGH Urt. v. 26.11.1991 - VI ZR 389/90; BGH Urt. v. 11.06.1996 - VI ZR 172/95; BGH Urt. v. 02.12.1997 - VI ZR 386/96; BGH Urt. v. 03.11.1998 - VI ZR 253/97; OLG Stuttgart Urt. v. 21.01.1993 - 14 U 34/91; OLG Schleswig Urt. v. 24.02.1993 - 4 U 18/91; OLG Düsseldorf Urt. v. 16.06.1994 - 8 U 88/92

dung des Patienten[134]. Auch werden mehrere einfache Behandlungsfehler nicht zu einem groben Behandlungsfehler zusammenaddiert[135].
Das Vorliegen eines groben Behandlungsfehlers beurteilt sich dabei nach „tatsächlichen Anhaltspunkten, welche sich i.d.R. aus der medizinischen Bewertung des Behandlungsgeschehens“[136] ergeben. Hierbei sind die konkreten Umstände des Einzelfalles zu beachten[137]. Gleichwohl ist die Beurteilung als Rechtsfrage zu qualifizieren[138], wenngleich die Würdigung des Geschehens durch den medizinischen Sachverständigen nicht außer acht gelassen werden darf[139].

b. Einzelne Fallgruppen

Im Laufe der Entwicklung des Medizinrechts haben sich verschiedene Fallgruppen des Behandlungsfehlers herausgebildet. Dabei wird in der vorliegenden Arbeit zwischen den Behandlungsfehlern im allgemeinen und den - separat zu erörternden - Behandlungsfehlern im Rahmen einer Arbeitsteilung unterschieden.
Wie eingangs ausgeführt, beschäftigt sich die vorliegende Arbeit ausschließlich mit dem Primäreinsatz des im Rettungswesen tätigen Personals. Doch auch im Sekundäreinsatz des Rettungsdienstes haben sich einige Fallgruppen des Behandlungsfehlers herausgebildet. So ist in diesem Zusammenhang beispielhaft nur Sefrin[140] zu nennen, welcher auf die fehlende Überprüfung der Funktionstüchtigkeit der Geräte im Fahrzeug, die fehlende Ergänzung von Geräten und Medikamenten, die ungenügende bzw. fehlende Überprüfung der Transportfähigkeit des Patienten, welche sich aus Anamnese, Krankheitsverlauf, erhobenen Befunden, getroffenen Maßnahmen und dem aktuellem Zustand ergibt, abstellt.
Die allgemeinen Behandlungsfehler im Rahmen des Primäreinsatzes im Rettungswesen lassen sich in folgende Fallgruppen einteilen:

---

134 BGH Urt. v. 03.12.1985 - VI ZR 106/84; OLG Stuttgart Urt. v. 21.01.1993 - 14 U 34/91; Deutsch RN 314; ders. VersR 1988, 3

135 OLG Braunschweig Urt. v. 25.03.1999 - 1 U 61/98

136 BGH Urt. v. 13.02.1996 - VI ZR 402/94 m.w.N.; BGH Urt. v. 11.06.1996 - VI ZR 172/95

137 BGH Urt. v. 08.03.1988 - VI ZR 201/87

138 BGH Urt. v. 10.11.1987 - VI ZR 39/87; OLG Karlsruhe Urt. v. 15.10.1986 - 13 U 52/84; Laufs NJW 1993, 1504; ders. NJW 1994, 1564

139 BGH Urt. v. 13.02.1996 - VI ZR 402/94 m.w.N.; BGH Urt. v. 19.11.1996 - VI ZR 350/95; BGH Urt. v. 27.01. 1998 - VI ZR 339/96

140 Sefrin S. 34 ff.

aa. Fehlerhafte oder fehlende Diagnose mit Anamnese, Untersuchung bzw. Befunderhebung

Regelmäßig dürfen medizinische Eingriffe nur aufgrund einer vorherigen Diagnosestellung vorgenommen werden. Wird diese zunächst ganz unterlassen, ist unstreitig das Vorliegen eines Behandlungsfehlers zu bejahen[141].
Im Rahmen einer sorgfaltsgemäßen Diagnosestellung müssen alle unter den jeweiligen Umständen im Rahmen des Rettungseinsatzes möglichen Erkenntnisquellen herangezogen werden, sofern sie den Notfallpatienten nicht unverhältnismäßig belasten[142]. So hat der Notarzt „nicht nur akute Beschwerden zu behandeln, sondern im Rahmen seiner Möglichkeiten das Krankheitsbild vollständig zu ermitteln“[143].
Hierzu ist zunächst Voraussetzung, daß eine umfassende Anamnese vorgenommen wird[144]. So ist z.B. bei einem schwerverletzten Unfallpatienten der Ablauf des Unfallhergangs in die Überlegungen miteinzubeziehen, um hieraus auf die möglichen Verletzungen am Patienten schließen zu können[145]. Auch ist in diesem Zusammenhang regelmäßig die Umgebung des Patienten einzubeziehen. So ist z.B. bei bewußtseinsgetrübten oder bewußtlosen Patienten am Einsatzort auf Hinweise einer etwaigen übermäßigen Medikamenteneinnahme zu achten. Jedoch wird bei vital indizierten, lebensrettenden Maßnahmen eine lückenlose Anamnese nach richtiger Ansicht der Rechtsprechung[146] nicht vorausgesetzt. In diesen Fällen wird vielmehr „auch der gewissenhafteste Arzt zunächst mancherlei Bedenken zurückstellen und u.U. auf eine Anamnese verzichten. Er wird es vielmehr darauf ankommen lassen müssen, ob irgendwelche körperlichen Zustände des Kranken, die er nicht so schnell erforschen kann, die Gefahren des notwendigen Eingriffs erhöhen. Wenn der Eingriff, soll er überhaupt noch Hilfe bringen, eilig ist, so wird der Arzt eine solche Gefahr in Kauf nehmen müssen“.
Neben der Anamneseerhebung ist eine umfassende Untersuchung des Patienten sowie die Erhebung wesentlicher Befunde vorzunehmen. So gilt nach der Judikatur[147] für einen Bereitschaftsarzt, daß dieser bei einem chronisch an Herz und Lungen erkrankten Patienten als „Mindestanforderung“ Puls und

[141] OLG Köln Urt. v. 18.04.1990 - 27 U 171/89; OLG Stuttgart Urt. v. 31.10.1996 - 14 U 52/95

[142] vgl. allgemein Giesen JZ 1982, 349; Laufs/Uhlenbruck-Laufs 100/6; Lilie MedR 1987, 29

[143] OLG Stuttgart Urt. v. 21.01.1993 - 14 U 34/91

[144] BGH Urt. v. 27.04.1966 - 2 StR 36/66; OLG Düsseldorf Urt. v. 15.05.1997 - 8 U 115/96; ausführlich dazu Laufs/Uhlenbruck-Uhlenbruck 48/1 ff.

[145] BGH Urt. v. 18.04.1989 - VI ZR 221/88; OLG Düsseldorf Urt. v. 07.05.1986 - 8 U 59/85

[146] BGH Urt. v. 10.02.1959 - 5 StR 533/58

[147] Hamb. BerufsGH für die Heilberufe Urt. v. 09.12.1987 - HeilBHof 1/87

Blutdruck ermitteln sowie Herz und Lunge abhören müsse. Im Rahmen des Rettungswesens gehen die Anforderungen an die Untersuchung des Patienten, sowohl aufgrund der speziellen Ausbildung als auch aufgrund der wesentlich größeren technischen Möglichkeiten, wie z.B. durch den Einsatz des EKG-Gerätes bzw. des Pulsoxymeters, weit darüber hinaus.

Eine Fehldiagnose begründet nicht regelmäßig das Vorliegen eines Behandlungsfehlers. Vielmehr ist auf den Gesamteindruck des konkreten Einzelfalles abzustellen[148]. So ist ein Behandlungsfehler „erst dann anzunehmen, wenn eine klare Krankheitserscheinung in völlig unvertretbarer, der Schulmedizin entgegenstehender Weise gedeutet, elementare Kontrollbefunde nicht erhoben werden oder eine Überprüfung der ersten Diagnose im weiteren Behandlungsverlauf unterbleibt, auch wenn dieser keine Wirkung zeigt“[149]. In diesem Sinne gilt als völlig unvertretbare Deutung eines klaren Krankheitsbildes z.B. die Diagnose eines HWS-Syndroms statt einem Herzinfarkt, wenn der Patient über erhebliche Schmerzen im Schulter- und Armbereich klagt[150].

Auch die fehlende oder fehlerhafte Anamnese wird häufig (mit der oben genannten Einschränkung) als Behandlungsfehler anzusehen sein, so wenn z.B. eine Angina-Pectoris-Vorerkrankung des Patienten trotz vorhandener Möglichkeit nicht ermittelt wird[151]. Im Rahmen des obigen Beispiels des Unfallpatientens gilt es schon als Behandlungsfehler, wenn entferntere Verletzungsmöglichkeiten nicht bedacht werden[152]. Auch sind seltene Komplikationen, welche einer anerkannten medizinischen Maßnahme im konkreten Fall entgegenstehen, so insbesondere die Unverträglichkeit von bestimmten Medikamenten, in die Therapieüberlegung mit einzubeziehen. In diesem Zusammenhang ist vor einer Narkotisierung des Patienten auf entsprechend einschlägige Vorerkrankungen zu achten[153].

Im Rahmen der umfassenden Untersuchung des jeweiligen Patienten stellt die fehlende bzw. fehlerhafte Untersuchung ebenso einen Behandlungsfehler dar. Dies ist z.B. in den Fällen gegeben, in denen ein Gefäßverschluß in den Extremitäten nicht differential-diagnostisch untersucht wird[154] oder beim Ver-

148 OLG Düsseldorf Urt. v. 31.07.1986 - 8 U 52/85; OLG Hamm Urt. v. 17.02.1999 - 3 U 41/98; Giesen RN 116 m.w.N.; Ulsenheimer RN 41 m.w.N.

149 OLG Köln Urt. v. 28.01.1988 - 7 U 83/85; ebenso OLG Düsseldorf Urt. v. 31.07.1986 - 8 U 52/85; OLG Köln Urt. v. 04.07.1988 - 7 U 124/87; OLG Köln Urt. v. 06.06.1990 - 27 U 12/90; OLG Frankfurt Urt. v. 07.05.1996 - 8 U 5/96; OLG Köln Urt. v. 26.11.1997 - 5 U 226/96; Laufs/Uhlenbruck-Uhlenbruck 50/3; Lilie MedR 1987, 28 f.

150 BGH Urt. v. 26.10.1993 - VI ZR 155/92

151 Giesen RN 115 m.w.N.

152 Rieger RN 311

153 BGH Urt. v. 28.04.1959 - VI ZR 51/58

154 BGH Urt. v. 07.06.1983 - VI ZR 284/81

dacht auf cerebrale Störungen[155] oder einer erkennbaren Fehlstellung von Gelenken[156] weitere Untersuchungen unterbleiben. Auch gilt die fehlende Erhebung von wesentlichen Befunden, insbesondere bei ungeklärten Krankheitsbildern, als Behandlungsfehler[157]. Auch sind bei entsprechenden bedrohlichen Befunden weitere Untersuchungen erforderlich[158]. Schließlich sind in diesem Zusammenhang auch jene Fälle zu nennen, in denen trotz Anhaltspunkten für eine schwere Erkrankung statt einem Patientenbesuch eine telefonische Ferndiagnose vorgenommen wird[159].

bb. Fehlerhafte oder fehlende Überwachung des Patienten und Nichterkennen von Komplikationen

Das Personal im Rettungswesen ist im jeweiligen Einzelfall zur ständigen Überwachung des Patienten bei der Therapie bzw. dem Transport in eine geeignete Einrichtung verpflichtet. Hierbei ist im Rahmen des Rettungswesens insbesondere auf die unterlassene bzw. unzureichende Überwachung (vor allem der Vitalfunktionen) des Notfallpatienten abzustellen. So ist z.B. bei Patienten mit Atemstörungen eine ständige Überwachung erforderlich[160]. Der Einsatz von medizinisch-technischen Geräten wird hierbei separat behandelt. Zur Überwachung des Patienten gehört auch eine Dokumentation der Vitalfunktionen des Patienten sowie die eingeleiteten Maßnahmen. Auch das Fehlen einer zur Sicherung der Verlaufsbeobachtung und Weiterbehandlung gebotener Dokumentation stellt ebenso einen Behandlungsfehler dar[161].
Eine Überwachung kann aber auch im Sinne einer Beaufsichtigung des Patienten von Bedeutung sein. Dies ist insbesondere dann der Fall, wenn der Patient psychisch krank bzw. behindert oder suizidgefährdet ist. Die Rechtsprechung hat für den Fall des stationären Aufenthalts in einer Klinik festgestellt, daß eine ständige Überwachung eines solchen Patienten sich als nicht denkbar erweist[162]. Hierbei muß auf den Einzelfall abgestellt werden, wobei die Grenze aus dem Erforderlichen und für das Einrichtungspersonal und dem Patienten Zumutbaren bestimmt wird. Damit kann ein Suizid niemals mit absoluter Sicherheit vermieden werden.

---

155 OLG Düsseldorf Beschl. v. 14.01.1993 - 3 Ws 308/92; OLG Köln Urt. v. 26.11.1997 - 5 U 226/96
156 LG Memmingen Urt. v. 17.09.1980 - 3 O 852/79
157 BGH Urt. v. 10.11.1987 - VI ZR 39/87; BGH Urt. v. 04.10.1994 - VI ZR 205/93; BGH Urt. v. 13.01.1998 - VI ZR 242/96
158 BGH Urt. v. 25.04.1989 - VI ZR 175/88
159 BGH Urt. v. 20.02.1979 - VI ZR 48/78
160 OLG Düsseldorf Urt. v. 30.12.1985 - 8 U 198/84
161 OLG Stuttgart Urt. v. 04.04.1996 - 14 U 42/95
162 BGH Urt. v. 23.09.1993 - III ZR 107/92

Diese - im Rahmen eines stationären Aufenthalts sicherlich richtige - Bewertung ist jedoch nicht auf die Situation im Rettungswesen übertragbar. Der Notfalleinsatz im Rettungswesen erfolgt aufgrund eines besonderen, in der Person des Patienten begründeten Anlasses. In diesen Fällen ist eine lückenlose Überwachung i.S. einer Beaufsichtigung des jeweiligen Patienten erforderlich[163]. Dies gilt vor allem bei suizidgefährdeten Patienten, um eine Selbstgefährdung der Betroffenen auszuschließen. So muß ein Sprung aus dem Fenster[164] ebenso verhindert werden wie die Möglichkeit, sich mit einem Feuerzeug anzuzünden[165] oder Medikamente zu sich zu nehmen.
Häufig, aber nicht notwendigerweise mit der Überwachung des Patienten gekoppelt ist die Problematik des Nichterkennens einer Komplikation. Auch hier ist in vielen Fällen ein Behandlungsfehler anzunehmen. Als Beispiele kommen hier das Nichtbeachten von Sauerstoffmangelsituationen[166], die Fehllage oder die Obstruktion (Verstopfung) eines Tubus[167] oder die Ignorierung eines auffallend abgesunkenen Blutdrucks, was u.U. auf eine inneren Blutung schließen läßt[168], in Betracht. Eine reichhaltige Kasuistik besteht in diesem Zusammenhang in Fällen einer versehentlich intraarteriell verabreichten Injektion, welche intravenös vorgenommen werden sollte. Wenngleich dieses Versehen allein nicht automatisch zur Annahme eines Behandlungsfehlers führt, ist jedoch das darauf folgende Unterlassen weiterer Untersuchungen[169] oder das Fortsetzen der Maßnahme[170] trotz eindeutiger Anzeichen einer Komplikation, z.B. wenn der Patient nach der Injektion spontan über Brennschmerzen klagt, als Behandlungsfehler zu qualifizieren. In diesen Fällen ist vielmehr die Möglichkeit einer Komplikation einzubeziehen und eine intensive Überwachung des Patienten angezeigt.

cc. Fehlerhafte oder fehlende therapeutische Sicherungsaufklärung

Die fehlerhafte oder fehlende therapeutische Sicherungsaufklärung ist - wie bereits ausgeführt[171] - nach Rechtsprechung und Literatur ebenso als Behandlungsfehler zu werten. Zu diesem Komplex ist an die obigen Ausführungen im Rahmen der ärztlichen Aufklärung zu verweisen.

163 OLG Frankfurt Urt. v. 06.10.1992 - 8 U 26/92; vgl. ferner OLG Hamm Urt. v. 18.09. 1989 - 3 U 289/88
164 OLG Köln Urt. v. 26.11.1997 - 5 U 90/97
165 OLG Frankfurt Urt. v. 29.06.1992 - 12 U 180/91
166 OLG Hamm Urt. v. 27.04.1981 - 3 U 307/80
167 OLG Celle Urt. v. 03.11.1980 - 1 U 12/80
168 BGH Urt. v. 11.06.1968 - VI ZR 116/67
169 BGH Urt. v. 07.06.1988 - VI ZR 277/87
170 BGH Urt. v. 07.10.1980 - VI ZR 176/79; BGH Urt. v. 07.06.1988 - VI ZR 277/87; Gaisbauer MedR 91, 132
171 vgl. S. 49 f.

dd. Fehlerhafte oder fehlende Therapie

Die fehlerhafte Durchführung indizierter medizinische Eingriffe am Notfallpatienten stellt ebenso einen Behandlungsfehler dar. Aus den unzähligen Fällen sind nur wenige beispielhaft herauszugreifen, welche im Rettungswesen aufgrund der spezifischen Tätigkeit zur Notfallversorgung verhältnismäßig häufig zu erwarten sind. So sind fehlerhafte Durchführungen von typischen Maßnahmen wie Lagerung, Reanimation, Infusion[172] oder Intubation des Patienten als Behandlungsfehler zu qualifizieren. Hierzu gehört auch die fehlerhafte Medikation des Patienten, so insbesondere bei Falschdosierungen[173].
Einen Schwerpunkt bildet in diesem Zusammenhang die Frage der fehlerhaften Durchführung einer Injektion[174], insbesondere jenen Fällen, in denen eine intravenöse Injektion versehentlich intraarteriell verabreicht wird. Hierbei ist zu sehen, daß bestimmte Präparate bei falscher Injektion dauerhaft schwere Schäden verursachen können[175]. Auf der anderen Seite ist aufgrund der jeweiligen anatomischen Gegebenheiten des Patienten auch bei sorgfältigster Durchführung eine versehentliche Injektion in eine Arterie durchaus im Bereich des Möglichen. Hierbei muß entscheidend darauf abgestellt werden, ob nicht die Verabreichung eines anderen Präparates[176] oder die Injektion an einer anderen Stelle des Körpers[177] die Gefahr eines Schadenseintritts verringert hätte. So ist es als Behandlungsfehler zu werten, wenn hiergegen verstoßen wird, obwohl nach der Packungsbeilage des jeweiligen Medikaments eine intraarterielle Injektion „mit Sicherheit" zu vermeiden ist[178].
Speziell im Rettungswesen ist eine Therapie auch fehlerhaft, wenn der Notfallpatient, ohne zunächst die Transportfähigkeit herzustellen, zur weiteren Versorgung in die nächste geeignete Einrichtung transportiert wird. Nicht die schnellstmögliche Beförderung zum Krankenhaus ist für den Patienten entscheidend, sondern die schnelle und qualifizierte Hilfeleistung am Notfallort und während der Beförderung durch fachliches Personal[179].
Ein Behandlungsfehler ist ferner dann gegeben, wenn eine Therapieform gewählt wird, welche im konkreten Fall aufgrund der Diagnose kontraindiziert ist oder die Gefahr von erheblichen Neben- oder Wechselwirkungen begrün-

---

172 OLG Hamm Urt. v. 29.04.1985 - 3 U 11/84

173 BGH Urt. v. 27.04.1967 - VI ZR 165/65; OLG München Urt. v. 30.09.1976 - 1 U 1685/74; OLG Oldenburg Urt. v. 15.05.1990 - 5 U 43/89

174 BGH Urt. v. 07.10.1980 - VI ZR 176/79; OLG München Urt. v. 02.02.1989 - 1 U 4573/88; OLG Bremen Urt. v. 20.09.1989 - 1 U 26/88

175 OLG Hamm Urt. v. 13.02.1964 - 9 U 225/63; Gaisbauer MedR 1991, 131

176 BGH Urt. v. 12.12.1967 - VI ZR 71/66

177 Gaisbauer MedR 1991, 132 m.w.N.

178 BGH Urt. v. 12.12.1967 - VI ZR 71/66

179 5.1 des Landesrettungsdienstplans für den Freistaat Sachsen (SächsLRettDP), III.3.1 des Rettungsdienstplans Baden-Württemberg

det. Als Beispiel ist hier die Durchführung einer Schmerz- und Beruhigungsmedikation bei einem akuten Abdomen mit ungeklärter Ursache zu nennen[180]. Werden entsprechende Auswirkungen einer kontraindizierten Behandlung oder erhebliche Neben- oder Wechselwirkungen erkennbar, ist die jeweilige Therapieform unverzüglich abzubrechen[181].
Entscheidend ist immer, daß aufgrund der Wahl der jeweiligen medizinischen Maßnahme der Patient nicht unnötig gefährdet wird. So ist bereits ein gefährlicher Eingriff sorgfaltswidrig, sofern „ein weniger gefährliches Vorgehen den Zweck in etwa gleicher Weise zu erfüllen vermag“[182]. Damit sind unnötige und vermeidbare Risiken für den Patienten zu verhindern. Dies betrifft vor allem die - schon im einzelnen besprochene - Problematik der Methodenfreiheit.
Nicht nur die fehlerhafte Therapie kann einen Behandlungsfehler begründen, vielmehr handelt auch sorgfaltswidrig, wer nach dem zu fordernden Wissens- und Kenntnisstand fehlerhaft eine indizierte Therapie überhaupt nicht oder nur verspätet durchführt (hierzu gehören auch Fälle der fehlerhaften Festlegung von Behandlungsprioritäten durch den Leitenden Notarzt[183]). Ausreichend für die Annahme eines Behandlungsfehlers ist bereits, wenn eine erforderliche Überweisung zur Weiterbehandlung unterlassen wird[184]. Ferner ist neben der fehlenden Einleitung der Therapie am Patienten selbst auch die fehlende Versorgung eines Amputats möglich[185].

ee. Fehlerhafte oder fehlende Beachtung von Hygienevorschriften

Hygienevorschriften bilden einen selbständigen Teil im Rettungswesen. So ist das Einsatzpersonal z.B. verpflichtet, im Einsatz entsprechende Schutzkleidung zu tragen. Ein Verstoß hiergegen durch fehlerhafte oder gar fehlende Hygiene ist als Behandlungsfehler zu werten. Zu diesem Ergebnis kommt auch die Rechtsprechung[186] in jenem Fall, in dem ein Arzt während einer Entbindung statt seiner Schutzkleidung einen „Shetland“-Pullover trägt. Aber auch in zahlreichen anderen Bereichen der Hygiene, so z.B. bei fehlender Desinfektion vor einer Injektion am Patienten[187], ist ein Behandlungsfehler zu bejahen.
Zu den Hygienevorschriften im Rettungswesen gehören auch zahlreiche Desinfektionsbestimmungen beim Einsatz von Rettungsmitteln, so z.B. die

180 OLG Nürnberg Urt. v. 08.07.1987 - 4 U 3360/86
181 OLG Zweibrücken Urt. v. 28.04.1982 - 7 U 25/78
182 BGH Urt. v. 05.12.1967 - VI ZR 54/66
183 vgl. Kontokollias/Regensburger/Rupprecht S. 55
184 BGH Urt. v. 14.07.1981 - VI 35/79
185 OLG Celle Urt. v. 16.05.1983 - 1 U 53/82
186 BGH Urt. v. 14.03.1978 - VI ZR 213/76
187 BGH Urt. v. 14.07.1981 - VI 35/79; OLG Düsseldorf Urt. v. 04.06.1987 - 8 U 113/85

regelmäßige Flächendesinfektion oder die speziell bei Verunreinigungen durchzuführende Scheuerdesinfektion.

ff. Fehlerhafter oder fehlender Einsatz medizinisch-technischer Geräte

Das Personal im Rettungswesen hat eine umfassende medizinisch-technische Ausstattung für die präklinische Versorgung der Notfallpatienten zur Verfügung. Diese Geräte sind in den jeweils indizierten Situationen vollständig einzusetzen[188]. Dies setzt voraus, daß sich das Personal vor einem entsprechenden Einsatz umfassend in die jeweilige Funktionsweise der vorhandenen medizinisch-technischen Geräte unterrichtet hat[189]. Zur Benutzung des Geräts müssen Anwendungsvorschriften „strikt beachtet“[190] bzw. „peinlich genau“ eingehalten werden, ferner sind einschlägige Hinweise im medizinischen Schrifttum zu beachten[191]. Selbst in Situationen von Defekten der Geräte wird erwartet, daß ein Erkennen der Situation und eine entsprechende Reaktion möglich ist[192]. Zusammenfassend ist damit zunächst festzuhalten, daß nicht nur derjenige, welcher medizinisch-technische Geräte trotz Indikation nicht einsetzt, einen Behandlungsfehler begeht, sondern bereits auch der, welcher in Unkenntnis der Funktionsweise ein Gerät fehlerhaft einsetzt[193].
Ferner ist bei jedem Dienstantritt die Funktionsfähigkeit sämtlicher medizinisch-technischer Geräte zu überprüfen. Hierbei ist inzwischen nahezu unstreitig, daß dies nicht bedeutet, daß das ärztliche Personal selbst zu einer Kontrolle verpflichtet ist. Dies ist aufgrund der Struktur des Rettungswesens auch nicht realisierbar. Vielmehr wird als ausreichend betrachtet, daß die Überprüfung der Funktionsfähigkeit der Geräte auf das sorgsam ausgewählte und überwachte nichtärztliche Personal übertragen werden kann[194]. Damit sind die Geräte im Rettungswagen immer, im Notarztwagen und Notarzteinsatzfahrzeug i.d.R. von der jeweiligen nichtärztlichen Besatzung zu kontrollieren.
Eine Kontrolle der medizinisch-technischen Geräte ist jedoch nicht auf den Dienstantritt zu beschränken. Vielmehr ist auch während des jeweiligen Einsatzes die Funktionsfähigkeit immer separat zu prüfen. So ist z.B. beim Einsatz eines Narkosegerätes zusätzlich eine ständige optische Kontrolle not-

188 BGH Urt. v. 30.05.1989 - VI ZR 200/88; Laufs RN 514; RGRK-Nüßgens § 823 Anh. II RN 195
189 BGH Urt. v. 11.10.1977 - VI ZR 110/75
190 BGH Urt. v. 08.03.1960 - VI ZR 45/59
191 OLG Nürnberg Urt. v. 10.06.1970 - 4 U 178/68
192 MK-Mertens RN 392
193 BGH Urt. v. 11.10.1977 - VI ZR 110/75
194 BGH Urt. v. 24.06.1975 - VI ZR 72/74; Giesen RN 120; Rieger RN 312

wendig[195]. Hierzu ist generell nicht ausreichend, daß man „lediglich die jeweiligen Monitore verfolgt", man „muß vielmehr die korrekte Funktion dieser Geräte anhand des Zustandes des Patienten im Augenschein kontrollieren"[196].

gg. Fehlerhafte oder fehlende Einweisung bzw. Nachforderung von Rettungspersonal bzw. Rettungsmitteln

Auch die fehlerhafte Auswahl der geeigneten Einrichtung zur weiteren Versorgung durch das Rettungspersonal am Einsatzort bzw. durch die jeweilige Rettungsleitstelle (bei Massenanfällen durch den Leitenden Notarzt) kann einen Behandlungsfehler darstellen. Zu beachten ist in diesem Zusammenhang, daß Notfallpatienten grundsätzlich in die zeitlich am schnellsten erreichbare geeignete Einrichtung zur weiteren Versorgung zu transportieren sind[197]. Dies ist deshalb von entscheidender Bedeutung, da insbesondere mehrfachverletzte Patienten in den ersten Stunden nach einem Unfall vor allem durch Schock oder Organversagen vital gefährdet sind, so daß die möglichst schnelle Stabilisierung der Vitalfunktionen Vorrang hat vor der Versorgung in einer speziellen Fachabteilung. Deshalb sind gerade mehrfachverletzte Patienten i.d.R. in die nächste geeignete chirurgische Einrichtung einzuliefern, auch wenn z.B. Hinweise für eine Schädel-Hirn-Verletzung vorliegen. Lediglich bei erkennbar isolierten Verletzungen ist im Interesse des Patienten grundsätzlich eine direkte Aufnahme in eine spezielle Fachabteilung vom Notarzt zu veranlassen. Dieses Verfahren gilt grundsätzlich auch bei der Versorgung von akut erkrankten Patienten, bei denen - abgesehen von erkennbar speziellen Krankeitsbildern - eine stationäre Aufnahme in die nächste internistische Abteilung anzustreben ist[198]. Eine Einweisung in eine Einrichtung stellt grundsätzlich einen Behandlungsfehler dar, soweit diese Einrichtung für die erforderliche Behandlung nicht ausreicht[199].
Besondere Probleme können bei der Frage der geeigneten Einrichtung bei psychisch kranken oder behinderten Patienten auftreten. Auch wenn Notärzte aufgrund ihrer Ausbildung keine psychiatrischen Fachkenntnisse aufweisen können, ist entscheidend, daß bei erkennbar indiziertem Krankheitsbild des Patienten eine Einweisung in eine psychiatrische Einrichtung erfolgt, um dem Patienten die erforderliche Therapie zu ermöglichen[200].

---

195 BGH Urt. v. 11.10.1977 - VI ZR 110/75
196 Giesen RN 121
197 § 8 Abs. 2 der Dienstanweisung für Rettungsleitstellen in Baden-Württemberg
198 III.6 des Rettungsdienstplans Baden-Württemberg
199 Kleinewefers/Sparwasser VersR 1990, 1207; vgl. auch Ufer Rettungsdienst 1990, 167
200 Deutsch RN 470 m.w.N.

Auch die völlig unterlassene Einweisung eines Patienten (ebenso wie eine Transportverweigerung durch das Rettungsdienstpersonal[201]) trotz der Notwendigkeit einer näheren Abklärung einer ersten Verdachtsdiagnose, beim Auftreten von bedrohlichen Komplikationen[202] oder bei kontraindiziertem Krankheitsbild des Patienten, so z.B. beim Vorliegen der typischen Symptome eines Gefäßverschlusses[203], begründet einen Behandlungsfehler. Letzteres gilt auch für einen Notarzt, welcher zu einem Diabetiker mit Schmerzen im Bauchbereich gerufen wird. Hier ist er verpflichtet, die sofortige Einweisung anzuordnen, weil es sich bei den Beschwerden um Frühsymptome des diabetischen Komas handeln kann und daher eine eingehendere Untersuchung erforderlich ist als sie ein Notarzt vornehmen kann[204].
Ebenso ist die unterlassene Nachforderung von notwendigem fachspezifischem Personal bzw. Rettungsmitteln an den jeweiligen Einsatzort als Behandlungsfehler zu qualifizieren. Hier kommt vor allem die Nachforderung des Notarztes zu einem Notfallpatienten, eines Rettungshubschraubers bei einem Schwerstverletzten mit hierfür indizierten Verletzungen sowie des Leitenden Notarztes bei Massenanfällen in Frage. Entscheidend ist dabei, daß die Notwendigkeit einer entsprechenden Nachforderung dem Personal vor Ort erkennbar sein muß. Hierfür wurden entsprechende Indikationengruppen herausgebildet, welche bei ihrem Vorliegen grundsätzlich die Erforderlichkeit der Hinzuziehung von fachspezifischem Personal zur Folge haben.
So gelten im medizinischen Schrifttum[205] sowie in den einzelnen Anlagen der jeweiligen rettungsdienstlichen Bestimmungen[206] als Indikationen für die erforderliche Nachforderung eines Notarztes folgende Situationen aus dem Bereich der Unfälle: Schädelhirntrauma mit Bewußtlosigkeit, ausgedehnte Weichteilverletzungen und Frakturen des Gesichtes, Verletzung im Bereich des Rachenraumes mit der Gefahr der Verlegung der Luftwege, Wirbelsäulenfrakturen, stumpfe und offene Bauchtraumata, Frakturen großer Röhrenknochen mit mehr als zwei Frakturfragmenten, Beckenfraktur, große arterielle und venöse Blutungen, Verbrennungen von mehr als 15% der Körperoberfläche, flächenhafte Verätzungen, Amputationen und Schockzustände in Verbindung mit Verletzungen. Aus dem Bereich der Inneren Medizin kommen hinzu: Herzinfarkt, Vergiftungen, Koma, Status Asthmaticus, schwere Herzrhythmusstörungen, starkes Bluthusten und -erbrechen, anaphylaktischer Schock, Lungenödem sowie Lungenembolie. Auch gynäkologische Notfälle

201 vgl. dazu Stepan Rettungsdienst 1997, 310 ff.
202 OLG Celle Urt. v. 28.05.1980 - 1 U 32/79
203 BGH Urt. v. 28.01.1986 - VI ZR 83/85
204 KG Urt. v. 20.05.1986 - 9 U 2178/85
205 die folgende Auflistung entspricht der Zusammenstellung von Walter/Meyer S. 123 f.; ähnlich Kontokollias/Regensburger/Rupprecht S. 35
206 Anlage 1 zur Dienstanweisung für Rettungsleitstellen in Baden-Württemberg; Anlage 1 des Landesrettungsdienstplans (LRDP) für den Freistaat Thüringen

wie die unvorhergesehene Geburt oder schwere genitale Blutungen sowie psychiatrische Ursachen wie Status Epilepticus, cerebrale Infarkte, Drogennotfälle sowie Krampfanfälle sind hierunter zu zählen. Schließlich sind aus dem Bereich der Pädiatrie folgende Bereiche einschlägig: Fremdkörper im Larynx- und Pharynxbereich, Aspiration, schwere Krampfzustände, Pseudokrupp, schwerer Asthmaanfall, Meningitis sowie Enzephalitis. Ferner ist regelmäßig bei allen unklaren Krankheitsbildern die Nachforderung des Notarztes notwendig[207].

hh. Fehlerhafte oder fehlende Voranmeldung bzw. Übergabe des Patienten mit Weitergabe erforderlicher Daten

Bei Notfällen ist die für die weitere Versorgung zuständige geeignete Einrichtung vorher zu alarmieren, d.h. der Notfallpatient ist vor der Ankunft durch die Rettungsleitstelle oder direkt durch die Fahrzeugbesatzung anzumelden, wobei erforderliche Informationen über den Patienten, so insbesondere Diagnose, notwendige Befunddaten, Krankheitsverlauf, durchgeführte Maßnahmen, verabreichte Medikamente, aktueller Zustand des Patienten sowie ungefähre Ankunftszeit des Rettungsmittel, mitzuteilen sind[208]. Diese Maßnahmen sind erforderlich, um die klinische Versorgung des Patienten vorzubereiten. So stellt es einen (groben) Behandlungsfehler dar, wenn der behandelnde Arzt bei Noteinweisung eines in akuter Erstickungsgefahr befindlichen Patienten keine telefonische Voranmeldung in der Klinik veranlaßt[209].

Unter der Patientenübergabe ist - wie Ufer[210] formulierte - „die Entlassung eines Patienten aus der medizinischen Betreuung in die Verantwortung eines zur weiteren Behandlung oder Betreuung bereiten Dritten unter Mitteilung aller erheblichen Informationen“ zu verstehen. Entscheidend ist dabei, daß der Dritte genügend qualifiziert ist, um eine wirksame Entlassung aus der Verantwortung für den Patienten herbeizuführen. So genügt es nicht, daß der Notfallpatient „lediglich“ dem Pflegepersonal einer entsprechenden Einrichtung übergeben wird. Vielmehr ist in allen Notfällen (unabhängig von der Frage, ob letztlich ein Notarzt am Einsatzort bzw. beim Transport beteiligt ist) ausreichende ärztliche Kompetenz erforderlich[211].

---

207 Lechleuthner/Funk S. 39

208 ausführlich hierzu Ahnefeld/Dick/Kilian/Schuster S. 16; Kirschnick S. 12; ferner § 5 Abs. 2 der schleswig-holsteinischen Landesverordnung zur Durchführung des Rettungsdienstgesetzes (DVO-RDG)

209 OLG Stuttgart Urt. v. 20.10.1977 - 7 U 7/77

210 Ufer Rettungsdienst 1994, 837

211 Kontokollias/Regensburger/Rupprecht S. 87; Ufer Rettungsdienst 1994, 840

Auch das Unterlassen der - bereits im Zusammenhang der Voranmeldung des Patienten besprochenen - erforderlichen Information der weiterbehandelnden Personen (anhand eines schriftlichen Einsatzberichts), stellt einen Behandlungsfehler dar[212]. Dies betrifft neben der Situation der Patientenübergabe in einer Klinik auch den Fall einer Übergabe der Gesamtverantwortung am Einsatzort, insbesondere dann, wenn der Notarzt im Rendez-vous-System zeitlich erst nach dem nichtärztlichen Personal am Einsatzort eintrifft.

c. Einzelfälle des groben Behandlungsfehlers in der Judikatur

Als - auch für das Rettungswesen relevante - grobe Behandlungsfehler wurden bisher durch die Rechtsprechung folgende Fälle angesehen:
Zunächst stellt die Nichteinhaltung der aseptischen Standards i.d.R. einen groben Behandlungsfehler dar, so insbesondere die Injektion ohne vorherige Desinfektion der Hände der Behandelnden[213], der Einstichstelle am Patienten[214] bzw. das Übergehen der notwendigen Einwirkzeit nach der entsprechenden Desinfektion[215], ferner der fehlerhafte Einsatz nichtsteriler medizinischer Instrumente[216].
Auch das Übergehen anerkannter Methoden der Diagnostik[217], ein fundamentaler Diagnoseirrtum[218] sowie das Unterlassen eindeutig indizierter Untersuchungen bzw. das Nichterheben von notwendigen Befunden[219], so das Unterlassen einer hinreichenden diagnostischen Abklärung und dem daraus resultierenden Nichterkennen der Ursache bei eindeutigen Symptomen für das Vorliegen einer Meningitis[220], einem Gefäßverschluß[221], einer Peritonitis[222] einer Durchspießungsfraktur[223] bzw. einem Vorderwandinfarkt[224], ferner die

212 BGH Urt. v. 26.09.1961 - VI ZR 61/61; BGH Urt. v. 07.07.1987 - VI ZR 146/86
213 BGH Urt. v. 14.07.1981 - VI 35/79; OLG Düsseldorf Urt. v. 04.06.1987 - 8 U 113/85; OLG Schleswig Urt. v. 20.07.1989 - 4 U 120/88
214 BGH Urt. v. 14.07.1981 - VI 35/79
215 OLG Stuttgart Urt. v. 20.07.1989 - 14 U 21/88
216 OLG Zweibrücken Urt. v. 19.10.1982 - 5 U 113/81
217 OLG Koblenz Urt. v. 28.06.1995 - 7 U 520/94
218 BGH Urt. v. 10.11.1987 - VI ZR 39/87; OLG Stuttgart Urt. v. 21.01.1993 - 14 U 34/91
219 BGH Urt. v. 04.10.1994 - VI ZR 205/93; BGH Urt. v. 06.10.1998 - VI ZR 239/97; BGH Urt. v. 03.11.1998 - VI ZR 253/97; OLG Karlsruhe Urt. v. 15.10.1986 - 13 U 52/84
220 OLG Stuttgart Urt. v. 21.01.1993 - 14 U 34/91; OLG Stuttgart Urt. v. 31.10.1996 - 14 U 52/95; OLG Stuttgart Urt. v. 27.07.1999 - 14 U 3/99
221 OLG Düsseldorf Urt. v. 11.06.1987 - 8 U 223/85; OLG Hamm Urt. v. 07.12.1987 - 3 U 330/85; OLG Köln Urt. v. 16.02.1989 - 7 U 60/87; OLG Celle Urt. v. 26.07.1993 - 1 U 36/92
222 BGH Urt. v. 20.05.1980 - 1 StR 177/80
223 OLG Stuttgart Urt. v. 14.01.1988 - 14 U 8/87
224 OLG Oldenburg Urt. v. 25.11.1997 - 5 U 64/97

Nichtberücksichtigung von Befunden, so ein erheblich erhöhter Blutdruck des Patienten[225], ist als grober Behandlungsfehler zu werten.
Ferner gilt als grober Behandlungsfehler auch der Nichteinsatz vorhandener medizinischer Geräte[226] bzw. das Nichtanwenden einer indizierten Standardmethode ohne rechtfertigenden Grund[227].
Auch die Vornahme von fundamentalen therapeutischen Fehlern, so die Durchführung einer Schmerz- und Beruhigungsmedikation bei einem akuten Abdomen mit ungeklärter Ursache[228], ist regelmäßig als grober Behandlungsfehler anzusehen.
Als grober Behandlungsfehler ist häufig auch die ungenügende Überwachung des Patienten zu qualifizieren, so das Nichterkennen eindeutiger Symptome einer Sepsis[229] oder einer andauernden Unterkühlung eines frühgeborenen Kindes[230], ferner die unzureichende Überwachung von medizinischen Maßnahmen am Patienten, so im Rahmen einer Intubation[231], insbesondere die unterlassene Überprüfung der Lage des Tubus bei Komplikationen im Zusammenhang mit einer Intubationsnarkose[232].
Ebenso kann auch die unterlassene oder ungenügende Kontrolluntersuchung des Patienten grob fahrlässig sein, so bei einer in Betracht kommenden Nervverletzung im Rahmen einer Schnittverletzung, auch wenn bei der Erstuntersuchung eine solche nicht ausdrücklich festgestellt werden kann[233].
Schließlich ist auch das Unterlassen einer rechtzeitigen Einweisung trotz erheblicher Komplikationen, deren Ursache nicht hinreichend abgeklärt ist[234], das Verlassen des Patienten mit Atemstörungen, bevor diese behoben sind oder der Patient übergeben wurde[235] sowie das Unterlassen der fernmündlichen Voranmeldung bei einem in akuter Erstickungsgefahr befindlichen Patienten[236] als grober Behandlungsfehler anzusehen.

225 BGH Urt. v. 29.03.1988 - VI ZR 185/87
226 BGH Urt. v. 30.05.1989 - VI ZR 200/88
227 OLG Hamburg Urt. v. 05.04.1991 - 1 U 19/90 m.w.N.
228 OLG Nürnberg Urt. v. 08.07.1987 - 4 U 3360/86
229 BGH Urt. v. 28.05.1985 - VI ZR 264/83
230 OLG Hamm Urt. v. 29.11.1993 - 3 U 228/92
231 OLG Köln Urt. v. 03.02.1986 - 7 U 183/84
232 OLG Oldenburg Urt. v. 15.05.1990 - 5 U 43/89
233 OLG Frankfurt Urt. v. 11.04.1989 - 14 U 102/87
234 OLG Celle Urt. v. 28.05.1980 - 1 U 32/79
235 OLG Düsseldorf Urt. v. 30.12.1985 - 8 U 198/84
236 OLG Stuttgart Urt. v. 20.10.1977 - 7 U 7/77

2. Der Behandlungsfehler im Rahmen der Arbeitsteilung

Bevor im Anschluß an die Behandlungsfehler im allgemeinen näher auf die Besonderheiten im Rahmen der Arbeitsteilung einzugehen ist, ist zunächst festzustellen, daß in diesem Bereich statt der Terminologie des Behandlungsfehlers häufig auch der Begriff des Organisationsfehlers zu finden ist. Dies ist nicht ganz unproblematisch, da diese Bezeichnung nicht einheitlich benutzt wird. So umfaßt der Begriff im Rettungswesen in erster Linie Fehler im Bereich von Pflichten des Trägers des Rettungs- bzw. Notarztdienstes. In Frage kommen hier im einzelnen die Pflichten des Trägers zur Sicherstellung des hygienischen und medizinisch-apparativen Standards, des Standards der Medikamentenvorhaltung sowie der Geräte und Verrichtungssicherheit, des personellen Ausstattungsstandards sowie die Regelung der Ablauforganisation mittels Regelungen und Weisungen und die entsprechende Überwachung dieser einzelnen Vorschriften. Dieser Bereich wird durch die Fragestellung der vorliegenden Arbeit nicht näher umfaßt.
Wenngleich nun auch das hier näher zu untersuchende arbeitsteilige Handeln unter diesen Begriff eingeordnet wird, erscheint dies aufgrund der aufgezeigten Mehrdeutigkeit terminologisch ungenau. Insofern wird auch in diesem Bereich in der vorliegenden Arbeit die Bezeichnung des Behandlungsfehlers verwendet.
Unabhängig hiervon bleibt festzuhalten, daß innerhalb der modernen Medizin eine Behandlung des Patienten ohne arbeitsteilige Zusammenarbeit mehrerer Personen nicht mehr denkbar ist. Hierdurch entstehen aber auch erhöhte Gefahren für den jeweiligen Patienten, denen durch besondere Maßnahmen entgegengetreten werden muß. So entstehen spezielle Gefahren aufgrund fehlerhafter oder fehlender Kommunikation, Koordination oder Kompetenzverteilung, ferner Gefahren, welche sich aus der Delegation ärztlicher Aufgaben oder bei ärztlichen Weisungen ergeben[237].

a. Horizontale und vertikale Arbeitsteilung im Rettungswesen

Grundsätzlich ist im Rahmen eines arbeitsteiligen Handelns in der Medizin zwischen der horizontalen und der vertikalen Arbeitsteilung zu unterscheiden. Die horizontale Arbeitsteilung betrifft das Verhältnis zwischen gleichrangigen Mitarbeitern, d.h. Personen mit einem gleichen Maß an Fachkompetenz, so zwischen Ärzten (auch zwischen Notarzt und Hausarzt bzw. Bereitschafts-

237 vgl. Biermann ZaeF 1995, 627; Hahn NJW 1981, 1979; Jung/Schreiber-Carstensen/ Schreiber S. 168 f.; Laufs RN 517; Ulsenheimer MedR 1992, 128; Weißauer Der Anästhesist 1962, 247 f.; Wilhelm MedR 1983, 45

arzt[238]) oder zwischen nichtärztlichem Personal innerhalb der jeweiligen Ausbildungsstufen, so z.B. zwischen Rettungsassistenten. Diese Mitarbeiter werden untereinander als gleichberechtigt und selbstverantwortend angesehen[239]. Hieraus folgt, daß auch kein Weisungsrecht besteht[240]. Insofern wird diese Form der Arbeitsteilung auch als „kollegiales Prinzip der funktionsbedingten Gleichordnung“[241] bezeichnet.
Unter der vertikalen Arbeitsteilung ist hingegen das Verhältnis zwischen Mitarbeitern auf unterschiedlichen Qualifikationsstufen, so z.B. zwischen Ärzten und nichtärztlichem Personal oder zwischen Rettungsassistenten und Rettungssanitätern zu verstehen. Man spricht hierbei auch von einem „hierarchischen Prinzip der fachlichen Über- und Unterordnung“[242], in welchem der höherrangige Mitarbeiter die Gesamtverantwortung für die notfallmedizinische Versorgung des Patienten trägt (wenngleich - was noch zu erörtern ist - auch eine Art der Exkulpation in Betracht kommt). Bei dieser Form der Arbeitsteilung spielen die Bereiche der Delegation und der Weisung von Maßnahmen eine große Rolle.

b. Vertrauensgrundsatz bei arbeitsteiligem Handeln

Eine Modifizierung und Begrenzung der jeweiligen Sorgfaltsanforderungen wird durch den Vertrauensgrundsatz vorgenommen, den die Rechtsprechung und die Lehre in einigen Bereichen, so vor allem im Straßenverkehr, im Hinblick auf vorsätzliche Straftaten anderer und das - im Hinblick auf die vorliegende Ausarbeitung relevante - arbeitsteilige Zusammenwirken mehrerer Personen in der Medizin[243] anerkennt. Damit ist auch im Rahmen des Rettungs- und Notarztdienstes die Anwendung des Vertrauensgrundsatzes möglich[244].
Die dogmatische Begründung des Vertrauensgrundsatzes ist hingegen umstritten. So wird wohl überwiegend auf die Rechtsfigur des erlaubten Risi-

238 vgl. Biermann ZaeF 1995, 628; Kontokollias/Regensburger/Rupprecht S. 85; Umbreit S. 210 ff.

239 Roxin/Schroth S. 52; Umbreit S. 77; Weißauer Der Anästhesist 1962, 243 ff.; Wilhelm MedR 1983, 46

240 Biermann ZaeF 1995, 627; Laufs RN 527; RGRK-Nüßgens § 823 Anh. II RN 217; Umbreit S. 77; Weißauer Der Anästhesist 1962, 244, 248; Wilhelm S. 4; dies. MedR 1983, 46; dies. Jura 1985, 184

241 Giesen RN 152

242 Giesen RN 152; RGRK-Nüßgens § 823 Anh. II RN 221 m.w.N.; Rieger RN 317; Umbreit S. 76

243 vgl. hierzu BGH Urt. v. 19.11.1997 - 3 StR 271/97; ferner Gropp 12/40 f.; Peter S. 19 ff.; Schumann S. 19 f.; Stratenwerth Schmidt-FS (1961) S. 383 ff.; Westermann NJW 1974, 581; Wilhelm Jura 1985, 186 ff.

244 Laufs RN 506 FN 118

kos[245], z.T. auch auf das Prinzip der Eigenverantwortlichkeit[246] oder kumulativ auf diese Figuren[247] abgestellt.
Inhalt des Vertrauensgrundsatzes ist es, die einzelnen Verantwortungsbereiche der Beteiligen zu beschränken bzw. abzugrenzen, indem man sich bei der Behandlung von Patienten grundsätzlich, d.h. mit Ausnahme noch näher zu besprechender Umstände, auf die sorgfältige und fehlerfreie Mitwirkung der anderen Beteiligten verlassen kann[248]. Das hat zur Konsequenz, daß in diesen Fällen keine Pflicht zur gegenseitigen Überwachung besteht[249], da diese ansonsten die Vorteile der Arbeitsteilung faktisch beseitigen und zugleich ein zusätzliches Risiko für den Patienten schaffen würde[250].
Bei der Frage der Anwendung des Vertrauensgrundsatzes im Rettungswesen ist zwischen der horizontalen und der vertikalen Arbeitsteilung zu unterscheiden. Bei gleichrangigen Mitarbeitern im Rahmen der horizontalen Arbeitsteilung ist die Anwendung dieses Grundsatzes uneingeschränkt zu bejahen. Dabei wird auch - wie bereits ausgeführt - das Verhältnis zwischen Notarzt und Hausarzt bzw. Bereitschaftsarzt umfaßt. So hat im Falle der Übergabe des Patienten an den Notarzt dieser zwar die Diagnose und Therapiewahl eigenverantwortlich zu überprüfen[251], dabei ist es jedoch möglich, auf die bereits durchgeführte Anamnese und Untersuchung des Patienten einschließlich den jeweiligen Befunderhebungen zurückzugreifen. Diese Grundsätze finden auch im Verhältnis zwischen Notarzt und Aufnahmearzt der jeweiligen Einrichtung entsprechende Anwendung. Generell bleibt in diesem Zusammenhang festzuhalten, daß mit der Übernahme einer Behandlung auch die Verantwortung für den jeweiligen Patienten übergeht[252].
Das erforderliche Vertrauen ist in diesen Fällen jedoch ausnahmsweise[253] dann nicht gegeben, wenn die Untersuchung bzw. die Erhebung von Befun-

245 Biermann ZaeF 1995, 627; Kühl 17/36 ff.; Lackner/Kühl § 15 RN 39; LK-Schroeder § 16 RN 170; Roxin 24/22; SK-Samson Anh. zu § 16 RN 21; Weißauer Der Anästhesist 1962, 248; Wilhelm S. 65; dies. MedR 1983, 50; dies. Jura 1985, 186

246 Schumann S. 7 ff.; Stratenwerth § 15 RN 65 ff.; ders. Eb. Schmidt-FS (1961) S. 393 ff.; Ulsenheimer MedR 1992, 131

247 Peter S. 135

248 BGH Urt. v. 02.10.1979 - 1 StR 440/79; BGH Urt. v. 26.02.1991 - VI ZR 344/89; OLG Hamm Urt. v. 06.05. 1998 - 3 U 222/97; RGRK-Nüßgens § 823 Anh. II RN 217; Scholz JR 1997, 1 ff.

249 BGH Urt. v. 26.02.1991 - VI ZR 344/89; Rieger RN 313; Scholz JR 1997, 2; Weißauer Der Anästhesist 1962, 248

250 BGH Urt. v. 02.10.1979 - 1 StR 440/79; BGH Urt. v. 26.01.1999 - VI ZR 376/97; Stratenwerth § 15 RN 68; Wilhelm S. 26 f.

251 OLG Naumburg Urt. v. 29.04.1997 - 9 U 266/96

252 BGH Urt. v. 08.11.1988 - VI ZR 320/87; Jung/Schreiber-Carstensen/Schreiber S. 172; Ulsenheimer RN 160

253 vgl. BGH Beschl. v. 17.09.1958 - 4 StR 235/58; BGH Beschl. v. 27.05.1959 - 4 StR 49/59

den schon länger zurückliegen, da rasche Wendungen des Krankheitsbildes jederzeit möglich sind[254]. Auch dürfen sich keine Zweifel an der Richtigkeit der bereits ermittelten Ergebnisse oder den Vorarbeiten des bisher Behandelnden aufdrängen[255]. Hierbei ist insbesondere auch die begrenzte medizinisch-technische Ausstattung der Vorbehandelnden zu beachten[256]. Auch sind besonders fehlerträchtige Untersuchungen generell zu wiederholen[257], da die Voraussetzungen zur Bejahung des Vertrauensgrundsatzes „um so höher sind, je größer das Risiko eines Behandlungsfehlers und die daraus resultierende Gefährdung des Patienten ist“[258]. Wenn bei den anderen Beteiligten zudem ein Fehlverhalten oder Mängel in der Qualifikation erkennbar zu Tage treten, ist ebenso das erforderliche Vertrauen zu verneinen[259].
Ist ein solcher Ausnahmefall gegeben, ist die korrekte Behandlung des Patienten selbst durchzuführen bzw. sind entsprechende Fehlleistungen der anderen Beteiligten zu beseitigen. Die Rechtsprechung[260] führt dazu aus, daß „kein Arzt, der es besser weiß, sehenden Auges eine Gefährdung seines Patienten hinnehmen darf, wenn ein anderer Arzt seiner Ansicht nach etwas falsch gemacht hat oder er jedenfalls den dringenden Verdacht haben muß, es könne ein Fehler vorgekommen sein“.
Problematischer und i.Erg. umstritten ist die Frage der Anwendung des Vertrauensgrundsatzes bei der vertikalen Arbeitsteilung. Während eine Ansicht[261] auch hier die Geltung des Vertrauensgrundsatzes generell bejahen will, so daß jeder Beteiligte sich - gleich welcher Funktion - auf die Arbeit des anderen verlassen darf, wenn keine gegenteiligen Äußerungen vorliegen,

---

254 Jung/Schreiber-Carstensen/Schreiber S. 172 f.; Laufs RN 528; Ufer Rettungsdienst 1994, 838; Ulsenheimer RN 160; vgl. Rieger RN 315 f.

255 BGH Urt. v. 19.11.1997 - 3 StR 271/97; OLG Naumburg Urt. v. 29.04.1997 - 9 U 266/96; Biermann ZaeF 1995, 627; Deutsch RN 239; Jung/Schreiber-Carstensen/Schreiber S. 172; Kontokollias/Regensburger/Rupprecht S. 85; Peter S. 29; RGRK-Nüßgens § 823 Anh. II RN 220; Stratenwerth § 15 RN 66; Ufer Rettungsdienst 1994, 838; Ulsenheimer RN 145; ders. MedR 1992, 132

256 vgl. Laufs RN 529; RGRK-Nüßgens § 823 Anh. II RN 220

257 so Jung/Schreiber-Carstensen/Schreiber S. 172

258 BGH Urt. v. 19.11.1997 - 3 StR 271/97

259 BGH Urt. v. 02.10.1979 - 1 StR 440/79; BGH Urt. v. 19.11.1997 - 3 StR 271/97; BGH Urt. v. 26.02.1991 - VI ZR 344/89; OLG Oldenburg Urt. v. 23.12.1997 - 5 U 75/97; OLG Hamm Urt. v. 06.05.1998 - 3 U 222/97; Jung/Schreiber-Carstensen/Schreiber S. 172; Peter S. 29 ff.; Rieger RN 313; Roxin 24/25; Eb. Schmidt S. 193; Scholz JR 1997, 1 ff.; Weißauer Der Anästhesist 1962, 250 f.; Umbreit S. 150 f. m.w.N. lehnt hierbei die Terminologie der Ausnahme ab, da „vom Wortsinn her kein Vertrauen auf das sorgfältige Verhalten entstehen kann, wenn bereits das fehlerhafte Verhalten offen zutage getreten ist“

260 BGH Urt. v. 08.11.1988 - VI ZR 320/87

261 Jung/Schreiber-Carstensen/Schreiber S. 173; Kamps S. 199 f.; Lippert MedR 1995, 237; Rieger RN 317; Ulsenheimer RN 167

lehnt die Gegenansicht[262] eine Anwendung völlig ab. Auch wird teilweise die Anwendung des Vertrauensgrundsatzes bei genügender Auswahl und Instruktion des untergeordneten Personals für möglich erachtet[263] bzw. mit den Überwachungs- und Kontrollpflichten gekoppelt[264].
Richtig erscheint m.E. eine Differenzierung dergestalt, daß aufgrund eines effektiven Arbeitens zumindest dann von der Geltung des Vertrauensgrundsatzes auszugehen ist, wenn das untergeordnete Personal Tätigkeiten im eigenen Aufgabenbereich vornimmt. In diesem Zusammenhang ist zu sehen, daß aufgrund einer Delegation bzw. Weisung dieser auch eine ihm übertragene Maßnahme als „eigene" Aufgabe erfüllt[265]. Dennoch sind diese Fälle vom Vertrauensgrundsatz auszunehmen, da diese überwiegend nicht zum Pflichtprogramm der Ausbildung des nichtärztlichen Personals gehören. Insofern fallen unter den Begriff der Tätigkeit im eigenen Aufgabenbereich in dem hier verstandenen Sinne ausschließlich eigene originäre Aufgaben. In allen anderen Fällen bestehen besondere Aufsichts- bzw. Kontrollpflichten gegenüber dem untergeordneten Personal[266]. Dieses Ergebnis entspricht auch der Überlegung[267], daß derjenige, der - wie im Falle der Delegation bzw. Weisung - die Pflicht hat, die Ordnungsgemäßheit fremden Verhaltens zu überwachen und zu kontrollieren, sich niemals darauf berufen kann, er habe auf die Ordnungsgemäßheit eben dieses Verhaltens vertraut. „Vertrauen in die Sorgfältigkeit fremder Leistungen kann erst dort seinen Anfang nehmen, wo die Pflicht zum Mißtrauen endet. Die Pflicht zum Mißtrauen ist dort begründet, wo für den vorstehenden Arzt Verhaltensgebote bestehen"[268].

c. Fehlerquellen bei arbeitsteiligem Handeln

Aus der arbeitsteiligen Behandlung von Patienten erwachsen besondere Gefahren. Diese sind im Rahmen des Rettungswesens erheblich größer als im normalen Klinikbetrieb, da sowohl der Notarzt, als auch das nichtärztliches Personal häufig mit wechselnden personellen Zusammensetzungen die jeweiligen Rettungseinsätze (insbesondere beim Rendez-vous-System) durchführen. Zudem besteht eine Zusammenarbeit mit vielen Vertretern des ärztlichen und nichtärztlichen Personals außerhalb des Rettungsdienstes, so insbesondere mit dem Ärztlichen Bereitschaftsdienst, den verschiedenen Hausärzten sowie Ärzten und nichtärztlichem Personal der jeweiligen Aufnahmeeinrich-

262 Tries S. 40
263 Wilhelm S. 117 f.
264 Schumann S. 19 ff.
265 Wilhelm MedR 1983, 46; dies. S. 7 f., 95 f.
266 Gropp 12/41; Stratenwerth § 15 RN 68
267 Burgstaller S. 64
268 Umbreit S. 112 f.

tung. Je weniger die bei der Behandlung mitwirkenden Personen aufeinander „eingespielt" sind, desto höher ist die Gefahr für den Patienten[269].
Diese Besonderheiten erfordern umfangreiche Maßnahmen, um die unterschiedlichen Fehlerquellen im Rahmen der Arbeitsteilung zu verhindern. Damit ist in diesem Zusammenhang näher auf die Ursachen einzugehen.

aa. Fehlerhafte oder fehlende Kommunikation und Koordination

Im Rahmen der Arbeitsteilung ist eine umfangreiche Kommunikation und Koordination zwischen den am Einsatz beteiligten Personen erforderlich. Dies betrifft zum einen die Kommunikation innerhalb des Rettungsteams, aber auch die Kommunikation zwischen Rettungsteam und Rettungsleitstelle (ggf. auch mit dem Leitenden Notarzt).
Insgesamt bleibt festzuhalten, daß die Kommunikation im Rahmen horizontaler und vertikaler Arbeitsteilung so zu gestalten ist, daß Fehler durch arbeitsteiliges Handeln vermieden werden. So müssen Abstimmungen bei der horizontalen sowie Delegationen und Weisungen im Rahmen der vertikalen Arbeitsteilung vollständig und hinreichend präzise sein. Es bedarf „keiner ärztlichen Ausbildung und Erfahrung, um sich zu sagen, daß Hörfehler vorkommen können und daß daraus, wenn es sich um ärztliche Verordnungen handelt, schwerste Folgen entstehen können"[270]. Dies bedeutet, daß je gefährlicher ein Verständigungsfehler sein kann, desto gründlichere Sicherheitsmaßnahmen erforderlich sind[271], insbesondere, indem eine umfassende Kontrolle der eigenen Anordnungen durchzuführen ist. So verlangt z.B. der Zuruf von Arzneimittelnamen grundsätzlich[272] auch im Rahmen des Rettungswesens immer eine Antwort[273]. Ebenso muß im Rahmen der Medikation eine Nachschau der Ampullen durch den Arzt erfolgen, um Mißverständnisse über Art und Dosierung zu vermeiden[274].
Auch die unzureichende Koordination der einzelnen Maßnahmen läßt erhebliche Gefahren für den Patienten entstehen. So besteht die Gefahr unzureichender Abstimmung in zwei Richtungen: Zum einen dergestalt, daß notwendige Maßnahmen gänzlich unterbleiben oder aber auf der anderen Seite mehr-

---

269 vgl. BGH Urt. v. 10.06.1955 - 1 StR 632/54 zur Problematik der Kommunikation und Koordination
270 BGH Urt. v. 10.07.1952 - 5 StR 324/52
271 Stratenwerth Eb. Schmidt-FS (1961) S. 395
272 zu den Ausnahmen vgl. bereits S. 139 f.
273 vgl. Laufs RN 522; RGRK-Nüßgens § 823 Anh. II RN 224
274 BGH Urt. v. 01.07.1954 - 3 StR 869/53; NK-Puppe Vor § 13 RN 152; RGRK-Nüßgens § 823 Anh. II RN 224

fach durchgeführt werden[275]. Die Einzelmaßnahmen müssen daher zum Schutz des Patienten inhaltlich, zeitlich und örtlich aufeinander abgestimmt werden[276]. Auch sind Risiken auszuschließen, die sich aus der Unverträglichkeit der angewendeten Methoden und Instrumente ergeben können[277].

bb. Fehlerhafte oder fehlende Kompetenzverteilung

Kompetenzkonflikte sind im Rettungswesen in unterschiedlicher Ausprägung denkbar. So können Mängel innerhalb des Rettungsteams selbst, aber auch in der Zusammenarbeit mit der Rettungsleitstelle, mit weiteren Rettungsteams am Einsatzort oder mit dem Leitenden Notarzt im Massenanfall auftreten. Wie im Falle der unzureichenden Koordination besteht auch hier die Gefahr in zwei Richtungen. So können sich in einer Situation einerseits zwei Beteiligte zugleich für zuständig halten, während auf der anderen Seite jeder den jeweils anderen für zuständig hält[278].

Hiergegen ist eine genaue Aufgabenverteilung und Aufgabenabgrenzung zwischen den am Einsatz Beteiligten erforderlich[279]. So ist im Rahmen der Aufgabenverteilung innerhalb des Rettungsteams der höher ausgebildete Mitarbeiter für die Leitung des jeweiligen Einsatzes verantwortlich. Keine Schwierigkeiten bestehen in diesem Zusammenhang bei der Assistenz eines Arztes durch nichtärztliches Personal. Hier liegt die Verantwortlichkeit ausschließlich bei dem ärztlichen Personal. Dies gilt nicht nur bei der Zusammenarbeit mit einem Notarzt, sondern vielmehr bei jedem Arzt. Sind in einem Einsatz hingegen mehrere gleich ausgebildete Personen beteiligt, so z.B. mehrere Notärzte oder Rettungsassistenten, so sind diese jeweils untereinander als gleichberechtigt anzusehen. Bei ärztlichem Personal bleibt anzumerken, daß nach Eintreffen des Notarztes am Einsatzort dieser die Behandlung des Patienten durch den evtl. bereits anwesenden Arzt übernimmt[280].

Der jeweils Verantwortliche kann Maßnahmen an untergeordnetes Personal delegieren bzw. Weisungen erteilen. Zu den einzelnen Voraussetzungen ist jedoch an die gesonderte Erörterung im Anschluß an diesen Abschnitt zu verweisen.

---

275 vgl. BGH Urt. v. 16.10.1979 - 1 StR 360/79; Jung/Schreiber-Carstensen/Schreiber S. 171; Stratenwerth Eb. Schmidt-FS (1961) S. 395 f.; Wilhelm S. 24; dies. MedR 1983, 45

276 Wilhelm S. 24; dies. Jura 1985, 184

277 BGH Urt. v. 26.01.1999 - VI ZR 376/97

278 Biermann ZaeF 1995, 627; Peter S. 25 m.w.N.

279 zur Notwendigkeit einer sorgfältigen Aufgabenabgrenzung im medizinischen Bereich vgl. Peter S. 22 ff. m.w.N.

280 Kontokollias/Regensburger/Rupprecht S. 84 f.; Lechleuthner Rettungsdienst 1997, 470 f.

Sind mehrere durch die Ausbildung identisch qualifizierte Rettungsteams an einem Einsatz beteiligt, liegt die Einsatzleitung zunächst bei dem zuerst am Einsatzort eingetroffenen Team[281]. Diese Verantwortung wird dann abgegeben, wenn qualitativ höher ausgebildetes Personal den Einsatzort erreicht, so insbesondere bei Eintreffen eines Notarztes.

cc. Fehler im Rahmen der Delegation ärztlicher Aufgaben

Wie bereits ausgeführt, kann der jeweils Verantwortliche eines Rettungsteams Maßnahmen an untergeordnetes Personal delegieren. Delegation bedeutet hierbei, einem Mitarbeiter oder einer Gruppe eine bestimmte Aufgabe mit den entsprechenden Befugnissen und Verantwortungen zur selbständigen Durchführung zu übertragen[282].
Wenngleich diese Konstellationen auch innerhalb des nichtärztlichen Personals bestehen, so z.B. wenn ein Rettungsassistent nichtärztliche Maßnahmen an einen untergeordneten Rettungssanitäter delegiert, ist rechtlich vor allem problematisch, inwieweit und unter welchen Voraussetzungen ärztliche Aufgaben zur Durchführung an nichtärztliches Personal delegiert werden dürfen. Dies ist für viele Fachbereiche der Medizin umstritten. Davon betroffen ist auch die präklinische Notfallmedizin, insbesondere deshalb, weil keine gesetzlichen Regelungen existieren[283]. Jedoch ist auch in diesem Zusammenhang die - freilich rechtlich unverbindliche[284] - Stellungnahme der Bundesärztekammer[285] einschlägig.

aaa. Delegationsfähigkeit von Maßnahmen

Grundvoraussetzung der Zulässigkeit einer Delegation ärztlicher Aufgaben zur Durchführung an das nichtärztliche Personal ist zunächst, daß die jeweiligen Maßnahmen nicht dem ärztlichen Personal vorbehalten sind und damit einer Delegation generell entgegenstehen[286]. Hierzu gehören sämtliche diagnostische und therapeutische Entscheidungen[287]. Grundsätzlich ausgenom-

281 Decker S. 16; Walter/Meyer S. 140

282 Decker S. 128

283 zu Recht krit. zu dieser Situation Dunz DMW 1974, 1542; hieran hat sich bis heute nichts geändert

284 vgl. bereits S. 96

285 Bundesärztekammer MedR 1993, 42

286 Giesen RN 173; Hahn DMW 1984, 231; RGRK-Nüßgens § 823 Anh. II RN 222

287 Böhmer/Merz/Schneider S. 40; Brenner Medizinische Welt 1972, 235; ders. Das Krankenhaus 1980, 151 = Deutsche Krankenpflegezeitschrift 1980, 549; Gorgaß/Ahnefeld/Rossi S. 524; Hennes/Lehranstalt für Rettungsdienst S. 16; Kühn/Luxem/Runggaldier S. 650; Lippert MedR 1995, 235; Lippert/Weißauer RN 335 m.w.N.; Rieger RN 894; Sefrin Leben retten 1995, 147; Weißauer Der Anästhesist 1964, 391

men sind hingegen Untersuchungen des Patienten sowie Maßnahmen aufgrund einer ärztlichen Therapieanordnung.
Ob ärztliche Maßnahmen dann schließlich zur Durchführung an nichtärztliches Personal delegiert werden dürfen, richtet sich danach, ob die jeweilige Durchführung spezifische ärztliche Kenntnisse bzw. Fähigkeiten voraussetzt[288]. In diesen Fällen ist eine Delegation regelmäßig ausgeschlossen. Ferner ist eine Delegation dann unzulässig, wenn das Risiko des Patienten allein aufgrund der Tatsache objektiv gesteigert wird, daß die Durchführung der ärztlichen Maßnahme speziell durch nichtärztliches Personal erfolgt[289]. Im konkreten Einzelfall sind immer auch die Konstitution des Patienten sowie die äußeren Umstände zu beachten. In Zweifelsfällen hat der Arzt die Maßnahme selbst durchzuführen.
Wenngleich nun nicht auf alle ärztliche Maßnahmen im einzelnen eingegangen werden kann, bildet jedoch die - streitige - Frage der Zulässigkeit von Injektionen, Infusionen und Blutentnahmen einen besonderen Schwerpunkt und rechtfertigt damit eine nähere Erörterung. Anzumerken ist, daß auch in diesen Fällen - anders als z.B. im Bereich der Krankenpflege[290] - keine Stellungnahme bzw. Richtlinie der Bundesärztekammer oder einer sonstigen Standesvereinigung vorliegt. Während nun nach einer Ansicht eine diesbezügliche Delegation generell möglich sein soll, unterstreicht die Gegenansicht die ausschließliche Kompetenz des ärztlichen Personals[291]. Beide Ansichten können jedoch nicht überzeugen, da sie mehrere Faktoren, so insbesondere die jeweilige Qualifikation des Personals sowie auch Art und Schwere der Maßnahme im konkreten Einzelfall, nur ungenügend berücksichtigt. So ist einerseits festzuhalten, daß an Rettungssanitäter aufgrund ihrer Ausbildung höhere Anforderungen zu stellen sind als an einen Rettungsassistenten. Auf der anderen Seite ist insbesondere zwischen den unterschiedlichen Injektionsformen zu unterscheiden, da diese auch unterschiedliche Risiken beinhal-

288 Bundesärztekammer MedR 1993, 42; Giesen JZ 1982, 352; Laufs RN 520; Lippert NJW 1982, 2091 m.w.N.; Lippert/Weißauer RN 335; Rieger RN 319; Weißauer Der Anästhesist 1964, 391

289 BGH Urt. v. 27.09.1983 - VI ZR 230/81; Giesen RN 179; ders. JZ 1982, 353; Hahn NJW 1981, 1981; ders. DMW 1984, 232 m.w.N.

290 vgl. die Stellungnahme der Deutschen Krankenhausgesellschaft zur Durchführung von Injektionen, Infusionen und Blutentnahmen durch das Krankenpflegepersonal DMW 1980, 155 ff. = DÄBl. 1980, 1709 f.; ferner die Stellungnahme der Arbeitsgemeinschaft Deutscher Schwesternverbände zur Vornahme von Injektionen, Infusionen, Transfusionen und Blutentnahmen durch das Krankenpflegepersonal Deutsche Krankenpflegezeitschrift 1980, 161 ff.; zur rechtlichen Beurteilung der Stellungnahmen vgl. Peter S. 55 ff.

291 andere wollen lediglich auf das Vorliegen von erforderlichen Zusatzqualifikationen abstellen, vgl. Rieger RN 896; Brenner Das Krankenhaus 1980, 153 = Deutsche Krankenpflegezeitschrift 1980, 550

ten[292]. Insbesondere ist dabei zu beachten, daß bei der intravenösen Injektion im Gegensatz zur subkutanen oder intramuskulären Injektion die Stoffe sofort in den Körper gelangen, womit regelmäßig auch ein größeres Risiko für den Patienten verbunden ist[293].

Einen Anhaltspunkt bietet in diesem Zusammenhang die Auflistung der zulässigen Maßnahmen der Notkompetenz im Rahmen der Stellungnahme der Bundesärztekammer. Danach sind für Rettungsassistenten die Venenpunktion und die Applikation ausgewählter Medikamente bzw. Infusionen möglich. Blickt man zudem auf andere Bereiche, so gilt bei Klinikpersonal, daß approbierten Pflegekräften intramuskuläre Injektionen erlaubt sind, sofern sie ausreichend ausgebildet sind und im Einzelfall besonders instruiert und überwacht werden[294]. Gleiches gilt auch bei intravenösen Injektionen, jedoch nur im Ausnahmefall und nur unter Aufsicht des Arztes[295]. Unter diesen Voraussetzungen ist aufgrund des vergleichbaren Ausbildungsstandes eine Analogie zu Rettungsassistenten, nicht jedoch für Rettungssanitäter und -helfer möglich. Letzteres steht im Zusammenhang mit jener Rechtsprechung, daß „viel dafür spricht, daß die Verabreichung von Injektionen durch ausgebildete Krankenpflegehelferinnen grundsätzlich nicht geduldet werden darf, weil deren fehlerhafte Ausführung zu typischen schwerwiegenden Schäden führen kann“[296].

Hervorzuheben ist ferner die Zulässigkeit der Delegation der Defibrillation. Diese ist als invasive Maßnahme am Notfallpatienten eine genuin ärztliche Aufgabe[297]. Während man davon ausgehen kann, daß eine Delegation an einen Rettungsassistenten im Ausnahmefall unter den obigen Voraussetzungen

292 diese Überlegung ist nach anderer - m.E. unvertretbarer - Ansicht nicht zwingend, da der Arzt aufgrund der Anordnungsverantwortung sowieso einstehen müsse, vgl. Brenner Das Krankenhaus 1980, 153 = Deutsche Krankenpflegezeitschrift 1980, 550; wie hier sprechen sich auch Heinze/Jung MedR 1985, 69 aus, die vor allem auf die Komplikationwahrscheinlichkeit und Komplikationsschwere abstellen, ebenso Hahn NJW 1981, 1981; a.A. hingegen Böhme S. 233 f., da es durchaus Medikamente gibt, bei sowohl intramuskulär als auch intravenös injiziert werden können, aber angesichts ihrer Gefährlichkeit überhaupt nicht von nichtärztlichem Personal verabreicht werden dürfen. Somit soll eine Unterscheidung nach der Injektionstechnik erst nach der Freigabe des Medikaments erfolgen

293 BGH Urt. v. 28.04.1959 - VI ZR 51/58

294 BGH Urt. v. 30.06.1959 - VI ZR 125/58; BGH Urt. v. 30.06.1959 - VI ZR 181/58; OLG Köln Urt. v. 22.01. 1987 - 7 U 193/86

295 BGH Urt. v. 07.10.1980 - VI ZR 176/79; Heinze/Jung MedR 1985, 69 f.; RGRK-Nüßgens § 823 Anh. II RN 222; vgl. ferner Deutsch RN 254

296 BGH Urt. v. 08.05.1979 - VI ZR 58/78

297 Lippert MedR 1995, 235

zulässig ist[298], bestehen auch Bestrebungen[299], eine generelle Delegation, d.h. für die Zukunft für eine unbestimmte Zahl von Patienten, für zulässig zu erachten. Dieser Ansicht kann jedoch aufgrund des Risikos für den Patienten nicht gefolgt werden.
Soweit die Zulässigkeit der Delegation ärztlicher Maßnahmen generell ausgeschlossen ist, besteht - wenn man der hier vertretenen Meinung nicht folgt und einen Anwendungsbereich des Vertrauensgrundsatzes in der vertikalen Arbeitsteilung auch für übertragene Aufgaben grundsätzlich bejaht - regelmäßig kein Raum für die Anwendung des Vertrauensgrundsatzes[300].

bbb. Auswahl, Instruktion und Überwachung des Delegationsempfängers

Ein Arzt, welcher ärztliche Maßnahmen zur Durchführung auf das nichtärztliche Personal delegiert, ist zur sorgfältigen Auswahl, Instruktion und Überwachung seines nachgeordneten Personals verpflichtet[301].
Im Rahmen der Auswahl des nachgeordneten Personals muß sich der Arzt von der fachlichen und persönlichen Qualifikation seiner nichtärztlichen Mitarbeiter überzeugen. Während bei der fachlichen Qualifikation insbesondere auf den jeweiligen Ausbildungsstand des nichtärztlichen Personals abzustellen ist[302], spielen im Rahmen der persönlichen Qualifikation die praktische Erfahrung und Zuverlässigkeit der betreffenden Person die entscheidenden Kriterien[303].
Die Auswahl ist im Rettungswesen schwierig, da Rettungs- und Notarztdienst unterschiedlich organisiert sind und der Notarzt sich insofern vor einem gemeinsamen Einsatz von der Qualifikation seiner nichtärztlichen Mitarbeiter nicht immer überzeugen kann. Dies kann jedoch im Ergebnis nicht bedeuten, daß eine Delegation einschränkend nur auf jene Mitarbeiter möglich ist, die

---

298 vgl. die Empfehlungen der Bundesärzte von Arbeiter-Samariter-Bund, Deutsche Lebensrettungsgesellschaft, Deutsches Rotes Kreuz, Johanniter-Unfall-Hilfe und Malteser Hilfsdienst Leben retten 1994, 37

299 Lippert MedR 1995, 237 f.; abl. Trocha Rettungsdienst 1996, 130 ff.; ferner abl. für den Bereich der Notkompetenz das Bundesministerium für Gesundheit in einer Stellungnahme v. 18.01.1995, Leben retten 1995, 109 f., da hier „die Besatzung des Rettungswagens mit der Durchführung der klassischen Herz-Lungen-Wiederbelebung voll ausgelastet ist"

300 der BGH spricht insoweit von einem Behandlungsfehler, vgl. BGH Urt. v. 27.09.1983 - VI ZR 230/81; ferner Deutsch RN 255; Ulsenheimer RN 200

301 vgl. Gropp 12/41; Peter S. 27; Roxin/Schroth S. 64; Stratenwerth Eb. Schmidt-FS (1961) S. 393 ff.; Weißauer Der Anästhesist 1964, 394

302 BGH Urt. v. 08.05.1979 - VI ZR 58/78; Hahn NJW 1981, 1982

303 vgl. Umbreit S. 156 ff.; Weißauer Der Anästhesist 1964, 391

dem jeweiligen Notarzt persönlich bekannt sind[304]. Vielmehr ist analog zum Vertrauensgrundsatz zugunsten des Arztes festzuhalten, daß dieser bei medizinischen Maßnahmen, welche in den jeweiligen Ausbildungsprogrammen des nichtärztlichen Personals erlernt werden und zum Prüfungsstoff gehören, sich konkludent auf die erforderliche Qualifikation des betreffenden Delegationsempfängers verlassen kann, solange sich jener nicht gegenteilig bemerkbar macht[305]. Damit besteht eine Pflicht des nichtärztlichen Personals, sich bei eigenen fachlichen Mängeln deutlich zu artikulieren[306]. Unabhängig hiervon besteht jedoch die Pflicht des Arztes, sich „selbst ein eigenes Bild von der Sachkunde und Zuverlässigkeit des Mitarbeiters zu machen“[307].
Im Rahmen der Instruktion sind Verhaltensregeln für das nachgeordnete Personal festzulegen. „Die Unterweisung muß bestimmten, vom Einzelfall abhängenden inhaltlichen Anforderungen entsprechen“. Sie muß unmißverständlich sein, d.h. sie „darf den nachgeordneten Mitarbeiter nicht im unklaren lassen, was von ihm genau verlangt wird“[308]. Hierbei ist zu beachten, daß die Instruktion nicht nur die Delegation einer Maßnahme umfaßt, sondern auch die Vorbereitung, Assistenz und Nachbereitung[309].
Einer laufenden Überwachung des Delegationsempfängers bedarf es jedoch grundsätzlich nicht[310]. Vielmehr hängt die Intensität der Überwachung von „der erworbenen Geschicklichkeit und Erfahrung der Hilfsperson ab“[311], wenngleich in allen Fällen zumindest eine stichprobenhafte persönliche Überwachung erforderlich ist[312]. Zeigen sich hingegen während der Durchführung der ärztlichen Maßnahmen Mängel oder werden Tendenzen zur „Schludrigkeit“ und zum „Schlendrian“[313] deutlich, besteht die Pflicht des Arztes, unverzüglich einzuschreiten und die Maßnahmen des nichtärztlichen Personals zu korrigieren bzw. ggf. selbst auszuführen[314].

304 a.A. Sefrin Leben retten 1995, 148
305 vgl. mit z.T. unterschiedlicher Konstruktion Ahnefeld/Dick/Kilian/Schuster S. 350; Gorgaß/Ahnefeld/Rossi S. 524; Lippert/Weißauer RN 347, 389; Peter S. 32 f.; Tries S. 40; Wilhelm MedR 1983, 51; vgl. ferner BGH Urt. v. 10.07.1952 - 5 StR 324/52; BGH Urt. v. 30.06.1959 - VI ZR 125/58; Lippert NJW 1982, 2092 m.w.N.; Wilhelm S. 86 f.; Weißauer Der Anästhesist 1964, 388
306 Kühn/Luxem/Runggaldier S. 651; zur parallelen Situation des Pflegepersonals vgl. Heinze/Jung MedR 1985, 70
307 Jung/Schreiber-Carstensen/Schreiber S. 173; Laufs RN 519; Ulsenheimer RN 182
308 Umbreit S. 136
309 vgl. Peter S. 116
310 Wilhelm MedR 1983, 51
311 BGH Urt. v. 13.10.1964 - VI ZR 169/63
312 Hahn NJW 1981, 1984 m.w.N.; Lippert/Weißauer RN 347 m.w.N., 390; Ulsenheimer MedR 1992, 132
313 Kamps S. 185
314 BGH Urt. v. 10.07.1952 - 5 StR 324/52; BGH Urt. v. 01.07.1954 - 3 StR 869/53; BGH Urt. v. 10.06.1955 - 1 StR 632/54; Laufs RN 520; Lippert NJW 1982, 2091

Das nichtärztliche Personal kann angesichts der Fachkompetenz des Arztes grundsätzlich darauf vertrauen, daß die vom Arzt angeordneten Maßnahmen zur Durchführung indiziert und richtig sind. Damit besteht keine besondere Nachprüfung[315]. Erkennt jedoch der Delegationsempfänger die offensichtliche Unrichtigkeit der ärztlichen Maßnahme, muß er nach neuerer Rechtsprechung[316] seine Zweifel vor der Durchführung kundtun.
Mit Übernahme einer ärztlichen Maßnahme durch das nichtärztliche Personal übernimmt dieses primär die Verantwortung für eine sorgfaltsgemäße Durchführung, der Arzt trägt die Anordnungsverantwortung[317].

dd. Fehler im Rahmen des ärztlichen Weisungsrechts

Der Übergang von Delegation und Weisung ist in der Praxis nicht selten fließend[318]. Im Rahmen der Arbeitsteilung zwischen ärztlichem und nichtärztlichem Personal im Rettungswesen besteht in medizinischen Dingen - wie bereits ausgeführt[319] - ein Weisungsrecht des Arztes. Keine Rolle spielt in diesem Zusammenhang, ob es sich um eine Weisung des Notarztes selbst oder um eine Weisung eines anderen Arztes handelt[320].
Wie der Delegationsempfänger kann auch der Weisungsempfänger angesichts der Fachkompetenz des Arztes grundsätzlich darauf vertrauen, daß die ärztlichen Anordnungen indiziert und richtig sind[321]. Nur in solchen Fällen, in denen der Weisungsempfänger ärztliche Weisungen für offensichtlich unrichtig hält bzw. sich konkrete Anhaltspunkte aufdrängen, die gegen die jeweilige Maßnahme sprechen, besteht eine Hinweispflicht gegenüber dem Arzt[322]. So „entbindet der schuldige Gehorsam" das nichtärztliche Personal „nicht von

---

315 OLG Düsseldorf Urt. v. 21.03.1991 - 8 U 55/89; OLG Zweibrücken Urt. v. 18.02.1997 - 5 U 3/96; ferner Lippert/Weißauer RN 389; S/S-Cramer § 15 RN 153

316 OLG Frankfurt Urt. v. 06.04.1990 - 24 U 18/89; anders noch BGH Urt. v. 01.07.1954 - 3 StR 869/53

317 Böhmer/Merz/Schneider S. 40; Bundesärztekammer MedR 1993, 42; Ellinger/Osswald/Stange S. 32; Freund Rettungsdienst 1997, 803; Kontokollias/Regensburger/Rupprecht S. 74; Kühn/Luxem/Runggaldier S. 651; Lechleuthner/Funk S. 11; Lippert/Weißauer RN 335, 432; Rieger RN 319; Sefrin Leben retten 1995, 148; Tries S. 35, Ulsenheimer RN 190 m.w.N. bzgl. der Anweisung an Schwestern und Pflegern im Krankenhaus

318 vgl. Wilhelm S. 113

319 vgl. bereits S. 18

320 Freund Rettungsdienst 1997, 803; Lipp Rettungsdienst 1996, 443; Ufer Rettungsdienst 1996, 535

321 BGH Urt. v. 01.07.1954 - 3 StR 869/53; BGH Urt. v. 10.07.1952 - 5 StR 324/52; Böhme S. 38; Jescheck/Weigend § 55 I 3 c; Lippert/Weißauer RN 389; Schumann S. 29 ff.; Wilhelm Jura 1985, 187

322 Böhme S. 38; Kontokollias/Regensburger/Rupprecht S. 75; Ufer Rettungsdienst 1996, 535; Wilhelm S. 123; dies. Jura 1985, 187

der Pflicht, sich jederzeit ein eigenes Bild von der Krankheit wie der Wirksamkeit oder gar Schädlichkeit des Eingriffes zu machen und gegebenenfalls zu remonstrieren"[323]. So sind Anhaltspunkte dann gegeben, „wenn sich der Arzt „durch zahlreiche vorangegangene Fehlentscheidungen als allgemein oder auf einem bestimmten Gebiet fachlich inkompetent erwiesen hat, wenn er beim Erteilen seiner Anordnungen sichtlich abgelenkt und nicht bei der Sache ist"[324].
Liegen geäußerte Zweifel an der Richtigkeit des Inhaltes der konkreten Anordnung vor, ist die Weisung dennoch zu befolgen, sofern der Anweisende hieran festhält, da hierdurch „eine neue Vertrauensbasis geschaffen wird, mit der Folge, daß der Weisungsempfänger seine Bedenken für unbegründet halten darf"[325]. Anderes gilt, wenn die Anhaltspunkte für ein sorgfaltswidriges Verhalten in der Person des Anweisenden selbst begründet sind oder dieser die geäußerten Zweifel „offensichtlich nicht in Betracht gezogen hat" bzw. das Festhalten an der Weisung „mit Gründen versehen hat, die auch der Untergebene als nicht stichhaltig erkennt oder ohne weiteres erkennen müßte oder die Bedenken verstärken oder neu begründen müßte"[326].

§ 12 Weitere tatbestandliche Voraussetzungen

1. Objektive Voraussehbarkeit der Tatbestandsverwirklichung

Nach Rechtsprechung[327] und herrschender Lehre[328] liegt die objektive Voraussehbarkeit der Tatbestandsverwirklichung vor, wenn der eingetretene tatbestandsmäßige Erfolg nach allgemeiner Lebenserfahrung, sei es auch nicht als regelmäßige, so doch als nicht ungewöhnliche Folge unter den jeweiligen Umständen des Einzelfalles durch einen sorgfaltsgemäß handelnden Menschen erwartet werden konnte. Die Rechtsprechung legt nun diese Voraussehbarkeit weit aus und läßt es genügen, daß die Tatbestandsverwirklichung, nicht jedoch der konkrete Ursachenverlauf voraussehbar ist[329]. Gerade im medizinischen Bereich existiert hierzu eine reichhaltige Kasuistik. So sind

323 Laufs RN 527
324 Schumann S. 30 f.
325 Schumann S. 31; Tries S. 41
326 Schumann S. 31 f.
327 welche die Prüfung in der Schuld vornimmt, vgl. z.B. RGSt Urt. v. 31.05.1920 - I 211/20; offengelassen durch OLG Stuttgart Urt. v. 30.06.1980 - 3 Ss 886/79
328 Gropp 12/45; Lackner/Kühl § 15 RN 46; Wessels/Beulke RN 667a
329 RGSt Urt. v. 03.12.1939 - 4 D 575/39; BGH Urt. v. 29.08.1952 - 2 StR 330/52; BGH Urt. v. 10.07.1958 - 4 StR 180/58; krit. Maurach/Gössel/Zipf 43/130; Welzel § 22 III 5

Komplikationen aufgrund einer Bluterkrankheit[330] oder einer besonders großen Disposition des Patienten zur Thrombosebildung[331] voraussehbar. Hingegen zieht die überwiegende Lehre die Anforderungen enger. Hiernach muß auch die Art und Weise der Tatbestandsverwirklichung, d.h. der konkrete Ursachenverlauf - zumindest in den wesentlichen Zügen - voraussehbar sein[332]. Liegt ein fahrlässiges Unterlassen vor, muß die Voraussehbarkeit zudem die erforderliche Handlungsmöglichkeit sowie die Umstände, welche eine Garantenstellung begründen, umfassen[333].
Wenngleich auf der Ebene des Tatbestandes auf einen objektiven Maßstab und damit auf die differenzierte Maßfigur abzustellen ist, sind etwaige Sonderkenntnisse und Sonderfähigkeiten des jeweiligen Täters bei der Frage der Strafbarkeit mit einzubeziehen[334].

2. Kausalität zwischen Sorgfaltspflichtverletzung und Erfolg

Für eine Strafbarkeit ist ferner Voraussetzung, daß zwischen dem Handeln des ärztlichen bzw. nichtärztlichen Personals (Sorgfaltspflichtverletzung) und dem Erfolg (Tötung bzw. Körperverletzung des Patienten) ein ursächlicher Zusammenhang besteht. Hierbei wird auf die Äquivalenztheorie (Bedingungstheorie) abgestellt, welche von der kausalen Gleichwertigkeit aller Erfolgsbedingungen ausgeht und jeden Umstand als ursächlich ansieht, der zum Eintritt des Erfolges beigetragen hat. Aus dieser Theorie entspringen im einzelnen zwei Formeln, die conditio-sine-qua-non-Formel und die Formel von der gesetzmäßigen Bedingung.
Nach der in Rechtsprechung[335] und in weiten Teilen der Literatur[336] vertretenen conditio-sine-qua-non-Formel gilt als Ursache jede Bedingung eines Erfolges, welche nicht hinweggedacht werden kann, ohne daß der Erfolg in seiner konkreten Gestalt entfiele. Nach der auf Engisch[337] zurückgehenden

330 RGSt Urt. v. 31.05.1920 - I 211/20; BGH Urt. v. 09.12.1959 - 2 StR 489/59
331 OLG Stuttgart Urt. v. 17.02.1956 - Ss 22/56; krit. Henkel NJW 1956, 1451
332 Gropp 12/47 m.w.N.; ebenso Baumann/Weber/Mitsch 22/43, welche dies im Rahmen der Rechtfertigung prüfen
333 Jescheck/Weigend § 59 VII; SK-Rudolphi Vor § 13 RN 28a
334 Gropp 12/45; Jescheck/Weigend § 55 I 2 b; II 3; Krey RN 121 FN 232; Kühl 17/40
335 BGH Urt. v. 28.09.1951 - 2 StR 391/51; BGH Urt. v. 25.01.1955 - 2 StR 366/54; BGH Beschl. v. 26.11. 1970 - 4 StR 26/70; OLG Düsseldorf Beschl. v. 14.01.1993 - 3 Ws 308/92
336 Baumann/Weber/Mitsch 14/8 ff.; Gropp 5/13; Haft AT S. 62 ff.; Laufs RN 536; Maurach/Zipf 18/17 ff.
337 Engisch Kausalität S. 13 ff.; ferner Jescheck/Weigend § 28 II 4, § 55 II 2 a; S/S-Lenckner Vorbem §§ 13 ff. RN 75; SK-Rudolphi Vor § 1 RN 41; vgl. NK-Puppe Vor § 13 RN 83 ff.

Formel von der gesetzmäßigen Bedingung ist ein Verhalten dann erfolgsursächlich, wenn dieser Erfolg nach den Naturgesetzen mit dem Verhalten durch eine Reihe von zeitlich nachfolgenden Veränderungen in der Außenwelt notwendig verknüpft ist. Welche der beiden Formeln nun vorzuziehen ist, kann an dieser Stelle offenbleiben, da beide gewöhnlich zu denselben Bewertungen kommen[338].

Sofern ein fahrlässiges Tun oder Unterlassen nach diesen Formeln - ex post[339] - ursächlich für einen Schaden an Leib oder Leben des Patienten ist, liegt eine Strafbarkeit wegen einer fahrlässigen Körperverletzung bzw. Tötung infolge aktiven Tuns oder Unterlassung vor.

3. Objektive Zurechnung des Erfolges

Korrekturen des Kausalitätsergebnisses sind nach allgemeiner Ansicht[340] im Rahmen der objektiven Zurechnung vorzunehmen. Die objektive Zurechnung eines Erfolges ist gegeben, wenn das für den Erfolg ursächliche Verhalten eine rechtlich mißbilligte Gefahr i.S. des jeweiligen Tatbestandes (§§ 222 oder 229 StGB) geschaffen oder erhöht hat und diese Gefahr sich in dem konkreten Erfolgseintritt auch tatsächlich realisiert hat[341].

Dabei ist zunächst auf die Voraussetzungen dieser Grundformel einzugehen, im Anschluß daran sind weitere Einschränkungen der Zurechnung zu ziehen, namentlich das Prinzip der Eigenverantwortlichkeit sowie den Pflichtwidrigkeits- und Schutzzweckzusammenhang.

a. Gefahrschaffung und Gefahrrealisierung

Während die Gefahrschaffung bzw. Gefahrerhöhung gewöhnlich unproblematisch zu beurteilen ist, verdient gerade in Fällen der atypischen Schadensfolgen sowie bei Geschehensabläufen, die außerhalb aller Lebenserfahrung liegen, die Gefahrrealisierung besondere Beachtung.

Im medizinischen Bereich ist die Gefahrrealisierung z.B. zu bejahen, wenn bei der Behandlung des Patienten dieser sich verschluckt[342] oder erbricht und

---

338 Bockelmann/Volk S. 64 ff. hingegen will die Adäquanztheorie heranziehen, welche jedoch stets abgelehnt wurde, vgl. nur BGH Urt. v. 28.09.1951 - 2 StR 391/51

339 Köhler S. 138

340 Kühl 4/36 f.; Wessels/Beulke RN 673

341 Gropp 5/42; Haft AT S. 64 ff.; Jescheck/Weigend § 28 IV m.w.N.; Maurach/Zipf 18/49; S/S-Lenckner Vor §§ 13 ff. RN 92a; SK-Rudolphi Vor 1 RN 57

342 OLG Stuttgart Beschl. v. 30.07.1981 - 3 Ss 375/81

hieran erstickt[343]. Voraussetzung ist jeweils, daß diese Komplikationen innerhalb der durch die Primärgefahr geschaffenen Gefahr liegen.
Auch in den bereits genannten Fällen der Bluterkrankheit oder der Disposition zur Thrombosebildung realisiert sich die Gefahr[344]. Dessenungeachtet wird nach einer weitverbreiteten Ansicht aufgrund der Tatsache, daß das Risiko vom Patienten selbst ausgeht, das Vorliegen der objektiven Zurechnung verneint. Dogmatisch richtig ist es jedoch, diese Problematik bereits bei der Frage der Voraussehbarkeit zu erörtern[345].

b. Prinzip der Eigenverantwortlichkeit

Für den Fall, daß bei einem Kausalverlauf andere Personen beteiligt sind, ist deren Beitrag an der Tatbestandsverwirklichung abzugrenzen. Dies geschieht durch das Prinzip der Eigenverantwortlichkeit[346]. Im Rahmen der notfallmedizinischen Versorgung stellt sich diese Problematik vor allem bei arbeitsteiligem Handeln, aber auch bei Handlungen des Patienten selbst.
Insbesondere bei arbeitsteiligem Handeln ist zu prüfen, ob die Aufgabenverteilung i.Erg. auch eine Teilung der strafrechtlichen Verantwortung für jeden Beteiligten bedeutet. Nach heutiger Vorstellung ist durch die Spezialisierung in der modernen Medizin und die damit verbundene Zunahme von arbeitsteiligem Handeln die Anwendung des Prinzips der Eigenverantwortlichkeit unabdingbar. Dies bezieht sich sowohl auf die horizontale, als auch - grundsätzlich - auf die vertikale Arbeitsteilung[347]. Hier zeigt sich der Ausfluß des Vertrauensgrundsatzes in der Arbeitsteilung.
Danach ist jeder Beteiligte grundsätzlich nur für sein eigenes Verhalten verantwortlich. Dies bedeutet, daß in den Fällen der Arbeitsteilung, in denen ein Beteiligter sich in seinem Aufgabenbereich sorgfaltswidrig verhält, auch nur dieser strafrechtlich zur Verantwortung zu ziehen ist. Dieser Grundsatz gilt auch dann, wenn zuvor ein Erstverursacher den Anlaß zu einem Verhalten gesetzt hat, so z.B. wenn der Arzt das nichtärztliche Personal zur Durchführung von konkreten Maßnahmen auffordert. Eine Ausnahme ist jedoch in den Fällen zu ziehen, wenn der Verantwortungsbereich des Erstverursachers hierdurch selbst erweitert wird. Dies ist regelmäßig bei der Delegation ärztlicher Maßnahmen der Fall, da hier der Pflichtenkreis des Arztes durch die Auswahl, Instruktion und Überwachung des Delegationsempfängers erweitert wird.

---

343 BGH Urt. v. 22.09.1971 - 3 StR 146/71; vgl. mit weiteren Abwandlungen Wessels/ Beulke RN 152 ff.

344 vgl. OLG Stuttgart Urt. v. 17.02.1956 - Ss 22/56; Haft AT S. 67; Jescheck/Weigend § 28 IV 6

345 vgl. Baumann/Weber/Mitsch 14/25

346 vgl. hierzu Kühl 4/83; S/S-Lenckner Vorbem §§ 13 ff. RN 100 ff. m.w.N.; Wessels/ Beulke RN 187 ff.

347 vgl. Ulsenheimer RN 141

Zwar ist auch in diesen Fällen der Delegationsempfänger primär für ein sorgfaltsgemäßes Verhalten verantwortlich, jedoch erschöpft sich hierin nicht die strafrechtliche Verantwortung. Vielmehr kommt auch eine Verantwortung des Delegierenden selbst in Betracht.

c. Pflichtwidrigkeitszusammenhang

Zur sachgerechten Einschränkung der objektiven Zurechnung wird bei Erfolgsdelikten ferner ein Pflichtwidrigkeitszusammenhang zwischen Taterfolg und Sorgfaltspflichtverletzung vorausgesetzt. Es besteht insoweit weitgehend Einigkeit, daß es an der objektiven Zurechnung fehlt, wenn der Erfolg im Rahmen einer hypothetischen Betrachtung auch bei pflichtgemäßem, rechtlich erlaubten Verhalten, so bei Beachtung der erforderlichen Sorgfalt eingetreten wäre und damit unvermeidbar war[348].
Hiernach ist eine Strafbarkeit der behandelnden Personen ausgeschlossen, wenn sich z.B. die aus einem Diagnosefehler resultierende Verzögerung der Behandlung[349] oder sich eine fehlerhafte Behandlung als solche[350] auf den Taterfolg nicht ausgewirkt hat, wenn bei einer Fehldiagnose eines Berufsanfängers auch ein erfahrener Kollege nicht korrekt diagnostiziert hätte[351] oder bei einer unterlassenen diagnostischen Maßnahme trotz deren Vornahme eine Behandlung in gleicher Weise durchgeführt worden wäre[352], ferner bei einer unterlassenen Weitergabe erforderlicher Informationen auch bei ordnungsgemäßer Mitteilung keine andere Therapie erfolgt wäre[353] oder sich die Übermüdung des Personals bei der Behandlung nicht widergespiegelt hat[354].
Wenngleich auch eine verspätete Behandlung unbeachtlich ist, sofern der Patient auch bei rechtzeitiger Behandlung nicht mehr zu retten gewesen wäre[355], legt die Rechtsprechung solche Fallkonstellationen des § 222 StGB regelmäßig eng aus. So genügt es bereits, daß das Leben des Patienten bei rechtzeitiger Behandlung nur unerheblich verlängert würde und damit der Tod des Patienten später eingetreten wäre[356].

---

348 Gropp 5/47, 12/48; Jescheck/Weigend § 55 II 2 b; Kühl 4/58 f., 17/47; Lackner/Kühl § 15 RN 41; LK-Jescheck Vor § 13 RN 68 m.w.N.; S/S-Lenckner Vorbem §§ 13 ff. RN 99 m.w.N.; SK-Samson Anh. zu § 16 RN 25; Wessels/Beulke RN 676 ff.

349 OLG Düsseldorf Urt. v. 07.05.1986 - 8 U 59/85

350 BGH Urt. v. 28.01.1986 - VI ZR 83/85

351 OLG Düsseldorf Urt. v. 02.10.1985 - 8 U 100/83

352 OLG Oldenburg Urt. v. 26.05.1998 - 5 U 31/97

353 BGH Urt. v. 26.09.1961 - VI ZR 61/61

354 BGH Urt. v. 29.10.1985 - VI ZR 85/84

355 BGH Beschl. v. 08.07.1987 - 2 StR 269/87

356 BGH Urt. v. 20.05.1980 - 1 StR 177/80; BGH Urt. v. 10.08.1984 - 1 StR 9/84 (zwei Stunden); BGH Beschl. v. 03.03.1994 - 4 StR 819/93; a.A. noch BGH Urt. v. 01.03. 1955 - 5 StR 583/54

Auch im Rahmen fahrlässigen Verhaltens ist jedoch die rechtliche Beurteilung streitig, sofern der Eintritt des Taterfolges auch bei pflichtgemäßem Verhalten zumindest möglich erscheint. Insbesondere ist hierbei die Frage, wie hoch die Ansprüche an die Wahrscheinlichkeit für ein Entfallen des Taterfolges bei pflichtgemäßem Verhalten anzusetzen sind. Sowohl nach der Judikatur[357] als auch der h.L.[358] ist der Pflichtwidrigkeitszusammenhang bei Fahrlässigkeitsdelikten gegeben, wenn der Erfolg bei erforderlicher Sorgfalt mit an Sicherheit grenzender Wahrscheinlichkeit vermieden worden wäre. Ist diese Voraussetzung nicht gegeben, weil zumindest eine in Betracht kommende Möglichkeit besteht, daß der Taterfolg auch bei pflichtgemäßem Verhalten eingetreten wäre, ist aufgrund des Grundsatzes in-dubio-pro-reo der Pflichtwidrigkeitszusammenhang zu verneinen. Problematisch scheint an dieser Ansicht zu sein, daß auch sorgfaltsgemäße Maßnahmen am Patienten gewisse Risiken begründen, „da die Reaktionen des lebenden menschlichen Organismus nicht mit mathematischer Genauigkeit im voraus zu bestimmen sind, wie eben jede Wahrheit in der Medizin relativ ist“[359]. Hiernach ist der Schluß, daß der Taterfolg bei sorgfältigem Verhalten mit an Sicherheit grenzender Wahrscheinlichkeit vermieden worden wäre, selten zu ziehen. Jedoch muß zu einer sachgemäßen Bewertung hierbei richtigerweise das statistische Restrisiko herausgerechnet werden, wodurch die Häufigkeit der Anwendungsfälle relativiert wird[360].

Gegen diese Ansicht sprechen sich die Anhänger der Risikoerhöhungslehre[361] aus, da nach ihrer Auffassung mit der Lösung der h.M. der Ausschluß der objektiven Zurechnung zu weit gefaßt wird. Vielmehr reicht deshalb für die Bejahung des Pflichtwidrigkeitszusammenhangs bereits aus, daß die Sorgfaltspflichtverletzung eine Risikoerhöhung zur Folge hatte. Um hierbei die Anwendungsfälle wirksam einzuschränken, wird dabei teilweise verlangt, daß das Risiko des Erfolgseintritts durch das Verhalten des Täters nachweislich oder erheblich[362] erhöht wurde. Auch soll der Erfolgseintritt wahrscheinlicher sein als das Ausbleiben des Taterfolges[363].

---

357 BGH Urt. v. 10.06.1955 - 1 StR 632/54; BGH Beschl. v. 25.09.1957 - 4 StR 354/57; BGH Beschl. v. 26.11. 1970 - 4 StR 26/70; BGH Urt. v. 06.07.1990 - 2 StR 549/89

358 Baumann/Weber/Mitsch 22/50; Jakobs 7/103; Arthur Kaufmann Jescheck-FS (1985) S. 273 ff.; LK-Schroeder § 16 RN 190; S/S-Cramer § 15 RN 171 f.; SK-Samson Anh. zu § 16 RN 27a; Ulsenheimer RN 209 ff.; Umbreit S. 18 ff.

359 Wachsmuth/Schreiber NJW 1982, 2095 m.w.N.

360 vgl. Frisch S. 551 ff. m.w.N.

361 Burgstaller S. 129, 135 ff.; Jescheck/Weigend § 55 II 2 b m.w.N.; Küper Lackner-FS (1987) S. 287; Lackner/Kühl § 15 RN 44; Roxin ZStW 74, 430 ff.; Stratenwerth Gallas-FS (1973) S. 227 ff.; SK-Rudolphi Vor § 1 RN 66 ff.

362 Jescheck/Weigend § 55 II 2 b; Stratenwerth Gallas-FS (1973) S. 235 f.; Ulsenheimer JZ 1969, 367

363 Arthur Kaufmann Jescheck-FS (1985) S. 281

Gegen die Anwendung der Risikoerhöhungslehre bei fahrlässigem Verhalten ist jedoch bereits der Wortlaut der §§ 222, 229 StGB anzuführen, da der jeweilige Taterfolg „durch Fahrlässigkeit" nur verursacht wird, wenn „ohne ernstliche Zweifel feststeht, daß der Tod bei sorgfältigem Vorgehen nicht eingetreten wäre"[364]. Außer erheblichen kriminalpolitischen Bedenken[365] gegen die Risikoerhöhungslehre würde ferner durch deren Anwendung contra legem ein unzulässiger Gefährdungstatbestand geschaffen[366]. Schließlich ist zu sehen, daß die Risikoerhöhungslehre auch dem Grundsatz in-dubio-pro-reo widerspricht [367].

d. Schutzzweckzusammenhang

Eine weitere Einschränkung der objektiven Zurechnung nimmt der Schutzzweckzusammenhang vor. Hiernach ist die Zurechnung in solchen Fällen zu verneinen, in denen die entsprechenden Taterfolge nicht im Schutzbereich der jeweils verletzten Norm liegen[368]. Somit wird vorausgesetzt, daß sich im konkreten Erfolg auch jene rechtlich mißbilligte Gefahr verwirklicht haben muß, deren Eintritt nach dem Schutzzweck der betreffenden Strafvorschrift verhindert werden sollte[369].
Im medizinrechtlichen Schrifttum wird im Rahmen dieser Prüfung häufig auf den sog. Zahnarztfall[370] verwiesen. Hier handelte ein Zahnarzt sorgfaltswidrig, als er es im Vorfeld einer Narkose unterlassen hatte, eine Patientin auf mögliche Kontraindikationen des geplanten Eingriffs zu untersuchen, insbesondere, da diese zuvor äußerte, „etwas am Herzen" zu haben. Infolge der Narkose starb die Patientin, welche an einer Herzmuskelentzündung litt. Jedoch war diese Kontraindikation möglicherweise auch durch eine lege artis durchgeführte vorherige Untersuchung nicht erkennbar, wenngleich der Taterfolg aufgrund der Untersuchung mit Sicherheit zeitlich später eingetreten

364 Gropp 12/54; Küpper Strafrechtsdogmatik S. 100 ff.; zur Kritik der Risikoerhöhungslehre im Unterlassensbereich vgl. bereits S. 113 f.

365 vgl. Krümpelmann GA 1984, 491 ff.

366 Baumann/Weber/Mitsch 14/87, 14/100; LK-Schroeder § 16 RN 190; Schlüchter JA 1984, 676; SK-Samson Anh. zu § 16 RN 27a m.w.N.; Ulsenheimer RN 215; Umbreit S. 21

367 Baumann/Weber/Mitsch 14/86; Schlüchter JA 1984, 676; Umbreit S. 21; a.A. Burgstaller S. 143 f., der von einer systemimmanenten Betrachtungsweise ausgeht

368 Jescheck/Weigend § 55 II 2 b bb; LK-Jescheck Vor § 13 RN 67; S/S-Cramer § 15 RN 166; S/S-Lenckner Vorbem §§ 13 RN 95 f. m.w.N.; SK-Samson Anh. zu § 16 RN 28

369 Kühl 4/74; SK-Samson Anh. zu § 16 RN 30; Ulsenheimer RN 230

370 BGH Urt. v. 27.04.1966 - 2 StR 36/66; vgl. Bockelmann/Volk S. 164; Gropp 12/60; Jescheck/Weigend § 55 II 2 b bb; Krümpelmann Jescheck-FS (1985) S. 332; Roxin 11/72 f.; Schlüchter JA 1984, 675; SK-Samson Anh. zu § 16 RN 28; Ulsenheimer RN 231; Umbreit S. 23; mit Abwandlungen ferner Otto AT 10/1

wäre. Während Kausalität und Pflichtwidrigkeitszusammenhang zu bejahen sind, ist das Vorliegen des Schutzzweckzusammenhangs zweifelhaft. Vorliegend diente die sorgfaltspflichtige Untersuchung nämlich nicht dazu, den entsprechenden Eingriff zu verzögern und damit den Taterfolg später eintreten zu lassen, sondern vielmehr, mögliche Risiken einer beabsichtigten Behandlung im Vorfeld zu erkennen und in der Therapieentscheidung zu berücksichtigen. Dies war jedoch im konkreten Fall aufgrund mangelnder Erkennbarkeit der Kontraindikation nicht möglich.

§ 13 Rechtfertigungsfragen

Wenngleich - wie bereits erörtert - die Sorgfaltsanforderungen an das Personal im Rettungswesen in Notsituationen häufig modifiziert werden müssen, sind Situationen denkbar, in denen auch dieser konkrete Sorgfaltsmaßstab übertreten wird, um den Patienten in der jeweiligen Situation zu retten. Hier ist an eine entsprechende Rechtfertigung zu denken, wobei verschiedene Rechtfertigungsgründe zur Verfügung stehen. So ist zunächst die möglicherweise in Betracht kommende Anwendung der Rechtsfigur des erlaubten Risikos zu erörtern, im Anschluß daran ist auf die ausdrückliche und mutmaßliche Einwilligung des Patienten sowie auf den rechtfertigenden Notstand näher einzugehen.

1. Erlaubtes Risiko?

Die Rechtsfigur des erlaubten Risikos ist sowohl in ihrer Bedeutung als auch in ihrer systematischen Stellung sehr umstritten. Allgemein wird hierunter das durch die Rechtsordnung aufgrund sozialer Interessen tolerierte Risiko eines Verhaltens verstanden. Problematisch ist dabei jedoch dessen konkreter Anwendungsbereich sowie die Abgrenzung zu anderen Rechtsinstituten. Insofern ist streitig, ob der Rechtsfigur des erlaubten Risikos überhaupt ein eigenständiger Anwendungsbereich zukommt. Dies lehnen viele Vertreter der Lehre[371] ab.

Im vorliegenden Kontext ist die Diskussion über das erlaubte Risiko gerade im Hinblick auf Rettungshandlungen relevant. Hierbei spielt weniger die Gefährdung von Rechtsgütern Dritter durch die Rettungshandlung, so z.B. durch die Gefährdung anderer Verkehrsteilnehmer aufgrund der schnellen Anfahrt

371 Bockelmann/Volk S. 106; Haft AT S. 97; Jescheck/Weigend § 36 I 1, § 56 III 1; Kienapfel S. 28 f.; LK-Hirsch Vor § 32 RN 30 ff.; Maiwald Jescheck-FS (1985) S. 405 ff.; Schürer-Mohr S. 151 ff.; Wessels/Beulke RN 283

der Rettungsmittel, eine Rolle; vielmehr ist im Rahmen der Behandlung von Patienten die Fallgruppe der Gefährdung von Rechtsgütern des zu rettenden Rechtsgutsträgers selbst relevant, so z.B. wenn eine vital indizierte, dringliche Behandlung am Einsatzort mit unzureichenden Mitteln durchgeführt wird, weil der Transport in eine geeignete Einrichtung aus zeitlichen Gründen nicht mehr möglich erscheint[372].
In solchen Fällen der Gefährdung von Rechtsgütern des zu rettenden Rechtsgutsträgers wollen nun verschiedene Vertreter der Lehre[373] die Rechtsfigur des erlaubten Risikos anwenden, um im Interesse des Patienten eine - wenngleich riskante - Rettung zu ermöglichen. Jedoch ist zu sehen, daß auch andere Rechtsinstitute, namentlich die ausdrückliche oder mutmaßliche Einwilligung des Patienten oder der rechtfertigende Notstand aufgrund einer Interessensabwägung diesen Zweck verfolgen. Insofern ist die selbständige Anwendung des erlaubten Risikos entbehrlich, da diese Situationen in anerkannte Rechtfertigungsgründe eingeordnet werden können[374].

2. Ausdrückliche Einwilligung

Die ausdrückliche Einwilligung kommt in Fällen der Fremdgefährdung mit Einwilligung des Betroffenen in Betracht, so in dem o.g. Beispiel einer Behandlung am Einsatzort mit unzureichenden Mitteln. Wenngleich der Patient hier nicht in den Taterfolg als solchen einwilligt, kennt er doch das spezifische Risiko der durchzuführenden Maßnahmen. Seine Einwilligung in den Eingriff in umfassender Kenntnis der jeweiligen Risiken genügt dabei zur Bejahung einer wirksamen Rechtfertigung[375]. Zu prüfen sind in diesem Zusammenhang schließlich die weiteren - bereits oben[376] erörterten - Voraussetzungen der Einwilligung.

3. Mutmaßliche Einwilligung

Sofern eine ausdrückliche Einwilligung des Patienten nicht möglich ist, ist in den o.g. Fällen auf die entsprechende mutmaßliche Einwilligung abzustellen, da regelmäßig davon auszugehen ist, daß der Patient gerettet werden will,

---

372 vgl. Burgstaller S. 157; Haft AT S. 115; Jescheck/Weigend § 56 II 3; Maiwald Jescheck-FS (1985) S. 416; Maurach/Zipf 28/24; Preisendanz II 6 Vor § 32

373 Maurach/Zipf 28/24; Preisendanz II 6 Vor § 32

374 ebenso Jescheck/Weigend § 56 III 1; Kienapfel S. 26 f.; LK-Hirsch Vor § 32 RN 33; Preuß S. 225 ff.

375 Baumann/Weber/Mitsch 22/53; NK-Puppe Vor § 13 RN 175 ff.; S/S-Lenckner Vorbem §§ 32 ff. RN 102 m.w.N.

376 vgl. bereits S. 30 ff.

auch wenn dies mit Risiken verbunden ist[377]. Dabei sind an die Rechtfertigung aufgrund einer mutmaßlichen Einwilligung - bis auf die Zustimmungserklärung selbst - die gleichen Voraussetzungen zu stellen wie an die ausdrückliche Einwilligung[378].

4. Rechtfertigender Notstand, § 34 StGB?

Während nach der hier vertretenen Auffassung in den hier besprochenen Fallkonstellationen, in denen das zu rettende Rechtsgut und das durch die Rettungshandlung gefährdete Rechtsgut identisch ist, die ausdrückliche oder mutmaßliche Einwilligung des Patienten dem rechtfertigenden Notstand regelmäßig vorzuziehen ist, bejaht eine andere Ansicht[379] die Rechtfertigung einer medizinischen Behandlung nach § 34 StGB. Diese Auffassung ist jedoch abzulehnen, da die ausdrückliche oder mutmaßliche Einwilligung der weitgehenden Wahrung des Selbstbestimmungsrechts des Patienten dient.

§ 14 Schuldfragen

1. Individuelles Unvermögen

Im Rahmen des individuellen Unvermögens ist insbesondere auf die subjektive Sorgfaltspflichtverletzung sowie auf die subjektive Voraussehbarkeit des Erfolges einzugehen.

a. Subjektive Sorgfaltspflichtverletzung

Neben der objektiven Sorgfaltspflichtverletzung im Tatbestand des jeweiligen Fahrlässigkeitsdelikts ist auf der Ebene der Schuld eine Individualisierung täterschaftlichen Verhaltens vorzunehmen, da - im Gegensatz zum Bürgerlichem Recht - nicht der Schadensausgleich, sondern die persönliche Vorwerfbarkeit des Verhaltens im Mittelpunkt steht.
Bei der Frage, ob die Tat dem Täter durch die Nichterfüllung der objektiven Sorgfaltsanforderungen nun im einzelnen persönlich vorzuwerfen ist, sind die jeweils individuellen Umstände der Mitarbeiter zu berücksichtigen, d.h. es ist insbesondere auf die persönlichen Kenntnisse und Fähigkeiten der einzelnen Personen zur Vermeidung der objektiven Sorgfaltspflichtverletzung abzu-

[377] Jescheck/Weigend § 56 II 3; Roxin 24/100; S/S-Lenckner Vorbem §§ 32 ff. RN 106
[378] vgl. bereits S. 64 f.
[379] Schwalm Bockelmann-FS (1979) S. 544

stellen[380]. Hierbei spielen Faktoren wie Intelligenz, Bildung und Geschicklichkeit eine entscheidende Rolle. Jedoch ist zu berücksichtigen, daß keiner „die Idealforderung ständiger gespanntester Aufmerksamkeit und raschester, zweckmäßigster Reaktion verwirklichen kann“[381]. Auch sind besondere Umstände des konkreten Einzelfalles, wie extreme Streßsituationen oder Überlastung, zu berücksichtigen[382]. Regelmäßig unbeachtlich sind hingegen charakterliche Defizite, insbesondere rücksichts- oder gedankenloses Verhalten[383].
Sind die persönlichen Kenntnisse oder Fähigkeiten der einzelnen Personen in der konkreten Situation geringer, ist die Verletzung der objektiven Sorgfaltspflicht individuell nicht vorwerfbar. Zu beachten ist in diesem Zusammenhang jedoch die Problematik des Übernahmeverschuldens. Wer die Kenntnis besitzt oder besitzen müßte, daß für die Übernahme des Dienstes im Rettungswesen persönliche Kenntnisse oder Fähigkeiten fehlen, handelt sorgfaltswidrig, wenn er dennoch den Dienst übernimmt. Hierbei ist zu fordern, daß sich Bedenken bzw. Zweifel gegen das Tätigwerden sowie hinsichtlich möglicher Gefahren für den Patienten aufdrängen müssen[384]. Dies betrifft in besonderem Maße auch den Berufsanfänger. Dieser muß gegenüber seinen Kenntnissen und Fähigkeiten „besonders selbstkritisch und sich der u.U. lebensbedrohlichen Gefahren für einen Patienten bewußt“ sein, „die er durch Mangel an Umsicht oder das vorschnelle Unterdrücken von Zweifeln heraufbeschwören kann“[385].

b. Subjektive Voraussehbarkeit des Erfolges

Voraussetzung für ein schuldhaftes Verhalten ist ferner, daß in der jeweiligen Situation der tatbestandliche Erfolg sowie der Kausalverlauf - zumindest in den wesentlichen Grundzügen - subjektiv voraussehbar war[386]. Letzterer ist zu verneinen bei Konstellationen, welche so außerhalb aller Lebenserfahrung liegen, daß der Täter mit ihnen nach den Umständen des konkreten Falles auch bei Einhaltung der gebotenen Sorgfalt nicht zu rechnen braucht[387].

---

380 RGSt Urt. v. 03.05.1906 - I 155/06; RGSt Urt. v. 28.03.1924 - I 818/23 ebenso die h.L., vgl. Engisch Vorsatz und Fahrlässigkeit S. 349 ff.; Haft AT S. 167; Jescheck/Weigend § 57 II 1; Kamps S. 263 ff.; Lackner/Kühl § 15 RN 49 m.w.N.; S/S-Cramer § 15 RN 194 ff.; Welzel § 22 III 5 b

381 S/S-Cramer § 15 RN 195

382 Haft AT S. 167

383 Herzberg Jura 1984, 413; Jescheck/Weigend § 57 II 1

384 vgl. BGH Urt. v. 20.12.1984 - 4 StR 668/84; OLG Köln Urt. v. 26.11.1997 - 5 U 90/97

385 BGH Urt. v. 26.04.1988 - VI ZR 246/86; ferner BGH Urt. v. 27.09.1983 - VI ZR 230/81

386 Burgstaller S. 187 f.; Jescheck/Weigend § 57 III 1; S/S-Cramer § 15 RN 199 ff.

387 BGH Urt. v. 29.08.1952 - 2 StR 330/52; BGH Urt. v. 10.07.1958 - 4 StR 180/58

Bei der subjektiven Voraussehbarkeit sind - wie im Rahmen der Prüfung der subjektiven Sorgfaltspflichtverletzung - die individuellen Umstände der jeweiligen Mitarbeiter im Rettungswesen zu berücksichtigen. Hierbei ist insbesondere auf die persönlichen Kenntnisse und Fähigkeiten der einzelnen Personen zur Voraussicht der Tatbestandsvoraussetzung abzustellen[388].

2. Unzumutbarkeit sorgfaltsgemäßen Verhaltens

Schließlich ist im Zusammenhang eines möglichen Schuldausschlusses die Rechtsfigur der Unzumutbarkeit sorgfaltsgemäßen Verhaltens näher zu erörtern. Im Gegensatz zur älteren Auffassung ist deren Existenz heute - zumindest bei fahrlässigem Verhalten - sowohl in der ständigen Rechtsprechung[389] als auch in der Lehre[390] anerkannt, wenngleich in der systematischen Einordnung Unterschiede bestehen[391], welche sich jedoch nicht auf das Ergebnis als solches auswirken.
Die Unzumutbarkeit sorgfaltsgemäßen Verhaltens spielt vor allem in Konfliktsituationen eine wesentliche Rolle, in denen besondere Umstände die Erfüllung der jeweiligen Sorgfaltspflicht außergewöhnlich behindern.
Solche Konstellationen kommen möglicherweise auch im Rahmen des Rettungswesens in Betracht, so insbesondere bei arbeitsteiligem Handeln. Hierbei ist zu fragen, ob sich im Falle arbeitsteiligen Handelns ein Weisungsempfänger der Durchführung einer offensichtlich falschen Weisung - im Zusammenhang zum historischen Leinenfängerfall[392] - durch die Unzumutbarkeit sorgfaltsgemäßen Verhaltens entziehen kann. Dies ist jedoch zu verneinen, da Anweisender und Weisungsempfänger regelmäßig in keinem gegenseitigen arbeitsrechtlichen Verhältnis stehen. Selbst wenn dies jedoch der Fall wäre, würde in der heutigen Zeit aufgrund des Rechtsschutzes im Arbeitsrecht keine Konfliktlage mehr anzuerkennen sein[393].
Eine Unzumutbarkeit sorgfaltsgemäßen Verhaltens besteht nach heutiger Rechtslage jedoch in den Fällen, in denen lediglich objektiv geringfügiges fahrlässiges Verhalten, wie kleinere Unaufmerksamkeiten, Nachlässigkeiten

388 S/S-Cramer § 15 RN 194 ff.

389 Nachweise bei LK-Hirsch Vor § 32 RN 206

390 vgl. etwa Baumann/Weber/Mitsch 23/63 m.w.N.; Bockelmann S. 86; Bockelmann/ Volk S. 167 f.; Burgstaller S. 198 ff.; Jakobs 20/35 ff.; Jescheck/Weigend § 57 IV; LK-Hirsch Vor § 32 RN 206; Preisendanz III 4 Vor § 32; S/S-Cramer § 15 RN 204; ders.-Lenckner Vorbem §§ 32 ff. RN 126; Tröndle/Fischer § 15 RN 16; Welzel § 23 II 1 b; mit Einschränkungen SK-Samson Anh. zu § 16 RN 35

391 vgl. hierzu Roxin 24/121

392 RGSt Urt. v. 23.03.1897 - Rep. 576/97

393 vgl. Jescheck/Weigend § 57 IV; Roxin 24/116

oder ein Versehen vorliegt[394]. Diese Einordnung ist deshalb erforderlich, da solche Fahrlässigkeiten selbst bei einsichtigen, besonnenen und gewissenhaften Menschen nicht zu jeder Zeit zu vermeiden ist. So ist „das Verlangen einer lebenslänglichen maschinenhaften Präzision“ unzumutbar[395]. Richtigerweise sollte diese Form der Fahrlässigkeit jedoch - wie ausgeführt[396] - bereits von einer tatbestandlichen Erfassung generell ausgenommen werden.

394 Burgstaller S. 201
395 Roxin 24/119
396 vgl. ausführlich S. 145 ff.

Fünftes Kapitel
Ergebnisse der Untersuchung

§ 15 Zusammenfassung und Gesamtergebnis

1. Erstes Kapitel

Die vorliegende Arbeit beschäftigt sich mit rechtlichen Fragestellungen im Rahmen der qualifizierten präklinischen Notfallversorgung, d.h. der Behandlung von Notfallpatienten durch speziell ausgebildetes ärztliches und nichtärztliches Personal im Rahmen des Rettungswesens. Schwerpunkt ist hierbei die präklinische notfallmedizinische Betreuung des Notfallpatienten am Einsatzort und während des Transportes in eine geeignete Einrichtung zur weiteren Versorgung.

Die qualifizierte präklinische Notfallversorgung hat innerhalb der Bundesrepublik Deutschland einen hohen Standard erreicht. So kommt der Rettungsdienst im Jahr in insgesamt ca. 9,9 Mio. Fällen zum Einsatz. Wenngleich hierunter auch die Krankentransporte zu zählen sind, entfallen auf die Notfälle ca. 4 Mio. der Einsätze.

Die vorliegende Untersuchung beschränkt sich ausschließlich auf die strafrechtliche Verantwortung des unmittelbar am Einsatz beteiligten ärztlichen und nichtärztlichen Personals des Rettungsdienstes (Leitstellenpersonal und Personal am Einsatzort), die strafrechtliche Verantwortung der Träger des Rettungswesens bleibt unberücksichtigt.

Die Einsatzleitung im Rettungswesen obliegt der Rettungsleitstelle. Diese koordiniert und lenkt die jeweiligen Einsätze des Rettungsdienstes in ihrem Rettungsdienstbereich. Den Rettungsleitstellen unterstehen organisatorisch die Rettungswachen, welche die erforderlichen Rettungsmittel sowie das notwendige Rettungspersonal bereitstellen.

Im bodengebundenen Notarztdienst ist zwischen zwei unterschiedlichen Einsatzsystemen zu unterscheiden. Im Stationssystem fährt ein Notarztwagen zur Einsatzstelle. Im Rendez-vous-System fährt parallel zum Rettungswagen ein Notarzt im Notarzteinsatzfahrzeug zum jeweiligen Einsatzort.

Im Rahmen des Personaleinsatzes im Rettungswesen ist auf die unterschiedlichen Qualifikationsvoraussetzungen sowie auf die unterschiedlichen Aufgabenstellungen zwischen ärztlichem und nichtärztlichem Personal einzugehen. Bei ärztlichem Personal ist insbesondere der Einsatz als Notarzt, aber auch als Leitender Notarzt relevant. Das nichtärztliche Personal wird auf den Rettungsmitteln und den Rettungsleitstellen eingesetzt.

Der Notarzt ist ein im Rettungsdienst zur notfallmedizinischen Versorgung von Patienten tätiger Arzt. Im Bereich der Notfallrettung werden speziell ausgebildete Ärzte eingesetzt. Bei nichtärztlichem Personal ist zwischen Rettungsassistenten, Rettungssanitätern und Rettungshelfern zu unterscheiden.

Der Notarzt legt alle diagnostischen und therapeutischen Maßnahmen am Patienten fest. Aufgabe des Leitenden Notarztes ist es, den Einsatz der einzelnen rettungsdienstlichen Kräfte zu koordinieren, einzelne Maßnahmen zu lenken und zu überwachen. Das nichtärztliche Personal auf den Rettungsmitteln hat die Aufgabe, dem Arzt zu assistieren sowie bis zur Übernahme der Behandlung durch den Arzt eigenständig Maßnahmen durchzuführen. In Ausnahmefällen besteht die Möglichkeit, im Rahmen der Notkompetenz auch ärztliche Maßnahmen vorzunehmen. Das nichtärztliche Personal der Rettungsleitstelle nimmt eingehende Notfallmeldungen entgegen und sorgt für eine Alarmierung der erforderlichen Einsatzkräfte bzw. Einsatzmittel.

2. Zweites Kapitel

Den Streit darüber, ob und inwieweit ärztliche Maßnahmen als Körperverletzung zu qualifizieren sind, ist nach heutiger Rechtslage i.S. der Rechtsprechung zu lösen. Hierfür spricht vor allem, daß der Wahrung des Selbstbestimmungsrechts des Patienten über seinen Körper nach Art. 2, Art. 1 Abs. 1 GG besser Rechnung getragen wird. Dies bedeutet keineswegs eine faktische Gleichstellung des Arztes mit einem Messerstecher, da das Unrechtsurteil auch die Rechtswidrigkeit einer Tat umfaßt. Auch besteht kein hinreichendes Bedürfnis, eine Sonderregelung für Ärzte einzuführen. Die tatbestandliche Körperverletzung kann mit Vorliegen eines Rechtfertigungsgrundes das Unrecht der Tat beseitigen.

Als Rechtfertigungsgründe im Rahmen des Rettungswesens kommen in erster Linie die ausdrückliche sowie die mutmaßliche Einwilligung des Patienten in Betracht - in seltenen Fällen auch der rechtfertigende Notstand, § 34 StGB.

Durch die Einwilligung wird dem Patienten die Möglichkeit gegeben, über seine Rechtsgüter selbst zu verfügen und damit auch einen Eingriff in diese zu erlauben. Voraussetzung ist zunächst, daß der Einwilligende selbst Rechtsgutsträger ist, des weiteren die Fähigkeit zur Einwilligung hat. Im Rahmen dieser Einwilligungsfähigkeit kommt es auf die natürliche Einsichtsfähigkeit, Urteilsfähigkeit und Verständnisfähigkeit des Betroffenen an. Hierbei bleiben die Regeln über die Geschäftsfähigkeit ein wesentlicher Orientierungspunkt. Problematisch ist die Einwilligung von Minderjährigen, alten Patienten sowie psychisch Kranken oder Behinderten.

Die allgemeine oder medizinische Unvertretbarkeit bzw. Unvernünftigkeit einer Einwilligung oder deren Verweigerung ist kein Grund, die Einwilligungsfähigkeit als solche zu verneinen. Es gibt keinen Therapiezwang und keinen Maßstab objektiver Vernunft, mit dem sich definieren ließe, wie sich der einwilligungsfähige Patient zu verhalten hat. Dies gilt selbst bei vital indizierter Indikation.

Die Einwilligungsfähigkeit von Minderjährigen ist nicht generell, sondern mit Blick auf die konkrete Maßnahme zu beurteilen. Dabei ist die Schwere sowie die Dringlichkeit eines lebensrettenden Eingriffs von maßgeblicher Bedeutung. Fehlt dem Minderjährigen die Einwilligungsfähigkeit, so entscheidet der gesetzliche Vertreter. Mißbrauchen die gesetzlichen Vertreter ihre Befugnisse bei der Ausübung ihres Sorgerechts, liegt keine wirksame Einwilligung vor.

Das Altern ist als normale physiologische Entwicklung häufig mit physischer und psychischer Krankheit verbunden. Die Folge davon kann sein, daß der Patient mit zunehmendem Alter nicht mehr einwilligungsfähig ist. Ursache einer solchen Entwicklung sind i.d.R. dementielle Erkrankungen im Alter. Verschiedene Lösungsansätze der Literatur sind bei der Frage der Einwilligungsfähigkeit alter Patienten - gerade im Rettungswesen - nicht praktikabel. Entscheidend ist, daß sich die Behandelnden anhand eines Gespräches einen eigenen Eindruck vom geistigen Zustand des Patienten verschaffen, um dessen notwendige Einwilligungsfähigkeit beurteilen zu können. Ist ein Patient einwilligungsunfähig, so willigt sein gesetzlicher Vertreter in die medizinische Maßnahme ein.

Psychisch kranke und behinderte Patienten können grundsätzlich nicht wie andere Patienten selbstverantwortlich an einer Behandlung mitwirken. Hier kann eine medizinische Behandlung oder ein Transport gegen den erklärten Willen des Patienten erforderlich sein. Rechtsgrundlagen sind hierbei die Landesgesetze über psychische Krankheiten. Jedoch sind nicht alle psychisch kranke und behinderte Patienten stets einwilligungsunfähig. Kriterien zur Bestimmung der Einwilligungsfähigkeit ergeben sich vielmehr aus der Art und dem Grad der Erkrankung des Patienten sowie der Schwere der medizinischen Behandlung. Bei einem einwilligungsunfähigen Patienten ist die Einwilligung des gesetzlichen Vertreters einzuholen.

Steht ein Patient unter Betreuung, ist ebenso nicht generell von der Einwilligungsunfähigkeit des Patienten auszugehen. Vielmehr ist auch in diesen Fällen eine Prüfung des Einzelfalls erforderlich. Ist die Einwilligungsfähigkeit des Betreuten zu bejahen, so ist allein auf dessen Einwilligung abzustellen. Fehlt ihm die Einwilligungsfähigkeit, so hat der Betreuer in die medizinische Maßnahme einzuwilligen.

Die Einwilligung des Patienten muß sich auf die tatsächlich durchzuführende medizinische Behandlung beziehen. Probleme entstehen insbesondere bei unvorhersehbaren Behandlungserweiterungen. Hierbei ist maßgeblich darauf abzustellen, ob die Verzögerung des Eingriffs durch Einholung der Einwilligung eine lebensgefährliche Gefahr für den Patienten darstellen würde oder zumindest mit zusätzlichen erheblichen physischen oder psychischen Beeinträchtigungen behaftet wäre.

Die Einwilligung des Patienten muß ferner frei von Willensmängeln sein, da sie andernfalls als unwirksam anzusehen ist. Hier kommt zum einen die (in der Praxis unbedeutende) Täuschung durch das Rettungsdienstpersonal in Frage, auf der anderen Seite der - wesentlich relevantere - Irrtum des Patienten, welcher nicht aus einer Täuschung resultiert.

Die Einwilligung des Patienten kann nicht nur ausdrücklich, sondern auch konkludent erklärt werden. Hierzu reicht jedoch eine bloße Passivität oder eine innere Billigung der Tat nicht aus. Zeitliche Voraussetzung ist, daß die Einwilligung des Patienten vor dem medizinischen Eingriff erklärt wurde und bei Vornahme der Behandlungsmaßnahme fortbestehen muß.

Die Einwilligung des Patienten ist nur wirksam, wenn der Patient über Art, Bedeutung, Verlauf und Folgen der Behandlungsmaßnahme hinreichend informiert ist. Dies geschieht mit der Aufklärung des Patienten. Sinn und Zweck der Aufklärung ist es, dem Patienten bei allen medizinischen Maßnahmen die Wahrnehmung des Selbstbestimmungsrechts zu ermöglichen. Dabei soll er in freier Entscheidung einwilligen oder ablehnen können. Dies bedeutet, daß die Erfordernisse der Aufklärung des Patienten nicht nur bei Heileingriffen durch ärztliches Personal, sondern auch bei Behandlungsmaßnahmen durch nichtärztliches Personal Anwendung finden.

Die Aufklärung des Patienten ist nach den unterschiedlichen Gegenständen zu unterscheiden. Es handelt sich um zwei Hauptkomplexe, die therapeutische Aufklärung (Sicherungsaufklärung) sowie die Selbstbestimmungsaufklärung, welche sich in die Diagnose-, Verlaufs- und Risikoaufklärung aufteilt.

Die therapeutische Aufklärung dient dem Bereich der Gefahrenabwehr durch Information des Patienten über Verhaltensregeln, um auf diese Weise einen komplikationslosen Therapieverlauf sicherzustellen. Von besonderer praktischer Bedeutung ist im vorliegenden Kontext die Aufklärung über die Nichtbehandlung. Hier ist der verweigernde Patient in eindringlicher Weise vor solchen Gefahren zu warnen, die bei einer Verweigerung der medizinischen Behandlung sowie bei dem Nichttransport in eine geeignete Einrichtung möglich bzw. zu erwarten sind.

Die Diagnoseaufklärung ist die Mitteilung des Befundes an den Patienten. Hierbei ist der Patient darüber zu informieren, an welchen Krankheiten bzw. Verletzungen er leidet.

Die Verlaufsaufklärung hat die Aufgabe, den Patienten - zumindest in groben Zügen - über die medizinische Behandlung als solche zu informieren. Hierbei ist dieser insbesondere bezüglich des Wesens sowie der Schwere, Tragweite und Ausführung der einzelnen Maßnahmen zu unterrichten.

Die Risikoaufklärung ist die Information des Patienten über wesentliche Folgen und Risiken des Eingriffs sowie über Neben- oder Wechselwirkungen. Der Patient muß vor allem die typischen bzw. spezifischen, wenn auch seltenen Risiken kennenlernen, die mit dem Eingriff verbunden sind. Dabei ist die Risikoaufklärung selbst dann geboten, wenn die Maßnahme vital indiziert, das Risiko selten und ohne den Eingriff größer ist.

Die Aufklärung in therapeutische Maßnahmen erfolgt in einem vertrauensvollen Gespräch zwischen dem Arzt und dem Patienten. Damit ist die Aufklärungspflicht prinzipiell eine ärztliche Pflicht, die i.d.R. dem behandelnden Arzt zukommt. Nimmt freilich das nichtärztliche Personal ohne anwesenden Arzt aufklärungsbedürftige medizinische Eingriffe am Patienten vor, muß es den Patienten hierüber selbständig aufklären. Die ärztliche Aufklärungspflicht kann nicht an das nichtärztliche Personal delegiert werden, da hierfür ärztliches Fachwissen und entsprechende Praxiserfahrung erforderlich sind.

Grundsätzlich ist der Patient höchstpersönlich aufklärungsbedürftig. Dies gilt auch für Minderjährige, welche noch nicht einwilligungsfähig sind. Diese sind neben den Sorgeberechtigten aufzuklären. Ist der Eingriff an einem einwilligungsunfähigen Minderjährigen vital indiziert und dringlich, genügt bei Abwesenheit der Sorgeberechtigten auch die alleinige Aufklärung des Minderjährigen.

Auch bei alten Patienten, psychisch Kranken oder Behinderten sowie bei Patienten unter Betreuung sind diese Grundsätze anzuwenden. Ist in diesen Fällen die Einwilligungsfähigkeit des Patienten zu bejahen, ist ausschließlich dieser aufzuklären.

Auch der richtigen Zeitpunkt der Aufklärung ist für deren Wirksamkeit entscheidend. Die Maßgabe, die Aufklärung grundsätzlich so frühzeitig wie möglich vorzunehmen, um den Patient nicht unter Zeitdruck zu setzen, ist in Notfallsituationen nicht einzuhalten. Vielmehr ist bei akuter vitaler Indikation eine Aufklärung - sofern im Einzelfall überhaupt durchführbar - auch unmittelbar vor der jeweiligen Behandlung möglich.

Verschiedene Gründe können zur Entbehrlichkeit der Patientenaufklärung führen bzw. diese abkürzen. Ein über aufklärungsbedürftige Tatsachen bereits ausreichend informierter Patient benötigt keine weitere Aufklärung.

Eine Aufklärung ist ferner nicht erforderlich, wenn der Patient ausdrücklich oder konkludent auf die Aufklärung verzichtet. Für einen wirksamen Aufklärungsverzicht gelten strenge Anforderungen. Der Verzicht muß dem Arzt gegenüber eindeutig und ernsthaft erklärt worden sein. Auch ist für einen zulässigen Aufklärungsverzicht zumindest eine Grundaufklärung zu fordern, um den Patienten die Kenntnis seiner Situation, des Eingriffs und seiner Folgen zu vermitteln.

Kontraindikationen können ebenfalls zu einer verminderten oder aufgehobenen Aufklärungspflicht führen. In Frage kommen hier insbesondere therapeutische Erwägungen in Fällen, in denen der Patient durch die Aufklärung physisch und psychisch so belastet würde, daß seine Gesundheit oder sein Leben ernstlich gefährdet sein könnte. Besteht bei einer Aufklärung hingegen nur die Befürchtung, ein labiler Patient würde aus Angst oder sonstigen Gründen daraufhin seine Einwilligung versagen, so stellt dies keine zulässige Kontraindikation dar.

Im Rettungswesen können die Grundsätze der Aufklärung nur modifiziert Anwendung finden. Insbesondere ist häufig eine Reduktion des Umfangs der Aufklärungspflicht erforderlich. So ist der Umfang der Aufklärungspflicht umgekehrt proportional zur Dringlichkeit des Eingriffs. Je dringlicher der medizinische Eingriff danach zu bewerten ist, desto geringer sind die Anforderungen an den Umfang der Aufklärungspflicht.

Der Umfang der Aufklärung ist auch dann eingeschränkt, weil sich der volle Umfang der Schädigung aus diagnostisch-methodischen Gründen oder wegen der Beschränkung der vor dem Eingriff zur Verfügung stehenden Zeit meistens nicht vollständig erkennen läßt.

Ferner ist der Umfang der Aufklärung auch dann zu reduzieren, wenn für die medizinische Behandlung keine Alternative besteht. Im Rahmen einer Notfallsituation geht es häufig um die unmittelbare Lebensrettung des Patienten einschließlich der Sicherung seiner Vitalfunktionen. Diese Aufgaben werden i.d.R. durch Standardmaßnahmen der Notfallmedizin durchgeführt, eine alternative Therapie besteht in diesen Situationen nur selten.

Die Bevollmächtigung einer Vertrauensperson mit der Ausübung des Selbstbestimmungsrechts ist beim volljährigen Patienten - von den o.g. genannten Ausnahmen abgesehen - unzulässig, da es bei einer Entscheidung über Leben oder Tod keine Stellvertretung geben kann. Auch ist die Legitimation des Arztes aufgrund seiner Verpflichtung für das Wohl des Patienten größer als die des Bevollmächtigten. So wird auch der Gefahr eines möglichen Mißbrauchs der Vertretung infolge unterschiedlicher Interessen zwischen Patient und Vertrauensperson vorgebeugt.

Die mutmaßliche Einwilligung stellt einen eigenständigen Rechtfertigungsgrund dar. Es handelt sich um Konstellationen, in denen eine ausdrückliche Einwilligung des Patienten aufgrund seiner vorübergehenden Einwilligungsunfähigkeit zwar nicht in Frage kommt, jedoch bei objektiver Würdigung der Situation zu erwarten gewesen wäre.

Die Zulässigkeit der mutmaßlichen Einwilligung setzt beim Betroffenen dessen prinzipielle Einwilligungsfähigkeit voraus. Fehlt diese dauerhaft, ist auf den mutmaßlichen Willen der jeweiligen gesetzlichen Vertreter abzustellen.

Von einer mutmaßlichen Einwilligung kann ferner nur dann ausgegangen werden, wenn bei objektiver Würdigung der Situation ex ante die Einwilligung des Patienten in den Eingriff mit Sicherheit zu erwarten gewesen wäre. Hierbei ist ein sachgemäßes hypothetisches Wahrscheinlichkeitsurteil über den wahren Willen des Betroffenen zu ermitteln, wobei objektive Kriterien keine eigenständige Beachtung finden.

Fehlen Anhaltspunkte für den mutmaßlichen Willen des Patienten, so ist davon auszugehen, was allgemein als vertretbar und vernünftig angesehen wird. In diesen Fällen ist zu unterstellen, daß der Patient als ein verständiger Mensch vernünftigerweise gerettet werden will und mit der indizierten Behandlung einverstanden sein würde. Zur Ermittlung des wahren Willens des Betroffenen sind Mitteilungen von Vertrauenspersonen als Indizien für den wirklichen bzw. mutmaßlichen Willen des Patienten heranzuziehen.

Die Einwilligung des Patienten wird durch die Grenzen der §§ 216, 228 StGB eingeschränkt. Beide Normen sind als verfassungsgemäß anzusehen. Gemäß § 216 StGB ist selbst in den Fällen des ausdrücklichen und ernsthaften Verlangens des Patienten zur Tötung diese durch einen Dritten nicht zu rechtfertigen. Nach § 228 StGB wirkt eine Einwilligung in den Heileingriff nur rechtfertigend, wenn der Eingriff als solcher nicht sittenwidrig ist. Die Sittenwidrigkeit ist hierbei an der Handlung des Täters zu messen.

In diesem Zusammenhang ist auch die Problematik der Sterbehilfe zu erörtern. Die Sterbehilfe ohne Lebensverkürzung stellt eine rechtliche und medizinische, aber auch eine menschliche Verpflichtung dar. Sterbehilfe im hier relevanten rechtlichen Bereich ist die Beschränkung auf eine Linderung von Beschwerden bei gleichzeitigem Verzicht auf lebensverlängernde Maßnahmen beim todkranken Patienten.

Problematisch ist in diesen Fällen häufig die Einteilung des Verhaltens der Behandelnden in die Kategorien Tun oder Unterlassen. Hierbei ist mit der Rechtsprechung und Teilen der Lehre die normative Betrachtung unter Berücksichtigung des sozialen Handlungssinns vorzugswürdig. Damit ist das Nichtweiterbehandeln bzw. das Unterlassen weiterer Rettungsbemühungen der maßgebende Gesichtspunkt. Das Abschalten des rettenden Kausalverlaufes durch ärztliches wie durch nichtärztliches Personal im Rettungswesen ist folglich als Unterlassen zu werten.

Die direkte Sterbehilfe widerspricht als bewußte und gewollte aktive Verkürzung des Lebens durch aktive Einflußnahme auf den Krankheitsprozeß des Patienten eindeutig dem Wortlaut des § 216 StGB. Dies bedeutet, daß die direkte Sterbehilfe regelmäßig als strafbar anzusehen ist und die Einwilligung des Patienten damit auch nicht rechtfertigend wirken kann. Konsequenterweise gilt dies auch bei extremen Ausnahmesituationen. Auch ist eine Entschuldigung nicht möglich.

Die indirekte Sterbehilfe ist dann gegeben, wenn mit Einwilligung eines Patienten zur Linderung unerträglicher Schmerzen eine indizierte Schmerzbekämpfung erfolgt, welche als Nebenwirkung den Todeseintritt des Patienten beschleunigt oder zumindest eine solche Beschleunigung nicht ausschließen läßt. Sofern der Zweck der Therapie nicht in der möglichen Lebensverkürzung besteht, sondern diese nur eine unvermeidbare Nebenwirkung darstellt und die Behandlung dem erklärten oder mutmaßlichen Willen des Patienten entspricht, ist die indirekte Sterbehilfe zulässig. Hierbei ist dogmatisch die Anwendung des rechtfertigenden Notstandes vorzugswürdig.

Als passive Sterbehilfe wird die Sterbehilfe durch den Verzicht auf lebensverlängernde Maßnahmen bezeichnet. Sie ist nur entsprechend dem erklärten oder mutmaßlichen Patientenwillen durch die Nichteinleitung oder den Abbruch lebensverlängernder Maßnahmen zulässig, um dem Sterben seinen natürlichen, der Würde des Menschen entsprechenden Verlauf zu lassen. Voraussetzung ist dabei, daß die Schädigung des Patienten nach ärztlicher Überzeugung irreversibel ist, einen tödlichen Verlauf angenommen hat und die unmittelbare Phase des Sterbens erreicht wurde. Im Rahmen des mutmaßlichen Willens stellt sich in diesem Zusammenhang häufig die Frage nach der Verbindlichkeit von Patientenverfügungen. Diese sind lediglich als Indizien bei der Erforschung des mutmaßlichen Willens heranzuziehen.

Eine Rechtfertigung zur Behandlung des Patienten kann sich auch aus der Anwendung des rechtfertigenden Notstandes ergeben, da dieser auch für Fälle gilt, in denen der Rechtsgutsinhaber von Erhaltungsgut und Eingriffsgut identisch ist. Jedoch werden diese Konstellationen primär von den Rechtfertigungsgründen ausschließlicher bzw. mutmaßlicher Einwilligung erfaßt, wodurch sich im Normalfall ein Rückgriff auf § 34 StGB verbietet. In Problemfällen ist jedoch ein solcher Rückgriff geboten, so insbesondere dann, wenn bei der Behandlung von Minderjährigen eine rechtsmißbräuchliche Weigerung der Sorgeberechtigten vorliegt und eine Anrufung des Vormundschaftsgerichts aufgrund der Dringlichkeit nicht mehr möglich ist. Hingegen kann eine indizierte Behandlung eines sich weigernden Patienten nicht auf § 34 StGB gestützt werden. Dies gilt auch bei Suizidpatienten.

3. Drittes Kapitel

Die Garantenstellung des ärztlichen und nichtärztlichen Personals im Rahmen des unechten Unterlassens ergibt sich nicht erst durch die tatsächliche Übernahme des jeweiligen Einsatzes, vielmehr wird diese bereits mit der Übernahme einer Tätigkeit im Rettungs- oder Notarztdienst begründet.

Das nichtärztliche Personal ist nicht zur selbständigen Ausübung ärztlicher Tätigkeiten befugt. Dieser Arztvorbehalt gilt jedoch nicht in Fällen der Notkompetenz im Rahmen des § 34 StGB. Diese resultiert aus der Garantenstellung des im Rettungswesen tätigen nichtärztlichen Personals. Ein Tätigwerden im Rahmen der Notkompetenz kommt nur in denjenigen Situationen in Betracht, in denen rechtzeitige ärztliche Hilfe nicht verfügbar ist. Das nichtärztliche Personal muß zur Durchführung der jeweiligen Maßnahme hierzu theoretisch und praktisch aus- und fortgebildet sowie ausreichend geübt sein. Entscheidend bei der Wahl einer Maßnahme im Rahmen der Notkompetenz ist ferner eine gewissenhafte Prüfung der Verhältnismäßigkeit.

Eine Hilfeleistungspflicht ergibt sich ferner aus dem Merkmal des Im-Stichlassens i.S. des § 221 Abs. 1 Nr. 2 StGB. Die Grundsätze der Garantenstellung aus dem Bereich der unechten Unterlassensdelikte sind auch hier anzuwenden. Somit entsteht durch die faktische Übernahme eine Beistandsverpflichtung bzw. ein Obhutsverhältnis i.S. des § 221 Abs. 1 Nr. 2 StGB, wodurch das Rettungsdienstpersonal zur Hilfeleistung verpflichtet ist.

Im Rahmen des echten Unterlassens ist der Unglücksfall des § 323c StGB der zentrale Begriff. Unfälle sowie Erkrankungen mit plötzlichen und rasch verschlimmernden Wendungen fallen unter dieses Tatbestandsmerkmal. Diese Konstellationen sind im Rahmen der Notfallrettung regelmäßig gegeben. Ist hingegen die Gefahr weiterer Schäden für ein geschütztes Rechtsgut bereits objektiv nicht vorhanden, liegt bereits kein Unglücksfall vor.

Die Hilfeleistungspflicht entfällt sowohl bei nicht-suizidal bedingter als auch bei suizidal bedingter Weigerung des Patienten. Die gegenteilige Ansicht der - inzwischen etwas entschärften - Rechtsprechung im Bereich der suizidal bedingten Weigerung überzeugt nicht. Eine Garantenpflicht ist vielmehr auch in diesen Fällen nur im Ausnahmefall anzunehmen. Bei einem freiverantwortlichen Suizid liegt ferner auch kein Unglücksfall i.S. des § 323c StGB vor, sofern keine Distanzierung vom ursprünglichen Plan des Suizidenten erkennbar wird. Problematisch ist jedoch die praktische Umsetzung dieser Lösung innerhalb des Rettungswesens. Gerade bei Notfallsituationen kann sich durch das Wesen des Rettungsdienstes sowie durch die Dringlichkeit einer oft vital indizierten Behandlung Art und Ursprung des Patientenwillens kaum hinreichend ermitteln lassen.

Im Rahmen der einzelnen tatbestandlichen Voraussetzungen liegt ein strafrechtlich relevantes Unterlassen regelmäßig erst dann vor, wenn ein bestimmtes Verhalten unterlassen wird. Hierunter ist im Rahmen der Erfolgsdelikte ein Verhalten zur Abwendung des tatbestandsmäßigen Erfolges zu verstehen. Nach § 323c StGB ist schlicht „Hilfe zu leisten“. Bei den Erfolgsdelikten ist ferner Voraussetzung, daß der jeweilige tatbestandsmäßige Erfolg eingetreten und durch die Nichtvornahme der Rettungshandlung kausal verbunden ist.

Im Rahmen der objektiven Zurechnung ist insbesondere auf den Pflichtwidrigkeitszusammenhang zwischen Erfolgseintritt und Unterlassen abzustellen. In Situationen, bei denen durch die rechtlich erwartete Handlung eine Rettung des Patienten zwar möglich erscheint, aber nicht zweifelsfrei zu erwarten ist, ist - entgegen der Risikoerhöhungslehre - in Anwendung des in-dubio-pro-reo-Grundsatzes die an Sicherheit grenzende Wahrscheinlichkeit der Vermeidung des Erfolgseintritts zu verlangen.

Die Erforderlichkeit einer Hilfeleistung ist in den Fällen gegeben, in denen ohne deren Vornahme aufgrund der Verletzung bzw. Erkrankung eine zusätzliche Gefahr für den Patienten zu erwarten ist. Sie besteht hingegen nicht in solchen Situationen, in denen bereits sofortige und ausreichende anderweitige Hilfe gesichert ist. Inhalt und Umfang der Hilfeleistungspflicht richten sich maßgeblich nach den Fähigkeiten und Möglichkeiten des jeweiligen Hilfspflichtigen. Dieser muß in dem Augenblick, in dem sich die Notwendigkeit einer Hilfeleistung herausstellt, stets die bestmögliche Hilfe leisten. Zu beachten ist in diesem Zusammenhang, daß die Hilfeleistungspflicht nicht in allen Fällen mit der Erfolgsabwendungspflicht deckungsgleich ist.

Im Rahmen der Zumutbarkeit der jeweiligen Hilfeleistung ist nach allgemeinen sittlichen Maßstäben auf die Persönlichkeit des Hilfspflichtigen sowie auf seine physischen und psychischen Kräfte abzustellen. Im konkreten Einzelfall ist dabei jeweils eine Gesamtabwägung erforderlich. Maßgebliche Faktoren sind hierbei die Schwere der Erkrankung bzw. Verletzung des Patienten sowie die zu erwartenden Folgen, ferner die Erfolgsaussichten einer Behandlung sowie die Beachtung anderer schützenswerter Interessen bzw. Pflichten. Bei der Frage der Schwere der Schädigung des Patienten gilt, daß dem Hilfspflichtigen um so mehr zugemutet werden kann, je schwerer die Beeinträchtigung im einzelnen zu werten ist. Bei der Beachtung anderer schützenswerter Interessen ist insbesondere auf die Gefahr einer möglichen Selbstgefährdung der Behandelnden hinzuweisen, wobei jedoch ein vergleichsweise geringer Schaden hinzunehmen ist.

Auch beim Unterlassungsdelikt ist von der Rechtswidrigkeit des Verhaltens auszugehen, sofern nicht ein Rechtfertigungsgrund in Betracht kommt. Eine Rechtfertigung nach § 34 StGB kommt nur dann in Frage, wenn das geschützte Interesse das beeinträchtigte wesentlich überwiegt. Als absolute

Grenze gilt hierbei das menschliche Leben, welches einer qualitativen und quantitativen Abwägung regelmäßig entzogen ist. Ausnahmen von diesem Grundsatz werden lediglich in Fällen des defensiven Notstandes erörtert.

Eine Rechtfertigung ist ferner auch in Fällen einer Pflichtenkollision möglich. Bei dieser Kollision ist eine rechtfertigende Wirkung anzuerkennen, wenn bei rangverschiedenen Handlungspflichten die höherrangige Pflicht zugunsten der zweitrangigen Pflicht, bei gleichrangigen Pflichten zumindest eine der beiden Handlungspflichten ausgeführt wird. Problematisch sind im vorliegenden Kontext vor allem gleichrangige Pflichten, insbesondere dann, wenn mehrere gleich schwer verletzte Notfallpatienten versorgt werden müssen. Hier gilt, daß eine gezielte Auswahl unter den Notfallpatienten nicht stattfinden kann. Vielmehr ist auf die zufällige Priorität der Rettung durch die Entscheidung der Behandelnden abzustellen.

Schließlich ist fraglich, ob in bestimmten Situationen, in denen eine Rechtfertigung nicht möglich ist, ein Unterlassen der Hilfeleistung zumindest entschuldigt sein kann. Diskutiert wird eine Anwendung des übergesetzlichen entschuldigenden Notstandes in Situationen, in denen nach Behandlungsbeginn eines Notfallpatienten ein weiterer Notfallpatient nicht genügend versorgt werden kann. Dies ist jedoch abzulehnen, da andernfalls die drohende Gefahr für den zweiten Patienten auf den diesbezüglich unbeteiligten ersten Patienten übertragen wird.

4. Viertes Kapitel

Erhebliche Bedeutung findet im Rahmen des Rettungswesens der Bereich des fahrlässigen Handelns. Der allgemeine Deliktsaufbau der Fahrlässigkeitstat entspricht nach allgemeiner Auffassung dem dreistufigen Aufbau nach Tatbestandsmäßigkeit, Rechtswidrigkeit und Schuld.

Der Maßstab der Sorgfaltsanforderungen im Rettungswesen wird anhand der sog. differenzierten Maßfigur ermittelt. Hierbei darf nicht auf den Durchschnittsmenschen abgestellt werden, vielmehr kann nur maßgebend sein, was von einem Angehörigen im jeweiligen Verkehrskreis durchschnittlich verlangt werden kann.

Bei den Anforderungen an das ärztliche Personal ist nicht nur auf die Sorgfalt eines „normalen“ Arztes, sondern unter dem Gesichtspunkt der Gruppenfahrlässigkeit auf die Sorgfalt eines erfahrenen, notfallmedizinisch ausgebildeten Arztes abzustellen. Bei den Anforderungen an das nichtärztliche Personal ist mit gleicher Konsequenz an den Fachstandard eines erfahrenen Angehörigen der jeweiligen Berufsgruppe anzuknüpfen.

Bei der Frage des Vorliegens einer sorgfaltsgemäßen Handlung ist ein etwaiges Abweichen vom Standard der medizinischen Wissenschaft entscheidend, weil dieser Standard die erforderliche Sorgfalt festlegt. Hierbei ist jedoch in erster Linie ein juristischer Maßstab anzulegen, wobei medizinische Faktoren als entsprechende Anhaltspunkte zu werten sind.

Der Maßstab der Sorgfaltspflichten in Bezug auf den medizinischen Standard im Rettungswesen ist nach dem wissenschaftlichen Stand der Medizin zum Zeitpunkt der Vornahme des jeweiligen Heileingriffs zu bestimmen. Der Standard der medizinischen Wissenschaft ist ständigen Weiterentwicklungen unterworfen. Dies hat zur Folge, daß in der Vergangenheit anerkannte, aber inzwischen überholte Therapieformen keinen Standard darstellen können. Damit wird auch eine ständige Informations- und Weiterbildungspflicht der im Rettungswesen tätigen Mitarbeiter über den jeweiligen Stand der medizinischen Wissenschaft, d.h. über die aktuellen Behandlungsmethoden und Behandlungsmittel vorausgesetzt.

Die Wahl der Therapiemethode ist primär Sache des Arztes. Voraussetzung für eine Methodenwahl ist, daß der Arzt die jeweiligen in Betracht kommenden Therapieformen beherrscht. Ferner muß die Ausübung der Therapiefreiheit mit entsprechenden Aufklärungspflichten gegenüber dem Patienten verbunden sein. Als Grenze einer Methodenwahl gilt die in der medizinischen Wissenschaft anerkannte Überlegenheit eines anderen Verfahrens. Auch ist speziell im Rahmen der präklinischen Notfallmedizin zu sehen, daß der Versorgung des Patienten am Einsatzort sowie auf dem Transport die medizinische Behandlung in einer geeigneten Einrichtung nachfolgt. Hier ist erforderlich, daß der Notarzt auch die Behandlungsmethoden und Behandlungsmittel der jeweiligen Einrichtung mitbeachtet und die Therapiemaßnahmen aufeinander abstimmt.

Die Anforderungen an die Sorgfaltspflicht sind nicht generell zu definieren, sondern richten sich nach den jeweiligen Umständen des konkreten Falles. Im vorliegenden Kontext ist zu beachten, daß dem Personal im Rettungswesen nur begrenzte medizinische Mittel zur Verfügung stehen. Hier sind - notgedrungen - die Anforderungen den äußeren Gegebenheiten anzupassen. Auch handelt es sich bei der Behandlung von Notfallpatienten im Rahmen des Rettungswesens oft um vital indizierte, dringliche Maßnahmen. Unter diesem Zeitdruck müssen die jeweiligen Anforderungen an die Sorgfaltspflichten herabgesenkt werden. Jedoch darf nicht vom fachspezifischen Standard abgewichen werden.

Sonderkenntnisse und Sonderfähigkeiten der Behandelnden sind bei der Frage einer möglichen Sorgfaltspflichtverletzung mit einzubeziehen. Damit verhält sich ein besonders befähigter Mitarbeiter im Rettungswesen sorgfaltswidrig, wenn er nur den Mindeststandard der jeweiligen Berufsgruppe einhält und dadurch einen Schaden am Patienten verursacht, welcher mit dem Einsatz der Zusatzqualifikationen hätte verhindert werden können.

Eine Verletzung der erforderlichen Sorgfalt kann auch schon in der Übernahme des Dienstes gegeben sein. Dies ist dann der Fall, wenn der Dienst übernommen wird, obwohl die dazu erforderliche Qualifikation nicht ausreicht. Besondere praktische Relevanz entfaltet diese Problematik vor allem bei Mitarbeitern, welche innerhalb ihrer fachspezifischen Ausbildung im Rettungswesen teilnehmen. Regelmäßig gilt, daß der alleinige Einsatz von ärztlichem und nichtärztlichem Personal, welches sich noch in der Ausbildung befindet, sorgfaltswidrig ist. Behandlungen durch einen Anfänger sind deshalb von einem erfahrenen Mitarbeiter unter unmittelbarer Aufsicht zu begleiten.

Im Bereich des Rettungswesens wäre es wünschenswert, eine objektiv geringfügige Fahrlässigkeit von einer Strafbarkeit generell auszunehmen, da geringfügig fahrlässiges Verhalten nicht zu jeder Zeit und in jeder Situation zu vermeiden ist. Ein strafbewehrtes geringfügig fahrlässiges Verhalten ist vielmehr nur in jenen Fällen anzuerkennen, in denen subjektive Defizite des Täters gegeben sind.

Bei der Frage des Vorliegens eines Behandlungsfehlers ist regelmäßig nicht auf den Erfolg oder Mißerfolg einer Behandlung, sondern vielmehr auf die Einhaltung der jeweiligen Sorgfaltsregeln abzustellen. Ein Behandlungsfehler kann sowohl im diagnostischen als auch im therapeutischen Bereich entstehen. Ein grober Behandlungsfehler liegt dann vor, wenn der Behandelnde eindeutig gegen bewährte Behandlungsregeln oder gesicherte medizinische Erkenntnisse verstößt und einen Fehler begangen hat, der aus objektiver Sicht nicht mehr verständlich und verantwortbar erscheint, weil er schlechterdings nicht unterlaufen darf.

Im Laufe der Entwicklung des Medizinrechts haben sich verschiedene Fallgruppen des allgemeinen Behandlungsfehlers herausgebildet. Behandlungsfehler ergeben sich im einzelnen aus fehlerhafter oder fehlender Diagnose mit Anamnese, Untersuchung bzw. Befunderhebung, aus fehlerhafter oder fehlender Überwachung des Patienten und Nichterkennen von Komplikationen, aus fehlerhafter oder fehlender therapeutischer Sicherungsaufklärung, aus fehlerhafter oder fehlender Therapie, aus fehlerhafter oder fehlender Beachtung von Hygienevorschriften, aus fehlerhaftem oder fehlendem Einsatz medizinisch-technischer Geräte, aus fehlerhafter oder fehlender Einweisung bzw. Nachforderung von Rettungspersonal oder Rettungsmitteln sowie aus fehlerhafter oder fehlender Voranmeldung bzw. Übergabe des Patienten mit Weitergabe der erforderlichen Daten.

Im Rahmen der Erörterung von Behandlungsfehlern ist insbesondere auf die Besonderheiten der Arbeitsteilung einzugehen. Hierbei ist zwischen der horizontalen und der vertikalen Arbeitsteilung zu unterscheiden. Die horizontale Arbeitsteilung betrifft das Verhältnis zwischen gleichrangigen Mitarbeitern, d.h. Personen mit einem gleichen Maß an Fachkompetenz, die vertikale Arbeitsteilung das Verhältnis zwischen Mitarbeitern mit unterschiedlichen Qualifikationsstufen.

Eine Modifizierung und Begrenzung der jeweiligen Sorgfaltsanforderungen wird durch den Vertrauensgrundsatz vorgenommen. Inhalt des Vertrauensgrundsatzes ist es, die einzelnen Verantwortungsbereiche der Beteiligten zu beschränken bzw. abzugrenzen.

Bei gleichrangigen Mitarbeitern im Rahmen der horizontalen Arbeitsteilung ist die Anwendung des Vertrauensgrundsatzes uneingeschränkt zu bejahen. Streitig ist hingegen eine Anwendung des Grundsatzes bei der vertikalen Arbeitsteilung. Richtig erscheint eine Differenzierung dergestalt, daß nur dann von der Geltung des Vertrauensgrundsatzes auszugehen ist, wenn das untergeordnete Personal Tätigkeiten im eigenen originären Aufgabenbereich vornimmt.

Arbeitsteiliges Handeln läßt zusätzliche Gefahren für den Patienten entstehen. Ursachen sind vor allem die fehlerhafte oder fehlende Kommunikation und Koordination, die fehlerhafte oder fehlende Kompetenzverteilung, Fehler im Rahmen der Delegation ärztlicher Aufgaben sowie Fehler im Rahmen des ärztlichen Weisungsrechts.

Weitere tatbestandliche Voraussetzungen einer Strafbarkeit sind die objektive Voraussehbarkeit der Tatbestandsverwirklichung, die Kausalität zwischen Sorgfaltspflichtverletzung und Erfolg sowie die objektive Zurechnung des Erfolges. Zur objektiven Zurechnung ist im Rahmen des Pflichtwidrigkeitszusammenhangs festzuhalten, daß die Risikoerhöhungslehre auch bei Fahrlässigkeitsdelikten abzulehnen ist.

Bei der Frage einer Rechtfertigung der Übertretung eines Sorgfaltsmaßstabes kommt die ausdrückliche und mutmaßliche Einwilligung des Patienten in Betracht. Die selbständige Anwendung der Rechtsfigur des erlaubten Risikos ist hingegen entbehrlich, da diese Situationen in anerkannte Rechtfertigungsgründe eingeordnet werden können. Die Einwilligung des Patienten ist auch einer etwaigen Anwendung des rechtfertigenden Notstandes vorzuziehen.

Im Rahmen der Schuld ist insbesondere auf die subjektive Sorgfaltspflichtverletzung sowie auf die subjektive Voraussehbarkeit des Erfolges einzugehen. Hierbei ist auf die persönlichen Kenntnisse und Fähigkeiten der Behandelnden zur Vermeidung der objektiven Sorgfaltspflichtverletzung abzustellen. Auch muß der tatbestandliche Erfolg sowie der Kausalverlauf - zumindest in den wesentlichen Grundzügen - subjektiv voraussehbar sein.

Die Rechtsfigur der Unzumutbarkeit sorgfaltsgemäßen Verhaltens kommt nach heutiger Rechtslage in jenen Fällen in Betracht, in denen lediglich objektiv geringfügig fahrlässiges Verhalten gegeben ist.

Rechtsprechungsverzeichnis

I. Bundesverfassungsgericht

BVerfG Beschl. v. 25.07.1979 - 2 BvR 878/74	BVerfGE 52, 131 / JZ 1979, 596 / NJW 1979, 1925
BVerfG Beschl. v. 07.10.1981 - 2 BvR 1194/80	BVerfGE 58, 208 / JZ 1982, 64

II. Reichsgericht

RGSt Urt. v. 31.05.1894 - Rep. 1406/94	RGSt 25, 375
RGSt Urt. v. 23.03.1897 - Rep. 576/97	RGSt 30, 25
RGSt Urt. v. 14.06.1897 - Rep. 1579/97	RGSt 30, 179
RGSt Urt. v. 10.04.1905 - Rep. 5857/04	RGSt 38, 34
RGSt Urt. v. 03.05.1906 - I 155/06	RGSt 39, 2
RGZ Urt. v. 27.05.1908 - Rep. VI 484/07	RGZ 68, 431
RGSt Urt. v. 03.07.1908 - V 420/08	RGSt 41, 392
RGZ Urt. v. 01.03.1912 - Rep. III 231/11	RGZ 78, 432
RGZ Urt. v. 15.10.1912 - Rep. VII 231/12	RGZ 80, 219
RGSt Urt. v. 31.05.1920 - I 211/20	RGSt 54, 349
RGSt Urt. v. 28.03.1924 - I 818/23	RGSt 58, 130
RGSt Urt. v. 20.04.1928 - I 160/28	RGSt 62, 137
RGSt Urt. v. 08.07.1930 - I 465/30	RGSt 64, 263
RGSt Urt. v. 01.12.1931 - I 707/31	RGSt 67, 12
RGSt Urt. v. 26.04.1932 - I 1341/31	RGSt 66, 222
RGSt Urt. v. 07.10.1937 - 5 D 364/37	RGSt 71, 349
RGSt Urt. v. 03.12.1939 - 4 D 575/39	RGSt 73, 370
RGSt Urt. v. 23.01.1940 - 1 D 39/40	RGSt 74, 91
RGSt Urt. v. 12.02.1940 - 3 D 939/39	RGSt 74, 60
RGZ Urt. v. 08.03.1940 - III 117/39	RGZ 163, 129
RGSt Urt. v. 04.09.1940 - 3 D 346/40	RGSt 74, 350
RGSt Urt. v. 07.06.1940 - 1 D 223/40	RGSt 75, 49
RGSt Urt. v. 19.12.1940 - 2 D 445/40	RGSt 75, 68
RGSt Urt. v. 18.03.1941 - 1 D 752/40	RGSt 75, 160

III. Bundesgerichtshof

BGH Urt. v. 28.06.1951 - 4 StR 270/51	BGHSt 1, 266
BGH Urt. v. 28.09.1951 - 2 StR 391/51	BGHSt 1, 332
BGH Urt. v. 15.01.1952 - 1 StR 552/51	BGHSt 2, 111
BGH Urt. v. 12.02.1952 - 1 StR 59/50	BGHSt 2, 150
BGH Urt. v. 22.04.1952 - 1 StR 516/51	BGHSt 2, 296
BGH Urt. v. 06.06.1952 - 1 StR 13/52	BGHSt 3, 7
BGH Urt. v. 10.06.1952 - 2 StR 180/52	BGHSt 3, 65
BGH Urt. v. 10.07.1952 - 5 StR 324/52	BGHSt 3, 91
BGH Urt. v. 29.08.1952 - 2 StR 330/52	BGHSt 3, 62
BGH Urt. v. 27.11.1952 - VI ZR 25/52	BGHZ 8, 138 / NJW 1953, 257
BGH Urt. v. 22.01.1953 - 4 StR 373/52	BGHSt 4, 88
BGH Urt. v. 22.01.1953 - 4 StR 417/52	BGHSt 4, 20
BGH Urt. v. 27.03.1953 - 1 StR 689/52	BGHSt 4, 113
BGH Urt. v. 22.09.1953 - 5 StR 331/53	BGHSt 4, 340
BGH Urt. v. 04.03.1954 - 3 StR 281/53	BGHSt 6, 1
BGH Urt. v. 10.03.1954 - GSSt 4/53	BGHSt 6, 152 / NJW 1954, 1049
BGH Urt. v. 01.07.1954 - 3 StR 869/53	BGHSt 6, 282 / NJW 1954, 1536
BGH Urt. v. 10.07.1954 - VI ZR 45/54	NJW 1956, 1106
BGH Urt. v. 25.01.1955 - 2 StR 366/54	BGHSt 7, 112
BGH Urt. v. 11.02.1955 - 1 StR 478/54	BGHSt 7, 307
BGH Urt. v. 01.03.1955 - 5 StR 583/54	BGHSt 7, 211
BGH Urt. v. 08.05.1956 - 5 StR 29/56	JR 1956, 347
BGH Urt. v. 14.11.1957 - 4 StR 532/57	BGHSt 11, 135
BGH Urt. v. 28.11.1957 - 4 StR 525/57	BGHSt 11, 111 / NJW 1958, 267
BGH Urt. v. 14.11.1957 - 4 StR 532/57	BGHSt 11, 135
BGH Urt. v. 01.04.1958 - 1 StR 24/58	BGHSt 11, 353
BGH Urt. v. 10.07.1958 - 4 StR 180/58	BGHSt 12, 75 / NJW 1958, 1980
BGH Beschl. v. 17.09.1958 - 4 StR 235/58	BGHSt 12, 81 / NJW 1958, 1982
BGH Urt. v. 05.12.1958 - VI ZR 266/57	BGHZ 29, 33 / NJW 1959, 811
BGH Urt. v. 09.12.1958 - VI ZR 203/57	BGHZ 29, 46 / NJW 1959, 811
BGH Urt. v. 16.01.1959 - VI ZR 179/57	BGHZ 29, 176 / NJW 1959, 814
BGH Urt. v. 10.02.1959 - 5 StR 533/58	BGHSt 12, 379 / NJW 1959, 825
BGH Urt. v. 28.04.1959 - VI ZR 51/58	NJW 1959, 1583 / VersR 1959, 598
BGH Urt. v. 15.05.1959 - 4 StR 475/58	BGHSt 13, 162 / NJW 1959, 1738
BGH Beschl. v. 27.05.1959 - 4 StR 49/59	BGHSt 13, 169
BGH Urt. v. 30.06.1959 - VI ZR 125/58	VersR 1959, 760
BGH Urt. v. 30.06.1959 - VI ZR 181/58	VersR 1960, 19
BGH Urt. v. 09.12.1959 - 2 StR 489/59	BGHSt 14, 52
BGH Urt. v. 08.03.1960 - VI ZR 45/59	VersR 1960, 371

BGH Urt. v. 08.04.1960 - 4 StR 2/60	BGHSt 14, 213
BGH Urt. v. 21.06.1960 - 1 StR 186/60	NJW 1960, 2253
BGH Urt. v. 13.06.1960 - III ZR 54/59	NJW 1961, 600
BGH Urt. v. 05.07.1960 - 5 StR 131/60	JR 1961, 28 / NJW 1960, 1821
BGH Urt. v. 01.02.1961 - 2 StR 457/60	BGHSt 16, 309 / NJW 1962, 682
BGH Urt. v. 07.02.1961 - VI ZR 69/60	VersR 1961, 421
BGH Urt. v. 21.03.1961 - VI ZR 143/60	VersR 1961, 448
BGH Urt. v. 24.04.1961 - III ZR 45/60	VersR 1961, 632
BGH Urt. v. 21.04.1961 - 2 StR 78/61	NJW 1961, 2068
BGH Beschl. v. 29.05.1961 - GSSt 1/61	BGHSt 16, 155
BGH Urt. v. 28.06.1961 - 2 StR 83/61	BGHSt 16, 200
BGH Urt. v. 26.09.1961 - VI ZR 61/61	VersR 1961, 1021
BGH Beschl. v. 02.03.1962 - 4 StR 355/61	BGHSt 17, 166
BGH Urt. v. 03.05.1962 - 1 StR 18/62	NJW 1962, 1780
BGH Urt. v. 10.07.1962 - 1 StR 194/62	BGHSt 17, 359
BGH Urt. v. 27.11.1952 - VI ZR 25/52	NJW 1953, 257
BGH Urt. v. 26.03.1963 - VI ZR 122/62	VersR 1963, 659
BGH Urt. v. 28.06.1963 - 4 StR 202/63	JZ 1964, 231
BGH Urt. v. 14.08.1963 - 2 StR 181/63	BGHSt 19, 135
BGH Urt. v. 29.11.1963 - 4 StR 390/63	BGHSt 19, 167
BGH Urt. v. 05.05.1964 - 1 StR 26/64	BGHSt 19, 295
BGH Urt. v. 13.10.1964 - VI ZR 169/63	NJW 1965, 345
BGH Urt. v. 18.05.1965 - VI ZR 4/64	NJW 1965, 2005
BGH Urt. v. 10.12.1965 - 1 StR 327/65	BGHSt 20, 315
BGH Urt. v. 24.02.1966 - 1 StR 587/65	BGHSt 21, 44
BGH Urt. v. 22.03.1966 - 1 StR 567/65	BGHSt 21, 50 / NJW 1966, 1172
BGH Urt. v. 27.04.1966 - 2 StR 36/66	BGHSt 21, 59
BGH Urt. v. 10.05.1966 - VI ZR 251/64	NJW 1966, 1855
BGH Urt. v. 27.04.1967 - VI ZR 165/65	VersR 1967, 775
BGH Urt. v. 05.12.1967 - VI ZR 54/66	NJW 1968, 1181
BGH Urt. v. 12.12.1967 - VI ZR 71/66	VersR 1968, 280
BGH Urt. v. 11.06.1968 - VI ZR 116/67	NJW 1968, 2291
BGH Urt. v. 13.05.1969 - 2 StR 616/68	BGHSt 23, 1
BGH Urt. v. 07.07.1970 - VI ZR 223/68	JZ 1971, 63 / NJW 1970, 1963
BGH Beschl. v. 26.11.1970 - 4 StR 26/70	BGHSt 24, 31
BGH Urt. v. 22.06.1971 - VI ZR 230/69	MDR 1971, 918 / NJW 1971, 1887
BGH Urt. v. 22.09.1971 - 3 StR 146/71	BGHSt 24, 213
BGH Urt. v. 16.11.1971 - VI ZR 76/70	NJW 1972, 335 / VersR 1972, 153
BGH Urt. v. 28.11.1972 - VI ZR 133/71	NJW 1973, 557
BGH Urt. v. 12.02.1974 - VI ZR 141/72	NJW 1974, 1422

BGH Urt. v. 05.12.1974 - 4 StR 529/74	BGHSt 26, 35
BGH Urt. v. 24.06.1975 - VI ZR 72/74	NJW 1975, 2245 / VersR 1975, 952
BGH Urt. v. 24.07.1975 - 4 StR 165/75	BGHSt 26, 176
BGH Urt. v. 04.11.1975 - VI ZR 226/73	NJW 1976, 363 / VersR 1976, 293
BGH Urt. v. 25.11.1975 - VI ZR 122/73	NJW 1976, 365
BGH Urt. v. 02.11.1976 - VI ZR 134/75	NJW 1977, 337
BGH Urt. v. 22.03.1977 - VI ZR 28/75	VersR 1977, 644
BGH Urt. v. 27.09.1977 - VI ZR 162/76	NJW 1978, 587 / VersR 1978, 41
BGH Urt. v. 11.10.1977 - VI ZR 110/75	JZ 1978, 275 / NJW 1978, 584 / VersR 1978, 82
BGH Urt. v. 14.03.1978 - VI ZR 213/76	NJW 1978, 1681 / VersR 1978, 542
BGH Urt. v. 20.02.1979 - VI ZR 48/78	NJW 1979, 1248
BGH Urt. v. 08.05.1979 - VI ZR 58/78	NJW 1979, 1935
BGH Urt. v. 15.05.1979 - VI ZR 70/77	JZ 1979, 531 / NJW 1979, 1933
BGH Urt. v. 15.05.1979 - 1 StR 74/79	NJW 1979, 2053
BGH Urt. v. 02.10.1979 - 1 StR 440/79	NJW 1980, 649
BGH Urt. v. 16.10.1979 - 1 StR 360/79	NJW 1980, 650
BGH Urt. v. 23.10.1979 - VI ZR 197/78	NJW 1980, 633
BGH Urt. v. 22.01.1980 - VI ZR 263/78	NJW 1980, 1333
BGH Urt. v. 22.04.1980 - VI ZR 37/79	NJW 1980, 1905 / VersR 1981, 456
BGH Urt. v. 20.05.1980 - 1 StR 177/80	NStZ 1981, 218
BGH Urt. v. 07.10.1980 - VI ZR 176/79	BGHZ 78, 209 / NJW 1981, 628 / VersR 1981, 131
BGH Beschl. v. 22.05.1981 - 4 StR 225/81	MDR 1981, 810
BGH Urt. v. 27.10.1981 - VI ZR 69/80	NJW 1982, 697 / VersR 1982, 147
BGH Urt. v. 11.05.1982 - VI ZR 171/80	MedR 1983, 23 / NJW 1982, 2121 / VersR 1982, 771
BGH Urt. v. 26.10.1982 - 1 StR 413/82	JZ 1983, 151 / MedR 1983, 29 / NJW 1983, 350 / NStZ 1982, 313
BGH Urt. v. 03.12.1982 - 2 StR 494/82	NStZ 1983, 117
BGH Urt. v. 22.04.1983 - 3 StR 25/83	BGHSt 31, 348
BGH Urt. v. 27.05.1983 - 3 StR 153/83	NStZ 1983, 454
BGH Urt. v. 07.06.1983 - VI ZR 284/81	VersR 1983, 983
BGH Urt. v. 05.07.1983 - 1 StR 168/83	NStZ 1984, 70
BGH Urt. v. 20.09.1983 - VI ZR 35/82	NJW 1984, 661
BGH Urt. v. 27.09.1983 - VI ZR 230/81	BGHZ 88, 248 / JZ 1984, 327 / NJW 1984, 655 / VersR 1984, 60

BGH Urt. v. 07.12.1983 - 1 StR 665/83	BGHSt 32, 194
BGH Urt. v. 07.02.1984 - VI ZR 188/82	BGHZ 90, 96 / NJW 1984, 1395
BGH Urt. v. 07.02.1984 - VI ZR 174/82	BGHZ 90, 103 / JR 1985, 65 / NJW 1984, 1397
BGH Urt. v. 03.04.1984 - VI ZR 195/82	NJW 1984, 2629
BGH Urt. v. 04.07.1984 - 3 StR 96/84	BGHSt 32, 367 / JZ 1984, 893 / MDR 1984, 858 / MedR 1985, 40 / NJW 1984, 2639 / NStZ 1985, 119
BGH Urt. v. 10.08.1984 - 1 StR 9/84	NStZ 1985, 26
BGH Urt. v. 09.11.1984 - 2 StR 257/84	BGHSt 33, 66
BGH Urt. v. 18.12.1984 - VI ZR 23/83	MedR 1985, 227 / NJW 1985, 1392
BGH Urt. v. 20.12.1984 - 4 StR 668/84	JR 1986, 248
BGH Urt. v. 08.01.1985 - VI ZR 15/83	VersR 1985, 361
BGH Urt. v. 26.02.1985 - VI ZR 124/83	NJW 1985, 2192
BGH Urt. v. 19.03.1985 - VI ZR 227/83	NJW 1985, 2193
BGH Urt. v. 03.04.1985 - 2 StR 63/85	NStZ 1985, 409
BGH Urt. v. 28.05.1985 - VI ZR 264/83	VersR 1985, 886
BGH Urt. v. 10.07.1985 - 3 StR 104/85	NStZ 1985, 501
BGH Urt. v. 29.10.1985 - VI ZR 85/84	NJW 1986, 776
BGH Urt. v. 09.11.1985 - VI ZR 134/84	NJW 1986, 780
BGH Urt. v. 03.12.1985 - VI ZR 106/84	NJW 1986, 1540 / VersR 1986, 366
BGH Urt. v. 28.01.1986 - VI ZR 83/85	NJW 1986, 2367 / VersR 1986, 601
BGH Urt. v. 24.06.1986 - VI ZR 21/85	MedR 1987, 42 / NJW 1987, 705
BGH Beschl. v. 30.09.1986 - VI ZR 172/85	VersR 1987, 200
BGH Urt. v. 10.02.1987 - VI ZR 68/86	JZ 1987, 877 / NJW 1987, 1479 / VersR 1987, 686
BGH Urt. v. 07.07.1987 - VI ZR 146/86	NJW 1987, 2927
BGH Beschl. v. 08.07.1987 - 2 StR 269/87	GA 1988, 184 / NJW 1987, 2940 / NStZ 1987, 505
BGH Beschl. v. 08.07.1987 - 2 StR 298/87	NJW 1988, 1532 / NStZ 1988, 127
BGH Urt. v. 22.09.1987 - VI ZR 238/86	BGHZ 102, 17 / JZ 1988, 411 / NJW 1988, 763
BGH Urt. v. 10.11.1987 - VI ZR 39/87	MedR 1988, 143 / NJW 1988, 1513 / VersR 1988, 293
BGH Urt. v. 22.12.1987 - VI ZR 32/87	NJW 1988, 1514 / VersR 1988, 493
BGH Urt. v. 08.03.1988 - VI ZR 201/87	NJW 1988, 1511

BGH Beschl. v. 25.03.1988 - 2 StR 93/88	BGHSt 35, 246 / JZ 1988, 1021 / MedR 1988, 248 / NJW 1988, 2310 / NStZ 1988, 406
BGH Urt. v. 29.03.1988 - VI ZR 185/87	VersR 1988, 721
BGH Urt. v. 26.04.1988 - VI ZR 246/86	MedR 1988, 249 / NJW 1988, 2298 / VersR 1988, 723
BGH Urt. v. 07.06.1988 - VI ZR 277/87	NJW 1989, 771
BGH Urt. v. 28.06.1988 - VI ZR 288/87	BGHZ 105, 45 / NJW 1988, 2946
BGH Urt. v. 30.06.1988 - 1 StR 165/88	NStZ 1988, 554
BGH Urt. v. 08.11.1988 - VI ZR 320/87	NJW 1989, 1536
BGH Beschl. v. 29.11.1988 - VI ZR 140/88	VersR 1989, 478
BGH Urt. v. 06.12.1988 - VI ZR 132/88	BGHZ 106, 153 / NJW 1989, 1538
BGH Urt. v. 14.02.1989 - VI ZR 65/88	BGHZ 106, 391 / JR 1989, 286 / NJW 1989, 1533
BGH Urt. v. 18.04.1989 - VI ZR 221/88	NJW 1989, 2332
BGH Urt. v. 25.04.1989 - VI ZR 175/88	BGHZ 107, 222 / JZ 1989, 901 / NJW 1989, 2318 / VersR 1989, 702
BGH Urt. v. 30.05.1989 - VI ZR 200/88	NJW 1989, 2321
BGH Urt. v. 08.05.1990 - VI ZR 227/89	JZ 1991, 983
BGH Urt. v. 26.06.1990 - VI ZR 289/89	MedR 1990, 329 / NJW 1990, 2928
BGH Urt. v. 06.07.1990 - 2 StR 549/89	BGHSt 37, 106
BGH Urt. v. 27.11.1990 - VI ZR 30/90	JZ 1991, 782 / MedR 1991, 83 / NJW 1991, 748
BGH Urt. v. 29.01.1991 - VI ZR 206/90	BGHZ 113, 297 / NJW 1991, 1535
BGH Urt. v. 08.01.1991 - VI ZR 102/90	MedR 1991, 140 / NJW 1991, 1541 / VersR 1991, 467
BGH Urt. v. 26.02.1991 - VI ZR 344/89	NJW 1991, 1539 / VersR 1991, 695
BGH Urt. v. 12.03.1991 - VI ZR 232/90	NJW 1991, 2346 / VersR 1991, 777
BGH Urt. v. 16.04.1991 - VI ZR 176/90	NJW 1991, 2345
BGH Urt. v. 08.05.1991 - 3 StR 467/90	BGHSt 37, 376 / NJW 1991, 2357
BGH Beschl. v. 17.05.1991 - 3 StR 8/91	BGHSt 37, 383
BGH Urt. v. 26.11.1991 - VI ZR 389/90	MedR 1992, 214 / NJW 1992, 754 / VersR 1992, 238
BGH Urt. v. 17.12.1991 - VI ZR 40/91	NJW 1992, 743
BGH Urt. v. 10.03.1992 - VI ZR 64/91	NJW 1992, 1560 / VersR 1992, 745

BGH Urt. v. 07.04.1992 - VI ZR 192/91	JZ 1993, 312 / NJW 1992, 2351
BGH Urt. v. 12.11.1992 - III ZR 178/91	NJW 1993, 1526
BGH Urt. v. 15.06.1993 - VI ZR 175/92	NJW 1993, 2989
BGH Urt. v. 22.06.1993 - 1 StR 264/93	NJW 1993, 2628
BGH Beschl. v. 16.07.1993 - 2 StR 294/93	NStZ 1994, 29
BGH Urt. v. 23.09.1993 - III ZR 107/92	MDR 1994, 38 / NJW 1994, 794
BGH Urt. v. 26.10.1993 - VI ZR 155/92	NJW 1994, 801
BGH Urt. v. 02.11.1993 - VI ZR 245/92	NJW 1994, 793
BGH Urt. v. 09.11.1993 - VI ZR 248/92	NJW 1994, 799
BGH Beschl. v. 03.03.1994 - 4 StR 819/93	JR 1994, 514 / StV 1994, 425
BGH Urt. v. 14.06.1994 - VI ZR 178/93	NJW 1994, 3009 / VersR 1994, 1235
BGH Urt. v. 07.07.1994 - III ZR 52/93	NJW 1994, 3012
BGH Urt. v. 12.07.1994 - VI ZR 299/93	NJW 1994, 3008
BGH Urt. v. 13.09.1994 - 1 StR 357/94	BGHSt 40, 257 / MDR 1995, 80 / MedR 1995, 72 / NJW 1995, 204
BGH Urt. v. 04.10.1994 - VI ZR 205/93	MedR 1995, 70 / NJW 1995, 778
BGH Urt. v. 29.11.1994 - VI ZR 189/93	MedR 1995, 276 / NJW 1995, 776
BGH Urt. v. 29.06.1995 - 4 StR 760/94	MedR 1996, 22 / NStZ 1996, 34
BGH Urt. v. 14.11.1995 - VI ZR 359/94	MedR 1996, 213 / NJW 1996, 777 / VersR 1996, 195
BGH Urt. v. 13.02.1996 - VI ZR 402/94	BGHZ 132, 47 / VersR 1996, 633
BGH Urt. v. 11.06.1996 - VI ZR 172/95	VersR 1996, 1148
BGH Urt. v. 08.10.1996 - 5 StR 458/96	NStZ 1997, 127
BGH Urt. v. 15.11.1996 - 3 StR 79/96	BGHSt 42, 301 / JR 1998, 159 / NJW 1997, 807 / NStZ 1997, 182
BGH Urt. v. 19.11.1996 - VI ZR 350/95	MDR 1997, 355 / MedR 1997, 219 / VersR 1997, 315
BGH Urt. v. 24.06.1997 - VI ZR 94/96	MedR 1997, 549 / NJW 1997, 3090 / VersR 1997, 1357
BGH Urt. v. 19.11.1997 - 3 StR 271/97	BGHSt 43, 306 / NJW 1998, 1802 / StV 1998, 199
BGH Urt. v. 02.12.1997 - VI ZR 386/96	MedR 1998, 175 / NJW 1998, 814 / VersR 1998, 242
BGH Urt. v. 13.01.1998 - VI ZR 242/96	NJW 1998, 1780 / VersR 1998, 457
BGH Urt. v. 27.01.1998 - VI ZR 339/96	MedR 1998, 554 / NJW 1998, 1782 / VersR 1998, 585
BGH Urt. v. 06.10.1998 - VI ZR 239/97	MedR 1999, 118 / NJW 1999, 860 / VersR 1999, 60

BGH Urt. v. 03.11.1998 - VI ZR 253/97	MedR 1999, 320 / NJW 1999, 862 / VersR 1999, 231
BGH Urt. v. 26.01.1999 - VI ZR 376/97	MedR 1999, 321 / NJW 1999, 1779 / VersR 1999, 579
BGH Urt. v. 06.07.1999 - VI ZR 290/98	NJW 1999, 3408 / VersR 1999, 1282
BGH Urt. v. 04.10.1999 - 5 StR 712/98	BGHSt 45, 219 / NJW 2000, 885 / VersR 2000, 603
BGH Urt. v. 16.05.2000 - VI ZR 321/98	NJW 2000, 2737

IV. Oberlandesgerichte

OLG Stuttgart Urt. v. 17.02.1956 - Ss 22/56	NJW 1956, 1451
OLG Stuttgart Urt. v. 29.04.1957 - 4 U 11/57	NJW 1958, 262
OLG Hamm Urt. v. 13.02.1964 - 9 U 225/63	VersR 1965, 1107
OLG Hamm Urt. v. 10.10.1967 - 3 Ss 1150/67	NJW 1968, 212
OLG Nürnberg Urt. v. 10.06.1970 - 4 U 178/68	VersR 1970, 1061
OLG Frankfurt Urt. v. 10.07.1972 - 18 U 31/71	NJW 1973, 1415
KG Berlin Urt. v. 31.08.1972 - 2 Ss 70/72	JR 1973, 72
OLG Hamm Urt. v. 06.09.1974 - 3 Ss 396/74	NJW 1975, 604
OLG Celle Urt. v. 20.09.1976 - 9 U 174/75	VersR 1977, 258
OLG München Urt. v. 30.09.1976 - 1 U 1685/74	VersR 1978, 285
OLG Stuttgart Urt. v. 20.10.1977 - 7 U 7/77	VersR 1979, 630
OLG Karlsruhe Urt. v. 25.01.1978 - 7 U 299/76	VersR 1979, 58
OLG Düsseldorf Urt. v. 30.11.1978 - 8 U 55/78	VersR 1980, 949
OLG Düsseldorf Urt. v. 22.03.1979 - 8 U 156/78	VersR 1980, 535
OLG Celle Urt. v. 28.05.1980 - 1 U 32/79	VersR 1981, 684
OLG Stuttgart Urt. v. 30.06.1980 - 3 Ss 886/79	JZ 1980, 618
OLG Celle Urt. v. 03.11.1980 - 1 U 12/80	VersR 1981, 783
OLG Bremen Urt. v. 10.02.1981 - 1 U 63/80	MedR 1983, 111
OLG Frankfurt Urt. v. 10.02.1981 - 22 U 213/79	NJW 1981, 1322
OLG Hamm Urt. v. 27.04.1981 - 3 U 307/80	VersR 1983, 883
OLG Stuttgart Beschl. v. 30.07.1981 - 3 Ss 375/81	JR 1982, 419 / NJW 1982, 295
OLG München Urt. v. 28.10.1981 - 20 U 1959/80	NJW 1983, 2642
OLG Zweibrücken Urt. v. 28.04.1982 - 7 U 25/78	MedR 1983, 194
OLG Zweibrücken Urt. v. 19.10.1982 - 5 U 113/81	MedR 1984, 27
OLG Düsseldorf Urt. v. 03.05.1983 - 2 Ss 91/83	MedR 1984, 28
OLG Celle Urt. v. 16.05.1983 - 1 U 53/82	MedR 1983, 225
OLG Frankfurt Urt. v. 19.05.1983 - 1 U 65/80	VersR 1984, 289
OLG Hamm Urt. v. 25.01.1984 - 3 U 20/83	MedR 1986, 152

OLG Stuttgart Urt. v. 28.12.1984 - 1 U 136/82	MedR 1985, 175
OLG Hamm Urt. v. 29.04.1985 - 3 U 11/84	VersR 1986, 603
OLG Braunschweig Urt. v. 19.07.1985 - 2 U 11/84	VersR 1986, 1214
OLG Düsseldorf Urt. v. 02.10.1985 - 8 U 100/83	VersR 1986, 659
OLG Düsseldorf Urt. v. 30.12.1985 - 8 U 198/84	NJW 1986, 1548
OLG Köln Urt. v. 03.02.1986 - 7 U 183/84	VersR 1987, 1020
OLG Düsseldorf Urt. v. 07.05.1986 - 8 U 59/85	NJW 1986, 2375
KG Berlin Urt. v. 20.05.1986 - 9 U 2178/85	VersR 1987, 992
OLG Düsseldorf Urt. v. 31.07.1986 - 8 U 52/85	VersR 1987, 994
OLG Karlsruhe Urt. v. 15.10.1986 - 13 U 52/84	MedR 1987, 113 / NJW 1987, 718 / VersR 1987, 1247
OLG Saarbrücken Urt. v. 05.11.1986 - 1 U 92/84	VersR 1988, 95
OLG Köln Urt. v. 18.12.1986 - 7 U 147/84	NJW 1987, 2936
OLG Köln Urt. v. 22.01.1987 - 7 U 193/86	MedR 1987, 192 / VersR 1988, 44
OLG Düsseldorf Urt. v. 04.06.1987 - 8 U 113/85	NJW 1988, 2307 / VersR 1988, 40
OLG Düsseldorf Urt. v. 11.06.1987 - 8 U 223/85	VersR 1989, 190
OLG Nürnberg Urt. v. 08.07.1987 - 4 U 3360/86	VersR 1988, 1050
OLG München Beschl. v. 31.07.1987 - Ws 23/87	JA 1987, 579 / JZ 1988, 201 / MedR 1988, 150 / NJW 1987, 2940
OLG Hamm Urt. v. 07.12.1987 - 3 U 330/85	VersR 1989, 292
OLG Karlsruhe Urt. v. 09.12.1987 - 7 U 62/85	VersR 1988, 1134
OLG Stuttgart Urt. v. 17.12.1987 - 14 U 21/87	VersR 1988, 1137
OLG Stuttgart Urt. v. 14.01.1988 - 14 U 8/87	VersR 1989, 199
OLG Köln Urt. v. 28.01.1988 - 7 U 83/85	VersR 1989, 631
OLG Stuttgart Urt. v. 14.04.1988 - 14 U 16/87	VersR 1988, 695
OLG Oldenburg Urt. v. 04.05.1988 - 3 U 89/87	VersR 1989, 402
OLG Düsseldorf Urt. v. 05.05.1988 - 8 U 119/86	VersR 1989, 703
OLG Düsseldorf Urt. v. 23.06.1988 - 8 U 229/86	VersR 1988, 1298
OLG Düsseldorf Urt. v. 30.06.1988 - 8 U 214/86	VersR 1989, 705
OLG Köln Urt. v. 04.07.1988 - 7 U 124/87	VersR 1988, 1299
OLG Stuttgart Urt. v. 08.12.1988 - 14 U 25/88	VersR 1989, 1094
OLG Karlsruhe Urt. v. 25.01.1989 - 7 U 155/87	VersR 1990, 53
OLG München Urt. v. 02.02.1989 - 1 U 4573/88	VersR 1990, 312
OLG Köln Urt. v. 16.02.1989 - 7 U 60/87	VersR 1990, 662
OLG Frankfurt Urt. v. 11.04.1989 - 14 U 102/87	VersR 1990, 659
OLG Celle Urt. v. 06.02.1989 - 1 U 36/88	VersR 1990, 50
OLG Schleswig Urt. v. 20.07.1989 - 4 U 120/88	NJW 1990, 773

OLG Stuttgart Urt. v. 20.07.1989 - 14 U 21/88	VersR 1990, 385
OLG Hamm Urt. v. 18.09.1989 - 3 U 289/88	VersR 1991, 302
OLG Bremen Urt. v. 20.09.1989 - 1 U 26/88	VersR 1990, 1151
OLG Bremen Urt. v. 27.09.1989 - 1 U 2/89	VersR 1991, 425
OLG Düsseldorf Urt. v. 12.10.1989 - 8 U 60/88	NJW 1990, 771
OLG Frankfurt Urt. v. 06.04.1990 - 24 U 18/89	MedR 1991, 207 / VersR 1991, 929
OLG Köln Urt. v. 18.04.1990 - 27 U 171/89	VersR 1991, 930
OLG Oldenburg Urt. v. 15.05.1990 - 5 U 43/89	MDR 1990, 1011 / NJW-RR 1990, 1362
OLG Köln Urt. v. 06.06.1990 - 27 U 12/90	VersR 1991, 1288
OLG Koblenz Urt. v. 13.06.1990 - 5 U 860/88	NJW 1991, 2967
OLG Zweibrücken Urt. v. 13.08.1990 - 4 U 266/89	VersR 1992, 496
OLG Karlsruhe Urt. v. 10.10.1990 - 7 U 12/89	VersR 1991, 1177
OLG Hamm Urt. v. 10.12.1990 - 3 U 39/90	VersR 1992, 834
OLG Düsseldorf Urt. v. 21.03.1991 - 8 U 55/89	VersR 1991, 1412
OLG Hamburg Urt. v. 05.04.1991 - 1 U 19/90	VersR 1992, 1405
OLG Köln Urt. v. 10.04.1991 - 27 U 152/90	VersR 1992, 754
OLG Düsseldorf Beschl. v. 24.06.1991 - 5 Ss 206/91	NJW 1991, 2929 / NStZ 1991, 531
OLG Oldenburg Urt. v. 02.07.1991 - 5 U 23/91	VersR 1992, 1005
OLG Frankfurt Urt. v. 29.06.1992 - 12 U 180/91	VersR 1993, 751
OLG Frankfurt Urt. v. 06.10.1992 - 8 U 26/92	VersR 1993, 1271
OLG Düsseldorf Beschl. v. 14.01.1993 - 3 Ws 308/92	StV 1993, 477
OLG Stuttgart Urt. v. 21.01.1993 - 14 U 34/91	VersR 1994, 313
OLG Schleswig Urt. v. 24.02.1993 - 4 U 18/91	VersR 1994, 310
OLG Oldenburg Urt. v. 08.03.1993 - 5 U 14/93	MDR 1993, 955
OLG Frankfurt Urt. v. 19.05.1993 - 13 U 138/92	VersR 1994, 986
OLG Frankfurt Urt. v. 25.05.1993 - 8 U 19/93	VersR 1994, 1066
OLG Celle Urt. v. 26.07.1993 - 1 U 36/92	VersR 1994, 1237
OLG Koblenz Urt. v. 14.09.1993 - 3 U 1608/92	MedR 1994, 405 / VersR 1994, 353
OLG Düsseldorf Urt. v. 07.10.1993 - 8 U 18/92	NJW 1994, 1598
OLG Koblenz Urt. v. 11.11.1993 - 5 U 1244/91	VersR 1995, 710
OLG Hamm Urt. v. 29.11.1993 - 3 U 228/92	VersR 1995, 341
OLG Nürnberg Urt. v. 08.03.1994 - 3 U 2842/91	VersR 1995, 1057
OLG Düsseldorf Urt. v. 16.06.1994 - 8 U 88/92	VersR 1995, 785
OLG München Urt. v. 23.06.1994 - 1 U 7286/93	VersR 1995, 95
OLG Stuttgart Urt. v. 01.12.1994 - 14 U 48/93	MedR 1996, 81
OLG Düsseldorf Beschl. v. 14.11.1994 - 5 Ss 330/94	NJW 1995, 799
OLG Koblenz Urt. v. 28.06.1995 - 7 U 520/94	NJW 1996, 1600
OLG Nürnberg Urt. v. 28.06.1995 - 4 U 3943/94	VersR 1996, 1372

OLG Köln Urt. v. 10.10.1995 - Ss 409/95	StraFO 1997, 54
OLG Köln Urt. v. 12.10.1995 - 5 U 234/94	VersR 1997, 115
OLG Köln Urt. v. 31.01.1996 - 5 U 122/95	MedR 1997, 549 / VersR 1996, 1021
OLG Oldenburg Urt. v. 06.02.1996 - 5 U 113/95	VersR 1997, 491
OLG Stuttgart Urt. v. 04.04.1996 - 14 U 42/95	VersR 1997, 700
OLG Frankfurt Urt. v. 07.05.1996 - 8 U 5/96	VersR 1997, 1358
OLG Stuttgart Urt. v. 31.10.1996 - 14 U 52/95	MedR 1997, 275
OLG Hamm Urt. v. 11.12.1996 - 3 U 93/96	VersR 1998, 322
OLG Zweibrücken Urt. v. 18.02.1997 - 5 U 3/96	VersR 1997, 833
OLG Naumburg Urt. v. 29.04.1997 - 9 U 266/96	VersR 1998, 983
OLG Düsseldorf Urt. v. 15.05.1997 - 8 U 115/96	VersR 1998, 1155
OLG Oldenburg Urt. v. 25.11.1997 - 5 U 64/97	VersR 1999, 317
OLG Köln Urt. v. 26.11.1997 - 5 U 226/96	VersR 1999, 366
OLG Köln Urt. v. 26.11.1997 - 5 U 90/97	VersR 1999, 624
OLG Oldenburg Urt. v. 23.12.1997 - 5 U 75/97	MedR 1999, 36 / VersR 1999, 452
OLG Hamm Urt. v. 06.05.1998 - 3 U 222/97	MedR 1999, 35
OLG Oldenburg Urt. v. 26.05.1998 - 5 U 31/97	MedR 1998, 418
OLG Frankfurt Beschl. v. 15.07.1998 - 20 W 224/98	MedR 1998, 519 / NJW 1998, 2747
OLG Bremen Urt. v. 28.07.1998 - 3 U 5/98	VersR 1999, 1370
OLG Hamm Urt. v. 27.01.1999 - 3 U 26/98	NJW 2000, 1801
OLG Hamm Urt. v. 17.02.1999 - 3 U 41/98	VersR 2000, 101
OLG Braunschweig Urt. v. 25.03.1999 - 1 U 61/98	VersR 2000, 454
OLG Bremen Urt. v. 06.04.1999 - 3 U 101/98	VersR 1999, 1151
OLG Stuttgart Urt. v. 27.07.1999 - 14 U 3/99	VersR 2000, 1545
OLG Brandenburg Urt. v. 01.09.1999 - 1 U 3/99	VersR 2000, 1283

V. Landgerichte

LG Offenburg Urt. v. 07.02.1978 - 2 O 164/77	VersR 1979, 144
LG Memmingen Urt. v. 17.09.1980 - 3 O 852/79	VersR 1981, 585
LG Ravensburg Urt. v. 03.12.1986 - 3 Kls 31/86	JZ 1988, 207 / MedR 1987, 196 / NStZ 1987, 229
LG Mannheim Urt. v. 03.05.1990 - 2 Ns 70/89	NJW 1990, 2212
LG Göttingen Urt. v. 11.10.1990 - 2 O 569/88	VersR 1990, 1401
LG München I Beschl. v. 18.02.1999 - 13 T 478/99	NJW 1999, 1788
LG Duisburg Beschl. v. 09.06.1999 - 22 T 22/99	NJW 1999, 2744

VI. Amtsgerichte

AG Hannover Urt. v. 16.01.1990 - 35 Js 44312/89	Rettungsdienst 1990, 374
AG Tiergarten Beschl. v. 02.03.1990 - 52 Js 889/89	NStZ 1991, 236
AG Calw Urt. v. 28.09.1993 - 3 Cs 186/93	(unveröffentlicht)

VII. Berufsgerichtshof

Hamb. BerufsGH für die Heilberufe Urt. v. 09.12.1987 - HeilBHof 1/87	MedR 1989, 212 / NJW 1989, 2967

Literaturverzeichnis

Ahnefeld, Friedrich Wilhelm/Dick, Wolfgang/Kilian, Jürgen/Schuster, Hans-Peter
Notfallmedizin, 2. Auflage Berlin 1990

Ahnefeld, Friedrich Wilhelm/Lippert, Hans-Dieter
Notarzt und Rettungsdienst - medizinische, organisatorische und juristische Fragen, Festschrift für Walther Weißauer, Berlin 1986, S. 1 ff.

Amelung, Knut
Über die Einwilligungsfähigkeit, ZStW 104 (1992), 525 ff.

Irrtum und Täuschung als Grundlage von Willensmängeln bei der Einwilligung des Verletzten, Berlin 1998

Arbeiter-Samariter-Bund, Deutsche Lebensrettungsgesellschaft, Deutsches Rotes Kreuz, Johanniter-Unfall-Hilfe, Malteser Hilfsdienst
Empfehlungen zum Handeln von Rettungsassistenten/-sanitätern im Rahmen der Notkompetenz, Leben retten 1994, 37 ff.

Arbeitsgemeinschaft Deutscher Schwesternverbände
Stellungnahme zur Vornahme von Injektionen, Infusionen, Transfusionen und Blutentnahmen durch das Krankenpflegepersonal, Deutsche Krankenpflegezeitschrift 1980, 161 ff.

Arzt, Gunter
Leichtfertigkeit und recklessness, Gedächtnisschrift für Horst Schröder, München 1978, S. 119 ff.

Arzt, Gunther/Weber, Ulrich
Strafrecht Besonderer Teil, Bielefeld 2000

Auer, Alfons/Menzel, Hartmut/Eser, Albin
Zwischen Heilauftrag und Sterbehilfe, Köln 1977

Bade, Ulf
Der Arzt an den Grenzen von Leben und Recht, Würzburg 1986

Baumann, Jürgen
Körperverletzung oder Freiheitsdelikt?, NJW 1958, 2092 ff.

Baumann, Jürgen/Arzt, Gunther/Weber, Ulrich
Strafrechtsfälle und Lösungen, 6. Auflage Bielefeld 1986

Baumann, Jürgen/Weber, Ulrich/Mitsch, Wolfgang
Strafrecht Allgemeiner Teil, 10. Auflage Bielefeld 1995

Becker, W./Deutsch, E./Knappen, F.-J./Nüßgens, K.
Probleme der fachärztlichen Aufklärungspflicht, Laryng. Rhinol. 54 (1975), 781 ff.

Beling, Ernst
Die strafrechtliche Verantwortlichkeit des Arztes bei Vornahme und Unterlassung operativer Eingriffe, ZStW 44 (1924), 220 ff.

Biermann, Elmar
Forensische Gesichtspunkte der Bluttransfusion, Der Anästhesist 42 (1993), 187 ff.

Haftung bei Zusammenarbeit von Ärzten verschiedener Gebiete aus juristischer Sicht, ZaeF 89 (1995), 626 ff.

Binder, Gerhard
Rechtsbegriffe in der Notfallmedizin, Berlin 1993

Binding, Karl
Lehrbuch des Gemeinen Deutschen Strafrechts Besonderer Teil
Erster Band, 2. Auflage Leipzig 1902

Die Normern und ihre Übertretung
Vierter Band - Die Fahrlässigkeitstat, Leipzig 1919

Blei, Hermann
Strafrecht Allgemeiner Teil, 18. Auflage München 1983

Bockelmann, Paul
Verkehrsstrafrechtliche Aufsätze und Vorträge, Hamburg 1967

Strafrecht des Arztes, Stuttgart 1968

Der ärztliche Heileingriff in Beiträgen zur Zeitschrift für die gesamte Strafrechtswissenschaft im ersten Jahrhundert ihres Bestehens, ZStW 93 (1981), 105 ff.

Bockelmann, Paul/Volk, Klaus
Strafrecht Allgemeiner Teil, 4. Auflage München 1987

Böhme, Hans
Das Recht des Krankenpflegepersonals
Teil II: Haftungsrecht, 4. Auflage Stuttgart 1996

Böhmer, Roman/Merz, Thomas/Schneider, Thomas
Taschenatlas Rettungsdienst, Mainz 1995

Bottke, Wilfried
Suizid und Strafrecht, Berlin 1982

Brammsen, Joerg
Erfolgszurechnung bei unterlassener Gefahrverminderung durch einen Garanten, MDR 1989, 123 ff.

Brenner, Günter
Darf das Krankenpflegepersonal Injektionen, Transfusionen, Infusionen und Blutentnahmen vornehmen?, Medizinische Welt 1972, 235

Rechtliche Zulässigkeit der Durchführung von Blutentnahmen, Injektionen, Infusionen und Transfusionen durch das Krankenpflegepersonal, Das Krankenhaus 1980, 151 ff. = Deutsche Krankenpflegezeitschrift 1980, 549 ff.

Bringewat, Peter
Selbstmord, Suizidpatient und Arztpflichten im Strafrecht, NJW 1973, 540 ff.

Anmerkung zu LG Osnabrück Urt. v. 06.03.1996 - 22 Ns 124/59, NStZ 1996, 440 ff.

Buchborn, Eberhard
Ärztlicher Standard: Begriff - Entwicklung - Anwendung, MedR 1993, 328 ff.

Buchfelder, Michael/Buchfelder, Albert
Handbuch der Ersten Hilfe, 3. Auflage Stuttgart 1999

Bundesärztekammer
Richtlinien für die Sterbehilfe, DÄBl. 1979, 957

Stellungnahme zur Notkompetenz von Rettungsassistenten und zur Delegation ärztlicher Leistungen im Rettungsdienst, MedR 1993, 42 = Leben retten 1994, 40 f.

Grundsätze zur ärztlichen Sterbebegleitung, NJW 1998, 3406 f. = DÄBl. 1998, A-2365 ff.

Bundesministerium für Gesundheit
Stellungnahme zur Einführung der Frühdefibrillation im Rettungsdienstbereich, Leben retten 1995, 109 f.

Bundesvereinigung der Arbeitsgemeinschaften Notärzte Deutschlands (BAND)
Stellungnahme der BAND zur Frage der Inhalte der Rettungsassistentenausbildung nach dem RettAssG im Hinblick auf Maßnahmen im Rahmen der „Notkompetenz", Notarzt 1994, 54 f.

Burckart, Jürgen/von Fürstenwerth, Frank
Hilfeleistung des Rettungsdienstes gegen den Willen des Patienten?, Rettungsdienst 1990, 637 ff., 695 ff.

Burgstaller, Manfred
Das Fahrlässigkeitsdelikt im Strafrecht, Wien 1974

Castaldo, Andrea R.
Offene und verschleierte Individualisierung im Rahmen des Fahrlässigkeitsdelikts, GA 1993, 495 ff.

Cramer, Peter
Ein Sondestraftatbestand für die eigenmächtige Heilbehandlung, Festschrift für Theodor Lenckner, München 1998, S. 761 ff.

Decker, Franz
Führen im Rettungsdienst, 2. Auflage Berlin 1996

Deutsch, Erwin
Medizinische Fahrlässigkeiten, NJW 1976, 2289 ff.

Der Zeitpunkt der ärztlichen Aufklärung und die antizipierte Einwilligung des Patienten, NJW 1979, 1905 ff.

Das therapeutische Privileg des Arztes: Nichtaufklärung zugunsten des Patienten, NJW 1980, 1305 ff.

Der grobe Behandlungsfehler: Dogmatik und Rechtsfolgen, VersR 1988, 1 ff.

Das Persönlichkeitsrecht des Patienten, AcP 192 (1992), 161 ff.

Fahrlässigkeitstheorie und Behandlungsfehler, NJW 1993, 1506 ff.

Fahrlässigkeit und erforderliche Sorgfalt, 2. Auflage Köln 1995

Medizinrecht, 4. Auflage Berlin 1999

Deutsche Gesellschaft für Chirurgie
Resolution zur Behandlung Todkranker und Sterbender, ärztliche und rechtliche Hinweise, abgedruckt in MK-Mertens § 823 RN 366a

Deutsche Krankenhausgesellschaft
Stellungnahme zur Durchführung von Injektionen, Infusionen und Blutentnahmen durch das Krankenpflegepersonal DMW 1980, 155 ff. = DÄBl 1980, 1709 f.

Dierks, Christian/Graf-Baumann, Toni/Lenard, Hans-Gerd (Hrsg.)
Therapieverweigerung bei Kindern und Jugendlichen, Berlin 1995

Dölling, Dieter
Suizid und unterlassene Hilfeleistung, NJW 1986, 1011 ff.

Zulässigkeit und Grenzen der Sterbehilfe, MedR 1987, 6 ff.

Anmerkung zu BGH Urt. v. 15.11.1996 - 3 StR 79/96, JR 1998, 160 ff.

Dönicke-Jaeger, Sabine
Strafrechtliche Fragen beim Katastropheneinsatz, Rettungsdienst 1991, 185 ff.

Dunz, W.
Injektion durch nichtärztliche Hilfskräfte, DMW 99 (1974), 1542

Eberbach, Wolfram H.
Familienrechtliche Aspekte der Humanforschung an Minderjährigen, FamRZ 1982, 450 ff.

Grundsätze zur Aufklärungspflicht bei nicht voll Geschäftsfähigen, MedR 1986, 14 ff.

Die ärztliche Aufklärung unheilbar Kranker, MedR 1986, 180 ff.

Ebert, Udo
Strafrecht Allgemeiner Teil, Heidelberg 1985

Ehlers, Alexander P. F.
Die ärztliche Aufklärung vor medizinischen Eingriffen, Köln 1987

Ellinger, Klaus/Osswald, Michael/Stange, Konrad
Fachkundenachweis Rettungsdienst, 2. Auflage Berlin 1998

Engisch, Karl
Untersuchungen über Vorsatz und Fahrlässigkeit, Berlin 1930 [zit. Vorsatz und Fahrlässigkeit]

Die Kausalität als Merkmal der strafrechtlichen Tatbestände, Tübingen 1931 [zit. Kausalität]

Ärztlicher Eingriff zu Heilzwecken und Einwilligung, ZStW 58 (1939), 1 ff.

Die rechtliche Bedeutung der ärztlichen Operation, Jena 1958 [zit. ärztliche Operation]

Tun und Unterlassen, Festschrift für Wilhelm Gallas, Berlin 1973, S. 163 ff.

Konflikte, Aporien und Paradoxien bei der rechtlichen Beurteilung der ärztlichen Sterbehilfe, Festschrift für Eduard Dreher, Berlin 1977, S. 309 ff.

Engljähringer, Daniela
Ärztliche Aufklärungspflicht vor medizinischen Eingriffen, Wien 1996

Forster, Balduin (Hrsg.)
Praxis der Rechtsmedizin, Stuttgart 1986

Fotakis, N.S.
Die Aufklärung des Patienten, MedR 1986, 121 f.

Francke, Robert
Ärztliche Berufsfreiheit und Patientenrechte, Stuttgart 1994

Franzki, H.
Arzthaftung in ihrer gesellschaftspolitischen Bedeutung, Versicherungsmedizin 42 (1990), 2 ff.

Freund, Dieter
Konfliktfelder im Rettungsdienst I: Rettungsassistent und Notarzt, Rettungsdienst 1997, 802 ff.

Frisch, Wolfgang
Grund- und Grenzprobleme des sog. subjektiven Rechtfertigungselements, Festschrift für Karl Lackner, Berlin 1987, S. 113 ff.

Tatbestandsmäßiges Verhalten und Zurechnung des Erfolges, Heidelberg 1988

An den Grenzen des Strafrechts Festschrift für Walter Stree und Johannes Wessels, Heidelberg 1993, S. 69 ff.

Fritsche, Paul
Der Arzt und seine Verpflichtung zur Sterbehilfe, MedR 1993, 126 ff.

Gallas, Wilhelm
Zur Revision des § 330c StGB, JZ 1952, 396 ff.

Pflichtenkollision als Schuldausschließungsgrund, Festschrift für Edmund Mezger, München 1954, 311 ff.

Zur Struktur des strafrechtlichen Unrechtsbegriffs, Festschrift für Paul Bockelmann, München 1979, S. 155 ff.

Gaisbauer, Georg
Die versehentliche intraarterielle Injektion in rechtlicher Sicht, MedR 1991, 131 ff.

Geilen, Gerd
Neue juristisch-medizinische Grenzprobleme, JZ 1968, 145 ff.

Euthanasie und Selbstbestimmung, Tübingen 1975

Examensklausur Strafrecht, Jura 1979, 201 ff.

Probleme des § 323c StGB, Jura 1983, 138 ff.

Mitleid von (und mit) „Todesengeln“. Zur Strafbarkeit der eigenmächtigen Euthanasie, Festschrift für Günter Spendel, Berlin 1992, S. 519 ff.

Geppert, Klaus
Rechtfertigende „Einwilligung“ des verletzten Mitfahrers bei Fahrlässigkeitsstraftaten im Straßenverkehr?, ZStW 83 (1971), 947 ff.

Anmerkung zu BGH Beschl. v. 25.03.1988 - 2 StR 93/88, JZ 1991, 1024 ff.

Giesen, Dieter
Arzthaftungsrecht im Umbruch - Der ärztliche Behandlungsfehler in der Rechtsprechung seit 1974, JZ 1982, 345 ff.

Zwischen Patientenwohl und Patientenwille, JZ 1987, 282 ff.

Ethische und rechtliche Probleme am Ende des Lebens, JZ 1990, 929 ff.

Arzthaftungsrecht, 4. Auflage Tübingen 1995

Giesen, Dieter/Walter, K.
Ärztliche Aufklärungspflicht und Selbstbestimmungsrecht des Patienten, Jura 1991, 182 ff.

Göbel, Alfred
Die Einwilligung im Strafrecht als Ausprägung des Selbstbestimmungsrechts, Frankfurt am Main 1992

Gorgaß, Bodo/Ahnefeld, Friedrich Wilhelm/Rossi, Rolando
Rettungsassistent und Rettungssanitäter, 5. Auflage Berlin 1999

Gropp, Walter
Zur rechtlichen Verantwortlichkeit des Klinikpersonals bei Suizidhandlungen hospitalisierter Psychiatriepatienten, MedR 1994, 127 ff.

Strafrecht Allgemeiner Teil, Berlin 1998

Die „Pflichtenkollision“: weder eine Kollision von Pflichten noch Pflichten in Kollision, Festschrift für Hans Joachim Hirsch, Berlin 1999, S. 207 ff.

Habermann, Ernst/Lasch, Hanns/Gödicke, Patrick
Therapeutische Prüfungen an Nicht-Einwilligungsfähigen im Eilfall - ethisch geboten und rechtlich zulässig?, NJW 2000, 3389 ff.

Haft, Fritjof
Strafrecht Allgemeiner Teil, 8. Auflage München 1998

Strafrecht Besonderer Teil, 7. Auflage München 1998

Strafrecht Fallrepetitorium zum Allgemeinen und Besonderen Teil, 4. Auflage München 2000

Hahn, Bernhard
Zulässigkeit und Grenzen der Delegierung ärztlicher Maßnahmen, NJW 1981, 1977 ff.

Verabreichung von Injektionen durch nichtärztliche Mitarbeiter, DMW 109 (1984), 231 ff.

Hardwig, Werner
Betrachtungen zur Frage des Heileingriffs, GA 1965, 161 ff.

Hart, Dieter
Ärztliche Leitlinien - Definitionen, Funktionen, rechtliche Bewertungen, MedR 1998, 8 ff.

Hartmann, Tanja
Patientenverfügung und Psychiatrische Verfügung - Verbindlichkeit für den Arzt?, NStZ 2000, 113 ff.

Hassemer, Winfried
Anmerkung zu BGH Beschl. v. 25.03.1988 - 2 StR 93/88, JuS 1989, 145 f.

Heinze, Meinhard/Jung, Herbert
Die haftungsrechtliche Eigenverantwortlichkeit des Krankenpflegepersonals in Abgrenzung zur ärztlichen Tätigkeit, MedR 1985, 62 ff.

Helle, Jürgen
Die Heilbehandlung des untergebrachten psychisch Kranken, MedR 1987, 65 ff.

Helmchen, Hanfried/Kanowski, Siegfried/Koch, Hans-Georg
Forschung mit dementen Kranken: Forschungsbedarf und Einwilligungsproblematik, Ethik Med 1 (1989), 83 ff.

Henkel, Heinrich
Anmerkung zu OLG Stuttgart, Urt. v. 17.02.1956 - Ss 22/56, NJW 1956, 1451 f.

Hennes, Hans-Jürgen/Lehranstalt für Rettungsdienst des DRK-Landesverbandes Rheinland-Pfalz
Die Notkompetenz der Rettungsassistentin und des Rettungsassistenten, Darmstadt 1994

Herrmann, Bernhard/Cordes, M./Heine, J.
Defibrillation im Rahmen der Notkompetenz, Rettungsdienst 1996, 807 ff.

Herzberg, Rolf Dietrich
Beteiligung an einer Selbsttötung oder tödlichen Selbstgefährdung als Tötungsdelikt (Teil 2), JA 1975, 177 ff.

Beteiligung an einer Selbsttötung oder tödlichen Selbstgefährdung als Tötungsdelikt (Teil 4), JA 1975, 336 ff.

Die Schuld beim Fahrlässigkeitsdelikt, Jura 1984, 402 ff.

Der Fall Hackethal: Strafbare Tötung durch Verlangen?, NJW 1986, 1635 ff.

Sterbehilfe als gerechtfertigte Tötung im Notstand?, NJW 1996, 3043 ff.

Hiersche, Hans-Dieter
Das Recht des Menschen auf seinen würdigen Tod, MedR 1987, 83 ff.

Hillenkamp, Thomas
In tyrannos-viktimodogmatische Bemerkungen zur Tötung des Familientyrannen, Festschrift für Koichi Miyazawa, Baden-Baden 1995, S. 141 ff.

Hirsch, Hans Joachim
Einwilligung und Selbstbestimmung, Festschrift für Hans Welzel, Berlin 1974, S. 775 ff.

Behandlungsabbruch und Sterbehilfe, Festschrift für Karl Lackner, Berlin 1987, S. 597 ff.

Zur Frage eines Straftatbestands der eigenmächtigen Heilbehandlung, Gedächtnisschrift für Heinz Zipf, Heidelberg 1999, S. 353 ff.

Höfer, E./Streicher H.-J.
Patientenaufklärung, DMW 105 (1980), 694 ff.

Hörnle, Tatjana
Die wichtigsten Änderungen des Besonderen Teils des StGB durch das 6. Gesetz zur Reform des Strafrechts, Jura 1998, 169 ff.

Hollmann, Angela
Das ärztliche Gespräch mit dem Patienten, NJW 1973, 1393 ff.

Jähnke, Burkhard/Laufhütte, Heinrich Wilhelm/Odersky, Walter (Hrsg.)
Leipziger Kommentar - Großkommentar
§§ Vor 13 - 14 (11. Lieferung), 11. Auflage Berlin 1993

§§ 15 - 18 (14. Lieferung), 11. Auflage Berlin 1994

§§ 28 - Vor § 32 (16. Lieferung), 11. Auflage Berlin 1994

§§ 34, 35 (13. Lieferung), 11. Auflage Berlin 1994

§§ 185 - 262, 10. Auflage Berlin 1988

§§ 317 - 323c (22. Lieferung), 11. Auflage Berlin 1996

Jakobs, Günther
Strafrecht Allgemeiner Teil, 2. Auflage Berlin 1991

Jauernig, Othmar
Bürgerliches Gesetzbuch, 9. Auflage München 1999

Jens, Walter/Küng, Hans
Menschenwürdig sterben, München 1995

Jescheck, Hans-Heinrich/Weigend, Thomas
Lehrbuch des Strafrechts Allgemeiner Teil, 5. Auflage Berlin 1996

Jeschek, Dieter
Einwilligung in der Geriatrie, München 1984

Jung, Heike/Schreiber Hans Wilhelm (Hrsg.)
Arzt und Patient zwischen Therapie und Recht, Stuttgart 1981

Jungblut, Karlheinz/Müller, Ulrich
Aufklärungspflicht: Die erweiterte Indikation bei Unfallverletzten, Unfallmedizinische Tagungen der Landesverbände der gewerblichen Berufsgenossenschaften 38, 39 ff.

Kahlo, Michael
Das Problem des Pflichtwidrigkeitszusammenhangs bei den unechten Unterlassungsdelikten, Berlin 1990

Kallfelz, Walter
Anmerkung zu RGZ Urt. v. 24.11.1936 - III 23/36, JW 1937, 927 f.

Kamps, Hans
Ärztliche Arbeitsteilung und strafrechtliches Fahrlässigkeitsdelikt, Berlin 1981

Katzenmeier, Christian
Ein Sonderstraftatbestand der eigenmächtigen Heilbehandlung, ZRP 1997, 156 ff.

Kaufmann, Armin
Die Dogmatik der Unterlassensdelikte, Göttingen 1959

Zum Stande der Lehre vom personalen Unrecht, Festschrift für Hans Welzel, Berlin 1974, S. 393 ff.

Kaufmann, Arthur
Die eigenmächtige Heilbehandlung, ZStW 73 (1961), 341 ff.

Die Bedeutung hypothetischer Erfolgsursachen im Strafrecht, Festschrift für Eberhard Schmidt, Göttingen 1961, 200 ff.

Euthanasie - Selbsttötung - Tötung auf Verlangen, MedR 1983, 121 ff.

Kritisches zur Risikoerhöhungslehre, Festschrift für Hans Heinrich Jescheck, Berlin 1985, S. 273 ff.

Kaufmann, Arthur (Hrsg.)
Moderne Medizin und Strafrecht, Heidelberg 1989

Kern, Bernd-Rüdiger
Der Minderjährige als Blutspender, FamRZ 1981, 738 ff.

Aufklärungspflicht und wissender Patient, MedR 1986, 176 ff.

Die Selbstbestimmungsaufklärung unter Einbeziehung des nichtärztlichen Pflegepersonals, Festschrift für Walther Weißauer, Berlin 1986, S. 71 ff.

Die Bedeutung des Betreuungsgesetzes für das Arztrecht, MedR 1991, 66

Fremdbestimmung bei der Einwilligung in ärztliche Eingriffe, NJW 1994, 753 ff.

Kern, Bernd-Rüdiger/Laufs, Adolf
Die ärztliche Aufklärungspflicht, Berlin 1983

Kienapfel, Diethelm
Das erlaubte Risiko im Strafrecht, Frankfurt am Main 1966

Kirschnick, Olaf
Kompendium Rettungsdienst, München 1997

Kleinewefers, Herbert
Die Aufklärungspflicht des Arztes unter Berücksichtigung der Rechtsprechung des Bundesgerichtshofs, VersR 1962, 197 ff.

Zur Aufklärung des Patienten, VersR 1981, 99 ff.

Kleinewefers, Herbert/Sparwasser, Herbert H.
Zur Aufklärungspflicht des Arztes, VersR 1990, 1205 ff.

Kloppenborg, Josef
Ärztliche Aufklärungspflicht beim alten Menschen, MedR 1986, 18 ff.

Knuth, Peter
Neue Richtlinien für den Fachkundenachweis „Rettungsdienst", Rettungsdienst 1995, 282 f.

Köhler, Michael
Strafrecht Allgemeiner Teil, Berlin 1997

Kontokollias, Joanis S./Regensburger, Dieter/Rupprecht, Holger
Arzt im Rettungsdienst, 3. Auflage Edewecht 1997

Konzert-Wenzel, Jörg/Prokscha, Gunter W./Theisinger, Werner
Erstversorgung im Notfalldienst, 2. Auflage München 1991

Kreß, Claus
Das Sechste Gesetz zur Reform des Strafrechts, NJW 1998, 633 ff.

Kreuzer, Arthur
Anmerkung zu OLG Hamm Urt. v. 10.10.1967 - 3 Ss 1150/67, NJW 1968, 1201 ff.

Krey, Volker
Grundfälle zu den Straftaten gegen das Leben, JuS 1971, 248 ff.

Strafrecht Besonderer Teil
Band 1 - Besonderer Teil ohne Vermögensdelikte, 11. Auflage Stuttgart 1998

Krümpelmann, Justus
Zur Kritik vom Risikovergleich bei den fahrlässigen Erfolgsdelikten, GA 1984, 491 ff.

Die normative Korrespondenz zwischen Verhalten und Erfolg bei den fahrlässigen Verletzungsdelikten, Festschrift für Hans Heinrich Jescheck, Berlin 1985, S. 313 ff.

Kühl, Kristian
Strafrecht Allgemeiner Teil, 3. Auflage München 2000

Kühn, Dietmar/Luxem, Jürgen/Runggaldier, Klaus
Rettungsdienst, München 1998

Küper, Wilfried
Noch einmal: Rechtfertigender Notstand, Pflichtenkollision und übergesetzliche Entschuldigung, JuS 1971, 474 ff.

Grund- und Grenzfragen der rechtfertigenden Pflichtenkollision im Strafrecht, Berlin 1979

Tötungsverbot und Lebensnotstand, JuS 1981, 785 ff.

Das „Wesentliche" am „wesentlich überwiegenden Interesse", GA 1983, 289 ff.

Überlegungen zum sog. Pflichtwidrigkeitszusammenhang beim Fahrlässigkeitsdelikt, Festschrift für Karl Lackner, Berlin 1987, S. 247 ff.

Grundsatzfragen der „Differenzierung" zwischen Rechtfertigung und Entschuldigung, JuS 1987, 81 ff.

Küpper, Georg
Grenzen der normativierenden Strafrechtsdogmatik, Berlin 1990
Strafrecht Besonderer Teil 1 - Delikte gegen Rechtsgüter der Person und Gemeinschaft, Berlin 1996

Kuhlen, Lothar
Fragen einer strafrechtlichen Produkthaftung, Heidelberg 1989

Kuhlmann, Jens-M.
Einwilligung in die Heilbehandlung alter Menschen, Frankfurt am Main 1996

Kundlich, Hans
Das 6. Gesetz zur Reform des Strafrechts, JuS 1998, 468 ff.

Kurtenbach, Hermann/Gorgaß, Bodo/Raps, Wolfgang
Rettungsassistentengesetz, 2. Auflage Stuttgart 1997

Kutzer, Klaus
Strafrechtliche Überlegungen zum Selbstbestimmungsrecht des Patienten und zur Zulässigkeit der Sterbehilfe, MDR 1985, 710 ff.

Strafrechtliche Grenzen der Sterbehilfe, NStZ 1994, 110 ff.

Rechtliche und rechtspolitische Aspekte einer verbesserten Schmerzbekämpfung in Deutschland, Festschrift für Hannskarl Salger, Köln 1995, S. 663 ff.

Lackner, Karl/Kühl, Kristian
Strafgesetzbuch mit Erläuterungen, 23. Auflage München 1999

Lang, Erich/Arnold, Klaus
Die Arzt-Patient-Beziehung im Wandel, Stuttgart 1996

Laufs, Adolf
Die Entwicklung des Arztrechts 1987/88, NJW 1988, 1499 ff.

Die Entwicklung des Arztrechts 1991/92, NJW 1992, 1529 ff.

Die Entwicklung des Arztrechts 1992/93, NJW 1993, 1497 ff.

Arztrecht, 5. Auflage, München 1993

Die Entwicklung des Arztrechts 1993/94, NJW 1994, 1562 ff.

Arzt und Recht im Umbruch der Zeit, NJW 1995, 1590 ff.

Medizinrecht im Wandel, NJW 1996, 1571 ff.

Arzt und Recht - Fortschritte und Aufgaben, NJW 1998, 1751 ff.

Zivilrichter über Leben und Tod?, NJW 1998, 3399 ff.

Arzt, Patient und Recht am Ende des Jahrhunderts, NJW 1999, 1758 ff.

Nicht der Arzt allein muß bereit sein, das Notwendige zu tun, NJW 2000, 1757 ff.

Laufs, Adolf/Dierks, Christian/Wienke, Albrecht/Graf-Baumann, Toni/ Hirsch, Günther (Hrsg.)
Die Entwicklung der Arzthaftung, Berlin 1997

Laufs, Adolf/Uhlenbruck, Wilhelm
Handbuch des Arztrechts, 2. Auflage München 1999

Lechleuthner, Alex
Zusammenarbeit des Rettungsdienstes mit organisationsfremden Ärzten an der Einsatzstelle, Rettungsdienst 1997, 463 ff.

Lechleutner, Alex/Funk, Peter G.
Notkompetenzsystem, Edewecht 1996

Lenckner, Theodor
Strafrecht und ärztliche Hilfeleistungspflicht, Med.Klin. 61 (1966), 313 ff.

Ärztliche Hilfeleistungspflicht und Pflichtenkollision, Med.Klin. 64 (1969), 1000 ff.

Der Grundsatz der Güterabwägung als Grundlage der Rechtfertigung, GA 1985, 295 ff.

Das Merkmal der „Nicht-anders-Abwendbarkeit" der Gefahr in den §§ 34, 35 StGB, Festschrift für Karl Lackner, Berlin 1987, S. 95 ff.

Leonardy, Helmut
Sterbehilfe, DRiZ 1986, 281 ff.

Lesch, Heiko H.
Die strafrechtliche Einwilligung beim HIV-Antikörpertest an Minderjährigen, NJW 1989, 2309 ff.

Lilie, Hans
Aufklärung und Fehler bei der Diagnose, MedR 1987, 28 ff.

Lipp, R.
Problemfeld niedergelassener Arzt/Rettungsassistent an Einsatzstellen, Rettungsdienst 1996, 443 ff.

Lippert, Hans-Dieter/Weißauer, Walther
Das Rettungswesen, Berlin 1984

Lippert, Hans-Dieter
Zur Notkompetenz des Rettungssanitäters, Notfallmedizin 7 (1981), 207 ff.

Rechtsprobleme bei der Durchführung von Notarzt- und Rettungsdienst, NJW 1982, 2089 ff.

Die Garantenstellung des Rettungssanitäters, Notfallmedizin 8 (1982), 1571 ff.

Der Wille des Patienten als Behandlungsgrenze in der Notfallmedizin, Notfallmedizin 15 (1989), 423 ff.

Der nicht kooperative Patient im Rettungsdienst, Notfallmedizin 19 (1993) S. 35 f.

Die Defibrillation - delegierte ärztliche Aufgabe oder eine eigene Aufgabe des Rettungsassistenten?, MedR 1995, 235 ff. = Leben retten 1995, 115 ff.

Lissel, Patrick M.
Rechtsfragen im Rettungswesen, Stuttgart 1998

Ludolph, E.
Das Aufklärungsrisiko bei der Sofortversorgung aus unfallchirurgischer Sicht, MedR 1988, 120 ff.

Lüderssen, Klaus
Erfolgszurechnung und „Kriminalisierung“, Festschrift für Paul Bokkelmann, München 1979, S. 181 ff.

Madea, B./Winter, U.J./Schwonzen, M./Rademacher, D. (Hrsg.)
Innere Medizin und Recht, Berlin 1996

Maiwald, Manfred
Grundlagenprobleme der Unterlassensdelikte, JuS 1981, 473 ff.

Zur Leistungsfähigkeit des Begriffs „erlaubtes Risiko“ für die Strafrechtsdogmatik, Festschrift für Hans Heinrich Jescheck, Berlin 1985, S. 405 ff.

Maurach, Reinhart/Gössel, Karl-Heinz/Zipf, Heinz
Strafrecht Allgemeiner Teil
Teilband 2, 7. Auflage Heidelberg 1989

Maurach, Reinhart/Schroeder, Friedrich-Christian/Maiwald, Manfred
Strafrecht Besonderer Teil
Teilband 1, 8. Auflage Heidelberg 1995

Teilband 2, 8. Auflage Heidelberg 1999

Maurach, Reinhart/Zipf, Heinz
Strafrecht Allgemeiner Teil
Teilband 1, 8. Auflage Heidelberg 1992

Mergen, Armand
Die juristische Problematik in der Medizin
Band II - Ärztliche Aufklärungs- und Schweigepflicht, München 1971

Band III - Die Verantwortung des Arztes, München 1971

Merkel, Reinhard
Ärztliche Entscheidungen über Leben und Tod in der Neonatalmedizin, JZ 1996, 1145 ff.

Meurer, Dieter
Anmerkung zu OLG Düsseldorf Beschl. v. 24.06.1991 - 5 Ss 206/91, JR 1992, 38 ff.

Meyer, Joachim-Ernst
Zur ärztlichen Verantwortung bei der Verhinderung eines Suizids aus psychiatrischer Sicht, MedR 1985, 210 ff.

Meyer, Maria-Katharina
Reform der Heilbehandlung ohne Ende, GA 1998, 415 ff.

Mitglieder des Bundesgerichtshofs (Hrsg.)
Das Bürgerliche Gesetzbuch mit besonderer Berücksichtigung der Rechtsprechung des Reichsgerichts und des Bundesgerichtshofes (BGB-RGRK)
Band II, 5. Teil §§ 812 - 831 (Anhang nach § 823 II. Arzthaftungsrecht), 12. Auflage Berlin 1989

Müller-Dietz, Heinz
Mutmaßliche Einwilligung und Operationserweiterung - BGH NJW 1988, 2310, JuS 1989, 280 ff.

Nauke, Wolfgang
Der Aufbau des § 330c StGB. Zum Verhältnis zwischen Allgemeinem und Besonderem Teil des Strafrechts, Festschrift für Hans Welzel, Berlin 1974, S. 761 ff.

Neuhaus, G.A. (Hrsg.)
Pluralität in der Medizin, Frankfurt am Main 1980

Neumann, Ulfried/Puppe, Ingeborg/Schild, Wolfgang (Red.)
Nomos Kommentar zum Strafgesetzbuch
Band 1 - Allgemeiner Teil, 7. Lieferung Baden-Baden 2000

Band 2 - Besonderer Teil, 7. Lieferung Baden-Baden 2000

Neyen, Werner
Die Einwilligungsfähigkeit im Strafrecht, Trier 1991

Opderbecke, Hans Wolfgang
Grenzen der Intensivmedizin, MedR 1985, 23 ff.

Opderbecke, Hans Wolfgang/Weißauer Walther
Ein Vorschlag für Leitlinien - Grenzen der intensivmedizinischen Behandlungspflicht, MedR 1998, 395 ff.

Otto, Harro
Eigenverantwortliche Selbstschädigung und -gefährdung sowie einverständliche Fremdschädigung und -gefährdung, Festschrift für Herbert Tröndle, Berlin 1989, S. 157 ff.

Einverständnis, Einwilligung und eigenverantwortliche Selbstgefährdung, Festschrift für Friedrich Geerds, Lübeck 1995, S. 603 ff.

Grundkurs Strafrecht
Allgemeine Strafrechtslehre, 5. Auflage 1996

Die einzelnen Delikte, 5. Auflage Berlin 1998

Otto, Harro/Brammsen, Joerg
Die Grundlagen der strafrechtlichen Haftung des Garanten wegen Unterlassens (I), Jura 1985, 530 ff.

Paszicsnyek, Thomas/Petutschnigg, Berthold/Weinrauch, Viktor
Der Notfallsanitäter, Graz 1995

Peter, Anne-Marie
Arbeitsteilung im Krankenhaus aus rechtlicher Sicht, Baden-Baden 1992

Pfenninger, E./Himmelseher, S.
Grenzen der Notfallmedizin, Anästhesiologie und Intensivmedizin 1993, 1 ff.

Preisendanz, Holger
Strafgesetzbuch Lehrkommentar, 30. Auflage 1978

Preuß, Wilhelm
Untersuchungen zum erlaubten Risiko im Strafrecht, Berlin 1974

Pschyrembel, Willibald
Medizinisches Wörterbuch, 258. Auflage Berlin 1998

Puppe, Ingeborg
Zur Struktur der Rechtfertigung, Festschrift für Walter Stree und Johannes Wessels, Heidelberg 1993, S. 183 ff.

Ranft, Otfried
Zur Unterscheidung von Tun oder Unterlassen im Strafrecht, JuS 1963, 340 ff.

Rechtsprechungsübersicht zu den Unterlassensdelikten - Teil 2, JZ 1987, 908 ff.

Rebmann, Kurt/Säcker, Franz Jürgen
Münchener Kommentar zum Bürgerlichen Gesetzbuch
Band 5 - Schuldrecht Besonderer Teil III (§§ 705 - 853), 3. Auflage
München 1997

Rengier, Rudolf
Strafrecht Besonderer Teil II - Delikte gegen die Person und die Allgemeinheit, 2. Auflage München 1999

Rieger, Hans-Jürgen
Lexikon des Arztrechts, Berlin 1984

Zur Verbindlichkeit des „Patiententestaments" für den Arzt, DMW 113 (1988), 999 f.

Die Rechtsstellung des Arztes im Praktikum, DMW 113 (1988), 1204 ff.

Der Arzt im Praktikum im Notfalleinsatz, DMW 118 (1993), 314 f.

Roßner, Hans-Jürgen
Verzicht des Patienten auf eine Aufklärung durch den Arzt, NJW 1990, 2291 ff.

Roth, Frank
Zur Strafbarkeit leicht fahrlässigen Verhaltens, Berlin 1995

Rouka, Stella
Das Selbstbestimmungsrecht des Minderjährigen bei ärztlichen Eingriffen, Frankfurt am Main 1996

Roxin, Claus
Pflichtwidrigkeit und Erfolg bei fahrlässigen Delikten, ZStW 74 (1962), 411 ff.

An der Grenze von Begehung und Unterlassung, Festschrift für Karl Engisch, Frankfurt am Main 1969, S. 380 ff.

Über die mutmaßliche Einwilligung, Festschrift für Hans Welzel, Berlin 1974, S. 447 ff.

Die Mitwirkung beim Suizid - ein Tötungsdelikt?, Festschrift für Eduard Dreher, Berlin 1977, S. 331 ff.

Anmerkung zu BGH Urt. v. 05.07.1983 - 1 StR 168/83, NStZ 1984, 71 ff.

Die notstandsähnliche Lage - ein Strafunrechtsausschließunsgrund?, Festschrift für Dietrich Oehler, Köln 1985, S. 181 ff.

Die Sterbehilfe im Spannungsfeld von Suizidteilnahme, erlaubtem Behandlungsabbruch und Tötung auf Verlangen, NStZ 1987, 345 ff.

Strafrecht Allgemeiner Teil
Band I - Grundlagen, Aufbau der Verbrechenslehre, 3. Auflage München 1997

Roxin, Claus/Schroth, Ulrich (Hrsg.)
Medizinstrafrecht, Stuttgart 2000

Rudolphi, Hans-Joachim
Die Bedeutung eines Gewissenentscheides für das Strafrecht, Festschrift für Hans Welzel, Berlin 1974, S. 605 ff.

Anmerkungen zu AG Tiergarten Beschl. v. 02.03.1990 - 52 Js 889/89, NStZ 1991, 237 ff.

Rudolphi, Hans-Joachim/Horn, Eckhard/Günther, Hans-Ludwig/Samson, Erich
Systematischer Kommentar zum StGB
Band I - Allgemeiner Teil (§§ 1 - 79b), 34. Lieferung Neuwied 2000

Band II - Besonderer Teil (§§ 80 - 358), 50. Lieferung Neuwied 2000

Rüping, H.
Wesen und Inhalt der ärztlichen Aufklärungspflicht, DMW 102 (1977), 368 ff.

Rumler-Detzel, Pia
Arbeitsteilung und Zusammenarbeit in der Chirurgie, VersR 1994, 254 ff.

Runggaldier, Klaus/Nadler, G.
Zur (Not-) Kompetenz des Rettungsfachpersonals - die unendliche Geschichte, Rettungsdienst 1998, 409 ff.

Samson, Erich
Begehung und Unterlassung, Festschrift für Hans Welzel, Berlin 1974, S. 579 ff.

Sax, Walter
Zur rechtlichen Problematik der Sterbehilfe durch vorzeitigen Abbruch einer Intensivbehandlung, JZ 1975, 137 ff.

Schaffer, Wolfgang
Die Aufklärungspflicht des Arztes bei invasiven medizinischen Maßnahmen, VersR 1993, 1458 ff.

Schaffstein, Friedrich
Handlungsunwert, Erfolgsunwert und Rechtfertigung bei den Fahrlässigkeitsdelikten, Festschrift für Hans Welzel, Berlin 1974, S. 557 ff.

Der Maßstab für das Gefahrenurteil beim rechtfertigenden Notstand, Festschrift für Hans-Jürgen Bruns, Köln 1978, S. 89 ff.

Schlehofer, Horst
Vorsatz und Tatabweichung, Köln 1996

Schlosshauer-Selbach, Stefan
Typologie der ärztlichen Aufklärungspflicht, DRiZ 82, 361 ff.

Schlüchter, Ellen
Grundfälle zur Lehre von der Kausalität, JuS 1976, 793 ff.

Grenzen strafbarer Fahrlässigkeit, Thüngersheim 1996

Zusammenhang zwischen Pflichtwidrigkeit und Erfolg bei Fahrlässigkeitstatbeständen, JA 1984, 637 ff.

Schlund, Gerhard
Die ärztliche Aufklärungspflicht im Spannungsfeld der Gerichte und der Ärzteschaft, VersR 1977, 496 ff.

Schmidhäuser, Eberhard
Selbstmord und Beteiligung am Selbstmord in strafrechtlicher Sicht, Festschrift für Hans Welzel, Berlin 1974, S. 801 ff.

Strafrecht Allgemeiner Teil, 2. Auflage Tübingen 1975

Strafrecht Besonderer Teil, 2. Auflage Tübingen 1983

Schmidt, Eberhard
Der Arzt im Strafrecht, Leipzig 1939

Schmitt, Rudolf
Ärztliche Entscheidungen zwischen Leben und Tod in strafrechtlicher Sicht, JZ 1985, 365 ff.

Schneider, Christian
Tun und Unterlassen beim Abbruch lebenserhaltender medizinischer Behandlung, Berlin 1997

Schöch, Heinz
Beendigung lebenserhaltender Maßnahmen, NStZ 1995, 153 ff.

Die erste Entscheidung des BGH zur sog. indirekten Sterbehilfe, NStZ 1997, 409 ff.

Schölmerich, Paul/Thews, Gerhard (Hrsg.)
„Lebensqualität" als Bewertungskriterium in der Medizin, Stuttgart 1990

Schönke, Adolf/Schröder, Horst
Strafgesetzbuch Kommentar, 25. Auflage München 1997

Scholz, Rainer
Zur Arzthaftung bei Tätigwerden mehrerer Ärzte, JR 1997, 1 ff.

Schreiber, Hans-Ludwig
Rechtliche Maßstäbe des medizinischen Standards, DMW 109 (1984), 1458 ff.

Das Recht auf eigenen Tod - zur gesetzlichen Neuregelung der Sterbehilfe, NStZ 1986, 337 ff.

Zur Reform des Arztstrafrechts, Festschrift für Hans Joachim Hirsch, Berlin 1999, S. 713 ff.

Schroeter, Christoph
Ärztliche Aufklärung im Alter, Aachen 1995

Schroth, Ulrich
Zentrale Interpretationsprobleme des 6. Strafrechtsreformgesetzes, NJW 1998, 2861 ff.

Strafrecht Besonderer Teil, 3. Auflage Stuttgart 2000

Schünemann, Bernd
Neue Horizonte der Fahrlässigkeitsdogmatik?, Festschrift für Friedrich Schaffstein, Göttingen 1975, S. 159 ff.

Schünemann, H.
Einwilligung und Aufklärung von psychisch Kranken, VersR 1981, 306 ff.

Schürer-Mohr, Wiebke
Erlaubte Risiken, Frankfurt am Main 1998

Schulte, Martin
Schutzgewahrsam und Zwangseinweisung, Rettungsdienst 1998, 236 ff.

Schumann, Heribert
Strafrechtliches Handlungsunrecht und das Prinzip der Selbstverantwortung der Anderen, Tübingen 1986

Schwab, Hans-Jörg
Täterschaft und Teilnahme bei Unterlassungen, Frankfurt am Main 1996

Schwalm, Georg
Die strafrechtliche Bedeutung der ärztlichen Schweigepflicht, MDR 1960, 722 ff.

Zum Begriff und Beweis des ärztlichen Kunstfehlers, Festschrift für Paul Bockelmann, München 1979, S. 539 ff.

Schweizerische Akademie der Medizinischen Wissenschaften
Medizinisch-ethische Richtlinien für die ärztliche Betreuung sterbender und zerebral schwerst geschädigter Patienten, NJW 1996, 767 ff. = MedR 1995, 496 f.

Seelmann, Kurt
„Unterlassene Hilfeleistung“ oder: Was darf das Strafrecht?, JuS 1995, 281 ff.

Sefrin, Peter
Erstversorgung im Rettungsdienst nach den Empfehlungen der DIVI, München 1991

Kompetenz statt Notkompetenz, Leben retten 1995, 147 ff.

Massenanfall von Verletzten und Erkrankten in der modernen Industriegesellschaft, Bevölkerungsschutz 3/1998, 3 ff.

Soergel, Hans Theodor (Begr.)/Sieber, Wolfgang (Hrsg.)
Bürgerliches Gesetzbuch
Band 5/2 - Schuldrecht IV/2 (§§ 823 - 853), 12. Auflage Stuttgart 1998

Spann, Wolfgang/Liebhardt, Erich/Braun, Werner
Ärztliche Hilfeleistung und Willensfreiheit des Patienten, Festschrift für Paul Bockelmann, München 1979, S. 487 ff.

Spendel, Günter
Zur Unterscheidung von Tun und Unterlassen, Festschrift für Eberhard Schmidt, Göttingen 1961, S. 183 ff.

Spengler, Bernd
AIDS und unterlassene Hilfeleistung, DRiZ 1990, 259 ff.

Spickhoff, Andreas
Die Patientenautonomie am Lebensende: Ende der Patientenautonomie?, NJW 2000, 2297 ff.

Staudinger, Julius von (Begr.)/Beitzke, Günther (Hrsg.)
Kommentar zum Bürgerlichen Gesetzbuch mit Einführungsgesetz und Nebengesetzen
Buch 2: Recht der Schuldverhältnisse (§§ 823 - 832), 12. Auflage Berlin 1986

Steffen, Erich
Der „verständige Patient" aus der Sicht der Juristen, MedR 1983, 88 ff.

Stepan, Thomas
Problem Transportverweigerung: „Den nehm' ich doch nicht mit ...!", Rettungsdienst 1997, 310 ff.

Sternberg-Lieben, Detlev
Strafbarkeit des Arztes bei Verstoß gegen ein Patienten-Testament, NJW 1985, 2734 ff.

Die objektiven Schranken der Einwilligung im Strafrecht, Tübingen 1997

Selbstbestimmtes Sterben: Patientenverfügung und gewillkürte Stellvertretung, Festschrift für Theodor Lenckner, München 1998, S. 349 ff.

Stoffers, Kristian F.
Die Formel „Schwerpunkt der Vorwerfbarkeit" bei der Abgrenzung von Tun und Unterlassen?, Berlin 1992

Sterbehilfe: Rechtsentwicklungen bei der Reanimator-Problematik, MDR 1992, 621 ff.

Die vorrechtlich-ontologische Unterscheidung der Verhaltensformen positives Tun und Unterlassen, GA 1993, 262 ff.

Stratenwerth, Günter
Arbeitsteilung und ärztliche Sorgfaltspflicht, Festschrift für Eberhard Schmidt, Göttingen 1961, S. 383 ff.

Bemerkungen zum Prinzip der Risikoerhöhung, Festschrift für Wilhelm Gallas, Berlin 1973, S. 227 ff.

Zur Relevanz des Erfolgsunwertes im Strafrecht, Festschrift für Friedrich Schaffstein, Göttingen 1975, S. 177 ff.

Zur Individualisierung des Sorgfaltsmaßstabes beim Fahrlässigkeitsdelikt, Festschrift für Hans Heinrich Jescheck, Berlin 1985, S. 285 ff.

Strafrecht Allgemeiner Teil, 4. Auflage Köln 2000

Stree, Walter
Zumutbarkeitsprobleme bei Unterlassungstaten, Festschrift für Theodor Lenckner, München 1998, S. 393 ff.

Struensee, Eberhard
Handeln und Unterlassen, Begehungs- und Unterlassungsdelikt, Festschrift für Walter Stree und Johannes Wessels, Heidelberg 1993, S. 133 ff.

Tempel, Otto
Inhalt, Grenzen und Durchführung der ärztlichen Aufklärungspflicht unter Zugrundelegung der höchstrichterlichen Rechtsprechung, NJW 1980, 609 ff.

Tries, Ralf
Strafrechtliche Probleme im Rettungsdienst, Edewecht 1998

Trocha, Roland
Die rettungsdienstliche Notkompetenz, Rettungsdienst 1996, 130 ff.

Trockel, Horst
Die Rechtfertigung ärztlicher Eigenmacht, NJW 1970, 489 ff.

Die Einwilligung Minderjähriger in den ärztlichen Eingriff, NJW 1972, 1493 ff.

Tröndle, Herbert/Fischer, Thomas
Selbstbestimmung des Patienten - Wohltat und Plage?, MDR 1983, 881 ff.

Strafgesetzbuch und Nebengesetze, 49. Auflage München 1999

Ufer, Michael Rainer
Rechtsfragen in der Zusammenarbeit des Rettungsdienstes mit dem niedergelassenen Arzt, Rettungsdienst 1990, 162 ff., 258 ff.

Die Rechtsstellung des Leitenden Notarztes, Rettungsdienst 1991, 382 ff.

Patientenaufklärung im Rettungsdienst aus rechtlicher Sicht, Rettungsdienst 1991, 603 ff.

Patientenübergabe aus juristischer Sicht, Rettungsdienst 1994, 837 ff.

Nichtärztliches Personal im Rettungsdienst - rechtliche Grundlagen, Leben retten 1995, 152 ff.

Der ersthelfende Arzt am Notfallort, Rettungsdienst 1996, 534 f.

Uhlenbruck, Wilhelm
Der Patientenbrief - die privatautonome Gestaltung des Rechts auf einen menschenwürdigen Tod, NJW 1978, 566 ff.

Zur Rechtsverbindlichkeit des Patiententestaments, MedR 1983, 16 ff.

Vorab-Einwilligung und Stellvertretung bei der Einwilligung in einen Heileingriff, MedR 1992, 134 ff.

Ulsenheimer, Klaus
Erfolgsrelevante und erfolgsneutrale Pflichtverletzungen im Rahmen der Fahrlässigkeitsdelikte, JZ 1969, 364 ff.

Aus der Praxis des Arztstrafrechts, MedR 1984, 161 ff.

Zur zivil- und strafrechtlichen Verantwortlichkeit des Arztes unter besonderer Berücksichtigung der neueren Judikatur und ihrer Folgen für eine defensive Medizin, MedR 1992, 127 ff.

Verweigerung der Bluttransfusion aus religiösen Gründen, Gebfra 1994, M 83 ff.

Arztstrafrecht in der Praxis, 2. Auflage Heidelberg 1998

Ulsenheimer, Klaus/Bock, Rolf-Werner
Patientenaufklärung - mutmaßliche Einwilligung - Erweiterungsoperation, Gebfra 1991, 948 ff.

Umbreit, Hans-Werner
Die Verantwortlichkeit des Arztes für fahrlässiges Verhalten anderer Medizinalpersonen, Frankfurt am Main 1992

Vermander, Eduard
Unfallsituation und Hilfspflicht im Rahmen des § 330c StGB, Tübingen 1969

Verrel, Torsten
Richter über Leben und Tod?, JR 1999, 5 ff.

Wachsmuth, Werner/Schreiber, Hans-Ludwig
Sicherheit und Wahrscheinlichkeit - juristische und ärztliche Aspekte, NJW 1982, 2094 ff.

Walter, Bernd/Meyer, Peter
Praxis des Rettungsdienstes, 2. Auflage Stuttgart 1994

Weber, Ulrich
Objektive Grenzen der strafbefreienden Einwilligung in Lebens- und Gesundheitsgefährdungen, Festschrift für Jürgen Baumann, Bielefeld 1992, S. 43 ff.

Weißauer, Walther
Arbeitsteilung und Abgrenzung der Verantwortung zwischen Anästhesist und Operateur, Der Anästhesist 1962, 239 ff.

Die rechtliche Verantwortung des leitenden Anästhesisten, Der Anästhesist 1964, 385 ff.

Der Arzt im Notfalleinsatz, Bayerisches Ärzteblatt 1980, 34 ff.

Weißauer, Walther/Opderbecke, Hans Wolfgang
Behandlungsabbruch bei unheilbarer Krankheit aus medikolegaler Sicht, MedR 1995, 456 ff.

Welzel, Hans
Zum Notstandsproblem, ZStW 63 (1951), 47 ff.

Das Deutsche Strafrecht, 11. Auflage Berlin 1969

Wessels, Johannes/Beulke, Werner
Strafrecht Allgemeiner Teil, 30. Auflage Heidelberg 2000

Wessels, Johannes/Hettinger, Michael
Strafrecht Besonderer Teil/1, 24. Auflage Heidelberg 2000

Westermann, Harm Peter
Zivilrechtliche Verantwortlichkeit bei ärztlicher Teamarbeit, NJW 1974, 577 ff.

Wettstein, Ronald Harri
Leben und Sterbenkönnen, 2. Auflage Bern 1997

Wilhelm, Dorothee
Probleme der medizinischen Arbeitsteilung aus strafrechtlicher Sicht, MedR 1983, 45 ff.

Verantwortung und Vertrauen bei Arbeitsteilung in der Medizin, Stuttgart 1984

Strafrechtliche Fahrlässigkeit bei Arbeitsteilung in der Medizin, Jura 1985, 183 ff.

Wolters, Gereon
Die Neufassung der Körperverletzungsdelikte, JuS 1998, 582 ff.

Zielinski, Diethart
Handlungs- und Erfolgsunwert im Unrechtsbegriff, Berlin 1973

Zipf, Heinz
Einwilligung und Risikoübernahme im Strafrecht, Neuwied 1970

Probleme eines Straftatbestandes der eigenmächtigen Heilbehandlung, Festschrift für Paul Bockelmann, München 1979, S. 577 ff.

Peter Lang · Europäischer Verlag der Wissenschaften

Rainer T. Cherkeh

Betrug (§ 263 StGB), verübt durch Doping im Sport

Frankfurt/M., Berlin, Bern, Bruxelles, New York, Oxford, Wien, 2000. 270 S.
Schriften zum Strafrecht und Strafprozeßrecht.
Herausgegeben von Manfred Maiwald. Band 48
ISBN 3-631-35401-0 · br. DM 84.–*

Das Problem des Dopings im Sport zählt gegenwärtig zu den brisantesten sportpolitischen Themen. Im Mittelpunkt der Diskussion um eine strafrechtliche Aufarbeitung dieser Materie stand stets der Aspekt des Gesundheitsschutzes. Inwieweit auch der strafrechtliche Vermögensschutz berührt ist, wurde bislang kaum behandelt. Dies verwundert, ist doch die Kommerzialisierung und Professionalisierung im Sport keine neue Erscheinung, sondern eine Entwicklung, die mit der Dopingproblematik einhergeht. Es sind deshalb die wirtschaftlichen Gesichtspunkte des Dopings, die den Kern der Abhandlung bilden: Der Autor untersucht betrugsrelevante Verhaltensweisen des gedopten Sportlers, wobei er vor allem hinsichtlich der Betrugskonstellationen zum Nachteil des Sponsors Neuland betritt. Die Arbeit schließt mit der Erörterung eines gesetzgeberischen Handlungsbedarfs zum strafrechtlichen Schutz des Sportethos.

Aus dem Inhalt: Sportrechtliche Hintergründe · Leistungsstörungen beim Sponsoringvertrag durch Doping · Betrugskonstellationen zum Nachteil des Mitkonkurrenten, Veranstalters, Preisspenders, Zuschauers und Sponsors · Gesetzgeberischer Handlungsbedarf zum Schutz des Sportethos

Frankfurt/M · Berlin · Bern · Bruxelles · New York · Oxford · Wien
Auslieferung: Verlag Peter Lang AG
Jupiterstr. 15, CH-3000 Bern 15
Telefax (004131) 9402131
*inklusive Mehrwertsteuer
Preisänderungen vorbehalten

www.ingramcontent.com/pod-product-compliance
Ingram Content Group UK Ltd.
Pitfield, Milton Keynes, MK11 3LW, UK
UKHW021236031026
15588UKWH00001B/104

9 783631 377901